Naturkonstanten und Normwerte

Größe	Wert
Absoluter Nullpunkt der Temperatur	$T_0 = 0\,\text{K} = -273{,}15\,°\text{C}$
Atomare Masseeinheit	$1\,\text{u} = 1{,}660\,538\,782\,(83) \cdot 10^{-27}\,\text{kg}$
Avogadro-Konstante	$N_A = 6{,}022\,141\,79\,(30) \cdot 10^{23}\,\dfrac{1}{\text{mol}}$
Bohr'scher Radius	$a_0 = 5{,}291\,772\,085\,9\,(36) \cdot 10^{-11}\,\text{m}$
Boltzmann-Konstante	$k = 1{,}380\,6505\,(24) \cdot 10^{-23}\,\dfrac{\text{J}}{\text{K}}$
Elementarladung	$e = 1{,}602\,176\,487\,(40) \cdot 10^{-19}\,\text{C}$
Fallbeschleunigung in Deutschland (Eichwerte)	Bundesdeutscher Mittelwert: $g = 9{,}810\,\dfrac{\text{m}}{\text{s}^2}$ Schleswig-Holstein: $g = 9{,}8130\,\dfrac{\text{m}}{\text{s}^2}$; Bayern: $g = 9{,}8070\,\dfrac{\text{m}}{\text{s}^2}$
Faraday-Konstante	$F = 96\,485{,}3399\,(24)\,\dfrac{\text{C}}{\text{mol}}$
Feldkonstante, elektrische	$\varepsilon_0 = \dfrac{1}{\mu_0 \cdot c^2} = 8{,}854\,187\,817\,62\ldots \cdot 10^{-12}\,\dfrac{\text{F}}{\text{m}}$ (exakt)
Feldkonstante, magnetische	$\mu_0 = 4\pi \cdot 10^{-7}\,\dfrac{\text{N}}{\text{A}^2} = 12{,}566\,370\,614\ldots \cdot 10^{-7}\,\dfrac{\text{N}}{\text{A}^2}$ (exakt)
Gravitationskonstante	$G = 6{,}674\,28\,(67) \cdot 10^{-11}\,\dfrac{\text{m}^3}{\text{kg} \cdot \text{s}^2}$
Lichtgeschwindigkeit im Vakuum	$c = 2{,}997\,924\,58 \cdot 10^8\,\dfrac{\text{m}}{\text{s}}$ (exakt)
Molares Normvolumen eines idealen Gases bei Normdruck 0 °C	$V_m = 22{,}413\,996\,(39) \cdot 10^{-3}\,\dfrac{\text{m}^3}{\text{mol}}$
Normdruck	$p_n = 101{,}325\,\text{kPa}$
Planck'sche Konstante	$h = 6{,}626\,068\,96\,(33) \cdot 10^{-34}\,\text{J} \cdot \text{s}$
Ruhemasse des Alphateilchens	$m_\alpha = 6{,}644\,656\,20\,(33) \cdot 10^{-27}\,\text{kg}$
Ruhemasse des Elektrons	$m_e = 9{,}109\,382\,15\,(45) \cdot 10^{-31}\,\text{kg}$
Ruhemasse des Neutrons	$m_n = 1{,}674\,927\,211\,(84) \cdot 10^{-27}\,\text{kg}$
Ruhemasse des Protons	$m_p = 1{,}672\,621\,637\,(83) \cdot 10^{-27}\,\text{kg}$
Rydberg-Konstante	$R_\infty = 1{,}097\,373\,156\,852\,7\,(73) \cdot 10^7\,\dfrac{1}{\text{m}}$
Stefan-Boltzmann-Konstante	$\sigma = 5{,}670\,400\,(40) \cdot 10^{-8}\,\dfrac{\text{W}}{\text{m}^2 \cdot \text{K}^4}$
Universelle Gaskonstante	$R = 8{,}314\,472\,(15)\,\dfrac{\text{J}}{\text{mol} \cdot \text{K}}$

Zahlenwerte aus der CODATA-Datenbank. Die Ziffern in Klammern hinter einem Zahlenwert bezeichnen die Unsicherheit in den letzten Stellen des Werts. Die Unsicherheit ist als einfache Standardabweichung angegeben.
Beispiel: Die Angabe 6,672 59 (85) ist gleichbedeutend mit 6,672 59 ± 0,000 85.

FOKUS
PHYSIK

Autoren

Peter Ackermann

Ralf Böhlemann

Stefan Burzin

Bardo Diehl

Jochen Dörr

Roger Erb

Hans-Joachim Schlichting

Lutz-Helmut Schön

Rolf Winter

Fokus Physik SII

EINFÜHRUNGSPHASE C

Mechanik
Schwingungen und Wellen

Ihr Zugang zum E-Book auf www.scook.de:

8mhf7-88pc5   Ihr Lizenzcode

Der Code beinhaltet nach Erstaktivierung eine 5-jährige Lizenz zur Nutzung des E-Books auf scook. Für die Nutzung ist die Zustimmung zu den AGB auf scook.de erforderlich.

9783060157372 Fokus Ph II C Einf

FOKUS PHYSIK

Autoren:	Dr. Peter Ackermann
	Ralf Böhlemann
	Stefan Burzin
	Dr. Bardo Diehl
	Jochen Dörr
	Prof. Dr. Roger Erb
	Prof. Dr. Hans-Joachim Schlichting
	Prof. Dr. Lutz-Helmut Schön
	Dr. Rolf Winter
Mit Beiträgen von:	Dr. Thomas Bührke
Konzept und Redaktion:	Dr. Andreas Palmer
Konzeptionelle und fachliche Beratung:	Dr. Peter C. Tillmanns
Redaktionelle Mitarbeit:	Thorsten Berndt
	Christa Freimark
Layoutkonzept und technische Umsetzung:	Andrea Päch
Zeichnungen und Illustrationen:	Peter Hesse
	Julian Rentzsch
Designberatung:	Ellen Meister
Umschlaggestaltung:	Eyes-Open, Berlin

www.cornelsen.de

1. Auflage, 1. Druck 2014

Alle Drucke dieser Auflage sind inhaltlich unverändert und können im Unterricht nebeneinander verwendet werden.

© 2014 Cornelsen Schulverlage GmbH, Berlin

Das Werk und seine Teile sind urheberrechtlich geschützt.
Jede Nutzung in anderen als den gesetzlich zugelassenen Fällen bedarf der vorherigen schriftlichen Einwilligung des Verlages.
Hinweis zu den §§ 46, 52a UrhG: Weder das Werk noch seine Teile dürfen ohne eine solche Einwilligung eingescannt und in ein Netzwerk eingestellt oder sonst öffentlich zugänglich gemacht werden.
Dies gilt auch für Intranets von Schulen und sonstigen Bildungseinrichtungen.

Druck: Firmengruppe APPL, aprinta Druck, Wemding

ISBN 978-3-06-015737-2

PEFC zertifiziert
Dieses Produkt stammt aus nachhaltig bewirtschafteten Wäldern und kontrollierten Quellen
PEFC/04-32-0928 www.pefc.de

Vorwort

Aufbau des Lehrbuchs

Lehrtext Jede Doppelseite des Lehrtexts beginnt mit einer kompakten Darstellung der wesentlichen physikalischen Aussagen. Anschließend werden Beispiele, Experimente und Vertiefungen angeboten, die sich je nach individuellem Bedarf nutzen lassen.

Aufgaben Die Doppelseiten schließen mit Aufgaben, die unmittelbar auf ihren jeweiligen Inhalt bezogen sind. Darüber hinaus enthält jeder Themenkomplex ein umfangreiches Angebot von übergreifenden Trainingsaufgaben, die auch der Klausur- bzw. Prüfungsvorbereitung dienen können.

Experimente Im Lehrtext werden typische Experimente, wie sie sich im Rahmen des Unterrichts durchführen lassen, mit einer prinzipiellen Abbildung des Aufbaus dargestellt. Zu jedem dieser Experimente gibt es auf der Plattform *scook.de* eine ausführliche Beschreibung mit Details zur Durchführung und Auswertung. Weiterhin finden sich dort ergänzendes Arbeitsmaterial und Hinweise auf experimentelle Alternativen.

Meilensteine Auf dem Weg zum heutigen Weltbild der Physik gab es immer wieder besondere »Sternstunden« – historische Momente, die die weitere Entwicklung der Wissenschaft stark geprägt haben. Solche Umbrüche, die häufig mit den Namen einzelner Persönlichkeiten verbunden sind, werden auf Sonderseiten unter dem Titel *Meilenstein* hervorgehoben.

Konzepte der Physik Eine zweite Art von Sonderseiten stellt wesentliche Denk- und Arbeitsweisen der Physik dar. Hier geht es um fundamentale Konzepte, die sich jeweils in weiten Teilbereichen der Physik als besonders tragfähig erwiesen haben.

Gesamtband und Einzelbände

Das Lehrwerk Fokus Physik S II umfasst die Inhalte, die im Unterricht der gymnasialen Oberstufe behandelt werden. Dies schließt sowohl die Einführungsphase als auch die Qualifikationsphase ein.

Der vorliegende Band enthält eine Zusammenstellung von Themen für die *Einführungsphase*. Dabei handelt es sich um eine Auskopplung aus dem Gesamtband mit der Bestellnummer 978-3-06-015555-2. Eine weitere Auskopplung für die *Qualifikationsphase* trägt die Bestellnummer 978-3-06-015551-4.

Kapitelnummerierung Die Nummerierung der Kapitel folgt in allen Fällen derjenigen des Gesamtbands. Damit sind auch die übergreifenden Verweise am Fuß der Doppelseiten eindeutig zuzuordnen.

Zusatzmaterial online ↻

Umfangreiches Zusatzmaterial für den Einsatz im Unterricht ist auf der Plattform *scook.de* erhältlich. Außerdem stehen auf dem Fokus-Lehrwerksportal kostenlose Ergänzungen bereit. Unter

www.cornelsen.de/fokus-physik-s2

sind folgende Inhalte zu finden:
– Vertiefungen und Herleitungen
– Simulationen und Videos
– numerische Lösungen zu den Aufgaben des Lehrbuchs

Im Lehrbuch sind Hinweise auf Material des Lehrwerksportals durch das Symbol ↻ gekennzeichnet.

Inhalt

MECHANIK UND GRAVITATION — 8

1	**KINEMATIK**	**10**
1.1	Bewegungen	10
1.2	Bewegungsdiagramme	12
1.3	Geschwindigkeit	14
1.4	Beschleunigung	16
1.5	**Methoden** Steigung von Graphen	18
1.6	**Methoden** Flächen unter Graphen	20
1.7	Modelle geradliniger Bewegungen	22
1.8	Freier Fall und senkrechter Wurf	24
1.9	Bewegungen in zwei Dimensionen	26
1.10	Waagerechter Wurf	28
1.11	Schiefer Wurf	30
2	**DYNAMIK**	**32**
2.1	**Meilenstein** Galilei findet Fall- und Bewegungsgesetze	32
2.2	**Konzepte der Physik** Maße und Einheiten	34
2.3	Masse	36
2.4	Impuls und Impulserhaltung	38
2.5	Kraft	40
2.6	Die Newton'schen Axiome	42
2.7	**Konzepte der Physik** Die Mechanik Newtons	44
2.8	Elastizität und Hooke'sches Gesetz	46
2.9	Mechanische Energieformen	48
2.10	Energieübertragung und Leistung	50
2.11	Stoßprozesse	52
2.12	Schwerpunktsatz	54
2.13	**Forschung** Stoßprozesse	56
2.14	Reibung	58
2.15	Strömungswiderstand	60
2.16	**Meilenstein** Mayer formuliert den Energieerhaltungssatz	62
3	**KREIS- UND DREHBEWEGUNGEN**	**64**
3.1	Kreisbewegung	64
3.2	Zentralkraft	66
3.3	Rotation ausgedehnter Körper	68
3.4	Drehimpuls und Drehimpulserhaltung	70
3.5	Drehmoment	72
3.6	Kräfte bei Drehbewegungen	74
3.7	**Umwelt** Rotierende Bezugssysteme	76
4	**GRAVITATION**	**78**
4.1	**Konzepte der Physik** Frühe Weltbilder	78
4.2	Gravitationsgesetz	80
4.3	Kepler'sche Gesetze	82
4.4	**Meilenstein** Newton vereinheitlicht die Physik	84
4.5	Gravitationsfeld und Energie	86
4.6	Gravitationspotenzial	88
4.7	Raumfahrt und Raketen	90
4.8	**Umwelt** Gezeiten	92
4.8	**Konzepte der Physik** Felder	94

TRAINING 96
ÜBERBLICK 100

SCHWINGUNGEN UND WELLEN   104

8 SCHWINGUNGEN **106**
8.1   Phänomen Schwingung 106
8.2   Mechanische harmonische Schwingung 108
8.3   Eigenfrequenzen von Feder- und
      Fadenpendel 110
8.4   Energie schwingender Körper 112
8.5   Gedämpfte Schwingung 114
8.6   Resonanz 116
8.7   Erzwungene Schwingung 118
8.8   Überlagerung harmonischer
      Schwingungen 120

9 WELLEN **122**
9.1   Wellenphänomene 122
9.2   Harmonische Welle 124
9.3   Überlagerung von Wellen 126
9.4   Reflexion 128
9.5   Brechung und Beugung 130
9.6   Interferenz 132
9.7   **Methoden** Darstellung von Wellen
      mit Zeigern 134
9.8   Schall und Schallwellen 136
9.9   Schallwahrnehmung 138
9.10 Stehende Welle 140
9.11 Dopplereffekt 142

TRAINING **144**
ÜBERBLICK **146**

M METHODEN DER PHYSIK **148**
M 1   Experimente und ihr Auswertung 148
M 2   Modelle in der Physik 152
M 3   Mathematische Funktionen und Verfahren 154

Register 166

MECHANIK UND GRAVITATION

Langsame Strömungen einer Flüssigkeit verlaufen glatt und gleichmäßig – aber wenn sie schneller werden, kommt irgendwann der Punkt, an dem Turbulenzen einsetzen: Die Teilchen verwirbeln, ihre Bahnen lassen sich kaum noch vorhersagen.
Physiker arbeiten heute mit komplexen Simulationen und ausgefeilter Messtechnik daran, diesen Punkt genau zu erforschen. Denn durch das Vermeiden von Turbulenzen können die Energieverluste in Pipelines auf ein Zehntel reduziert werden.

Aus 27 m Höhe ins Wasser: Die Wettkampfrichter bewerten auf einer Punkteskala die Qualität des Klippensprungs. Radioreporter dagegen verbalisieren ihre Beobachtungen für die Zuhörer. Der Trainer jedoch analysiert zusätzlich die Messdaten des Bewegungsablaufs, um ein geeignetes Trainingsprogramm zu entwickeln.

1.1 Bewegungen

Die Physik beschreibt und analysiert Zustände in der Natur sowie deren Änderungen. Sie ermöglicht damit Vorhersagen über das Verhalten verschiedenster Objekte. Die Kinematik (griech. *kinesis*: Bewegung) beschäftigt sich mit den Bewegungsabläufen beliebiger Körper.

Bewegungen lassen sich mithilfe der Alltagssprache beschreiben, um beispielsweise den Bahnverlauf oder die Schnelligkeit eines Körpers qualitativ auszudrücken. In der Physik wird die Bewegung auch quantitativ erfasst: Es wird ermittelt, an welchem Ort sich ein Körper zu verschiedenen Zeitpunkten befindet.

Dazu wird ein räumliches Koordinatensystem verwendet, ein *Bezugssystem* mit einem definierten Nullpunkt. Die Ortskoordinaten werden in der Längeneinheit Meter (m), die Zeit in der Einheit Sekunde (s) angegeben.

Zu jedem Zeitpunkt t befindet sich der Körper an einem bestimmten Ort s. Die Bewegung ist durch die Zuordnung Zeit ↦ Ort eindeutig festgelegt.

> **Die Bewegung eines Körpers wird als die Ortsänderung während eines Zeitverlaufs innerhalb eines Bezugssystems beschrieben.**

Die Art des Vorgehens in der Kinematik ist für andere physikalische Bereiche exemplarisch. Auch dort werden häufig die *zeitlichen Änderungen* physikalischer Größen analysiert.

Zeitmessung

Schon vor 5000 Jahren entdeckten die Sumerer und Ägypter, dass sie die Zeit mithilfe periodischer Vorgänge in Zeiteinheiten einteilen konnten. Sie nutzten den täglich wiederkehrenden Sonnenverlauf, um Zeitabschnitte zu vergleichen bzw. zu messen. Im Laufe der Geschichte wurden dann immer genauere Uhren entwickelt, die ebenfalls auf der Periodizität physikalischer Vorgänge beruhen.

Der kontinuierlich ablaufenden Zeit wird durch die Uhr eine Zeitskala zugeordnet. Die Einheit Sekunde ist im Internationalen Einheitensystem (SI-System) über die Frequenz der Strahlung des Cäsiumatoms definiert (vgl. 2.2); die präzisesten Uhren sind zurzeit optische Atomuhren.

Auf der Uhr können Zeitpunkte abgelesen werden; die Größe der Zeitspanne zwischen zwei Zeitpunkten t_1 und t_2 ist $\Delta t = t_2 - t_1$. Der griechische Buchstabe Delta Δ steht dabei als Abkürzung für eine Differenz. In vielen Experimenten beginnt man die Messungen zum willkürlich gewählten Zeitpunkt $t_0 = 0$.

Ortsangabe im Bezugssystem

Der Raum wird durch ein Koordinatensystem beschrieben, das seinen Nullpunkt an einem fest definierten Ort hat. Beispielsweise kann die Stelle auf dem Sprungbrett, von welcher der Sportler in Abb. 2 abgesprungen ist, als Nullpunkt des Koordinatensystems gewählt werden. Dort wird das dreidimensionale Koordinatensystem aufgespannt, die Richtungen von x-, y- und z-Achse werden festgelegt. Um den Ort des Körpers anzugeben, wird ein repräsentativer Punkt des Körpers gewählt. Sein Ort wird mithilfe der drei Koordinaten s_x, s_y und s_z angegeben.

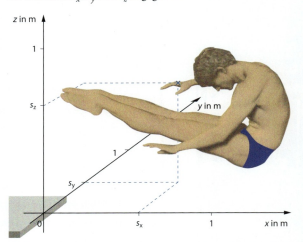

2 Die Position der rechten Hand wird durch einen Punkt mit den Koordinaten s_x, s_y und s_z beschrieben.

Je nach Wahl des Bezugssystems lässt sich die Wechselwirkung zwischen Ladungsträgern als elektrisches oder magnetisches Phänomen auffassen.

6.4

MECHANIK UND GRAVITATION | ELEKTRIZITÄT | SCHWINGUNGEN UND WELLEN

Die Einheiten auf den Achsen geben den Abstand zum Nullpunkt an, der in der Längeneinheit Meter gemessen wird. Die französische Nationalversammlung führte 1791 diese Einheit ein. Der Prototyp, das Urmeter, wurde in Sèvres bei Paris aufbewahrt und entsprach dem zehnmillionsten Teil der Entfernung vom Äquator zum Pol (vgl. 2.2). Im heutigen SI-System ist ein Meter als die Länge der Strecke definiert, die das Licht im Vakuum in der Zeit 1/299 792 458 Sekunden durchläuft.

Eindimensionale Bewegungen

Viele Bewegungen verlaufen nahezu geradlinig oder können eindimensional interpretiert werden. Dann genügt es, den Ort durch eine einzige Koordinate s anzugeben. Vereinfachend wird auch der Ort mit s bezeichnet. Experiment 1 stellt ein Beispiel für eine eindimensionale Bewegung dar. Zu jedem Zeitpunkt t gibt es einen Ort $s(t)$, an dem sich der Tropfen befindet. Die Strecke, die innerhalb der Zeitdifferenz $\Delta t = t_2 - t_1$ zurückgelegt wird, ergibt sich aus der Differenz der Orte: $\Delta s = s(t_2) - s(t_1)$. Wird der Startpunkt geschickt als Nullpunkt $s(0) = 0$ gewählt, entspricht der Ort $s(t)$ direkt der in der Zeit t zurückgelegten Strecke $\Delta s = s(t) - s(0) = s(t)$.

EXPERIMENT 1

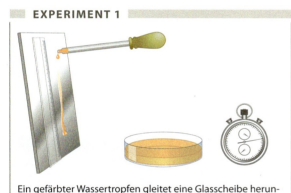

Ein gefärbter Wassertropfen gleitet eine Glasscheibe herunter. Mehrere Wertepaare für Ort und Zeit werden bestimmt und in einer Tabelle protokolliert.

Ein typisches Messergebnis zeigt die folgende Tabelle: Jedem Zeitpunkt wird eindeutig ein Ort zugeordnet.

Messwerte zu Exp. 1

t in s	0	0,78	2,22	3,92	6,45	9,11	13,68
s in m	0	0,10	0,20	0,30	0,40	0,50	0,60

Relativbewegung und Bezugssystem

Bei der Beschreibung einer Bewegung ist die Wahl des Nullpunkts willkürlich. Wird ein anderer Nullpunkt gewählt, so wird derselbe Ort durch andere Koordinatenwerte beschrieben.

Der Bezugspunkt selbst kann auch bewegt sein: In einem Zug befindet sich ein Fahrgast aus Sicht eines mitreisenden Beobachters in Ruhe. Dieser hat ein Koordinatensystem gewählt, das im fahrenden Zug verankert ist. Ein Beobachter neben den Gleisen mag seinen Bezugspunkt in die Landschaft legen. Für ihn bewegt sich der Fahrgast mit der Geschwindigkeit des Zugs. Ruhe und Bewegung sind relative Begriffe: Eine Bewegung kann nur in Bezug auf eine Umgebung beschrieben werden. Die Umgebung, auf die sich die Beschreibung bezieht, nennt man *Bezugssystem*.

Unabhängigkeit von Zeit und Raum   In der klassischen Mechanik können Raum und Zeit als unabhängig voneinander betrachtet werden: Sie beeinflussen sich nicht gegenseitig. Beispielsweise liefern Zeit- und Längenmessungen die gleichen Ergebnisse unabhängig davon, ob sie in einem stehenden oder in einem vorbeifahrenden Zug stattfinden. Diese Unabhängigkeit der beiden Größen liegt allerdings nur vor, solange die Geschwindigkeit der Körper klein gegenüber der Lichtgeschwindigkeit ist (vgl. 19.5).

AUFGABEN

1. In Experiment 1 sind Messdaten dokumentiert.
   a Beschreiben Sie anhand dieser Daten den Verlauf der Bewegung in Worten.
   b Führen Sie das Experiment selbst durch. Protokollieren Sie Ihre Messungen und stellen Sie den zurückgelegten Weg des Wassertropfens in Abhängigkeit von der Zeit grafisch dar. Geben Sie die Bedeutung des Koordinatenursprungs an.
   c Formulieren Sie eine Hypothese dazu, wie sich die Messwerte gegenüber dem Experiment in Teil b prinzipiell ändern, wenn der Winkel α zwischen der Glasscheibe und der Vertikalen vergrößert wird.
   d Überprüfen Sie Ihre Hypothese, indem Sie das in Teil b beschriebene Experiment unter den veränderten Bedingungen erneut durchführen und auswerten.

2. Der Bewegungsablauf einer von Ihnen ausgewählten geradlinigen Bewegung eines Körpers soll erfasst und beschrieben werden. Planen Sie hierfür ein Experiment. Messen Sie für möglichst viele Zeitpunkte den Ort des Körpers. Dokumentieren Sie den Versuchsaufbau, die Versuchsdurchführung, Ihre Beobachtungen und Messungen. Die Auswertung des Experiments soll grafisch und verbal erfolgen.

3. Ein Hund ist dreimal so schnell wie seine Besitzerin, er läuft voraus und kehrt immer wieder zu ihr zurück. 200 Meter vom gemeinsamen Ausgangspunkt entfernt treffen sich beide wieder. Erläutern Sie an diesem Beispiel den Unterschied zwischen dem zurückgelegten Weg und der Ortsänderung. Unter welchen Bedingungen sind Ortsänderung und zurückgelegter Weg identisch?

Nils Bohr nahm an, dass Elektronen auf exakten Bahnen um den Atomkern kreisen. Eine solche Bahnvorstellung führt jedoch in der Quantenphysik zu Widersprüchen.

Aufwinde tragen einen Paragleiter durch die Luft, die Bildsequenz vermittelt einen Eindruck von seiner Bewegung. Eine einzelne Momentaufnahme kann die Zeit nicht einfangen. Die Abfolge der Bilder von links nach rechts dokumentiert dagegen, wie sich die Höhe im Laufe der Zeit ändert.

1.2 Bewegungsdiagramme

Die grafische Darstellung von Messwerten kann ein erster Schritt bei der Analyse und Interpretation einer Bewegung sein. Oft lässt sich anhand der Graphen bereits erkennen, welches quantitative Modell zur Auswertung eines Experiments geeignet ist.

Bahnkurve Die Bahnkurve beschreibt den räumlichen Verlauf einer Bewegung, sie besteht aus allen Orten, die der Körper passiert. Verläuft die Bewegung nur in zwei Dimensionen, so kann sie in einem s_x-s_y-Diagramm dargestellt werden. Spezielle Bahnkurven lassen sich dann beispielsweise als geradlinig, kreis- oder parabelförmig deuten. Aus einer Bahnkurve ist aber nicht zu entnehmen, zu welcher Zeit der Körper einen bestimmten Ort durchläuft.

Zeit-Ort-Diagramm Die Messwerte $(t|s)$ einer eindimensionalen Bewegung lassen sich als Punkte in einem t-s-Diagramm darstellen. Eine Ausgleichskurve, die durch die Punkte gelegt wird, repräsentiert den kontinuierlichen Bewegungsverlauf. Sie ermöglicht es, Aussagen über Zwischenwerte zu treffen, zu denen keine Messpunkte vorliegen. Häufig kann aus dem Verlauf der Kurve geschlossen werden, welche Zeit-Ort-Funktion $s(t)$ zur Beschreibung der Bewegung infrage kommt.

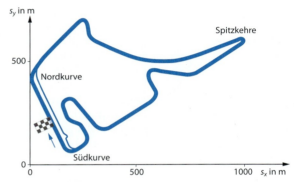

2 Verlauf des Hockenheimrings

Die geschickte Wahl des Bezugssystems ist oft unerlässlich, um den Charakter oder die Ursachen einer Bewegung zu erkennen. So bewegt sich z. B. der Mars aus der Perspektive der Erde auf einer komplizierten Schleifenbahn. Wird aber anstelle der Erde die Sonne als Bezugssystem gewählt, stellt die Marsbahn eine einfache Ellipse dar (vgl. 4.1).

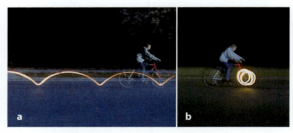

3 Die Bahnkurve des Katzenauges ist im Bezugssystem der Straße eine Zykloide, in Bezug zur Radachse aber ein Kreis.

Bahnkurve

Die Karte vom Hockenheimring in Abb. 2 zeigt eine 4,6 km lange Strecke, die ein Rennwagen durchfährt. Die Rennstrecke ist die Bahnkurve und beschreibt den räumlichen Verlauf der Bewegung eines Wagens.
Auch Langzeitaufnahmen können Bahnkurven sichtbar machen. Steht die Kamera unbeweglich auf der Straße, bewegt sich das Katzenauge des Fahrrads in Abb. 3 entlang einer Schleifenbahn, die man Zykloide nennt. Wird die Kamera aber der Bewegung des Radfahrers nachgeführt, ist die Bahnkurve ein Kreis.

Zeit-Ort-Diagramm

Eine Langzeitaufnahme kann den gesamten Weg der Bewegung zeigen, jedoch enthält sie keine Information darüber, wann sich der Körper an einem bestimmten Ort befindet. In einer Bilderserie wie in Abb. 1 ist dagegen der Zeitablauf von links nach rechts präsent. Ist die Frequenz der Bilderfolge bekannt, können die Zeitpunkte angegeben und ihnen jeweils die momentanen Höhen des Paragleiters zugeordnet werden.

Hängt die Geschwindigkeit unmittelbar vom Ort ab, werden in s-v-Diagrammen Strukturen sichtbar – dies gilt sogar für chaotische Schwingungen.

8.13

MECHANIK UND GRAVITATION | 1 Kinematik

EXPERIMENT 1

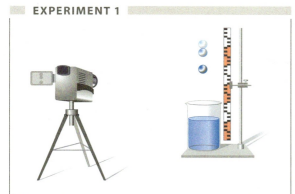

Mit einer Videokamera wird aufgenommen, wie ein Gummiball in einen wassergefüllten Glasbehälter fällt. Die momentane Höhe wird in jedem Einzelbild bestimmt und der zeitlichen Abfolge zugeordnet ↻.

Der zeitliche Verlauf einer Bewegung wird in einem Zeit-Ort-Diagramm dokumentiert. So können die in Exp. 1 gewonnenen Wertepaare $(t|s)$ in ein Koordinatensystem eingetragen werden (Abb. 4).

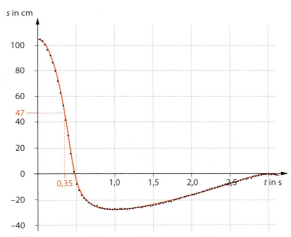

4 t-s-Diagramm zu Exp. 1: Der Ball befand sich nach 0,35 s etwa 47 cm über dem Wasserspiegel.

Interpretation des Graphen

In Abb. 4 lassen sich unterschiedliche Phasen der Bewegung erkennen. Bevor der Ball ins Wasser fällt, wird er schneller, die Kurve wird steiler. Je steiler die Kurve ist, desto größere Strecken werden innerhalb einer bestimmten Zeitspanne zurückgelegt. Im Wasser wird der Ball abgebremst, und die Kurve wird flacher. Im tiefsten Punkt kehrt sich die Bewegungsrichtung um, der Ball beginnt zu steigen. Der Graph ist im folgenden Abschnitt nahezu gerade, der Ball wird weder langsamer noch schneller. Am Ende schwimmt er knapp unter der Oberfläche. Die Kurve verläuft waagerecht, die Höhe bleibt konstant.

Die Lesbarkeit des Diagramms wird verbessert, indem eine Ausgleichskurve eingezeichnet wird. Man geht dabei im einfachsten Fall von einer Schätzung aus und nimmt an, dass die Bewegung des Körpers einem »glatten« Verlauf im t-s-Diagramm entspricht. Mithilfe einer Ausgleichskurve lassen sich dann Zwischenwerte $s(t)$ ermitteln, die nicht gemessen wurden.

Funktionsanpassungen Graphen in Diagrammen lassen sich oft durch charakteristische Funktionstypen modellieren. In Abb. 4 entspricht der Graph, der zum Bewegungsabschnitt vor dem Eintauchen ins Wasser gehört, ungefähr einer Parabel: Es kann eine quadratische Funktion $s(t)$ gefunden werden, die eine gute Annäherung an die Messwerte darstellt ↻. Die Phase, in der der Gummiball im Wasser hochsteigt, lässt sich dagegen gut durch eine lineare Funktion $s(t)$ erfassen.

AUFGABEN

1 Erläutern Sie die Unterschiede zwischen einer Bahnkurve und einem t-s-Diagramm. Welchen Zweck erfüllen die Diagramme jeweils?

2 Ein Radfahrer fährt gleichförmig mit 25 km/h.
  a Zeichnen Sie das t-s-Diagramm für $0 \leq t \leq 4$ h.
  b Geben Sie die Funktionsgleichung $s(t)$ an.
  c Wie weit ist er nach 95 min gefahren?
  d Welche Zeit benötigt er für 85 km?

3 Ein Ball rollt eine geneigte Ebene hinunter; das Foto zeigt ihn zu verschiedenen Zeitpunkten.

  a Erstellen Sie eine Arbeitsanleitung, wie man mit einer Fotokamera und einem Stroboskop den Bewegungsverlauf des Balls in einem Bild festhalten kann. Recherchieren Sie ggf. im Internet.
  b Das Foto zeigt jeweils die Positionen des Balls in einem zeitlichen Abstand von 1/3 s. Die 1 m lange Schiene liegt auf einem 6,5 cm hohen Block. Erfassen Sie die zurückgelegten Wege der Kugel für die dargestellten Zeitpunkte in einer Tabelle, erstellen Sie das t-s-Diagramm für diese Bewegung und erläutern Sie den Graphen.
  c Geben Sie eine quadratische Funktion an, die den Zusammenhang zwischen t und s möglichst genau beschreibt.
  d Stellen Sie Vermutungen darüber auf, wie sich die Bewegung und ihr Graph im t-s-Diagramm ändern, wenn Sie die Neigung der Ebene verändern. Überprüfen Sie Ihre Hypothesen experimentell.

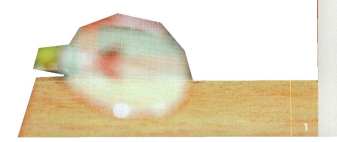

164 km/h zeigt die Tafel an. Mit dieser Geschwindigkeit flog der Tennisball nach dem Aufschlag ins gegnerische Feld. Besonders aufschlagstarke Spieler schaffen es, den Ball sogar auf 240 km/h zu beschleunigen und damit ihre Gegner erheblich unter Druck zu setzen: Der Ball kommt dann innerhalb einer Drittelsekunde bei ihnen an.

1.3 Geschwindigkeit

Die Bewegung eines Körpers ist durch die Orte festgelegt, die er nach und nach durchläuft. Für die Bewegung ist aber auch charakteristisch, wie schnell sich der Körper in jedem Moment bewegt, wie schnell also die einzelnen Ortsveränderungen ablaufen. Die physikalische Größe, die dies beschreibt, ist die Geschwindigkeit v:

Die Geschwindigkeit $v(t)$ gibt an, wie schnell sich ein Körper zum Zeitpunkt t bewegt.

Die Geschwindigkeit eines Körpers zum Zeitpunkt t kann näherungsweise durch die *Änderungsrate* zwischen den Orten s_1 und s_2 zu benachbarten Zeitpunkten t_1 und t_2 bestimmt werden. Die Änderungsrate gibt das Verhältnis der zurückgelegten Strecke $\Delta s = s_2 - s_1$ und der benötigten Zeit $\Delta t = t_2 - t_1$ an. Wenn ein ausreichend kleines Zeitintervall Δt in der Umgebung von t gewählt wird, kann die Geschwindigkeit $v(t)$ mit diesem Quotienten gleichgesetzt werden:

$$v = \frac{s_2 - s_1}{t_2 - t_1} = \frac{\Delta s}{\Delta t}. \tag{1}$$

Die Einheit der Geschwindigkeit ist m/s. Die Geschwindigkeit gibt nicht nur an, wie schnell der Körper ist, sondern auch, in welche Richtung er sich bezüglich des gewählten Koordinatensystems bewegt.

Geschwindigkeitsbestimmung

Zwei Radfahrer sind gleich schnell, wenn sie in gleicher Zeit die gleiche Strecke zurücklegen. Sind sie nicht gleich schnell, so ist derjenige schneller, der in gleicher Zeit eine größere Strecke zurücklegt oder für die gleiche Strecke weniger Zeit benötigt.

Sind aber sowohl die Strecken als auch die Zeiten beider Fahrer unterschiedlich, kann man zum Vergleich die Strecke berechnen, die beide innerhalb einer bestimmten Zeiteinheit zurücklegen. Dazu wird die zurückgelegte Strecke Δs durch die benötigte Zeit Δt dividiert. Der Quotient aus Ortsdifferenz und Zeitdifferenz stellt dann ein Maß für die Geschwindigkeit dar.

Geschwindigkeiten werden auf Tachometern zumeist in km/h angegeben. Für die Umrechnung in m/s gilt:

$$1\,\frac{\text{km}}{\text{h}} = \frac{1000\,\text{m}}{3600\,\text{s}} = \frac{1}{3{,}6}\,\frac{\text{m}}{\text{s}} \quad \text{bzw.} \quad 1\,\frac{\text{m}}{\text{s}} = 3{,}6\,\frac{\text{km}}{\text{h}}. \tag{2}$$

Richtung der Geschwindigkeit Jede Ortsänderung hat eine Richtung. Daher ist auch die Geschwindigkeit eine gerichtete Größe. Bewegt sich der Körper entgegen der Richtung der Koordinatenachse, wird die Koordinate des Orts mit zunehmender Zeit kleiner. In diesem Fall ist

$$s(t_1) > s(t_2) \text{ für } t_1 < t_2 \text{ und damit } v = \frac{s(t_2) - s(t_1)}{t_2 - t_1} < 0.$$

Die Geschwindigkeit eines Körpers hat einen negativen Wert, wenn die Richtungen der Koordinatenachse und der Bewegung entgegengesetzt sind. Wechselt der Körper seine Bewegungsrichtung, wechselt auch das Vorzeichen der Geschwindigkeit. Die Geschwindigkeit weist stets in die Richtung der Bewegung.

Geschwindigkeit zu einem Zeitpunkt

In Exp. 1 wird die Geschwindigkeit $v(t)$ eines Radfahrers auf zweierlei Weise bestimmt: einmal mithilfe eines Tachos und einmal durch die Bildung von Orts- und Zeitdifferenzen. Auf dem Tacho lässt sich zu jedem Zeitpunkt ablesen, wie schnell das Fahrrad in diesem Moment fährt. Zur Berechnung der Geschwindigkeit über den Differenzenquotienten werden dagegen immer zwei verschiedene Messwerte benötigt.

Doch auch wenn der Tacho zu jeder Zeit eine Geschwindigkeit anzeigt, beruhen seine Angaben letztlich auf der Bildung von Differenzenquotienten: Der Tacho erhält durch den Magneten, der an einer Speiche befestigt ist, bei jeder Umdrehung des Vorderrads ein elektrisches Signal. Aus Radumfang und Umlaufdauer errechnet der digitale Tacho die durchschnittliche Geschwindigkeit zwischen zwei Signalen. Befänden sich an allen Speichen des Vorder-

Ähnlich wie die Geschwindigkeit ist auch die elektrische Stromstärke als Änderungsrate einer physikalischen Größe definiert.

rads Magnete, würden die Zeitintervalle Δt kleiner, und der angezeigte Wert entspräche noch genauer der momentanen Geschwindigkeit $v(t)$. Eine beliebige Verkleinerung der Abstände zwischen den Magneten ist aber technisch nicht realisierbar.

EXPERIMENT 1

Ein Radfahrer rollt einen Hang hinab und dann, ohne zu treten, auf einer waagerechten Strecke weiter. Auf der Fahrbahn sind in gleichen Abständen Markierungen aufgezeichnet. Der Radfahrer hält eine Videokamera so, dass auf dem Bild die Tachoanzeige und die Markierungen auf der Strecke erkennbar sind. Zeit, Ort und Geschwindigkeit werden gleichzeitig gemessen ↻.

Zur Unterscheidung wird gelegentlich die Geschwindigkeit zum Zeitpunkt t als *Momentangeschwindigkeit* $v(t)$ und die berechnete Geschwindigkeit zwischen zwei Zeitpunkten t_1 und t_2 als *Durchschnittsgeschwindigkeit* $\bar{v}$ bezeichnet.

Zeit-Geschwindigkeit-Diagramm

Zum Vergleich der unterschiedlichen Geschwindigkeitsbestimmungen können die Ergebnisse von Exp. 1 in ein Diagramm eingetragen werden (Abb. 2). Aus zwei benachbarten Messungen $(t_1|s_1)$ und $(t_2|s_2)$ wird dazu die Geschwindigkeit mit dem Differenzenquotienten errechnet. Im t-v-Diagramm wird diese dann jeweils in der Mitte zwischen beiden gemessenen Zeitpunkten aufgetragen, also bei $t = (t_1 + t_2)/2$.

Auszug aus den t-s-Messwerten und den errechneten Geschwindigkeiten

t in s	0	1,80	2,64	3,28	3,84	4,36
s in m	0	1	2	3	4	5
t in s		0,90	2,22	2,96	3,56	4,10
$v = \Delta s/\Delta t$ in m/s		0,56	1,19	1,56	1,79	1,92

Die Geschwindigkeiten, die mit dem Tacho gemessen wurden, und diejenigen, die aus den t-s-Messwerten berechnet wurden, liegen näherungsweise auf derselben Kurve.

Interpretation des t-v-Diagramms Während das Rad den Hang hinunterrollt, nimmt die Geschwindigkeit zu, die Ausgleichskurve steigt. Auf der anschließenden Ebene wird das Rad langsamer, die Kurve fällt. Würde sich die Geschwindigkeit in den Phasen jeweils gleichmäßig mit der Zeit ändern, ließen sich die Messpunkte durch eine Gerade annähern. In beiden Phasen der Rollbewegung aber verlangsamt sich die Änderung der Geschwindigkeit.

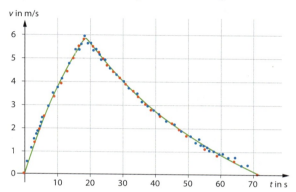

2 t-v-Diagramm zu Exp. 1: rot – am Tacho abgelesene Werte, blau – aus je zwei Messwerten für s und t berechnete Werte

AUFGABEN

1 Ein Auto fährt mit 100 km/h über eine 20 km lange Schnellstraße und 10 min mit 50 km/h durch die sich anschließende Ortschaft. Jemand behauptet, dass die Durchschnittsgeschwindigkeit des Autos für die gesamte Strecke gemäß der Gleichung (100 km/h + 50 km/h)/2 = 75 km/h berechnet werden kann. Beurteilen Sie diese Behauptung.

2 Bei einem 100-m-Lauf wurden die folgenden Messwerte aufgenommen:

t in s	0	1,9	3,0	3,9	4,8	5,6	6,5	7,3	8,1	9,0	9,9
s in m	0	10	20	30	40	50	60	70	80	90	100

a Zeichnen Sie das Zeit-Ort-Diagramm.

b Berechnen Sie die durchschnittlichen Geschwindigkeiten zwischen allen benachbarten Zeitpunkten und zeichnen Sie das Zeit-Geschwindigkeit-Diagramm. Tragen Sie hierzu die Geschwindigkeitswerte in der Mitte des jeweiligen Zeitintervalls auf und begründen Sie, dass dies sinnvoll ist.

c In welchen Wegabschnitten war die Durchschnittsgeschwindigkeit maximal bzw. minimal?

d Erläutern Sie, weshalb die Höchstgeschwindigkeit während des Laufs größer als die in Teil c ermittelte maximale Durchschnittsgeschwindigkeit sein kann.

Das »Kribbeln im Bauch« macht den Reiz von Achterbahnfahrten aus – keine Bildschirmsimulation kann dies ersetzen. Auf der kurvenreichen Strecke werden die Passagiere immer wieder schnellen Geschwindigkeitsänderungen ausgesetzt, die sie in die Sitze drücken oder scheinbar schwerelos fliegen lassen.

1.4 Beschleunigung

Ein Körper kann während einer Bewegung schneller oder langsamer werden, er kann auch seine Richtung ändern. In jedem dieser Fälle ändert sich seine Geschwindigkeit, es handelt sich also stets um eine *beschleunigte Bewegung*.
Die physikalische Größe, die die Änderung der Geschwindigkeit zu einem bestimmten Zeitpunkt beschreibt, ist die Beschleunigung a:

Die Beschleunigung $a(t)$ gibt an, wie schnell sich die Geschwindigkeit eines Körpers ändert.

Die Beschleunigung ist in ähnlicher Weise definiert wie die Geschwindigkeit. Die Größen beschreiben aber unterschiedliche Aspekte der Bewegung. Die Geschwindigkeit gibt an, wie schnell und in welche Richtung sich ein Körper in einem Moment bewegt. Die Beschleunigung gibt dagegen an, wie schnell der Körper schneller oder langsamer wird bzw. wie schnell er seine Richtung ändert.
Die Beschleunigung zu einem Zeitpunkt t lässt sich näherungsweise durch die *Änderungsrate* zwischen den Geschwindigkeiten zu zwei Zeitpunkten bestimmen. Wenn ein ausreichend kleines Zeitintervall Δt in der Umgebung von t gewählt wird, kann die Beschleunigung $a(t)$ mit der Änderungsrate der Geschwindigkeit v gleichgesetzt werden:

$$a = \frac{v_2 - v_1}{t_2 - t_1} = \frac{\Delta v}{\Delta t}. \qquad (1)$$

Die Einheit der Beschleunigung ist m/s². Wie die Geschwindigkeit ist auch die Beschleunigung eine gerichtete Größe. Bewegt sich der Körper in Richtung der Beschleunigung nimmt der Betrag seiner Geschwindigkeit zu, er wird schneller. Sind die Richtungen von Geschwindigkeit und Beschleunigung entgegengesetzt, wird der Körper langsamer.

Bestimmen der Beschleunigung

Ein Smartphone enthält einen Beschleunigungssensor, um die Anzeige nach einer Drehung des Geräts um 90° anpassen zu können. Mithilfe eines Programms (Apps) kann aber auch die Beschleunigung des Smartphones selbst gemessen und protokolliert werden.
Beschleunigungssensoren nutzen die Eigenschaft, dass ein Körper sich gegenüber einer Geschwindigkeitsänderung träge verhält. Sie sind vergleichbar mit einem Pendelkörper, der an einem Faden hängt: Je größer die Beschleunigung ist, desto weiter schlägt das Pendel aus. Allerdings kann ein solches Pendel auch in Schwingungen geraten, wodurch die Messungen etwas verfälscht werden.
Abbildung 2 zeigt Messergebnisse, die während einer Autofahrt mit einem Beschleunigungssensor aufgenommen wurden. Gleichzeitig wurde die Geschwindigkeit durch eine Videoaufnahme der Tachoanzeige aufgezeichnet ↻.

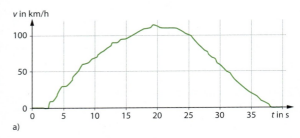
a)

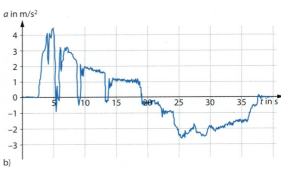
b)

2 *t*-*v*- und *t*-*a*-Diagramm einer Autofahrt. Je steiler der Graph im *t*-*v*-Diagramm ansteigt, desto größer ist die Beschleunigung. Wird der Wagen langsamer, ist die Beschleunigung negativ.

Während der ersten zwei Sekunden nach dem Start nimmt die Geschwindigkeit nahezu gleichmäßig um den Betrag $\Delta v = 30$ km/h $= 8{,}3$ m/s zu. Der Geschwindigkeitsgraph lässt sich für dieses Intervall durch eine Gerade annähern. Ihre Steigung entspricht der Änderungsrate der Geschwindigkeit:

$$\frac{\Delta v}{\Delta t} = \frac{8{,}3\,\frac{m}{s}}{2\,s} \approx 4{,}2\,\frac{m}{s^2}.$$

Diese aus der Geschwindigkeitsmessung errechnete Beschleunigung entspricht ungefähr dem Wert, der mit dem Sensor gemessen wurde.

Der Fahrer erhöht die Geschwindigkeit weiter bis auf 115 km/h. Das Auto wird schneller, aber die Rate der Geschwindigkeitszunahme verringert sich. Der t-v-Graph neigt sich insgesamt zu einer leichten Rechtskurve: Die Beschleunigung nimmt ab.

In dieser Phase wird dreimal in den nächsthöheren Gang geschaltet. Dabei wird der Motor ausgekuppelt und der Wagen nicht beschleunigt. Die Geschwindigkeit bleibt während des Schaltens nahezu konstant.

Nach Erreichen der Höchstgeschwindigkeit wird der Wagen abgebremst. Die Geschwindigkeit nimmt ab und die Beschleunigung weist negative Werte auf.

Vergleich von Geschwindigkeit und Beschleunigung

Die beiden Größen Geschwindigkeit und Beschleunigung sind ähnlich definiert: Beide geben an, wie schnell sich eine bestimmte Bewegungsgröße ändert. Sie beschreiben aber unterschiedliche Aspekte der Bewegung:

Unmittelbar beim Start ist die Beschleunigung des Wagens sehr groß; die Geschwindigkeit dagegen ist noch klein. Wird die Maximalgeschwindigkeit erreicht und gehalten, ist seine Beschleunigung null. Kommt schließlich das Auto zum Stillstand, ist in diesem Moment seine Geschwindigkeit null, aber seine Geschwindigkeitsänderung noch nicht.

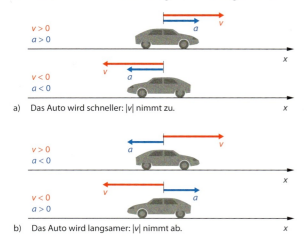

a) Das Auto wird schneller: $|v|$ nimmt zu.

b) Das Auto wird langsamer: $|v|$ nimmt ab.

3 Zum Vorzeichen von Geschwindigkeit und Beschleunigung

Gerichtete Größen

Bei eindimensionalen Bewegungen geben die Vorzeichen von Geschwindigkeit und Beschleunigung Auskunft über ihre Richtung bezüglich der Koordinatenachse, mit der die Ortskoordinate festgelegt wurde. Während das Auto schneller wird, sind die Vorzeichen von Geschwindigkeit und Beschleunigung gleich (Abb. 3). Beide Größen weisen in die gleiche Richtung. Wird das Auto aber langsamer, haben v und a unterschiedliche Vorzeichen. Die Beschleunigung ist der Bewegung entgegengerichtet.

Änderung der Beschleunigung

Die Größe Geschwindigkeit ist als zeitliche Änderung des Orts definiert, die Größe Beschleunigung wiederum als zeitliche Änderung der Geschwindigkeit. In gleicher Weise kann auch die zeitliche Änderung der Beschleunigung als physikalische Größe – Ruck genannt – definiert werden.

AUFGABEN

1 Beim Katapultstart im *Sky Shot* eines Freizeitparks werden die Insassen einer Kugel in kurzer Zeit senkrecht nach oben beschleunigt. Innerhalb von 2 s wird eine Geschwindigkeit von 100 km/h erreicht.
  a Wie groß ist die Beschleunigung im Durchschnitt? Vergleichen Sie den Wert mit der Beschleunigung beim freien Fall.
  b Erläutern Sie mithilfe von Recherchen, wie sich starke Beschleunigungen auf den Menschen auswirken.

2 Die Diagramme in Abb. 2 beschreiben die Bewegung eines Autos.
  a Entnehmen Sie den Darstellungen, wann die Gangschaltung bedient wurde.
  b Die Fahrerin ließ das Auto nach Erreichen der Höchstgeschwindigkeit im Leerlauf zunächst weiterrollen, bevor sie das Bremspedal bediente. Geben Sie die Zeitabschnitte für das Rollen und das Abbremsen an. Begründen Sie Ihre Aussage.

3 Während einer Autofahrt wurden folgende Daten aufgenommen:

t in s	0	2	4	7	15	20	22	23
v in km/h	0	20	40	60	80	60	20	0

  a Zeichnen Sie das t-v-Diagramm.
  b Berechnen Sie die Durchschnittsbeschleunigungen in den Intervallen und zeichnen Sie ein t-a-Diagramm.

4 Von einer Bewegung ist jeweils zu einem Zeitpunkt Folgendes bekannt:
  t_1: $v = 0$; $a > 0$ | t_2: $v > 0$; $a > 0$ | t_3: $v < 0$; $a = 0$
  t_4: $v < 0$; $a > 0$ | t_5: $v > 0$; $a < 0$ | t_6: $v = 0$; $a < 0$
  Beantworten Sie jeweils folgende Fragen:
  – Bewegt sich der Körper vorwärts oder rückwärts zur Richtung der positiven Achse?
  – Wird der Körper schneller oder langsamer?

METHODEN

1.5 Steigung von Graphen

Geschwindigkeit im *t-s*-Diagramm

Der Kurvenverlauf im Zeit-Ort-Diagramm trägt bereits sämtliche Informationen über die Geschwindigkeit und die Beschleunigung während einer Bewegung in sich. Abbildung 1 zeigt das *t-s*-Diagramm für die Bewegung eines Radfahrers (1.3, Exp. 1). Der Radfahrer ist zum Zeitpunkt $t = 19$ s schneller als zum Zeitpunkt $t = 60$ s: Wenn ein Körper sich schneller bewegt, legt er im gleichen Zeitintervall eine größere Strecke zurück. Im *t-s*-Diagramm verläuft dann die Kurve steiler.

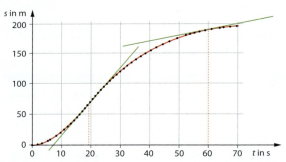

1 Nach 19 s ist das Rad ans Ende des Hangs gelangt. Dort rollt es am schnellsten, der Graph ist am steilsten. Gegen Ende der Gesamtstrecke bewegt sich das Rad langsam, der Graph steigt nur noch flach an.

Steigung im *t-s*-Diagramm Die Geschwindigkeit lässt sich aus Zeit und Ort berechnen. Die Durchschnittsgeschwindigkeit zwischen zwei Zeitpunkten wird mit dem Differenzenquotienten bestimmt:

$$\overline{v} = \frac{s_2 - s_1}{t_2 - t_1} = \frac{\Delta s}{\Delta t}. \tag{1}$$

Im *t-s*-Diagramm (Abb. 2) entspricht dieser Quotient der Steigung der Geraden durch die beiden Punkte $(t_1|s_1)$ und $(t_2|s_2)$, also der Steigung der Sekante.
Je kleiner das Zeitintervall um einen Zeitpunkt t gewählt wird, desto mehr entspricht die Steigung der momentanen Geschwindigkeit. Im Grenzprozess, wenn also Δt gegen 0 geht, geht im *t-s*-Diagramm die Sekante in die Tangente über: **Die Steigung der Tangente im *t-s*-Diagramm entspricht der Geschwindigkeit $v(t)$ zum Zeitpunkt t.**
Die momentane Änderungsrate wird als *Ableitung nach der Zeit* bezeichnet. In der Schreibweise $v(t) = \dot{s}(t)$ wird ausgedrückt, dass sich die Geschwindigkeit aus der zeitlichen Änderung des Orts bestimmen lässt. Eine weitere Schreibweise charakterisiert die Grenzwertbildung:

$$v = \lim_{\Delta t \to 0} \frac{\Delta s}{\Delta t} = \frac{ds}{dt} = \dot{s}(t). \tag{2}$$

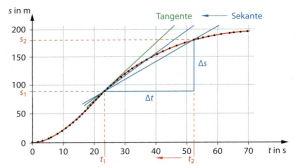

2 Der Quotient $\Delta s/\Delta t$ des Steigungsdreiecks der Sekante entspricht der Geschwindigkeit. Wenn t_2 an t_1 heranrückt, geht die Sekante in die Tangente über.

Beschleunigung im *t-v*-Diagramm

Die Beschleunigung gibt an, wie schnell sich die Geschwindigkeit ändert. Die Durchschnittsbeschleunigung zwischen zwei Zeitpunkten wird mit dem Differenzenquotienten ausgedrückt:

$$\overline{a} = \frac{v_2 - v_1}{t_2 - t_1} = \frac{\Delta v}{\Delta t}. \tag{3}$$

Im *t-v*-Diagramm entspricht diese Änderungsrate der Steigung der Sekante (Abb. 3). Der Grenzübergang von der Sekante zur Tangente lässt sich wie in Abb. 2 durchführen. **Die Steigung der Tangente im *t-v*-Diagramm entspricht der Beschleunigung $a(t)$ zum Zeitpunkt t.**

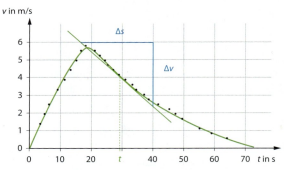

3 Der Quotient $\Delta v/\Delta t$ des Steigungsdreiecks der Sekante entspricht der Beschleunigung. Die Geschwindigkeit nimmt hier ab, die Steigung der Tangente ist negativ.

Die Beschleunigung ist die Ableitung der Geschwindigkeit nach der Zeit. Sie ist die Änderungsrate der Ortsänderung und damit die zweite Ableitung des Orts nach der Zeit:
$a = \dot{v}(t) = \ddot{s}(t)$.
Alternativ wird auch geschrieben:

$$a = \lim_{\Delta t \to 0} \frac{\Delta v}{\Delta t} = \frac{dv}{dt} = \dot{v}(t). \tag{4}$$

Beschleunigung im *t*-*s*-Diagramm Bereits im *t*-*s*-Diagramm kann aus dem unterschiedlichen Krümmungsverhalten der Kurve qualitativ auf die Beschleunigung geschlossen werden. Macht der Graph im *t*-*s*-Diagramm mit zunehmender Zeit eine Linkskurve, nimmt die Steigung der Tangenten zu. Die Geschwindigkeit nimmt zu, und die Beschleunigung hat einen positiven Wert. Bei einer Rechtskurve verlangsamt sich die Bewegung, die Geschwindigkeit nimmt ab, und die Beschleunigung hat einen negativen Wert (Abb. 4).

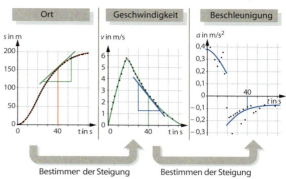

5 Die Steigung im linken Diagramm entspricht dem Funktionswert im folgenden Graphen.

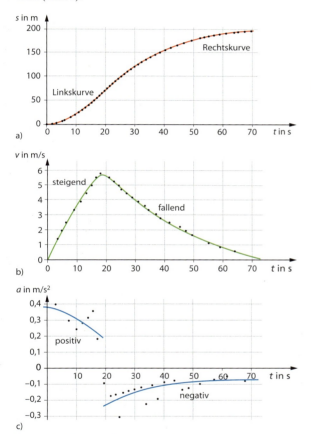

4 Aus dem Verlauf jedes einzelnen Graphen kann man ablesen, dass der Radfahrer zunächst schneller und anschließend langsamer wird.

Übergang zwischen den Diagrammen

Ist die Funktion $s(t)$ einer Bewegung bekannt, dann ist durch die Ableitung auch die Geschwindigkeit als Funktion $v(t) = \dot{s}(t)$ zu jedem Zeitpunkt bestimmt. Damit ist ebenso in jedem Moment die Beschleunigung eindeutig festgelegt: $a(t) = \dot{v}(t) = \ddot{s}(t)$. Der zeitliche Verlauf lässt sich schrittweise über die Tangentensteigungen konstruieren: zuerst die Geschwindigkeit v im *t*-*s*-Diagramm, anschließend die Beschleunigung a im *t*-*v*-Diagramm (Abb. 5).

AUFGABEN

1 Erläutern Sie den Übergang von der durchschnittlichen Beschleunigung zwischen zwei Zeitpunkten zur momentanen Beschleunigung.

2 Ein Radfahrer beschleunigt aus der Ruhe. Folgende Messwerte wurden aufgenommen:

t in s	0,0	0,2	0,4	0,6	0,8	1,0	1,2	1,4	1,6
s in m	0,00	0,03	0,12	0,27	0,50	0,80	1,18	1,65	2,20

a Stellen Sie die Bewegung im *t*-*s*-Diagramm und im *t*-*v*-Diagramm dar.
b Vergleichen Sie die Beschleunigungen zu den Zeitpunkten $t_1 = 0,5$ s und $t_2 = 1,5$ s. Berechnen Sie hierzu die Werte näherungsweise.
c Erläutern Sie, wie sich durch Veränderung der Versuchsbedingungen die Messgenauigkeit der Beschleunigung erhöhen lässt.

3 Das *t*-*v*-Diagramm einer Bewegung wird durch eine Sinusfunktion beschrieben:

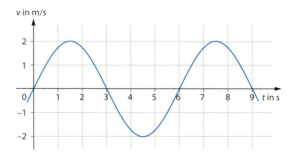

a Bestimmen Sie zeichnerisch die Beschleunigungen jeweils in Abständen von 0,5 s und zeichnen Sie das *t*-*a*-Diagramm.
b Beschreiben Sie, wie und in welche Richtungen sich der Körper zu diesen Zeitpunkten bewegt. Wie könnte diese Bewegung experimentell umgesetzt werden?
c Geben Sie an, an welchen Stellen der Betrag der Beschleunigung jeweils maximal ist.

METHODEN

1.6 Flächen unter Graphen

Strecke im t-v-Diagramm

Das Zeit-Ort-Diagramm enthält bereits die Information über die Geschwindigkeit einer Bewegung – umgekehrt lässt sich aus einem Zeit-Geschwindigkeit-Diagramm eine Aussage über die zurückgelegte Strecke entnehmen.

Lokale Ortsänderung Der Tacho des Radfahrers in Exp. 1 (1.3) zeigt nach 24 s eine Geschwindigkeit von 18 km/h = 5 m/s an. Innerhalb einer Sekunde wird das Fahrrad also etwa 5 m weiterrollen.
Für ein kleines Zeitintervall Δt um einen Zeitpunkt t wird die Geschwindigkeit $v(t)$ durch den Differenzenquotienten $v = \Delta s / \Delta t$ angenähert. Daraus folgt $\Delta s = v \cdot \Delta t$. Dieses Produkt entspricht im t-v-Diagramm dem Flächeninhalt eines Rechtecks (Abb. 1). Ist also die Geschwindigkeit zu einem Zeitpunkt t gegeben, kann lokal die Ortsänderung für ein kleines Zeitintervall in der Umgebung von t näherungsweise bestimmt werden.

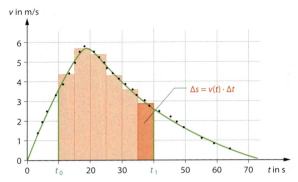

2 Die zwischen t_0 und t_1 zurückgelegte Strecke entspricht dem Flächeninhalt aller Rechteckflächen zwischen beiden Zeitpunkten.

Ortsbestimmung Um die Koordinate des Orts $s(t_1)$ zu ermitteln, muss zum Geschwindigkeitsverlauf zusätzlich der Ort $s(t_0)$ als Anfangsbedingung gegeben sein. Dieser Wert wird dann mit der Ortsänderung addiert. Startet die Messung bei $s(t_0) = 0$, so entspricht der Flächeninhalt unmittelbar dem Ort, an dem sich der Körper zum Zeitpunkt t_1 befindet.

Geschwindigkeit im t-a-Diagramm

Die Beschleunigung $a(t)$ kann analog zur Geschwindigkeit ebenfalls mit einem Differenzenquotienten angenähert werden. Aus $a = \Delta v / \Delta t$ folgt $\Delta v = a \cdot \Delta t$. Die Geschwindigkeitsänderung zwischen zwei Zeitpunkten ergibt sich aus der Summe dieser lokalen Geschwindigkeitsänderungen Δv. Je kleiner die Zeitintervalle Δt gewählt werden, desto genauer ist die Angabe der globalen Geschwindigkeitsänderung. Ist zusätzlich die Geschwindigkeit $v(t_0)$ bekannt, kann die Geschwindigkeit des Körpers zum Zeitpunkt t_1 bestimmt werden (Abb. 3).
Die Geschwindigkeitsänderung entspricht im t-a-Diagramm dem Flächeninhalt zwischen dem Graphen und der t-Achse.

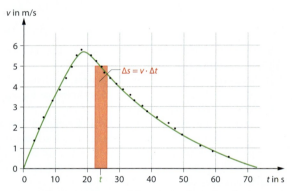

1 Die im kurzen Zeitintervall Δt zurückgelegte Strecke Δs entspricht dem Flächeninhalt des Rechtecks.

Globale Änderung Bewegt sich der Radfahrer über einen längeren Zeitraum, lässt sich die Ortsänderung aus vielen lokalen Änderungen zusammensetzen. Die Summe aller Teilstrecken Δs ist dann eine Summe von Produkten $v(t) \cdot \Delta t$. Die Ortsänderung entspricht also näherungsweise dem gesamten Flächeninhalt aller Rechtecke im t-v-Diagramm (Abb. 2).
Je kleiner die Zeitintervalle Δt gewählt werden, desto weniger weicht die Summe der Produkte von der tatsächlichen Ortsänderung ab. Dabei nähert sich die Gesamtfläche aller Rechtecke immer mehr der Fläche unter dem Graphen an. Den Grenzwert dieser Produktsumme nennt man Integral (vgl. M. 3.3)
Die Ortsänderung zwischen zwei Zeitpunkten entspricht im t-v-Diagramm dem Flächeninhalt zwischen dem Graphen und der Zeitachse.

Fläche mit Vorzeichen In Exp. 1 (1.3) beginnt nach 19 s das Ausrollen des Fahrrads auf der horizontalen Ebene. Das Fahrrad wird langsamer, die Beschleunigung ist negativ. Liegt der Graph unterhalb der Zeitachse, werden also auch die Produkte $a \cdot \Delta t$ negativ.
Damit die Fläche adäquat als Produktsumme gedeutet werden kann, muss dem Flächeninhalt in diesem Fall ein negatives Vorzeichen zugeordnet werden. Wird die Geschwindigkeit des Fahrrads aus dem Beschleunigungsdiagramm rekonstruiert, ist vom Inhalt der Teilfläche oberhalb der Zeitachse der Flächeninhalt des Teils unterhalb der Achse zu subtrahieren. Dies entspricht der Beobachtung, dass die Geschwindigkeit abnimmt.

MECHANIK UND GRAVITATION | 1 Kinematik

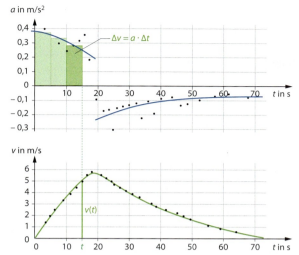

3 Durch schmale Rechtecke im t-a-Diagramm kann die Geschwindigkeit im t-v-Diagramm ermittelt werden.

Übergang zwischen den Diagrammen

Wenn die Beschleunigung über die ganze Bewegung bekannt ist, können die Geschwindigkeiten $v(t)$ und daraus die Orte $s(t)$ für den gesamten Bewegungsablauf bestimmt werden (Abb. 4). Voraussetzung hierfür ist, dass zusätzlich die Geschwindigkeit $v(t_0)$ und der Ort $s(t_0)$ als Anfangsbedingungen zum Zeitpunkt t_0 bekannt sind.

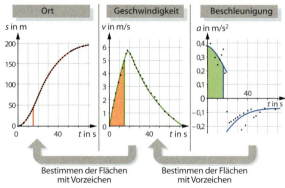

4 Die Fläche unter der rechten Kurve ergibt den Funktionswert im benachbarten linken Diagramm, falls die Anfangswerte für v bzw. s null sind.

Prognose

Um beispielsweise die Bevölkerung vor einem heranziehenden Hurrikan zu warnen und gegebenenfalls Wohngebiete zu evakuieren, muss möglichst exakt prognostiziert werden, wann und wo der Sturm auf die Küste treffen wird. Eine Satellitenaufnahme kann nur den momentanen Ort s_1 des Wirbelsturms zum Zeitpunkt t_1 angeben. Aus der Ortsangabe kann aber nicht geschlossen werden, wo sich das Objekt anschließend befindet. Ist zusätzlich die Geschwindigkeit v_1 und damit das Änderungsverhalten des Objekts in diesem Moment t_1 bekannt, lässt sich der Ort s_2 für einen nachfolgenden benachbarten Zeitpunkt t_2 näherungsweise vorhersagen (Abb. 5). Es gilt:

$$s_2 \approx v_1 \cdot (t_2 - t_1) + s_1. \qquad (1)$$

Die Bewegungsgröße v enthält zum Zeitpunkt t_1 bereits eine Information über den nachfolgenden Verlauf der Bewegung. Ist zusätzlich die Beschleunigung zu diesem Zeitpunkt bekannt, kann die lokale Prognose präzisiert werden, da dann die Änderung der Geschwindigkeit vorhersagbar ist. Iterativ lässt sich auf diese Weise oft ein ganzer Bewegungsablauf mit großer Wahrscheinlichkeit vorhersagen, und im Fall eines Hurrikans kann die Bevölkerung rechtzeitig in Sicherheit gebracht werden (vgl. M. 3.3).

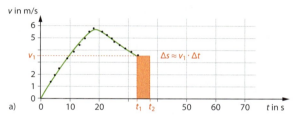

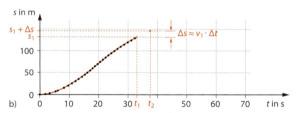

5 Ist ein Bewegungsablauf nur bis zum Zeitpunkt t_1 bekannt, kann mit der Geschwindigkeit zu diesem Zeitpunkt der Ort zu einem nachfolgenden Zeitpunkt t_2 abgeschätzt werden. Je kleiner das Zeitintervall ist, desto präziser ist die Prognose.

AUFGABEN

1. Ein Fußgänger läuft von seiner Wohnung in Richtung Busstation. Er bewegt sich zunächst mit einer Geschwindigkeit von 4,5 km/h. Nach 5 min erhöht er seine Geschwindigkeit auf 5,4 km/h und erreicht nach weiteren 2 min sein Ziel.
   a Zeichnen Sie das t-v-Diagramm dieser Bewegung.
   b Wie weit ist die Busstation von der Wohnung entfernt? Nutzen Sie für die Antwort das in Teil a gezeichnete Diagramm.
2. Bestimmen Sie mithilfe der Abb. 1 den Weg, den der Radfahrer in den ersten 19 s zurücklegt.
3. Erläutern Sie, wie sich aus einer bis zum Zeitpunkt t_0 bekannten Bewegung deren weiterer Verlauf prognostizieren lässt.

Nach einem Unfall markiert die Polizei die Bremsspur, um den Unfallhergang zu rekonstruieren. Aus der Länge der Spur werden die Ausgangsgeschwindigkeit und die Bremsdauer berechnet. Wie schnell der Unfallbeteiligte fuhr und wann er reagierte, kann zur Klärung der Schuldfrage vor Gericht von Bedeutung sein.

1.7 Modelle geradliniger Bewegungen

Um Bewegungsverläufe vorhersagen oder rekonstruieren zu können, entwickeln Physiker Modelle. Modelle können als vereinfachende Annäherungen an die Wirklichkeit betrachtet werden (vgl. M.2). Genügt ein einfaches Modell den Anforderungen nicht, wird ein komplexeres Modell gewählt oder entwickelt.

Konstante Geschwindigkeit Wenn im Idealfall ein Körper in gleichen Zeiten Δt gleiche Strecken Δs zurücklegt, ist seine Geschwindigkeit v während der Bewegung konstant. Eine Bewegung, deren Geschwindigkeit in Betrag und Richtung konstant ist, heißt geradlinig gleichförmige Bewegung. Für den Fall, dass die Bewegung im Nullpunkt beginnt, lauten ihre Bewegungsgleichungen:

$$v(t) = v = \text{konst.} \quad (1)$$
$$s(t) = v \cdot t \quad (2)$$

Konstante Beschleunigung Nimmt die Geschwindigkeit gleichmäßig mit der Zeit zu oder ab, ist die Beschleunigung konstant. Eine geradlinige Bewegung mit konstanter Beschleunigung nennt man eine gleichmäßig beschleunigte Bewegung.
Wenn der Körper aus der Ruhe im Nullpunkt startet, lauten die Bewegungsgleichungen:

$$a(t) = a = \text{konst.} \quad (3)$$
$$v(t) = a \cdot t \quad (4)$$
$$s(t) = \tfrac{1}{2} a \cdot t^2 \quad (5)$$

Idealisierung

Ein Gutachter misst nach einem Unfall nicht nur den Bremsweg, sondern berechnet auch die Strecke, die während der Reaktionszeit zurückgelegt wurde. Beide Strecken bilden zusammen den Anhalteweg, der den gesamten Bremsvorgang vom Erkennen des Hindernisses bis zum Stillstand umfasst. In der Regel ist davon auszugehen, dass die Geschwindigkeit sich während der Schrecksekunde kaum ändert. Der Reaktionsweg wird dann durch das Modell der gleichförmigen Bewegung berechnet. Allerdings kann dieses Modell zu einem Fehlurteil führen, sollte der Fahrer auch während der Reaktionszeit seine Geschwindigkeit erheblich geändert haben.

Gleichförmige Bewegung

Ist die Geschwindigkeit konstant, bildet die Fläche unter dem Graphen im t-v-Diagramm bis zu einem beliebigen Zeitpunkt t ein Rechteck. Der Flächeninhalt entspricht der Strecke $\Delta s = v \cdot t$, die nach dem Start zurückgelegt wird (Abb. 2). Beginnt die Bewegung am Ort $s(0) = s_0$, muss für die Angabe des Orts $s(t)$ die zurückgelegte Strecke zu s_0 hinzugefügt werden. Die Bewegungsgleichungen der gleichförmigen Bewegung lauten dann:

$$v(t) = v = \text{konst.} \quad \text{und} \quad s(t) = v \cdot t + s_0. \quad (6)$$

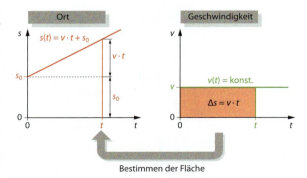

2 Das Rechteck im t-v-Diagramm entspricht der zurückgelegten Strecke $v \cdot t$. Wenn die Bewegung an der Stelle s_0 startet, ergibt sich im t-s-Diagramm ein entsprechender Achsenabschnitt.

Gleichmäßig beschleunigte Bewegung Die Beschleunigung des Gleiters in Exp. 1 ist nahezu konstant. Seine Geschwindigkeit nimmt proportional mit der Zeit zu, und der t-s-Graph ist parabelförmig.

EXPERIMENT 1

Auf einer waagerechten Luftkissenbahn wird ein Gleiter durch einen angehängten Körper beschleunigt. Die Bewegung wird über einen Bewegungsmesswandler erfasst. Der Computer dokumentiert Ort, Geschwindigkeit und Beschleunigung in Abhängigkeit von der Zeit.

Die Zunahme der Geschwindigkeit $\Delta v = a \cdot t$ bei einer konstanten Beschleunigung entspricht im t-a-Diagramm der Rechteckfläche unter dem Graphen (Abb. 3). Beginnt die beschleunigte Bewegung mit einer Anfangsgeschwindigkeit $v(0) = v_0$, ergibt sich zum Zeitpunkt t für die Geschwindigkeit: $v = a \cdot t + v_0$. Im t-v-Diagramm setzt sich dann die Fläche aus einem Rechteck mit dem Flächeninhalt $v_0 \cdot t$ und einem rechtwinkligen Dreieck mit dem Inhalt $\frac{1}{2} t \cdot (a \cdot t) = \frac{1}{2} a \cdot t^2$ zusammen. Die Gesamtfläche entspricht dem während der Zeit t zurückgelegten Weg: $\Delta s = \frac{1}{2} a \cdot t^2 + v_0 \cdot t$. Startet die Bewegung im Punkt s_0, ergeben sich folgende allgemeine Bewegungsgleichungen der gleichmäßig beschleunigten Bewegung:

$$a(t) = a = \text{konst.} \tag{7}$$

$$v(t) = a \cdot t + v_0 \tag{8}$$

$$s(t) = \frac{1}{2} a \cdot t^2 + v_0 \cdot t + s_0 \tag{9}$$

Bremsbewegung

Während der Notbremsung eines Fahrzeugs ist die Beschleunigung nahezu konstant: $a(t) = a$. Folglich ist das Modell der gleichmäßig beschleunigten Bewegung mit ihren Gleichungen anwendbar. Beim Bremsen ist die Beschleunigung der Geschwindigkeit entgegengesetzt und hat darum ein entgegengesetztes Vorzeichen. Mit der Bremszeit t_B kommt der Wagen zum Stillstand, seine Geschwindigkeit ist dann null:

$$0 = v(t_B) = a \cdot t_B + v_0 = -|a| \cdot t_B + v_0 \tag{10}$$

$$v_0 = |a| \cdot t_B \tag{11}$$

Die Länge der Bremsspur s_B ist die in der Zeit t_B zurückgelegte Strecke:

$$s_B = s(t_B) = \frac{1}{2} a \cdot t_B^2 + v_0 \cdot t_B = -\frac{1}{2} |a| \cdot t_B^2 + v_0 \cdot t_B. \tag{12}$$

Mit Gl. (11) ergibt sich für den Bremsweg:

$$s_B = \frac{1}{2} |a| \cdot t_B^2. \tag{13}$$

Zum gleichen Ergebnis gelangt man, wenn eine Videoaufnahme des Unfalls rückwärts läuft. Dann wird das Auto aus der Ruhe gleichmäßig beschleunigt, bis es die Anfangsgeschwindigkeit erreicht.

Wird Gl. (11) in Gl. (13) eingesetzt, kann ein Gutachter aus der Bremsspur auf die Anfangsgeschwindigkeit schließen:

$$v_0 = \sqrt{2 \cdot |a| \cdot s_B}. \tag{14}$$

AUFGABEN

1 Ein Zug beschleunigt mit $0,5 \text{ m/s}^2$ aus dem Stillstand. Nach welcher Zeit erreicht er die Geschwindigkeit 90 km/h, und welche Strecke legt er dabei zurück?

2 Ein Fahrzeug führt eine gleichmäßig beschleunigte Bewegung aus. Zur Zeit $t_0 = 0$ hat es die Geschwindigkeit $v_0 = 21 \text{ m/s}$. Seine konstante Beschleunigung beträgt $a = -2,5 \text{ m/s}^2$.
  a Zeichnen Sie das t-v-Diagramm.
  b Geben Sie die Funktion $v(t)$ für diese Bewegung an. Wann kommt das Fahrzeug zur Ruhe?
  c Ermitteln Sie die zurückgelegte Strecke.

3 Ein Autofahrer fährt mit 50 km/h auf eine Verkehrsampel zu. Die Ampel schaltet von Grün auf Gelb. Die Gelbphase dauert $t = 3 \text{ s}$. Die Reaktionszeit des Autofahrers ist $t_r = 0,5 \text{ s}$, und die konstante Bremsverzögerung seines Pkw auf regennasser Fahrbahn beträgt $2,0 \text{ m/s}^2$.
  a Wie weit darf der Fahrer von der Ampel entfernt sein, damit er noch bei Gelb passieren kann?
  b Welcher Anhalteweg ergibt sich, um rechtzeitig vor der Ampel zum Stehen zu kommen?
  c Welches Problem wird deutlich, wie ist es zu lösen?

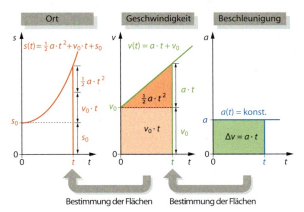

3 Schrittweise folgt aus der Bedingung $a = $ konst. die t-s-Funktion über die Berechnung der Flächen unterhalb der Graphen.

Von Sprungtürmen, die bis zu 30 m hoch sind, stürzen sich Jahr für Jahr auf der pazifischen Insel Pentecost junge Männer in die Tiefe. Die Ureinwohner pflegen diese Tradition als Mutprobe. Nur an den Knöcheln sind sie mit elastischen Lianenseilen befestigt, um den freien Fall kurz über dem Boden abzufedern.

1.8 Freier Fall und senkrechter Wurf

Freier Fall Ein Körper fällt aufgrund der Erdanziehung beschleunigt nach unten. Unter idealen Bedingungen gilt:
1. Wenn sich der Körper frei von weiteren Einwirkungen bewegt, also auch ohne Luftwiderstand fällt, hängt die Beschleunigung nicht von den Eigenschaften des Körpers wie Masse, Dichte oder Form ab.
2. Die Beschleunigung ist während des Falls zu jedem Zeitpunkt konstant.
3. Die Fallbeschleunigung g beträgt $9{,}81 \text{ m/s}^2$.

Der freie Fall ist ein idealisiertes physikalisches Modell und lässt sich durch die Gleichungen der gleichmäßig beschleunigten Bewegung beschreiben.
Wenn der freie Fall im Nullpunkt $s(0) = 0$ beginnt, ist mit $s(t)$ die Fallstrecke gegeben, und es gilt:

$$a(t) = g \qquad v(t) = g \cdot t \qquad s(t) = \tfrac{1}{2} g \cdot t^2 \qquad (1)$$

Senkrechte Würfe Wird ein Körper geworfen, startet die Bewegung mit einer Geschwindigkeit vom Betrag v_0. Senkrechte Würfe lassen sich als Fallbewegungen mit einer Anfangsgeschwindigkeit deuten.
Im Unterschied zum freien Fall wird meistens nicht die nach unten zunehmende Fallstrecke $s(t)$, sondern die nach oben gerichtete Höhe $h(t)$ angegeben. Dadurch ist die Fallbeschleunigung g der Zunahme der Ortskoordinate entgegengesetzt und erhält ein negatives Vorzeichen. Beim Wurf nach oben ist also der Wert v_0 positiv, beim Wurf nach unten negativ. Beginnt der Wurf in der Höhe $h(0) = h_0$, gilt:

$$a(t) = -g \qquad (2)$$
$$v(t) = -g \cdot t \pm v_0 \qquad (3)$$
$$h(t) = -\tfrac{1}{2} g \cdot t^2 \pm v_0 \cdot t + h_0 \qquad (4)$$

Freier Fall
Ein ausgebreitetes Blatt Papier gleitet sehr unregelmäßig zu Boden. Jeder Versuch führt zu einer anderen Bewegung. In Form eines Trichters sinkt das Blatt wie ein Fallschirm nahezu gleichförmig. Zusammengeknüllt fällt es beschleunigt nach unten – fast wie ein Stein. Die Luft bewirkt beim Fallen eines Körpers einen Widerstand, der von der Form und der Größe des Körpers abhängt.
Eine Flaumfeder fällt langsamer als eine Münze. Befinden sie sich in einer Glasröhre, aus der die Luft gepumpt wurde, bewegt sich die Feder stets auf gleicher Höhe mit der Münze. Im Vakuum fallen alle Körper gleich schnell, wenn sie gleichzeitig aus gleicher Höhe losgelassen werden.

Konstante Beschleunigung In Exp. 1 werden die Fallzeiten einer Stahlkugel gemessen, die aus unterschiedlichen Höhen fällt. In der quantitativen Auswertung zeigt sich, dass die Fallstrecke proportional zum Quadrat der benötigten Zeit ist: $s \sim t^2$. Da eine quadratische Zuordnung $t \mapsto s(t)$ sich nur bei einer konstanten Beschleunigung ergibt, kann sie durch das Modell einer gleichmäßig beschleunigten Bewegung beschrieben werden.
Aus der Bewegungsgleichung $s = \tfrac{1}{2} a \cdot t^2$ lässt sich die Beschleunigung bestimmen. Diese Fallbeschleunigung wird in der Regel mit g bezeichnet und beträgt in Mitteleuropa $g = 9{,}81 \text{ m/s}^2$. Da sie an anderen Orten andere Werte annimmt, bezeichnet man sie auch als *Ortsfaktor*.
Aus der Fallstrecke s lässt sich die Geschwindigkeit v berechnen, die der Körper am Ende erreicht hat. Aus der Zeit-Ort-Gleichung $s = \tfrac{1}{2} g \cdot t^2$ wird durch Umformung zunächst die Fallzeit bestimmt:

$$t = \sqrt{\tfrac{2s}{g}}. \qquad (5)$$

Wird die Fallzeit in die Zeit-Geschwindigkeit-Gleichung eingesetzt, ergibt sich:

$$v = g \cdot t = g\sqrt{\tfrac{2s}{g}} = \sqrt{g^2 \cdot \tfrac{2s}{g}} = \sqrt{2s \cdot g}. \qquad (7)$$

Auf dem Mond fällt ein Körper langsamer. Dort hat die Fallbeschleunigung nur den Wert $g = 1{,}62 \text{ m/s}^2$.

MECHANIK UND GRAVITATION | 1 Kinematik

EXPERIMENT 1

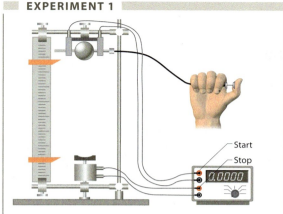

Ein Elektromagnet hält eine Stahlkugel. Sobald er ausgeschaltet wird, fällt die Kugel; gleichzeitig startet eine Zeitmessung. Schlägt die Kugel unten auf den Kontakt, wird die Zeitmessung gestoppt.

Senkrechte Würfe

Unabhängig davon, ob ein Körper ohne Anfangsgeschwindigkeit fallen gelassen oder mit einer Anfangsgeschwindigkeit vom Betrag v_0 geworfen wird – die Erdanziehung bewirkt, dass die Beschleunigung stets gleich und nach unten gerichtet ist. Die senkrechten Würfe sind gleichmäßig beschleunigte Bewegungen mit einer Anfangsgeschwindigkeit $\pm v_0$. Das Vorzeichen gibt an, in welche Richtung die Geschwindigkeit zeigt.

Wurf nach unten Wird ein Ball nach unten geworfen, wird er durch die Erdanziehung immer schneller. Die Geschwindigkeit v und die Beschleunigung g haben die gleichen Vorzeichen. Wird die Höhe h als Maß für die Ortsachse gewählt, haben v und g negative Vorzeichen. Die Höhe h nimmt stetig ab.

Wurf nach oben Wird ein Ball senkrecht nach oben geworfen, ist die Fallbeschleunigung der Bewegungsrichtung und Geschwindigkeit zunächst entgegengerichtet. Der Ball wird abgebremst, bis die Geschwindigkeit null ist. Anschließend fällt er frei nach unten. Die Beschleunigung und die Geschwindigkeit haben dann die gleiche Richtung: Der Ball wird wieder schneller. Der Graph im t-h-Diagramm hat die Form einer nach unten geöffneten Parabel. Im t-v-Diagramm ergibt sich eine fallende Gerade (Abb. 2).

Wird der Ball hochgeworfen und landet wieder dort, von wo aus er startete, sind beide Graphen achsen- bzw. punktsymmetrisch zu dem Zeitpunkt, an dem der Ball seine maximale Höhe erreicht hat. Ein Körper benötigt zum Steigen und Fallen die gleiche Zeit, und er kommt mit dem gleichen Geschwindigkeitsbetrag, aber in entgegengesetzter Richtung wieder am Ausgangsort an.

Erreicht der Körper nach der **Steigzeit** t_S seine maximale Höhe h_W, ist seine Geschwindigkeit zu diesem Zeitpunkt null. Aus dieser Bedingung $0 = v(t_S) = -g \cdot t_S + v_0$ ergibt sich die Steigzeit:

$$t_S = \frac{v_0}{g}. \tag{7}$$

Wird die Steigzeit in die Zeit-Ort-Gleichung eingesetzt, folgt für die **Wurfhöhe**:

$$h_W = h(t_S) = -\frac{1}{2} g \cdot t_S^2 + v_0 \cdot t_S = \frac{1}{2} \frac{v_0^2}{g}. \tag{8}$$

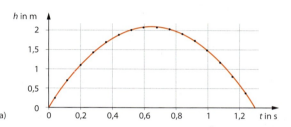

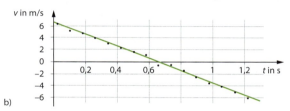

2 Messdaten und zugehörige Ausgleichskurven eines senkrechten Wurfs nach oben

AUFGABEN

1 In Abb. 1 springt eine Person von einem hohen Holzgerüst senkrecht nach unten.
a Ermitteln Sie die Geschwindigkeit bei einem Sprung aus 30 m Höhe kurz vor dem Auftreffen eines Springers auf dem Boden. Wie lange dauert der Sprung aus 30 m Höhe?
b Jugendliche dürfen nur aus halber Höhe springen. Wie groß ist deren maximale Geschwindigkeit?

2 Erläutern Sie, wie man mithilfe eines Steins die Höhe einer Flussbrücke bestimmen kann.

3 a Berechnen Sie die Höhe, die eine Kugel erreicht, wenn sie mit der Geschwindigkeit $v_0 = 6$ m/s senkrecht nach oben geworfen wird.
b Mit welcher Geschwindigkeit muss die Kugel geworfen werden, damit sie eine Höhe von 5 m erreicht? Wie lange dauert es, bis sie sich wieder am Ausgangsort befindet?

4 Wie lange dauert es, bis eine Kugel auf dem Boden aufkommt, wenn sie aus einer Höhe von 5 m mit einer Geschwindigkeit von 8 m/s senkrecht nach oben geworfen wird?

Um die starke Strömung des Flusses auszugleichen, muss diese Fähre gedreht und schräg flussaufwärts gesteuert werden. Nur so erreicht sie die Anlegestelle im Vordergrund. Die Beobachter am Ufer sehen die Fähre allerdings geradlinig auf sich zukommen.

1.9 Bewegungen in zwei Dimensionen

Geradlinige Bewegungen sind eindimensional, sie lassen sich mithilfe einer einzigen Raumkoordinate beschreiben. Für Bewegungen mit gekrümmten Bahnkurven wird dagegen ein zwei- oder dreidimensionales Koordinatensystem benötigt.
Ein Ort s in einer Ebene wird durch die beiden Koordinaten s_x und s_y dargestellt. Eine Ortsänderung von s_1 zum Ort s_2 lässt sich getrennt nach den Koordinaten beschreiben. Der Ort ändert sich bei der senkrechten Projektion auf die x-Achse um Δs_x und gleichzeitig bei der Projektion auf die y-Achse um Δs_y.
Die Geschwindigkeit als Änderungsrate des Orts wird ebenfalls unabhängig voneinander durch ihre Koordinaten in x- und y-Richtung erfasst.

$$v_x = \frac{\Delta s_x}{\Delta t} \quad \text{und} \quad v_y = \frac{\Delta s_y}{\Delta t} \tag{1}$$

Die Richtung der Geschwindigkeit weist stets in Richtung der Ortsänderung. Für ihren Betrag gilt:

$$v = \sqrt{v_x^2 + v_y^2}. \tag{2}$$

Laufband als Modell

Die Bewegung in einer Ebene lässt sich durch die Überlagerung zweier geradliniger Bewegungen simulieren. In Abb. 2 ist das Laufband so breit, dass eine Person auch senkrecht zur Bewegungsrichtung des Bands laufen kann. Ein außenstehender Beobachter beschreibt die Bewegung anhand eines Koordinatensystems, das sich aus seiner Sicht nicht bewegt.
Die Bewegungen beginnen im Nullpunkt O(0|0). Das Band bewege sich in einer Sekunde um $\Delta s_x = 4$ m. Wenn die Person auf dem Band steht, wird sie um die gleiche Strecke mitbewegt und befindet sich anschließend im Punkt $A(4|0)$. Für den Beobachter bewegt sich die Person mit der Geschwindigkeit $v_x = 4$ m/s.

Bleibt dagegen das Band in Ruhe und läuft die Person in einer Sekunde $\Delta s_y = 3$ m entlang der Markierung, dann befindet sich die Person im Punkt $B(0|3)$. Die Geschwindigkeit beträgt $v_y = 3$ m/s.
Bewegt sich die Person auf dem laufenden Band, so gelangt sie für den Beobachter diagonal zum Punkt $P(4|3)$. Sie entfernt sich vom Ursprung innerhalb einer Sekunde um 5 m, denn mit dem Satz des PYTHAGORAS gilt:

$$\Delta s = \sqrt{\Delta s_x^2 + \Delta s_y^2} = \sqrt{(4\,\text{m})^2 + (3\,\text{m})^2} = 5\,\text{m}.$$

Für den Beobachter bewegt sie sich mit der Geschwindigkeit $v = 5$ m/s. Diese Geschwindigkeit lässt sich aus den Geschwindigkeiten entlang der Achsen zusammensetzen:

$$v = \sqrt{v_x^2 + v_y^2} = \sqrt{\left(4\,\tfrac{\text{m}}{\text{s}}\right)^2 + \left(3\,\tfrac{\text{m}}{\text{s}}\right)^2} = 5\,\tfrac{\text{m}}{\text{s}}.$$

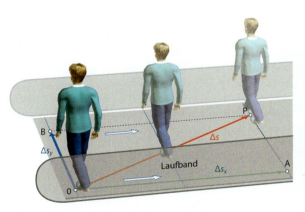

2 Bewegung in einem bewegten Bezugssystem: Die Person läuft entlang der auf dem Band blau markierten Linie nach hinten und wird gleichzeitig nach rechts befördert.

Beschreibung in Koordinaten

Zur Beschreibung einer Bewegung wird jedem Zeitpunkt ein Ort zugeordnet. Da der Ort in einer Ebene durch die unabhängigen Koordinaten s_x und s_y bestimmt ist, müssen für den gleichen Zeitpunkt t zwei Zuordnungen angegeben werden:

$$t \mapsto s_x(t) \quad \text{und} \quad t \mapsto s_y(t). \tag{3}$$

Anhand gekrümmter Bahnen in einem Massenspektrometer lässt sich die Masse von Ionen sehr genau bestimmen.

Alle Punkte $s(t)$ mit den Koordinaten $s_x(t)$ und $s_y(t)$ bilden die Bahnkurve der Bewegung in der Ebene.

Ortsänderung Im eindimensionalen Koordinatensystem wird die Änderung des Orts von $s_1 = s(t_1)$ nach $s_2 = s(t_2)$ durch die Differenz der Koordinaten $\Delta s = s_2 - s_1$ angegeben. Die Ortsänderung kann durch einen Pfeil veranschaulicht werden, der von s_1 nach s_2 weist. Der Abstand der beiden Orte ist der Betrag $|\Delta s|$. Das Vorzeichen von Δs bzw. die Pfeilspitze gibt die Richtung an.

Im zweidimensionalen Koordinatensystem wird die Ortsänderung von s_1 nach s_2 ebenfalls durch einen Pfeil markiert (Abb. 3). Seine senkrechten Projektionen auf die Koordinatenachsen sind die Differenzen der Koordinaten beider Orte:

$$\Delta s_x = s_x(t_2) - s_x(t_1) \quad \text{und} \quad \Delta s_y = s_y(t_2) - s_y(t_1). \tag{4}$$

Die erste Gleichung beschreibt die Änderung des Orts in x-Richtung, die zweite die in y-Richtung. Beide Gleichungen bilden ein **Gleichungssystem**, da sich die Koordinaten s_x und s_y gleichzeitig ändern. Durch beide Gleichungen einschließlich der Vorzeichen sind Richtung und Abstand des zweiten Punkts vom ersten eindeutig festgelegt.

Eine Größe, die durch Betrag und Richtung gekennzeichnet ist, nennt man eine **vektorielle Größe** und schreibt einen Pfeil über das Größenzeichen: $\vec{\Delta s}$.

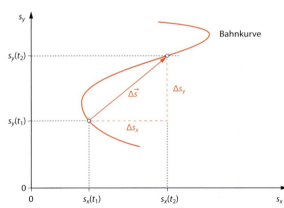

3 Die Ortsänderung eines Körpers wird durch den Pfeil zwischen beiden Orten angegeben. Je kleiner das Zeitintervall ist, desto weniger weicht die Ortsänderung von der Bahn des Körpers ab.

Geschwindigkeit Bei der Ortsänderung innerhalb eines Zeitintervalls ändern sich die beiden Koordinaten in der gleichen Zeit, und es ergeben sich die zeitlichen Änderungsraten bezüglich jeder Achse. Diese sind die Koordinaten der Geschwindigkeit:

$$v_x = \frac{\Delta s_x}{\Delta t} \quad \text{und} \quad v_y = \frac{\Delta s_y}{\Delta t}.$$

Die Geschwindigkeit ist ebenfalls eine vektorielle Größe, die sich durch einen Pfeil darstellen lässt. Seine Richtung ist durch die Ortsänderung von s_1 nach s_2 vorgegeben. Wie schnell der Körper sich bewegt, ergibt sich aus dem Betrag:

$$v = |\vec{v}| = \sqrt{v_x^2 + v_y^2}. \tag{5}$$

Je kleiner das Zeitintervall Δt um einen Zeitpunkt t gewählt wird, desto genauer ergeben sich die Koordinaten der Geschwindigkeit zu diesem Zeitpunkt. Die Richtung der Geschwindigkeit zum Zeitpunkt t ist durch die Tangente der Bahnkurve vorgegeben ↻.

Beschleunigung Die Änderungsrate der Geschwindigkeit wird ebenso in zwei Gleichungen für die Koordinaten der zueinander senkrechten Achsen beschrieben:

$$a_x = \frac{\Delta v_x}{\Delta t} \quad \text{und} \quad a_y = \frac{\Delta v_y}{\Delta t}.$$

Weist die Beschleunigung $\vec{a}(t)$ in Richtung der Bewegung, wird der Körper schneller; weist sie ihr entgegen, wird er langsamer. Weist sie in eine andere Richtung, ändert sich zusätzlich die Richtung der Bewegung.

AUFGABEN

1 Ein Freizeitsportler paddelt flussabwärts zu einem 10,4 km entfernten Ziel. Der Fluss hat in diesem Bereich eine Fließgeschwindigkeit 0,80 m/s. Die Geschwindigkeit des Paddlers im ruhenden Wasser beträgt 2,5 m/s.
a Berechnen Sie die Zeit, die er benötigt.
b Wie lange benötigt er unter denselben Bedingungen für den Rückweg?

2 Ein 90 m breiter Fluss hat eine Strömungsgeschwindigkeit von 1,5 m/s. Eine Fähre fährt mit der *Eigengeschwindigkeit* 4 m/s. Dies ist die Geschwindigkeit, die sie in einem ruhenden Gewässer erreicht.
a Ermitteln Sie die Zeit für die Überfahrt und die Strecke, um die die Fähre abtreibt, wenn sie senkrecht zur Strömung des Flusses gesteuert wird.
b Unter welchem Winkel muss die Fähre gegen die Strömung steuern, um auf kürzestem Weg das gegenüberliegende Ufer zu erreichen? Berechnen Sie die Zeit, die sie dafür benötigt.

3 Leiten Sie mithilfe einer Skizze die Gleichung (2) auf dieser Doppelseite her.

4 Ein Skispringer beschleunigt auf einer Sprungschanze aus dem Stand mit 4 m/s². Die Anlaufstrecke hat einen Neigungswinkel von 39° zur Horizontalen.
a Bestimmen Sie die x- und die y-Komponente der Beschleunigung in diesem Abschnitt.
b Berechnen Sie die Geschwindigkeit des Springers, nachdem er 20 m auf der Schanze zurückgelegt hat. Geben Sie die x- und die y-Komponente dieser Geschwindigkeit an.

Ein Snowboarder springt waagerecht von einer kleinen Rampe ab und überquert mit einer halben Drehung die Lawinengalerie einer Alpenstraße. Auch bei anderen Sprungfiguren im Freestyle hat die Flugbahn nach dem Verlassen der Rampe stets die Form einer halben, nach unten geöffneten Parabel.

1.10 Waagerechter Wurf

Ein waagerecht geworfener Körper wird durch die Erdanziehung nach unten beschleunigt, er bewegt sich auf einer gekrümmten Bahn. Unter der idealen Bedingung, dass der Luftwiderstand zu vernachlässigen ist, wird der Körper in horizontaler Richtung weder schneller noch langsamer, senkrecht nach unten wird er dagegen gleichmäßig beschleunigt.

Der waagerechte Wurf ist eine zweidimensionale Bewegung. Wird das Koordinatensystem so gewählt, dass die x-Achse horizontal in Richtung der Anfangsgeschwindigkeit und die y-Achse vertikal nach oben zeigt, weist die Beschleunigung während der gesamten Bewegung ausschließlich in y-Richtung nach unten. Für die Koordinaten der Beschleunigung gilt:
$a_x(t) = 0$
$a_y(t) = -g = $ konst.
Die horizontale Koordinate der Geschwindigkeit bleibt konstant: $v_x(t) = v_0$. Für die x-Richtung gelten die Bewegungsgleichungen der gleichförmigen Bewegung und für die y-Richtung die der gleichmäßig beschleunigten Bewegung. Wenn der waagerechte Wurf im Nullpunkt beginnt, lauten die Gleichungssysteme:

$a_x = 0 \qquad v_x = v_0 \qquad s_x = v_0 \cdot t$
$a_y = -g \qquad v_y = -g \cdot t \qquad s_y = -\frac{1}{2} g \cdot t^2$

Der waagerechte Wurf kann als Überlagerung einer horizontalen gleichförmigen Bewegung und eines senkrechten freien Falls gedeutet werden.

Überlagerung

Ein waagerechter Wurf kann in einem Experiment untersucht werden, in dem ein Körper, der sich zunächst horizontal bewegt, zu einem bestimmten Zeitpunkt fallen gelassen wird. Während die Person in Exp. 1 die Kugel festhält, bewegen sich beide gemeinsam mit der Geschwindigkeit $v_x = v_0$. Nach dem Loslassen fällt die Kugel aus Sicht des Skaters senkrecht nach unten. Im Bezugssystem des Skaters ist die Bewegung ein freier Fall. In x-Richtung bewegen sich Skater und Kugel aus Sicht eines außenstehenden Beobachters mit der gleichen Anfangsgeschwindigkeit v_0 weiter, sofern die Reibung keine Rolle spielt. Für den Außenstehenden handelt es sich um einen waagerechten Wurf mit der Anfangsgeschwindigkeit v_0.

EXPERIMENT 1

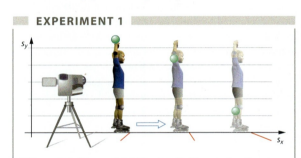

Während ein Skater gleichförmig rollt, lässt er eine Kugel fallen. Die Bewegung der Kugel wird mit einer Kamera aufgezeichnet ↻.

Eine Auswertung des Experiments, getrennt nach den Koordinaten der Geschwindigkeit, zeigt, dass die horizontale Koordinate v_x annähernd konstant ist, die senkrechte Koordinate v_y sich aber linear ändert (Abb. 2).

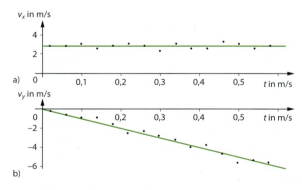

2 Zeit-Geschwindigkeit-Diagramme: Die Koordinaten der Beschleunigung sind als Steigungen abzulesen: $a_x = 0$ und $a_y = -g$.

Der Mond fällt in einem waagerechten Wurf auf die Erde zu. Allerdings ist er zu schnell, um tatsächlich auf die Erde zu treffen.

Bahnkurve

Die Idealbewegung des waagerechten Wurfs wird durch die Bewegungsgleichungen der gleichförmigen Bewegung in x-Richtung und durch die des freien Falls in y-Richtung beschrieben. Für die zeitliche Änderung des Orts ergibt sich in den Koordinaten folgendes Gleichungssystem:

$$s_x = v_0 \cdot t \tag{1}$$
$$s_y = -\tfrac{1}{2} g \cdot t^2 \tag{2}$$

Das s_x-s_y-Diagramm in Abb. 3 zeigt die Wurfbahn. Der Graph entspricht einem Foto des Experiments unter Dauerbelichtung: Die Zeit tritt hier nicht als Variable in Erscheinung. Um die zeitunabhängige Bahngleichung zu bestimmen, wird die Zeit t eliminiert. Dazu wird Gl. (1) nach t aufgelöst, $t = s_x/v_0$, und in Gl. (2) eingesetzt:

$$s_y = -\tfrac{1}{2} g \cdot \left(\tfrac{s_x}{v_0}\right)^2 = -\tfrac{g}{2v_0^2} \cdot s_x^2. \tag{3}$$

Die y-Koordinate des Orts ist eine quadratische Funktion in Abhängigkeit von der x-Koordinate. Die Bahnkurve ist eine nach unten geöffnete *Wurfparabel*, an deren Scheitelpunkt der waagerechte Wurf beginnt.

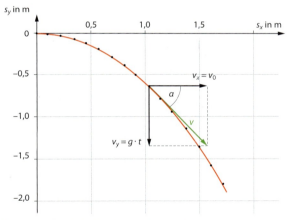

3 Wurfparabel mit den Messwerten aus Exp. 1

Geschwindigkeit, Dauer und Weite des Wurfs

Der Körper bewegt sich mit der Geschwindigkeit

$$v(t) = \sqrt{v_x^2 + v_y^2} = \sqrt{v_0^2 + g^2 \cdot t^2}. \tag{4}$$

Die Geschwindigkeit weist tangential in Richtung der Bahnkurve.

Wurfzeit Für den außenstehenden Beobachter und für den Skater benötigt die Kugel die gleiche Zeit, um auf dem Boden aufzutreffen. Für den Beobachter ist sie die Wurfzeit t_W des waagerechten Wurfs, für den Skater in Exp. 1 die Fallzeit beim freien Fall um die Fallhöhe h (vgl. 1.8):

$$t_W = \sqrt{\tfrac{2h}{g}}. \tag{5}$$

Beginnt der Wurf im Nullpunkt des Koordinatensystems und wird den y-Koordinaten der Orte darunter ein negatives Vorzeichen zugeordnet, so hat die Kugel die Fallstrecke h zurückgelegt, wenn zum Zeitpunkt t_W die y-Koordinate $s_y = -h$ erreicht ist:

$$s_y(t_W) = -\tfrac{1}{2} g \cdot t_W^2 = -h. \tag{6}$$

Auflösen nach t_W ergibt wiederum Gl. (7).

Wurfweite Die Weite des Wurfs entspricht der horizontalen Strecke, um die sich der Skater in Exp. 1 während der Fallzeit der Kugel bewegt. Die Wurfweite s_W ist also die Strecke in x-Richtung, die der Körper innerhalb der Wurfzeit t_W zurücklegt. Wird die Gleichung der Wurfzeit (5) in die Bewegungsgleichung der x-Koordinate $s_x(t) = v_0 \cdot t$ eingesetzt, folgt:

$$s_W = s_x(t_W) = v_0 \cdot t_W = v_0 \cdot \sqrt{\tfrac{2h}{g}}. \tag{7}$$

AUFGABEN

1 Ein Kind wirft einen Ball horizontal aus einem Baumhaus. Im Moment des Abwurfs befindet sich der Ball 2,5 m über dem Erdboden. Im Abstand von 6,0 m zum Punkt senkrecht unter dem Abwurfpunkt landet der Ball auf dem Erdboden.
  a Mit welcher Geschwindigkeit wurde der Ball abgeworfen?
  b Ermitteln Sie die Wurfzeit.

2 Ein unerfahrener Pilot lässt ein kleines kompaktes Versorgungspaket senkrecht über dem Zielpunkt aus der in 500 m Höhe horizontal fliegenden Maschine fallen. Das Paket schlägt aber 1 km vom Ziel entfernt auf. Berechnen Sie unter Vernachlässigung des Luftwiderstands die Geschwindigkeit des Flugzeugs.

3 Ein Gärtner hält einen Schlauch mit einer Wasserspritze 1,2 m über dem Erdboden, sodass das Wasser waagerecht austritt. Das Wasser hat eine Geschwindigkeit von 5,0 m/s, der Luftwiderstand sei zu vernachlässigen.
  a Zeichnen Sie maßstäblich die entstehende Bahn des Wasserstrahls.
  b Bestimmen Sie die Geschwindigkeit des Wassers unmittelbar vor dem Auftreffen auf den Erdboden. Geben Sie die x- und die y-Komponente dieser Geschwindigkeit an.
  c Unter welchem Winkel trifft das Wasser auf?

4 Beschreiben Sie qualitativ den Einfluss, den die Luftreibung bei einem realen waagerechten Wurf hat. Überlegen Sie dazu auch, wie sich ein horizontal geworfener Körper in einem zähen Medium wie Öl oder Honig bewegen würde.

Eine Fackel wird im Kreis geschleudert, die Funken fliegen tangential davon. Diese Langzeitaufnahme macht die Bahnen der glühenden Teilchen sichtbar. In welcher Richtung der Flug beginnt, ob schräg nach oben, nach unten oder horizontal, immer ist die Bahn des Funkens Teil einer annähernd parabelförmigen Kurve.

1.11 Schiefer Wurf

Die Bewegung eines Körpers, der unter einem beliebigen Winkel gegenüber der Horizontalen geworfen wird, nennt man einen schiefen Wurf. Zur Beschreibung des Wurfs werden die x-Achse des Koordinatensystems horizontal und die y-Achse vertikal gewählt.
Der freie Fall, der senkrechte und der waagerechte Wurf können als Spezialfälle des schiefen Wurfs angesehen werden. Wenn vom Luftwiderstand abgesehen werden kann, wird der Körper in allen Würfen durch die Erdanziehung konstant nach unten beschleunigt. In horizontaler Richtung dagegen wird er nicht beschleunigt. Damit ist $\vec{a}(t)$ für alle Wurfbewegungen identisch. Für seine Koordinaten gilt:
$a_x(t) = 0$
$a_y(t) = -g =$ konst.

Ein schiefer Wurf kann als Überlagerung einer horizontalen gleichförmigen Bewegung und eines senkrechten Wurfs gedeutet werden.

Für den schiefen Wurf gelten die folgenden Bewegungsgleichungen. Dabei wird angenommen, dass der Wurf im Nullpunkt beginnt.

$a_x(t) = 0 \qquad v_x(t) = v_{0x} \qquad s_x(t) = v_{0x} \cdot t$

$a_y(t) = -g \qquad v_y(t) = -g \cdot t + v_{0y} \qquad s_y(t) = -\frac{1}{2} g \cdot t^2 + v_{0y} \cdot t$

Beschreibung in Koordinaten

Die schiefe Anfangsgeschwindigkeit einer Wurfbewegung $\vec{v}_0$ kann durch die Koordinaten v_{0x} und v_{0y} beschrieben werden. Die Bewegung verläuft entlang der horizontalen x-Achse mit der konstanten Geschwindigkeit v_{0x}: Der Körper wird in dieser Richtung nicht beschleunigt. Entlang der vertikalen y-Achse entspricht sie dagegen einer gleichmäßig beschleunigten Bewegung mit der Anfangsgeschwindigkeit v_{0y}, also einem senkrechten Wurf mit $a_y = -g$ als konstanter Beschleunigung.

In Exp. 1 wird ein schiefer Wurf aus drei Richtungen beobachtet. Die Wurfbahn entspricht einer Parabel. Aus frontaler Sicht (Kamera 3) erscheint die Bewegung eindimensional und als senkrechter Wurf nach oben. Beim Blick von oben (Kamera 2) scheint sich der Ball gleichförmig zu bewegen.

EXPERIMENT 1

Der schiefe Wurf eines Balls wird gleichzeitig aus drei Perspektiven gefilmt. Kamera 1 nimmt die Wurfbahn von der Seite auf, die Kameras 2 und 3 nehmen die Projektionen der Wurfbewegung auf die x- bzw. y-Achse auf ↻.

Überlagerung Ähnlich wie in Kap. 1.10 kann ein schiefer Wurf als überlagerte Bewegung realisiert werden: Eine Person auf rollenden Inlineskates wirft dazu in ihrem Bezugssystem einen Ball senkrecht nach oben. In einer Videoaufnahme wird zusätzlich ein schiefer Wurf aus dem Stand eingeblendet. Die Bewegung des Balls in beiden Experimenten ist nahezu identisch ↻.
Eine weitere Deutung des schiefen Wurfs ergibt sich aus Exp. 2. Hier würden sich die Tropfen des Wasserstrahls ohne die Erdanziehung gleichförmig entlang dem Stab bewegen. Gleichzeitig fallen die Tropfen parallel zu den angehängten Messleisten nach unten. Der schiefe Wurf kann also auch als freier Fall in einem Bezugssystem interpretiert werden, das sich mit der Anfangsgeschwindigkeit $\vec{v}_0$ gleichförmig bewegt.

1.8 Die Wurfparabel ist nicht nur räumlich, sondern auch zeitlich symmetrisch – wie das t-h-Diagramm des senkrechten Wurfs.

EXPERIMENT 2

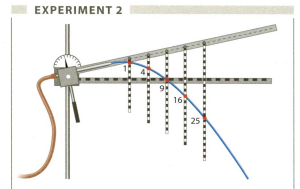

Ein Wasserstrahl tritt parallel zu einem Stab aus einer Düse. Am Stab hängen Messleisten; die Längen bis zu den Markierungen nehmen quadratisch mit dem Abstand zur Düse zu. Der Wasserdruck wird so reguliert, dass der Strahl die Markierungen streift.

Wurfbahn

Die Gleichung der Bahnkurven ergibt sich stets durch Elimination der Zeit t aus dem Zeit-Ort-Gleichungssystem: Die Gleichung für s_x wird nach t aufgelöst und in die Gleichung für s_y eingesetzt:

$$s_y = -\frac{1}{2} \frac{g}{v_{0x}^2} \cdot s_x^2 + \frac{v_{0y}}{v_{0x}} \cdot s_x. \tag{1}$$

Sie ist eine quadratische Funktion in s_x: Die Bahnkurve ist eine symmetrische Wurfparabel (Abb. 2).
Sind anstelle der Koordinaten der Anfangsgeschwindigkeit ihr Betrag $|\vec{v}_0| = v_0$ und der Abwurfwinkel α gegeben, lassen sich die Koordinaten trigonometrisch bestimmen:

$$v_{0x} = v_0 \cdot \cos\alpha \quad \text{und} \quad v_{0y} = v_0 \cdot \sin\alpha. \tag{2}$$

Für die Wurfparabel ergibt sich dann die Gleichung:

$$s_y = -\frac{1}{2} \frac{g}{v_0^2 \cdot \cos^2\alpha} \cdot s_x^2 + \tan\alpha \cdot s_x. \tag{3}$$

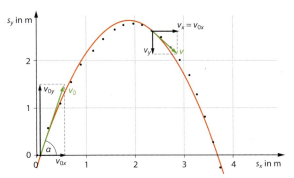

2 Ideale Bahnkurve eines schiefen Wurfs ohne Luftwiderstand. Der Einfluss des Luftwiderstands führt zu einer Abweichung von der Parabel, wie hier bei den Messpunkten eines Ballwurfs.

Wurfzeit und Wurfweite

Wenn der Wurf im Nullpunkt beginnt und auf gleicher Höhe endet, bewegt sich der Körper so lange, bis die y-Koordinate des Orts wieder null wird. Zur Bestimmung der Wurfzeit t_W wird die Gleichung

$$s_y(t_W) = -\frac{1}{2} g \cdot t_W^2 + v_{0y} \cdot t_W = 0$$

nach t_W aufgelöst:

$$t_W = 2 \frac{v_{0y}}{g}. \tag{4}$$

Die Wurfzeit entspricht derjenigen des senkrechten Wurfs nach oben. Sie hängt nur von der vertikalen Koordinate v_{0y} der Anfangsgeschwindigkeit ab.

Zur Bestimmung der horizontalen Wurfweite wird die Wurfzeit in die Gleichung der x-Koordinate des Orts eingesetzt und anschließend Gl. (2) verwendet:

$$s_W = s_x(t_W) = \frac{2 v_{0x} \cdot v_{0y}}{g} = \frac{2 v_0^2 \cdot \cos\alpha \cdot \sin\alpha}{g} = \frac{v_0^2 \cdot \sin(2\alpha)}{g}. \tag{5}$$

Für die letzte Umformung wird eine trigonometrische Formel benutzt. Die maximale Wurfweite wird bei einem Abwurfwinkel von 45° erreicht. Befindet sich der Abwurf bereits in einer bestimmten Höhe, muss unter einem etwas flacheren Winkel abgeworfen werden.

AUFGABEN

1 Ein Fußball wird in einem Winkel von 30° zur Spielfläche abgeschossen.
a Berechnen Sie die Wurfzeit, die Wurfweite und die maximale Wurfhöhe des Fußballs, wenn die Anfangsgeschwindigkeit 100 km/h beträgt und der Luftwiderstand zu vernachlässigen ist.
b Zeichnen Sie seine Wurfbahn. Berechnen Sie hierzu vier weitere Punkte.
c Welche Anfangsgeschwindigkeit müsste der Fußball auf dem Mond besitzen, um dieselbe Wurfweite zu erreichen? Die Fallbeschleunigung beträgt dort 1,62 m/s².

2 Weisen Sie nach, dass bei einer konstanten Abwurfgeschwindigkeit die Wurfweite unter einem Abwurfwinkel von 45° maximal ist.

3 Ein Basketball befindet sich zum Zeitpunkt des Abwurfs im Punkt (0 m; 2,55 m), wobei für die Spielfläche $y = 0$ gilt. Der Ball fällt durch den Korb, wenn er sich am Ort (4,00 m; 3,05 m) befindet.
a Zeichnen Sie eine mögliche Wurfbahn des Basketballs. Ermitteln Sie für Ihre Lösung die Abwurfgeschwindigkeit, den Abwurfwinkel und die maximale Höhe des Balls.
b Sind bei angepasster Abwurfgeschwindigkeit prinzipiell alle Abwurfwinkel zwischen 0° und 90° möglich? Begründen Sie Ihre Antwort.

MEILENSTEIN

2.1 *Padua, Herbst 1604. Bei Experimenten mit rollenden Kugeln findet Galileo Galilei das Gesetz des freien Falls. Außerdem erkennt er, dass alle Körper gleich schnell fallen, wenn man vom Reibungswiderstand der Luft absieht. Galilei gilt als der Begründer der modernen Physik. Er war der festen Überzeugung, dass sich die Natur mithilfe der Mathematik beschreiben lässt, und führte gezielt Experimente aus, um allgemeine Erkenntnisse über physikalische Vorgänge und Gesetze zu finden.*

Galileo Galilei
findet Fall- und Bewegungsgesetze

Der am 15. Februar 1564 in Pisa geborene Galileo Galilei sollte nach dem Willen seines Vaters Mediziner werden. Doch sein Hang zur Mathematik führte ihn zu den Naturwissenschaften. Gleichzeitig begeisterte er sich für praktische Fragen der Mechanik und Ballistik. Vor allem die Schriften des ARCHIMEDES zeigten ihm, wie sich mathematische Erkenntnisse auf praktische Probleme, etwa die Konstruktion von Hebeln oder Flaschenzügen, anwenden ließen. Er entwickelte unter anderem eine hydrostatische Waage zum Bestimmen der Dichte von Körpern und einen »geometrischen und militärischen Kompass«; dies war eine Art Rechenschieber in Form eines großen Winkels, der es ermöglichte, arithmetische und geometrische Aufgaben zu lösen oder Flächen und Rauminhalte unregelmäßig geformter Körper zu berechnen. Der Vertrieb solcher Instrumente, die er in seiner Villa bauen ließ, entwickelte sich zu einer ergiebigen Einnahmequelle.

Die Rolle des Experiments

Meilensteine setzte Galilei jedoch in der Physik. Er führte gezielt Experimente durch, um Naturgesetze zu finden – und fasste diese Gesetze in eine mathematische Form. 1623 schrieb er in dem Buch »Il Saggiatore« (Die Goldwaage):

»Das Buch der Natur ist in der Sprache der Mathematik geschrieben, und ihre Buchstaben sind Dreiecke, Kreise und andere geometrische Figuren, ohne die es ganz unmöglich ist, auch nur einen Satz zu verstehen, ohne die man sich in einem dunklen Labyrinth verliert.«

Bis dahin galt die Naturphilosophie des ARISTOTELES, nach der Experimente als Hilfsmittel zur Erkenntnis unzulässig waren: Sie galten als Manipulation der Wirklichkeit und konnten insofern nichts über die Natur aussagen. Erkenntnis ließ sich demzufolge ausschließlich durch das Beobachten *natürlicher* Vorgänge erlangen. Was Galilei dazu brachte, mit Experimenten die Natur idealisiert im Laboratorium nachzustellen, ist nicht überliefert. Als gesichert gilt jedoch, dass er ab 1602 mit Versuchen auf der schiefen Ebene begann.

Hintergrund war das von Aristoteles aufgestellte Gesetz, dass schwere Körper schneller fallen als leichte. Dieses Gesetz entspricht zwar den Beobachtungen beim Vergleich einer Feder mit einem Stein. Galilei konnte aber mit einem Gedankenexperiment zeigen, dass die Auffassung von Aristoteles zu Widersprüchen führte: Hierfür denke man sich zwei Steine, von denen der eine doppelt so schwer ist wie der andere. Nach Aristoteles müsste der schwerere Stein doppelt so schnell fallen wie der leichte. Doch was geschieht, wenn man beide Steine zusammenbindet und gemeinsam fallen lässt? Nach Aristoteles müsste der leichtere Stein den schwereren bremsen, sodass beide zusammen langsamer fallen als der schwere allein. Andererseits sind beide zusammen schwerer, müssten also schneller fallen als jeder der einzelnen Steine. Das aber wäre ein Widerspruch in sich, und solche Widersprüche durfte es nach Galileis Wissenschaftsauffassung nicht geben.

Nun weiß jeder, dass eine Feder langsamer fällt als ein Stein. Für Galilei ist aber das Prinzip »alle Körper fallen gleich schnell« aufgrund seines Gedankenexperiments unumstößlich. Hier zeigt sich seine Genialität: Er schließt, dass das »natürliche« Verhalten fallender Körper durch einen Effekt verändert wird, den wir heute Reibungswiderstand nennen. Den Kern des Fallgesetzes erblickt man erst dann, wenn man von der Reibung absieht, wenn die Körper also im Vakuum fallen.

Damit brach Galilei gleichzeitig mit dem *Horror Vacui*, der Scheu vor dem leeren Raum. Denn nach Aristoteles darf es kein ausgedehntes Vakuum geben. »Angesichts dessen glaube ich, dass, wenn man den Widerstand der Luft ganz aufhöbe, alle Körper ganz gleich schnell fallen würden«, schreibt Galilei in seinem physikalischen Hauptwerk »Unterredungen und mathematische Demonstrationen über zwei neue Wissenszweige, die Mechanik und die Fallgesetze betreffend«.

Der Weg zum Fallgesetz

Experimentell überprüfte Galilei das Fallgesetz sehr wahrscheinlich nicht, indem er schwere Körper vom schiefen Turm in Pisa fallen ließ. Das ist eine Legende. Stattdessen ließ er Kugeln eine schräge Ebene hinabrollen: Der sehr schnell ablaufende freie Fall einer Kugel wurde dadurch zeitlich gedehnt (Abb. 2). Dass die Bewegung der Kugel auf der geneigten Ebene demselben Geschwindigkeitsgesetz unterliegen muss wie der senkrechte Fall, hatte Galilei sich mithilfe einiger rein geometrischer Überlegungen klargemacht.

Die Rinne, in der die Kugel hinabrollte, umwickelte Galilei in bestimmten Abständen mit Darmsaiten. Wenn nun die Kugel über eine der insgesamt acht Saiten lief, erzeugte sie einen Ton. Sein Trick bestand darin, die Saiten genau so anzubringen, dass die Kugel sie in gleichen Zeitintervallen überrollte. Auf diese Weise fand er heraus, dass sich die Geschwindigkeit linear mit der Zeit, aber quadratisch mit der zurückgelegten Strecke vergrößerte. Dies ist das Gesetz des freien Falls.

Unklar ist, wie er die Zeit gemessen hat. Vielfach wurden damals Wasseruhren verwendet. Einige Historiker vermuten jedoch, dass diese zu ungenau waren und Galilei stattdessen die Experimente zum rhythmischen Klang einer Laute ausführte.

2 Die »Fallrinne« von Galilei

Völlig unbeachtet ließ Galilei die Frage nach der Ursache des freien Falls. Er begnügte sich damit, das Fallgesetz gefunden und es in eine mathematische Form gekleidet zu haben. Erst Newton löste dieses Problem Jahrzehnte später mit seiner Gravitationstheorie.

Geschwindigkeiten sind relativ Galilei erkannte zudem, dass man Geschwindigkeiten stets relativ zu einem Bezugssystem angeben muss. Die Relativgeschwindigkeit von gleichförmig bewegten Körpern ergibt sich aus der Summe der einzelnen Geschwindigkeiten, wenn sich die Körper aufeinander zubewegen; dagegen ergibt sie sich als Differenz, wenn sich die Körper voneinander entfernen. Dieses Galilei'sche Transformationsgesetz blieb nahezu dreihundert Jahre unangetastet bestehen, bis Einstein es im Rahmen seiner speziellen Relativitätstheorie korrigierte und verallgemeinerte.

AUFGABEN

1 Recherchieren Sie, wie nach der Auffassung von Aristoteles die Bewegung eines geworfenen Steins oder eines mit dem Bogen abgeschossenen Pfeils zu erklären ist. Erklären Sie aus der Sicht von Galilei, wieso diese Auffassung nicht haltbar ist.

2 Galilei formulierte das Fallgesetz folgendermaßen: In gleichen, aufeinander folgenden Zeiteinheiten verhalten sich die zugehörigen Fallstrecken wie 1 : 3 : 5 : 7 : … Begründen Sie diese Formulierung.

3 Angenommen, Galilei hätte seine Fallexperimente tatsächlich am schiefen Turm von Pisa durchgeführt – und er wäre dabei von einem Vertreter der aristotelischen Physik beobachtet worden.
a Die Steine fallen senkrecht nach unten. Wie hätte Galileis Gegner dies als Argument gegen die von Galilei postulierte Drehung der Erde verwenden können?
b Berechnen Sie die Fallzeit von Körpern aus 10 m, 20 m und 40 m Höhe. Wie groß sind die Geschwindigkeiten, mit denen die Körper jeweils am Boden auftreffen?
c Beurteilen Sie anhand der Berechnung in Teil b ob Galilei eine Chance gehabt hätte, seinen Gegner von den Fallgesetzen zu überzeugen.

KONZEPTE DER PHYSIK

2.2 Maße und Einheiten

Zu den wesentlichen Aufgaben der Naturwissenschaften gehört es, Objekte und Vorgänge quantitativ zu beschreiben. Jedes Objekt kann unterschiedliche Merkmale besitzen, z. B. eine Länge, eine Temperatur oder eine elektrische Ladung. Diese Merkmale werden mithilfe physikalischer Größen erfasst.

Um zu messbaren Größen zu gelangen, müssen für die einzelnen Merkmale Messvorschriften festgelegt werden: Dann ist es möglich, die zu messenden Größen mit vorher definierten Standardgrößen zu vergleichen. Diese Standardgrößen heißen *Einheiten*. Beschreibt man beispielsweise eine Länge als 1,5 Meter, so gibt der Zahlenwert 1,5 an, dass die Länge anderthalbmal so groß ist wie die Vergleichseinheit 1 Meter.

Das SI-System

Basiseinheiten Alle physikalischen Einheiten können auf die sieben Grundeinheiten des *Système International d'Unités* (SI-Einheiten) zurückgeführt werden (s. a. vorderen Buchdeckel):

Physikalische Größe	Basiseinheit
Länge	Meter (m)
Zeit	Sekunde (s)
Masse	Kilogramm (kg)
Stromstärke	Ampere (A)
Temperatur	Kelvin (K)
Stoffmenge	Mol (mol)
Lichtstärke	Candela (Cd)

Abgeleitete Einheiten Zusätzlich zu diesen Basiseinheiten gibt es die abgeleiteten SI-Einheiten. Sie werden durch Multiplikation und Division der Basiseinheiten gebildet. So ist die SI-Einheit für Geschwindigkeit (Länge pro Zeit) *Meter pro Sekunde*. Einige abgeleitete Einheiten haben auch eigene Bezeichnungen, z. B. Newton und Joule.

Physikalische Größe	Abgeleitete Einheit	
Beschleunigung	$\frac{m}{s^2}$	
Kraft	$\frac{kg \cdot m}{s^2}$	$1\,kg \cdot \frac{m}{s^2} = 1\,N$
Energie	$kg \cdot \frac{m^2}{s^2}$	$1\,kg \cdot \frac{m^2}{s^2} = 1\,J = 1\,N \cdot m$
Leistung	$kg \cdot \frac{m^2}{s^3}$	$1\,kg \cdot \frac{m^2}{s^3} = 1\,W = 1\,\frac{J}{s} = 1\,N \cdot \frac{m}{s}$

Folgen mangelnder Standardisierung Am 23. September 1999 erreichte die Sonde *Mars Climate Orbiter* den Roten Planeten und verglühte in der Marsatmosphäre, die sie eigentlich untersuchen sollte. Der Verlust der Sonde hatte eine geradezu banale Ursache: Beim Datenaustausch der Navigations- und Steuerungsteams wurden unterschiedliche Maßeinheiten verwendet: Ein Team benutzte traditionelle Einheiten wie Inches und Fuß, das andere die Einheiten des SI-Systems. So wurden die Daten für den Anflug auf den Roten Planeten falsch berechnet, was zum Absturz des 125 Millionen Dollar teuren Geräts führte.

1 Mars Climate Orbiter

Meter – die Einheit der Länge Die Einheit Meter ist seit dem Ende des 18. Jahrhunderts gebräuchlich; sie stellte die erste Längeneinheit dar, die nicht von menschlichen Gliedmaßen abgeleitet war wie der Fuß oder die Elle. Ursprünglich war für die Längendefinition das »Sekundenpendel« vorgesehen – also die Länge eines Pendels, dessen Schwingungsdauer genau eine Sekunde beträgt. In Europa hätte ein solches Pendel die Länge von etwa 0,994 m und käme damit der heutigen Definition eines Meters recht nahe.

Die tatsächlich gewählte Variante bezog sich dann jedoch auf den Erdumfang: Ein Meter wurde als zehnmillionster Teil der Strecke vom Nordpol zum Äquator auf dem Meridian von Paris definiert. Ausgehend von dieser Definition wurden mehrere *Urmeter* aus einer Platin-Iridium-Legierung angefertigt. Das in Sèvres bei Paris aufbewahrte Urmeter galt bis 1960 als internationaler Standard.

2 Einige alte Längemaße im Vergleich

Um die nationalen Standards nicht immer wieder mit dem Urmeter abgleichen zu müssen, wurde 1960 entschieden, das Meter als Vielfaches der Wellenlänge eines Krypton-Lasers zu definieren. Damit konnte das Meter jederzeit in jedem Labor weltweit reproduziert werden und war zugleich viel genauer festgelegt.

Nachdem moderne Messmethoden eine sehr exakte Bestimmung der Vakuum-Lichtgeschwindigkeit ermöglicht hatten, wurde diese Naturkonstante als Vergleichsgröße für die Längenmessung herangezogen. Seit 1983 wird ein Meter als die Länge der Strecke definiert, die das Licht während einer Zeitspanne von 1/299 792 458 s im Vakuum zurücklegt.

Die neue Definition des Meters ist für viele praktische Anwendungen gut einzusetzen: Große Entfernungen können direkt durch Laufzeitmessungen von Licht- oder Funksignalen bestimmt werden, kleine Entfernungen durch den Vergleich mit Vielfachen von Lichtwellenlängen genau bekannter Laser.

Sekunde – die Einheit der Zeit Die Zeiteinheit Sekunde war ursprünglich mit Bezug zur Erdrotation definiert: Eine Sekunde galt als der 86 400ste Teil eines mittleren Sonnentags. Dies war lange Zeit ein gutes Vergleichsmaß zur Bestimmung von Stunden und Tagen. Andererseits unterliegt auch die Erdrotation kleineren Schwankungen, selbst die Bewegung der Erde um die Sonne nimmt nicht jedes Jahr exakt die gleiche Zeit in Anspruch.

1956 wurde daher beschlossen, ein bestimmtes Jahr für die Definition der Zeiteinheit herauszugreifen: Der Sekunde entsprach danach der Teil der Zeit, die die Erde im Jahre 1900 benötigte, um die Sonne zu umrunden, geteilt durch 31 556 925,9747.

Die Fortschritte in der Messtechnik und der Atomphysik ermöglichen schließlich eine präzisere Definition, und seit 1967 wird die Sekunde schließlich aus atomaren Messungen abgeleitet. Sie wird über eine bestimmte Übergangsfrequenz eines Cäsium-Nuklids festgelegt und mit Atomuhren gemessen. Daher spricht man heute manchmal auch von der *Atomsekunde*.

Kilogramm – die Einheit der Masse Die Einheit der Masse war ursprünglich auch mit der Längeneinheit verknüpft. Das Gramm war definiert als die Masse von 1 cm³ Wasser bei einer Temperatur von 4 °C und einem Druck von 1 bar.

Im Jahr 1889 wurde diese Definition durch den Vergleich mit dem *Urkilogramm* ersetzt, einem Metallzylinder, der unter zwei schützenden Vakuumglocken in Sèvres aufbewahrt wird. Das Urkilogramm besteht aus Platin und Iridium, da diese Metalle nicht vom Luftsauerstoff angegriffen werden und sich bei Änderungen der Temperatur nur wenig ausdehnen.

Exakte Nachbildungen des Urkilogramms gibt es in vielen Ländern, in Deutschland z. B. bei der Physikalisch-Technischen Bundesanstalt in Braunschweig. Dort stehen sie Eichämtern zur Verfügung, um Waagen und Massenstücke zu eichen.

Seit der Modernisierung der Meter-Definition 1960 ist das Kilogramm die einzige SI-Basiseinheit, die noch durch einen Vergleichsgegenstand festgelegt ist. Da die verschiedenen Nachbildungen des Urkilogramms zunehmend voneinander abweichen, wird intensiv geforscht, um eine neue Definition des Kilogramms auf der Basis von Naturkonstanten zu ermöglichen. Eine vielversprechende Variante besteht darin, die Avogadro-Konstante N_A zu nutzen. Sie gibt an, wie viele Teilchen in einem Mol eines Stoffs vorhanden sind. Beim häufigsten Kohlenstoffnuklid ^{12}C hat ein Mol eine Masse von exakt 12 g. Wenn man in der Lage ist, die Anzahl der Atome eines Körpers sehr genau zu ermitteln, lässt sich das Kilogramm über eine bestimmte Anzahl von Atomen definieren. Voraussetzung hierfür ist, dass der Körper ausreichend *rein* ist, also möglichst keine Fremdatome und auch nur ein Isotop enthält (Abb. 3).

3 Das alte Urkilogramm könnte durch eine hochreine Siliciumkugel abgelöst werden.

AUFGABEN

1 Unsere Sonne hat eine Masse von $1,99 \cdot 10^{30}$ kg. Sie besteht zum größten Teil aus Wasserstoff und besitzt nur einen kleinen Anteil schwererer Elemente. Ein einzelnes Wasserstoffatom hat eine Masse von $1,67 \cdot 10^{-27}$ kg. Schätzen Sie auf der Basis dieser Angaben die Anzahl der Wasserstoffatome in der Sonne ab.

2 In der Astronomie werden Entfernungen häufig in der Einheit Parsec angegeben. Ein Parsec entspricht dabei der Entfernung, aus der der Radius der Erdbahn ($1,5 \cdot 10^8$ km) unter einem Winkel von 1″ (Winkelsekunde) gesehen wird. Rechnen Sie diese Entfernung in Lichtjahre um (die Lichtgeschwindigkeit c beträgt $3 \cdot 10^8$ m/s).

3 Angenommen, die Länge eines mittleren Sonnentags würde durch die Abbremsung der Erdrotation in 100 Jahren jeweils um 10 Millisekunden zunehmen. Wann würde dann ein Tag 25 Stunden haben?

Supertanker sind beim Manövrieren und Bremsen sehr träge: Die Masse dieser gigantischen Schiffe beträgt bis zu 500 000 Tonnen, ihr Bremsweg kann aus voller Fahrt mehrere Kilometer lang sein. Doch Vollbremsungen sollte man möglichst vermeiden – mehrere davon und der Tanker ist unbrauchbar, weil sich die Struktur seiner vergleichsweise dünnen »Metallhaut« verzogen hat.

2.3 Masse

Häufig wird der Begriff Masse lediglich benutzt, um eine gewisse Stoffmenge zu charakterisieren. In der Physik dient die Größe Masse jedoch dazu, zwei wesentliche Eigenschaften eines Körpers zu beschreiben: seine Trägheit und seine Schwere.

Trägheit Um einen Körper zu beschleunigen – ihn also aus der Ruhelage in Bewegung zu versetzen, ihn abzubremsen oder seine Bewegungsrichtung zu ändern –, ist ein bestimmter Aufwand nötig: Jeder Körper ist träge. Die Trägheit eines Körpers wird durch die Masse m beschrieben: Je größer die Trägheit eines Körpers ist, desto größer ist seine Masse.

Schwere Jeder Körper wird von einem anderen angezogen, beispielsweise ein Apfel von der Erde: Jeder Körper ist schwer. Auch die Eigenschaft der Schwere wird durch die Masse m beschrieben. Je stärker ein Körper von einem bestimmten anderen Körper angezogen wird, desto größer ist seine Masse.

Äquivalenz Bereits GALILEIS Fallversuche belegten ein konstantes Verhältnis von schwerer und träger Masse. Für diese beiden unterschiedlichen Eigenschaften eines Körpers kann dieselbe Messgröße und die gleiche Einheit verwendet werden: Zwei Körper, die gleich schwer sind, zeigen auch die gleiche Trägheit und umgekehrt. Dies wird als die Äquivalenz von träger und schwerer Masse bezeichnet.

Die Masse m gibt an, wie träge und wie schwer ein Körper ist. Ihre Einheit ist Kilogramm (kg).

Trägheit und Schwere

In Exp. 1 zeigt sich sowohl die Trägheit als auch die Schwere eines Körpers. In Teil 1 a reißt der untere Faden, da der Stein sehr träge ist: Der Faden ist nicht haltbar genug, um den Stein so stark zu beschleunigen, dass er der Bewegung der Hand folgt. In Teil 1 b dagegen werden beide Fäden nach und nach stärker gespannt. Die Belastung des oberen Fadens ist dabei immer etwas größer als die des unteren, denn er wird zusätzlich durch den schweren Stein gespannt. Daher reißt der obere Faden zuerst.

EXPERIMENT 1

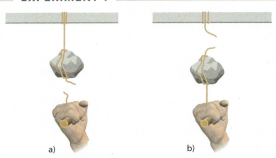

a) b)

Ein schwerer Stein ist an einem dünnen Faden aufgehängt. Ein weiterer Faden aus demselben Material ist unten am Stein befestigt. Wird unten ruckartig gezogen (a), reißt der untere Faden; wird dagegen der Zug langsam erhöht (b), reißt der obere Faden.

Massenvergleich

Wenn man zwei Körper bezüglich ihrer Masse vergleichen will, »wiegt« man sie manchmal intuitiv, indem man die Hände etwas auf und ab bewegt (Abb. 2). Der Körper mit der größeren Trägheit lässt sich nur mit spürbar größerer Anstrengung bewegen.

2 Intuitiver Trägheitsvergleich

Deutlich präziser ist ein Trägheitsvergleich mithilfe eines Federpendels (Exp. 2). Diese Federpendel erlauben sehr genaue Massenvergleiche, da die Schwingungsdauer quadratisch mit der trägen Masse zunimmt (vgl. 8.3).

EXPERIMENT 2

An eine Feder werden nacheinander unterschiedliche Körper gehängt und zum Schwingen angeregt. Die Zeit, die ein Körper für eine vollständige Auf- und Abbewegung braucht, wird jeweils bestimmt. Zur Verminderung der Messfehler ist es sinnvoll, z. B. die Zeit für 10 Schwingungen zu messen und diese dann durch 10 zu dividieren.

Waagen Zum Vergleich der Schwere zweier Körper werden Waagen eingesetzt: Hierbei wird die jeweilige Wechselwirkung der Körper mit einem Referenzkörper – üblicherweise der Erde – verglichen. Auf einer Balkenwaage wird der Unterschied unmittelbar sichtbar. Andere Waagen bedienen sich der Längenänderung kalibrierter Federn oder der Änderung elektrischer Eigenschaften kalibrierter Sensoren.

Äquivalenz von träger und schwerer Masse

Die Äquivalenz von träger und schwerer Masse hat Galileo Galilei bereits im 17. Jahrhundert postuliert. Inzwischen ist sie experimentell sehr genau untersucht worden. Die Messungenauigkeit ist dabei so hoch, dass bei einem Körper von 1000 Tonnen schwerer Masse der Unterschied zur trägen Masse kleiner sein müsste als 0,0001 Gramm.

Neuere Theorien der Gravitation weisen aber darauf hin, dass es unterhalb dieser Messungenauigkeit Abweichungen von der Äquivalenz geben könnte. Um eine Verletzung des Äquivalenzprinzips nachzuweisen, sind also noch präzisere Messungen notwendig, die gerade im Zuge einer Weltraummission vorbereitet werden.

Gleichgewichtsorgan

Das Gehör und das Gleichgewichtsorgan sind zwei Sinnesorgane, die in ihrer Funktionsweise sehr nahe miteinander verwandt sind. In beiden Organen werden Nervenimpulse durch die Bewegung von Haarsinneszellen ausgelöst. Die Organe sind komplett mit einer Flüssigkeit gefüllt, in die die Haarsinneszellen hineinragen (Abb. 3). Bewegt man z. B. den Kopf seitwärts, so strömt die Flüssigkeit aufgrund der Trägheit an den Haarsinneszellen vorbei, die »mitgerissen« und dabei kurzzeitig gebogen werden. Diese Biegung geben sie als Sinnesreiz an das Gehirn weiter. Auf solche Art kann das Gleichgewichtsorgan auch kleinste Verlagerungen registrieren.

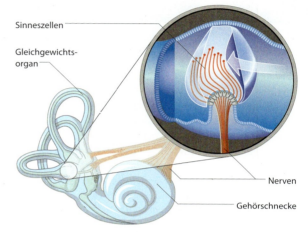

3 Sinneszellen im menschlichen Gleichgewichtsorgan

AUFGABEN

1 Ein Lkw wird mit einer Ladung der Masse m bestückt. Erläutern Sie, auf welche Aspekte hinsichtlich der Trägheit und der Schwere der Ladung der Fahrer dabei achten muss.

2 Mit einer Wasserwaage lässt sich feststellen, ob die Geschwindigkeit eines Körpers zunimmt, abnimmt oder gleich bleibt.
  a Untersuchen und beschreiben Sie, wie sich die Lage der Luftblase der Wasserwaage in den drei genannten Fällen verändert.
  b Erklären Sie die Beobachtungen.

3 a Bewerten Sie folgende Aussage: »Für ein Massestück, das an einen Federkraftmesser gehängt wird, beträgt der Messwert an der Mondoberfläche nur rund $\frac{1}{6}$ von dem an der Erdoberfläche ermittelten Messwert. Folglich sind die Schwere und die Trägheit eines Körpers auf Mond und Erde unterschiedlich.«
  b Angenommen, Exp. 1 wird auf dem Mond durchgeführt: Was ist dort anders als bei der Durchführung auf der Erde?

4 Beschreiben Sie ein Modellexperiment, das die Funktionsweise des menschlichen Gleichgewichtsorgans demonstriert. Geben Sie auch eine Möglichkeit an, die Signale des »Messfühlers« von einem »Detektor« auswerten zu lassen.

Um beim Bowling einen Strike zu werfen, also alle Pins mit einem Wurf abzuräumen, sollte man versuchen, das Dreieck der zehn Figuren etwas rechts oder links neben der Spitze zu treffen. Durch den Stoß der Bowlingkugel mit den Pins werden dann alle zehn direkt oder indirekt umgeworfen: Der Impuls der Kugel wird auf viele Körper verteilt.

2.4 Impuls und Impulserhaltung

Während in der Kinematik nur die Geschwindigkeit und die Änderung der Geschwindigkeit von Bedeutung sind, wird in der Dynamik auch die Masse eines Körpers berücksichtigt. Bewegte Körper mit gleicher Geschwindigkeit, aber unterschiedlichen Massen reagieren auf gleiche Wechselwirkungen unterschiedlich. Der Impuls $\vec{p}$ eines Körpers ist die Bewegungsgröße, die beide Aspekte – die Trägheit des Körpers und seine Geschwindigkeit – als Produkt gemeinsam beschreibt:

Der Impuls eines Körpers ist definiert als $\vec{p} = m \cdot \vec{v}$. Es gilt der Trägheitssatz: Der Impuls ändert sich nicht, solange der Körper keinem äußeren Einfluss unterliegt.

Kommt es zwischen zwei Körpern zu einem Stoß, also zu einer kurzzeitigen Wechselwirkung, so ist die vektorielle Summe ihrer Impulse nach dem Stoß gleich der Summe der Impulse vor dem Stoß. Dies lässt sich auf Systeme mit beliebig vielen Körpern zum Impulserhaltungssatz verallgemeinern, der für Wechselwirkungen und Stoßprozesse jeder Art gilt.

Impulserhaltungssatz: Die Vektorsumme der Impulse eines geschlossenen Systems bleibt bei allen Stößen und Wechselwirkungen innerhalb des Systems erhalten.

Trägheitssatz

GALILEO GALILEI betrachtete in einem Gedankenexperiment die folgende Situation: Auf einer schiefen Ebene wird ein rollender Körper mit einer vorgegebenen Anfangsgeschwindigkeit abwärtsbewegt – man stellt fest, dass die Geschwindigkeit des Körpers im Laufe der Zeit zunimmt. In einem zweiten Versuch startet der Körper wieder mit der gleichen Anfangsgeschwindigkeit, allerdings auf der schiefen Ebene aufwärts – seine Geschwindigkeit nimmt ab, er kommt zum Stillstand und läuft zurück.

Im idealisierten Grenzfall der beiden Situationen, der reibungsfreien Bewegung auf einer horizontalen Ebene, muss die Geschwindigkeit unverändert bleiben. Damit formulierte Galilei eine erste Version des Trägheitssatzes: Ein Körper behält seine Geschwindigkeit bei, wenn keine Ursache für eine Bewegungsänderung vorliegt.

Impulserhaltungssatz

EXPERIMENT 1

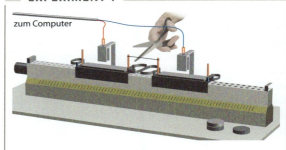

Auf einer Luftkissenfahrbahn stehen zwei Gleiter. Sie sind mit einem Faden verbunden, der die Blattfedern zwischen ihnen spannt. Der Faden wird durchtrennt; die Geschwindigkeiten v_1' und v_2', mit der sich die Gleiter auseinanderbewegen, werden gemessen. Haben die Gleiter die gleiche Masse, so sind v_1' und v_2' gleich groß. Haben sie unterschiedliche Massen m_1 und m_2, so sind die Produkte $m_1 \cdot v_1'$ und $m_2 \cdot v_2'$ stets gleich groß.

Das Ergebnis von Exp. 1 stimmt mit der Annahme der Impulserhaltung überein: Beide Gleiter haben vor dem Beginn der Bewegung den Impuls null: $p_1 = p_2 = 0$. Nach dem Auftrennen des Fadens sind die Produkte aus Geschwindigkeit und Masse betragsmäßig gleich groß. Allerdings sind die Impulse entgegengesetzt gerichtet, sodass gilt:

$$\vec{p}_1' = -\vec{p}_2' \quad \text{bzw.} \quad \vec{p}_1' + \vec{p}_2' = 0.$$

Die Summe der Impulse bleibt also unverändert.

Stoß zweier Kugeln

Bei der Behandlung von Stoßvorgängen ging CHRISTIAAN HUYGENS in einem Gedankenexperiment von der Gültigkeit des Trägheitssatzes aus. Außerdem traf er zwei Grundannahmen:

1. Stoßen zwei Kugeln gleicher Masse mit gleichen, aber entgegengesetzt gerichteten Geschwindigkeiten zusammen, so kehren sich bei dem Stoß ihre Bewegungsrichtungen um, ohne dass sich ihre Geschwindigkeiten betragsmäßig ändern.

Dass diese Annahme beispielsweise für Stahlkugeln sinnvoll ist, lässt sich experimentell gut belegen.

2. Für einen ruhenden Beobachter und einen Beobachter, der sich auf einem Schiff mit konstanter Geschwindigkeit bewegt, verlaufen Stoßprozesse nach den gleichen Gesetzen, und zwar unabhängig von der Geschwindigkeit des Schiffs.

Bei dieser Grundannahme handelt es sich um eine der ersten Formulierungen des Relativitätsprinzips. Danach ist die Beschreibung von Bewegungen nur relativ zu einem festgelegten Bezugssystem möglich (vgl. 1.1), und in Bezugssystemen, die sich geradlinig gleichförmig zueinander bewegen, haben die physikalischen Gesetze stets die gleiche Gestalt (vgl. 19.2).

In Abb. 2 bewegen sich zwei Kugeln gleicher Masse mit den Geschwindigkeiten $\vec{v}_1$ und $\vec{v}_2$, die entgegengesetzt gerichtet sind. Die Geschwindigkeit des Schiffs kann nun so gewählt werden, dass für den Beobachter auf dem Schiff die Beträge von v_1 und v_2 gleich groß sind. Dies ist der Fall, wenn Folgendes gilt:

$$v_S = \frac{v_1 + v_2}{2}. \qquad (1)$$

Aus Sicht dieses Beobachters müssen sich dann also beim Stoß – nach Annahme 1 – nur die Richtungen der Geschwindigkeiten umkehren (Abb. 2b). Für den Beobachter am Ufer tauschen die beiden Kugeln demzufolge die Geschwindigkeiten aus (Abb. 2c):

$$\vec{v}_1' = \vec{v}_2, \text{ und } \vec{v}_2' = \vec{v}_1'. \qquad (2)$$

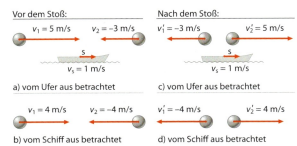

2 Zwei Kugeln bewegen sich aufeinander zu. Der Stoß wird vom Ufer und von einem Schiff aus betrachtet, das sich gleichförmig am Ufer vorbeibewegt.

In Abb. 3 sind die Geschwindigkeiten für den Beobachter am Ufer gleich gerichtet, aber unterschiedlich groß. Wird die Geschwindigkeit des Schiffs jedoch wieder als Mittelwert gewählt (Gl. 1), ergibt sich für den Beobachter auf dem Schiff wieder eine Geschwindigkeitsumkehr und für den Beobachter an Land wiederum ein Austausch der Geschwindigkeiten (Gl. 2).

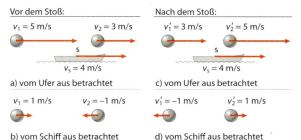

3 Zwei Kugeln bewegen sich unterschiedlich schnell. Der Stoß wird auch hier vom Ufer und vom Schiff aus betrachtet.

Für den Stoß von Kugeln gleicher Masse findet im Bezugssystem des Schiffs also stets ein Austausch der Impulse statt. Im Bezugssystem des Ufers gilt dann ebenfalls die Impulserhaltung. Um in ähnlicher Weise auch Stöße mit Körpern ungleicher Masse zu erfassen, hat Huygens eine erste Version des Schwerpunktsatzes formuliert und damit den Impulserhaltungssatz für Körper beliebiger Masse hergeleitet (vgl. 2.12).

AUFGABEN

1 Ein Astronaut besitzt mit seinem Raumanzug eine Gesamtmasse von 150 kg. Beim Verlassen des Raumschiffs stößt er sich mit einer Geschwindigkeit von 1,2 m/s von diesem ab.
 a Ermitteln Sie den Impuls des Astronauten.
 b Berechnen Sie die durch das Abstoßen des Astronauten verursachte Geschwindigkeitsänderung des 2,5 t schweren Raumschiffs.

2 Ein fallender Apfel ($m = 150$ g) erreicht, unmittelbar bevor er die Erde berührt, die Geschwindigkeit 18 m/s.
 a Erklären Sie, warum der Apfel die Erde nicht aus ihrer Bahn wirft.
 b Präzisieren Sie Ihre Antwort zu Teil b durch eine quantitative Betrachtung.

3 Geben Sie eine Gleichung an, die einen Zusammenhang zwischen den Größen Impuls, Masse und kinetische Energie herstellt.

4 Ein Güterwagen besitzt eine Masse von 12 t. Er fährt beim Rangieren mit einer Geschwindigkeit von 25 km/h und rammt dabei einen zweiten Güterwagen, der sich in Ruhe befindet. Anschließend bewegen sich beide Wagen mit der Geschwindigkeit 6 km/h gemeinsam weiter. Ermitteln Sie die Masse des zweiten Güterwagens.

Trägerraketen beschleunigen teilweise mit dem Fünffachen der Erdbeschleunigung, um ein Raumschiff in die Erdumlaufbahn zu bringen. Dabei müssen sie eine erhebliche Schubkraft entwickeln: Raumschiff und Trägerrakete zusammen haben eine Masse von fast 2000 Tonnen.

2.5 Kraft

Ein Körper behält seinen Bewegungszustand und damit seinen Impuls bei, solange er keiner äußeren Wechselwirkung unterliegt. Tritt jedoch eine Wechselwirkung auf, so führt diese bei einem beweglichen Körper zu einer Impulsänderung.

Jede Beschleunigung eines Körpers – also eine Änderung seiner Geschwindigkeit in Betrag oder Richtung – ist auf eine Wechselwirkung zurückzuführen. Die physikalische Größe, die diese Wechselwirkung beschreibt, ist die Kraft F. Sie ist als die Änderungsrate des Impulses definiert, sodass für ihren Betrag gilt:

$$F = \frac{\Delta p}{\Delta t} \quad \text{bzw.} \quad F = \dot{p}. \tag{1}$$

Wenn die Masse eines Körpers konstant ist, geht die Impulsänderung ausschließlich auf eine Geschwindigkeitsänderung zurück: $\Delta p = m \cdot \Delta v$. Damit gilt dann für die Kraft:

$$F = m \cdot \frac{\Delta v}{\Delta t} = m \cdot a. \tag{2}$$

Die Einheit der Kraft ist Newton (N). Sie ergibt sich aus den Einheiten der Masse und der Beschleunigung:

$$1\,\text{N} = 1\,\text{kg} \cdot \frac{\text{m}}{\text{s}^2}.$$

1 N entspricht der Kraft, die benötigt wird, um eine Masse von einem Kilogramm aus dem Ruhezustand in einer Sekunde auf die Geschwindigkeit von einem Meter pro Sekunde zu beschleunigen.

Die Kraft ist als zeitliche Änderung der vektoriellen Größe Impuls definiert. Daher handelt es sich auch bei ihr um eine vektorielle Größe, die durch einen Betrag und eine Richtung charakterisiert ist.

In der Vektorschreibweise lauten die beiden Gleichungen (1) und (2):

$$\vec{F} = \dot{\vec{p}} \quad \text{bzw.} \quad \vec{F} = m \cdot \vec{a} \tag{3}$$

Kraftmessung

Auf einen Körper kann durch Wechselwirkung mit einem anderen Körper eine Kraft ausgeübt werden. Um diese Kraft zu bestimmen, müssen nach der Definition der Kraft (Gl. 1 bzw. 2) seine Masse und seine Beschleunigung gemessen werden. In der Praxis ist dies meistens nur mit größerem Aufwand möglich. Außerdem ist häufig die Wechselwirkung zwischen ruhenden Körpern von Interesse. Daher erfolgt die Kraftmessung vielfach mithilfe kalibrierter Sensoren, die bei einer Wechselwirkung deformiert werden oder beispielsweise ihre elektrischen Eigenschaften ändern – im einfachsten Fall sind dies Federkraftmesser.

Addition von Kräften

Wenn ein Bogenschütze den Bogen spannt, wirken die Sehnenteile jeweils schräg auf den Pfeil. Der Pfeil fliegt aber trotzdem gerade nach vorn. Eine ähnliche Situation liegt in Exp. 1 vor: Jedes Gummiband beschleunigt die Scheibe für kurze Zeit in Richtung seiner Aufhängung. Ziehen beide Gummibänder gleichzeitig an der Scheibe, so wird diese in einer Richtung beschleunigt, die sich aus der Überlagerung der einzelnen Beschleunigungen ergibt.

EXPERIMENT 1

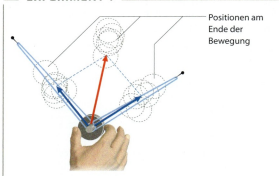

Mit zwei Gummibändern wird eine Scheibe beschleunigt. Der Startpunkt wird so gewählt, dass die Gummibänder nur sehr wenig gespannt sind. Zunächst wird die Scheibe von jedem Gummiband einzeln, dann von beiden gemeinsam beschleunigt.

3.7 In Nichtinertialsystemen können »Scheinkräfte« auftreten: Ein Körper wird als beschleunigt wahrgenommen, obwohl keine Kraft auf ihn ausgeübt wird.

Die Richtung der Kraft, die in jedem Moment auf die Scheibe ausgeübt wird, entspricht dabei nach $\vec{F} = m \cdot \vec{a}$ der Richtung der Momentanbeschleunigung.

Zwei Kräfte $\vec{F}_1$ und $\vec{F}_2$, die an einem Punkt angreifen, lassen sich durch eine resultierende Kraft $\vec{F}_R$ ersetzen. Betrag und Richtung dieser resultierenden Kraft ergeben sich aus der vektoriellen Addition: $\vec{F}_R = \vec{F}_1 + \vec{F}_2$. Die vektorielle Addition entspricht dem Aneinanderfügen der Vektorpfeile in einem Vektordiagramm (Abb. 2).

Eine andere Betrachtung zeigt Abb. 3b. Die Gewichtskraft, die von der Erde auf die Kugel ausgeübt wird, lässt sich in zwei senkrecht zueinander stehende Komponenten zerlegen: Die Normalkraft $\vec{F}_N$ gibt an, wie stark die Kugel auf die Unterlage gedrückt wird. Sie trägt nicht zur Beschleunigung bei; die Hangabtriebskraft $\vec{F}_H$ steht senkrecht dazu.

TECHNIK

Kraftsensoren Viele Kraftsensoren nutzen den piezoelektrischen Effekt. Bei der Verformung eines Kristalls treten Ladungsverschiebungen auf, die auf kleine Verzerrungen in der gitterförmigen Anordnung der Atome zurückgehen (Abb. 4). Die Veränderung der Ladungsverteilung ist als Spannung messbar und erlaubt einen Rückschluss auf die Kraft, die auf den Kristall ausgeübt wird.

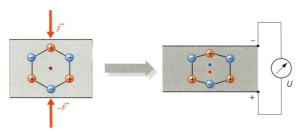

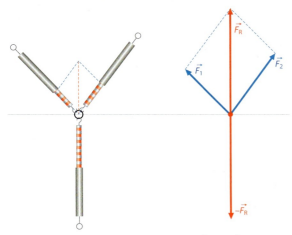

2 Addition von Kräften. Die beiden Kräfte $\vec{F}_1$ und $\vec{F}_2$ werden durch die resultierende Kraft $\vec{F}_R$ ersetzt.

4 Piezoelektrischer Effekt (schematisch): Durch kleine Gitterverzerrungen tritt zwischen den Außenflächen eines Kristalls eine elektrische Spannung auf.

Kräftezerlegung

Eine Kraft lässt sich gedanklich durch die Summe zweier Kräfte ersetzen. Häufig ist es dabei sinnvoll, sie in zwei senkrecht zueinander stehende Komponenten zu zerlegen. Auf einer schiefen Ebene (Abb. 3a) stehen zwei Körper in Wechselwirkung mit einer Kugel: Die Erde zieht an ihr mit der Gewichtskraft $\vec{F}_G$, die Unterlage drückt mit der Kraft $\vec{F}_U$ schräg von unten gegen die Kugel. Beide Kräfte addieren sich zur Hangabtriebskraft $\vec{F}_H$. Sie gibt Betrag und Richtung der Gesamtwirkung an.

AUFGABEN

1 Eine Person sitzt auf einem Schlitten und gleitet aus der Ruhe heraus eine Rodelbahn hinab. Diese hat einen Neigungswinkel gegenüber der Horizontalen von 24°. Da die Rodelbahn stark vereist ist, können Reibungskräfte vernachlässigt werden. Die Gesamtmasse der Person mit Schlitten beträgt 84 kg.
a Verdeutlichen Sie mithilfe einer Skizze alle relevanten Kräfte, die auf den Schlitten ausgeübt werden.
b Ermitteln Sie die Hangabtriebskraft und die Beschleunigung sowie die Geschwindigkeit und den Impuls 5 s nach dem Start.

2 Ein zunächst ruhender Tennisball der Masse 58 g wird durch einen Tennisschläger beschleunigt, an dem ein Kraftsensor befestigt ist. Die Messung ergibt:

t in s	0	0,01	0,02	0,03	0,04	0,05	0,06	0,07
F in N	0	0	38	110	140	11	40	0

a Stellen Sie die Kraft F in Abhängigkeit von der Zeit t grafisch dar.
b Erläutern Sie die physikalische Bedeutung der Fläche, die durch den Graphen der Funktion $F(t)$ und die t-Achse begrenzt wird.
c Ermitteln Sie diese Fläche aus Ihrer Grafik und bestimmen Sie die Endgeschwindigkeit des Balls.

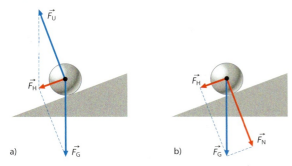

3 Zwei Ansätze zur Bestimmung der Hangabtriebskraft an einer schiefen Ebene: a) Addition der Kräfte, die auf die Kugel ausgeübt werden; b) Zerlegung der Gewichtskraft in senkrecht zueinander stehende Komponenten

In einem Airhockeytisch wird durch viele kleine Löcher Luft geblasen: Unter dem Spielpuck entsteht ein Luftkissen, auf dem er praktisch ohne Reibungsverluste schnell gleitet. Wird der Puck leicht angestoßen, bewegt er sich mit nahezu konstanter Geschwindigkeit, bis er an eine Wand oder einen anderen Puck stößt.

2.6 Die Newton'schen Axiome

Isaac Newton formulierte eine Bewegungstheorie, die basierend auf drei Axiomen alle bisherigen Theorien umfassen sollte.

1. Axiom (Trägheitssatz)
Jeder Körper verharrt in Ruhe oder behält seine gleichförmig geradlinige Bewegung bei, solange von außen keine Kraft auf ihn ausgeübt wird.

Der Trägheitssatz war zuvor bereits in ähnlicher Weise von Galilei formuliert worden.

2. Axiom (Grundgleichung der Mechanik)
Die Beschleunigung eines Körpers ist direkt proportional zur auf ihn ausgeübten Kraft und indirekt proportional zu seiner Masse: $a = F/m$ bzw.

$$\vec{F} = m \cdot \vec{a}. \tag{1}$$

Diese Gleichung ist als Definition der Kraft anzusehen. Der Trägheitssatz beschreibt danach einen Spezialfall: Aus $F = 0$ folgt $a = 0$.

3. Axiom (Wechselwirkungsprinzip)
Wenn ein Körper auf einen zweiten eine Kraft ausübt, so übt auch der zweite Körper eine Kraft auf den ersten aus. Beide Kräfte sind betragsmäßig gleich groß, aber entgegengesetzt gerichtet.

$$\vec{F}_{A \to B} = -\vec{F}_{B \to A}. \tag{2}$$

Diese drei Axiome sind unabhängig von der Natur der Wechselwirkung, also davon, ob es sich etwa um elektrische, magnetische oder gravitative Effekte handelt. Sie bilden die Grundlage der klassischen Physik, die auch als Newton'sche Physik bezeichnet wird (vgl. 2.7).

Wechselwirkungen zwischen Körpern

Wenn zwei Körper A und B gegeneinanderstoßen, so treten beide Körper miteinander in Wechselwirkung. Die Kräfte, die die Körper aufeinander ausüben, sind entgegengesetzt gerichtet, aber betragsmäßig gleich groß (Gl. 2).
Während eines Stoßprozesses ist die Wechselwirkung zwischen den Stoßpartnern jedoch nicht konstant. Abbildung 2 zeigt beispielhaft, wie die Kräfte $\vec{F}_A$ und $\vec{F}_B$ zunächst größer und nach einer gewissen Zeit wieder kleiner werden.

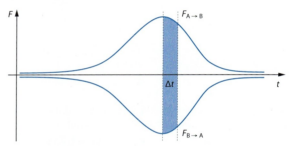

2 Zeitlicher Verlauf der Kräfte, die zwei Körper A und B während eines Stoßvorgangs aufeinander ausüben

Drückt man diese Kräfte durch die Massen der Körper und die bewirkten Beschleunigungen aus, so erhält man:

$$m_A \cdot a_A = -m_B \cdot a_B. \tag{3}$$

Es gilt also:

$$m_A \cdot \frac{\Delta v_A}{\Delta t} = -m_B \cdot \frac{\Delta v_B}{\Delta t} \tag{4}$$

$$m_A \cdot \Delta v_A = -m_B \cdot \Delta v_B \tag{5}$$

In jedem Zeitabschnitt Δt erfährt jeder der beiden Körper eine Änderung seines Impulses $\Delta p = m \cdot \Delta v$.
Beide Impulsänderungen sind immer gleich groß, und dies ist unabhängig von der Art des Stoßes oder der Art der Wechselwirkung: Der Gesamtimpuls der beiden Körper ist stets konstant. Die Aussagen der Newton'schen Axiome sind also hier gleichwertig mit der Aussage des Impulserhaltungssatzes (vgl. 2.4).

MECHANIK UND GRAVITATION | 2 Dynamik

Experimente zu den Newton'schen Axiomen

Mithilfe von Experimenten lässt sich veranschaulichen, dass die Newton'schen Axiome sinnvoll sind und mit den Erfahrungen übereinstimmen. In Exp. 1 wird die Antriebskraft als gegeben verwendet und die Beschleunigung jeweils gemessen.

EXPERIMENT 1

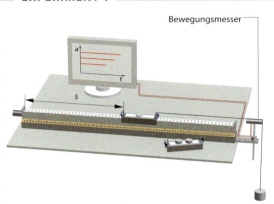

Gleiter unterschiedlicher Masse werden mit Zugkräften beschleunigt, die durch unterschiedliche Antriebskörper hervorgerufen werden. Die Beschleunigungen werden gemessen. Bei der Auswertung ist zu berücksichtigen, dass sich die Gesamtmasse des Zugs stets aus den Massen von Gleiter und Antriebskörper zusammensetzt.

In Abb. 3 stehen zwei Personen einander auf Skateboards gegenüber; beide halten ein Seil. Zieht die linke Person am Seil, übt sie eine Kraft auf die rechte Person aus, die dadurch beschleunigt wird. Es ist aber zu beobachten, dass auch die linke Person zur rechten hin beschleunigt wird. Die rechte Person übt also auch eine Kraft auf die linke aus. Ziehen beide am Seil, so bewegen sie sich ebenfalls aufeinander zu. Die Kräfte treten immer paarweise auf: Sie beschreiben die *Wechselwirkung* zwischen den beiden Personen, die durch das Seil vermittelt wird.

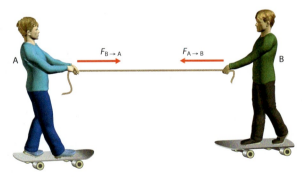

3 Die Kräfte F_A und F_B sind stets gleich groß, unabhängig davon, welche Person »aktiv« zieht.

Trägheitskräfte und Inertialsysteme

Das erste Newton'sche Axiom, der Trägheitssatz, gilt nicht in jedem Bezugssystem. In Bezugssystemen, die beschleunigt werden, können *Trägheitskräfte* auftreten: Ein Körper ändert seine Geschwindigkeit in diesem Bezugssystem, ohne dass er mit einem anderen in Wechselwirkung tritt.
Ein Beispiel für das Auftreten einer Trägheitskraft ist das Verhalten von Personen, die sich in einem bremsenden Bus nicht festhalten: Sie beschleunigen innerhalb des Busses nach vorne, ohne dass sie »angeschoben« werden. Von außen betrachtet verhalten sich die Personen jedoch gemäß dem Trägheitssatz: Sie behalten zunächst ihre Geschwindigkeit bei, da sie nicht wie der Bus abgebremst werden.
Ein Bezugssystem, in dem der Trägheitssatz gilt, also keine Trägheitskräfte auftreten, heißt *Inertialsystem*. Auch Bezugssysteme, die sich relativ zu einem bestimmten Inertialsystem geradlinig gleichförmig bewegen, sind Inertialsysteme. In ihnen führen Beobachtungen immer auf die gleichen physikalischen Gesetzmäßigkeiten.

AUFGABEN

1 Erklären Sie, warum das 1. Newton'sche Axiom als Spezialfall des 2. Axioms betrachtet werden kann.
2 Stellen Sie für folgende Beispiele einen Zusammenhang zum 3. Newton'schen Axiom her.
 a Abspringen eines Schwimmers von einem Boot auf dem Wasser
 b Anfahren eines Autos
 c Abbremsen eines Raumschiffs beim Wiedereintritt in die Erdatmosphäre
 d Ein Magnet und eine Stahlkugel werden in geringem Abstand auf einen Tisch gelegt und losgelassen.
3 An einem Federkraftmesser, der an einem Stativ befestigt ist, hängt ein Stein. Der Stein wird in ein Gefäß mit Wasser getaucht, sodass er sich gerade vollständig im Wasser befindet.
 a Geben Sie für diesen Fall alle Paare von Kraft und Gegenkraft an.
 b Erklären Sie, warum sich der vom Federkraftmesser angezeigte Messwert änderte, als der Stein ins Wasser getaucht wurde. *Hinweis:* Stellen Sie sich das Gefäß mit Wasser auf einer Waage stehend vor.
4 In den Faden in Exp. 1 wird ein Kraftsensor eingekoppelt. Begründen Sie, dass seine Anzeige sich ändert, sobald der Gleiter losgelassen wird.
5 Ein junger Mann bestimmt die Masse seiner Freundin durch folgenden Versuch: Beide stellen sich einander zugewandt auf ihre baugleichen Skateboards und stoßen sich dann mit den Händen voneinander ab. Nach dem Abstoßen besitzt sie eine Geschwindigkeit von 3,1 m/s, seine beträgt −2,5 m/s. Er hat eine Masse von 78,8 kg. Die Skateboards haben jeweils eine Masse von 5,0 kg. Wie schwer ist sie?

Nach der allgemeinen Relativitätstheorie folgt ein »kräftefreier« Körper der Raum-Zeit-Krümmung.

KONZEPTE DER PHYSIK

2.7 Die Mechanik Newtons

Die Mechanik als Teilgebiet der Physik wird häufig mit dem Namen Isaac Newtons verbunden. Jedoch ist die heute gelehrte, systematisierte und stark mathematisierte Mechanik nicht mehr diejenige Newtons. Mit seiner *Principia Mathematica* markierte Newton aber einen deutlichen Einschnitt, der mit seiner Methode eine weitreichende Wirkung für die Physikentwicklung in der Zeitspanne vom 18. bis zum 20. Jahrhundert entfaltet hat.

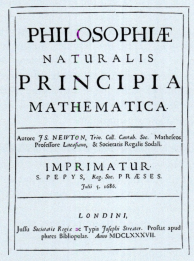

1 Titelseite von Newtons grundlegender Schrift

Newton als Vollender

Johannes Kepler hatte seine Planetengesetze durch die Anpassung mathematischer Funktionen an Beobachtungsdaten gefunden (vgl. 4.2). Newton gelang es dann, diese Gesetze aus wenigen Grundannahmen, seinen *Axiomen*, systematisch durch Anwendung mathematischer Hilfsmittel abzuleiten.

Seine Theorie, nach der Körper über große Entfernungen unmittelbar miteinander in Wechselwirkung treten können, stand dabei im Widerspruch zu damaligen Mechanikauffassungen von Christiaan Huygens und René Descartes: Diese wollten gänzlich ohne den Begriff Kraft auskommen, und für sie konnte »Bewegung nur aus Bewegung« entstehen. Newton rechtfertigte seinen Ansatz methodisch in seinen Abschlussbemerkungen. Da er nicht wisse, was hinter den Wechselwirkungen für andere Ursachen stünden, werde er dazu nichts sagen: »*Hypotheses non fingo.*« Dieses berühmte Zitat ist allerdings nicht so zu verstehen, dass Newton Hypothesen generell abgelehnt hätte. Er wandte sich aber gegen spekulative Annahmen, denen keine Beobachtungen oder logisch zwingende Ableitungen zugrunde liegen.

Newton stand vor dem Problem, dass bei der von alters her stattfindenden Beschäftigung mit der Bewegung stofflicher Körper immer Begriffe verwendet wurden, die für einen Gebrauch in der Wissenschaft keine ausreichende Schärfe besaßen. Dies wollte er ändern und ein in sich geschlossenes System der Mechanik vorstellen. In seiner systematischen Herangehensweise gliedert Newton sein Werk in drei Bücher, denen er Definitionen und Axiome voranstellt. Im ersten Buch folgt die Herleitung der benötigten mathematischen Beziehungen zur Beschreibung von Bewegungen; hier argumentiert er stark geometrisch. Im zweiten Buch werden Bewegungen von Körpern in Stoffen untersucht, die diese Bewegung behindern. Im dritten Buch wendet Newton dann die systematischen Begriffe auf das »Gefüge der Welt« an, also den beobachtbaren Kosmos und die Erde, und zeigt die Beschreibungsmöglichkeiten der bekannten Beobachtungen.

Newton stellt dieser Untersuchung der Naturerscheinungen ein System von methodischen Prinzipen voran. Von besonderem Gewicht ist dabei die folgende Aussage: »In der auf Erfahrung gegründeten Philosophie [also der Naturwissenschaft] müssen die durch Induktion aus den Erscheinungen gewonnenen Lehrsätze, ungeachtet entgegengesetzter Hypothesen, entweder genau oder so nahe wie möglich für wahr gehalten werden, solange bis andere Erscheinungen aufgetreten sind, durch die sie entweder genauer gemacht oder Einschränkungen ausgesetzt werden.« Das ist ein bis heute methodisch leitendes Prinzip der Physik.

Darauf aufbauend gelingt es Newton dann in den folgenden Kapiteln, die Bewegungen der Himmelskörper sowie die Bewegungen fallender Körper auf der Erde mithilfe der Gravitation und ihren Gesetzen zu erklären (vgl. 4.4). Für die Ursache der gravitativen Wechselwirkung zweier Körper kann er jedoch er keine Erklärung angeben, die sich aus den Erscheinungen ableiten ließe: Die Körper ziehen einander abhängig von ihren Massen an – warum sie dies tun, muss offenbleiben. Trotzdem darf man von dieser Wechselwirkung sprechen, das Phänomen erhält damit lediglich einen Namen. Für Newton haben die Begriffe, mit denen Wechselwirkungen zu beschreiben sind – also die Kräfte –, rein mathematische Natur. Für ihre Verwendung gelten die in den Büchern 1 und 2 beschriebenen Regeln.

Newton als Begründer

Newtons Mechanik beschreibt die Bewegung von Objekten mithilfe von Bahnkurven: In der Kinematik wird angegeben, an welchem Punkt im dreidimensionalen Raum sich das Objekt zu einem bestimmten Zeitpunkt befindet. Geschwindigkeitsänderungen sind dabei auf Wechselwirkungen zurückzuführen. Der Raum und die Zeit bilden sozusagen eine Hintergrundfolie, auf der die Bewegung stattfindet. Nur durch Wechselwirkung mit anderen Körpern kann die

Bewegung eines Körpers beeinflusst werden; die Bewegung ist damit auch streng determiniert. Zusammenfassend könnte man die Idee der Newton'schen Mechanik unter die Überschrift »Von F zur Änderung von v und damit zur Änderung von s« stellen.

Für die Verbreitung dieser Ideen sorgten namhafte Vermittler. Als Erster ist hier VOLTAIRE zu nennen, der nach seinem Englandbesuch Newtons Ideen 1729 in Frankreich bekannt machte – von dort ging dann eine Popularisierungswelle durch ganz Europa. Dabei sah Voltaire in Newtons Gravitationsgesetz ein Prinzip, das weit über die Physik hinaus Gültigkeit besitzt. Dies war der Beginn eines Wegs, der zur Mechanisierung als philosophische Weltanschauung führte und die Auffassungen von Determinismus und Kausalität prägte. Ein prominentes Ergebnis dieser Wirkung ist die *Allgemeine Naturgeschichte und Theorie des Himmels* von IMMANUEL KANT aus dem Jahr 1755. Hierin wird der mechanische Ursprung des gesamten Weltgebäudes nach Newton'schen Grundsätzen abgehandelt.

Erfolg in der Physik Um die Newton'sche Mechanik auch innerhalb der Physik zur Geltung zu bringen, musste ihre Darstellung verbessert werden. Newton hatte ursprünglich sehr geometrisch argumentiert – nach den *Principia* konnte niemand Mechanik lernen. Für die weitere Verbreitung und Anwendung war die Umformulierung in die Sprache der Analysis entscheidend; hieran hatte der Mathematiker LEONHARD EULER einen großen Anteil. Die wichtigsten Ergebnisse der Umformulierung lauten:

– Schreibweise der Bewegungsgleichungen:

$$\vec{F} = 0 \;\Rightarrow\; \frac{d\vec{v}}{dt} = \dot{\vec{v}} = 0 \qquad (1)$$

$$\vec{F} = \frac{d}{dt}\vec{p} = \dot{\vec{p}} \quad \text{mit} \quad \vec{p} = m \cdot \vec{v} \qquad (2)$$

$$\vec{F}_A = -\vec{F}_B \quad \text{und} \quad |\vec{F}_A| = |\vec{F}_B| \qquad (3)$$

– Aus den Gleichungen lassen sich Erhaltungssätze für folgende Größen ableiten:
  • Impuls
  • Drehimpuls
  • Energie (bei geeigneter Definition der potenziellen Energie)
– Die Bewegungsgleichungen sind invariant gegenüber der Galilei-Transformation: Sie haben in Bezugssystemen, die sich gegeneinander mit einer konstanten Relativgeschwindigkeit bewegen, dieselbe Form (vgl. 2.1).

Damit ist für die Lösung eines mechanischen Problems nur eine Kenntnis der Funktion $F(t)$ nötig, die angibt, wie sich die Kraft mit der Zeit ändert. Ist die Masse eines Körpers bekannt, ergibt sich daraus die Beschleunigung $a(t)$. Durch Integration von $a(t)$ erhält man die Geschwindigkeit $v(t)$ und durch nochmalige Integration die Bahnkurve $s(t)$ (vgl. 1.6). Damit kann im Prinzip für jeden Zeitpunkt – egal, ob dieser in der Gegenwart, der Zukunft oder in der Vergangenheit liegt – die Position eines Objekts beschrieben werden. Kennen wir die Lage aller Objekte im Universum, dem *Weltgefüge* Newtons, können wir seine Eigenschaft beschreiben. Die Welt wird damit zur »Maschine«, deren Regeln wir kennen und deren Zustand wir für jeden beliebigen Zeitpunkt beschreiben können.

Der Erfolg dieses Ansatzes führte dazu, dass die Beschreibung oder die Erklärung eines Phänomens auf der Basis der Mechanik als das höchste Ziel physikalischer Forschung galt. Die Newton'sche Mechanik wurde in ihrer logischen Stringenz der Ableitung von Aussagen und durch ihren hohen Mathematisierungsgrad zum Prototyp oder *Paradigma* einer modernen physikalischen Theorie. Sowohl die Elektrodynamik und die Thermodynamik als auch die frühe Quantenphysik haben sich daran orientiert. Oft galt das mechanische Modell als Erklärungsideal. Das wird z. B. in der Thermodynamik deutlich, wenn Systemgrößen wie Temperatur oder Entropie durch die mechanische Bewegung der Systemkomponenten erklärt werden.

Newton schuf im Sinne des heutigen Modellbegriffs naturwissenschaftlicher Forschung ein in sich konsistentes System von Prinzipien. Dies waren mathematisch scharf gefasste Definitionen und Axiome. Die physikalische Realität betrachtete er als konkretes Modell für sein Axiomensystem – der Bezug des Modells zur Realität wird durch Messvorschriften für die Modellgrößen hergestellt. Weil er in seinem dritten Buch der *Principia* mittels dieses Vorgehens alle bekannten Erscheinungen der Mechanik erklären konnte, nahm Newton die Ablösung von anschaulichen Erklärungen in Kauf. Seine Art der Realitätsbeschreibung prägt bis heute die physikalische Forschung, wenngleich diese in der Quanten- oder Relativitätstheorie weitaus abstraktere Objekte zum Gegenstand hat als die Körper der Newton'schen Mechanik.

AUFGABEN

1 Beurteilen Sie Newtons Ausspruch *Hypotheses non fingo* zur Ursache der gravitativen Wechselwirkung zweier entfernter Himmelskörper. – Machte er es sich damit nicht etwas zu einfach?

2 Der Mathematiker Laplace hat auf der Basis der Newton'schen Mechanik ein Gedankenexperiment durchgeführt: Ein intelligentes Wesen, ein »Dämon«, kennt den genauen Zustand aller Objekte zu einem bestimmten Zeitpunkt. Daraus könnte der Dämon dann die gesamte Vergangenheit und Zukunft der Welt vorhersagen.

a Begründen Sie, dass diese Vorstellung für viele Menschen etwas Beunruhigendes hat. Nennen Sie Konsequenzen einer determinierten Welt.

b Beurteilen Sie den Rechenaufwand, den der Laplace'sche Dämon zu leisten hätte.

Ein Muskel kann auf mehr als 150 Prozent seiner Ausgangslänge gedehnt werden, ohne dass ein Schaden eintritt. Zunächst verlängert sich der Muskel schon durch vorsichtiges Ziehen. Aber mit zunehmender Dehnung sind immer größere Kräfte nötig, um noch eine weitere Verlängerung zu bewirken.

2.8 Elastizität und Hooke'sches Gesetz

Jeder Körper ändert – oft nur geringfügig – seine Form, sobald Kräfte auf ihn ausgeübt werden, wenn also an ihm gezogen oder er zusammengepresst wird. Dehnt sich ein Körper unter einem äußeren Zug, so vergrößern sich die Atomabstände in dieser Richtung um einen kleinen Betrag. Wird er gestaucht, verringern sich die Atomabstände.

In jedem Fall treten *Rückstellkräfte* auf, die der Formveränderung entgegenwirken; im statischen Gleichgewicht haben äußere Kraft und Rückstellkraft den gleichen Betrag: $\vec{F}_{äuß} = -\vec{F}_R$.

Sind die Kräfte nicht zu groß, bilden sich die Formveränderungen wieder zurück, sobald keine äußere Kraft mehr ausgeübt wird: Der Körper verhält sich *elastisch*. Überschreitet die Kraft einen bestimmten Betrag, so wird der Körper *plastisch* verformt.

Hooke'sches Gesetz Wird mit einer bestimmten Kraft an einer Feder gezogen, so ändert sich deren Länge um den Betrag ΔL. Wenn diese entstehende Längenänderung vergleichsweise klein ist gegenüber der ursprünglichen Länge L der Feder, ist sie proportional zur ausgeübten Kraft:

$$F \sim \Delta L \quad \text{bzw.} \quad F = D \cdot \Delta L. \qquad (1)$$

Die Proportionalitätskonstante D ist eine Materialeigenschaft des Körpers und wird bei Federn auch *Federkonstante* genannt. Die Einheit von D ist N/m.

Das Hooke'sche Gesetz kann auch so interpretiert werden, dass die auftretende Rückstellkraft F_R proportional zur Auslenkung ist: $F_R = -D \cdot \Delta L$. Diese Proportionalität wird z. B. bei Federkraftmessern genutzt.

Das Hooke'sche Gesetz wurde empirisch gefunden. Es stellt für jeden Körper eine gute Näherung dar, sofern $\Delta L/L$ hinreichend klein ist.

Elastische und plastische Verformung

Die Verformung von festen Körpern ist in der Regel nur schwer quantitativ zu untersuchen: Die Längenänderungen sind verhältnismäßig klein, die aufzuwendenden Kräfte dagegen sehr groß. Um beispielsweise einen ein Meter langen und einen Millimeter dicken Stahldraht um einen Millimeter auszudehnen, ist eine Kraft von etwa 200 Newton erforderlich.

In besonderen Materialprüfanlagen sind solche Messungen jedoch ohne Weiteres möglich: Der Probekörper wird einer nach und nach wachsenden Zugspannung ausgesetzt, bis dieser versagt, also beispielsweise reißt. Dabei werden jeweils die Kraft und die bewirkte Längenänderung gemessen und anschließend in ein Kraft-Dehnungs-Diagramm übertragen (Abb. 2).

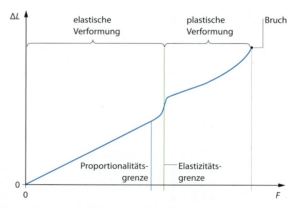

2 Kraft-Dehnungs-Diagramm für einen metallischen Körper unter Zugbelastung: Überschreitet die Kraft eine bestimmte Grenze, so wird das Material dauerhaft verformt oder es reißt.

Bis zur *Proportionalitätsgrenze* ist die Kurve näherungsweise eine Ursprungsgerade, hier ist das Hooke'sche Gesetz anzuwenden. Oberhalb davon, bis zur *Elastizitätsgrenze*, kehrt das Material in seine ursprüngliche Länge zurück, sobald die Kraft nicht mehr ausgeübt wird. Wird der Körper jedoch über diese Grenze hinaus gedehnt, bleibt er dauerhaft verformt; man spricht dann auch von einer plastischen Verformung.

Nur die Proportionalität zwischen Kraft und Auslenkung führt zur perfekten harmonischen Schwingung.

Scherung und Torsion

Greift eine Kraft tangential an einem Körper an, so werden die einzelnen Schichten des Körpers ein wenig gegeneinander verschoben. Die Fläche A in Abb. 3, die zuvor senkrecht durch die Schichten verlief, wird um den Scherungswinkel δ verkippt. Der Zusammenhang zwischen dem Scherungswinkel und der Rückstellkraft ist ähnlich wie beim Hooke'schen Gesetz eine Proportionalität, solange die Verformung nicht zu groß ist: $F_R \sim \delta$.

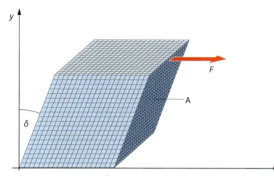

3 Scherung: Verschiebung von Ebenen gegeneinander

In gleicher Art und Weise lässt sich die Torsion, also die Verdrillung eines Körpers, beschreiben. Werden beispielsweise die Enden eines Drahts um einen bestimmten Winkel φ gegeneinander verdreht, so werden auch die Schichten im Draht ein wenig gegeneinander verdreht (Abb. 4). Bei kleinen Verformungen ist die Rückstellkraft proportional zum Torsionswinkel: $F_R \sim \varphi$.

Für die Gültigkeit des Hooke'schen Gesetzes bei einer Schraubenfeder ist dieser Zusammenhang wichtig. Denn die einzelnen Segmente der Drahtwindung werden nicht gestreckt, sondern leicht gegeneinander verdreht.

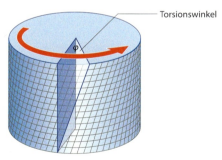

4 Torsion: Drehung von Ebenen gegeneinander

Kräfte zwischen Teilchen

Zwischen den Atomen bzw. Molekülen eines festen Körpers gibt es anziehende und auch abstoßende Wechselwirkungen. Abbildung 5 zeigt schematisch die Kraft, die auf ein Teilchen ausgeübt wird, in Abhängigkeit von seinem Abstand zu einem Nachbarteilchen. Bei einem bestimmten Abstand d befindet sich das Teilchen im Kräftegleichgewicht. Wenn die Teilchen zusammengedrückt werden, überwiegt die abstoßende Wechselwirkung. Werden sie auseinandergezogen, überwiegt die anziehende Wechselwirkung.

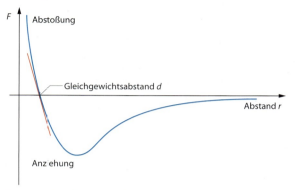

5 Kraft auf ein Teilchen als Funktion des Abstands zu einem Nachbarteilchen

In der Nähe des Gleichgewichtsabstands d verläuft der Graph der anziehenden bzw. abstoßenden Kraft näherungsweise linear. Werden also die Teilchen nur ein sehr kleines Stück aus der Gleichgewichtslage herausbewegt, so ist die Kraft proportional zur Auslenkung.

AUFGABEN

1 An einem 1 m langen, dünnen Stahldraht wurde die Dehnung in Abhängigkeit von der angreifenden Kraft gemessen.

F in s	0	40	80	100	120	140	160
ΔL in mm	0,00	1,02	2,04	2,55	3,06	3,03	3,05

F in s	180	200	250	300	350	400
ΔL in mm	3,15	3,35	3,81	4,10	3,89	3,65

a Stellen Sie die Messwerte grafisch dar.
b Untersuchen Sie, ob es einen Abschnitt gibt, in dem die Dehnung proportional zur angreifenden Kraft ist.
c Kennzeichnen Sie in Ihrem Diagramm die Abschnitte der elastischen und der plastischen Verformung.

2 Erfassen Sie experimentell den Zusammenhang zwischen der Dehnung ΔL eines Gummibands und der angreifenden Kraft F und stellen Sie ihn grafisch dar. Vergleichen Sie Ihr Diagramm mit der Abbildung 2.

3 Ein Material kann bei Überschreitung einer bestimmten Belastung, z. B. durch starken Zug, zerstört werden. In der Bautechnik berücksichtigt man Sicherheitsfaktoren zwischen 3 und 10: Materialien werden so ausgewählt, dass sie einer dreimal bzw. zehnmal höheren Belastung standhalten können, als es eigentlich notwendig wäre. Erläutern Sie Argumente für dieses Vorgehen.

Beim Bouncen geht, läuft oder springt man mit speziellen Sprungstiefeln. Die eingebauten Glasfaserfedern erlauben erfahrenen Sportlern weite und hohe Sprünge, da sie kurzfristig Energie speichern und diese schnell wieder freisetzen können. Mit solchen Sprungstiefeln lassen sich auch Sprintgeschwindigkeiten von bis zu 45 km/h erreichen.

2.9 Mechanische Energieformen

Es gibt eine Erfahrungstatsache, die an allen bisher bekannten Naturphänomenen beobachtet werden kann: das *Gesetz der Energieerhaltung*. Es besagt, dass es eine bestimmte physikalische Größe gibt, die bei allen Prozessen im Universum konstant bleibt:

Die Energie bleibt erhalten, sie kann weder erzeugt noch vernichtet werden.

Allerdings nimmt sie unterschiedliche Formen an. Zwischen diesen Formen kann sie umgewandelt und außerdem von einem Körper auf andere übertragen werden. In der Mechanik wird einem Körper aufgrund seiner Bewegung, seiner Lage oder seiner elastischen Verformung Energie zugeschrieben:

Kinetische Energie: $E_{kin} = \frac{1}{2} m \cdot v^2$ (1)

Potenzielle Energie: $E_{pot} = m \cdot g \cdot h$ (2)

Spannenergie: $E_{spann} = \frac{1}{2} D \cdot s^2$ (3)

Die Energie eines Körpers kann sich um den Betrag ΔE ändern, wenn eine Kraft auf ihn ausgeübt wird. Diese Energieänderung heißt auch Arbeit W.

$$W = \Delta E = F \cdot s. \quad (4)$$

Dabei ist F eine konstante Kraft, die entlang der Strecke s ausgeübt wird; $\vec{F}$ und $\vec{s}$ sind parallel zueinander. Die Einheit der Energie ist Joule (J). Es gilt:

$1\,J = 1\,N \cdot m = 1\,kg \cdot \frac{m^2}{s^2}$.

1 J entspricht der Energie, die man einem Körper zuführt, wenn man über eine Strecke von 1 m die Kraft 1 N auf ihn ausübt.

Potenzielle Energie

Hebt man einen Körper der Masse m um Δh an, so wird die potenzielle Energie des Körpers um $\Delta E_{pot} = m \cdot g \cdot \Delta h$ erhöht. Dabei wird vorausgesetzt, dass die Fallbeschleunigung g auf der gesamten Strecke konstant ist.
Wenn die Höhe $h = 0$ als Nullpunkt der Energie festgelegt wird, gilt für die potenzielle Energie $E_{pot} = m \cdot g \cdot h$.

Die Energie eines fallenden Körpers

Fällt ein Körper der Masse m aus der Höhe h, so wird, unter Vernachlässigung von Reibung, seine potenzielle Energie vollständig in kinetische Energie umgewandelt. Dabei gilt für die Fallstrecke h (vgl. 1.8):

$$h = \frac{1}{2} g \cdot t^2. \quad (5)$$

Mit $v = g \cdot t$ gilt $t = v/g$. Einsetzen in Gl. (5) ergibt

$$h = \frac{1}{2} \frac{v^2}{g}, \quad (6)$$

also:

$$g \cdot h = \frac{1}{2} v^2. \quad (7)$$

Multipliziert man beide Seiten mit der Masse m des Körpers, so steht links die Lageenergie, die er in der Höhe h hatte, und rechts die kinetische Energie, in die diese während des Fallens umgewandelt wurde.

Kinetische Energie

Aus der Energiebetrachtung beim fallenden Körper ergibt sich die Gleichung (2) für die kinetische Energie. Zum gleichen Ergebnis gelangt man, wenn der Körper mit einer konstanten Kraft $F = m \cdot a$ auf einer horizontalen Strecke der Länge s beschleunigt und ihm dabei die Energie $E = F \cdot s$ zugeführt wird:

$$E = F \cdot s = m \cdot a \cdot s. \quad (8)$$

Beginnt die Bewegung bei $t = 0$ in Ruhe, so gilt für die Beschleunigungsstrecke:

$s = \frac{1}{2} a \cdot t^2$

und für die Endgeschwindigkeit $v = a \cdot t$. Daraus folgt $s = \dfrac{v^2}{2a}$ und damit:

$$E = m \cdot a \cdot s = m \cdot a\,\dfrac{v^2}{2a} = \dfrac{1}{2}\,m \cdot v^2. \qquad (9)$$

Spannenergie einer Feder

Energie kann auch in der Spannung einer Feder gespeichert werden. Eine gespannte Feder ist in der Lage, einen anderen Körper zu beschleunigen, die Spannenergie wird dann als kinetische Energie auf diesen Körper übertragen.
Für das Dehnen einer Feder ist nach dem Hooke'schen Gesetz die Kraft $F = D \cdot s$ erforderlich (vgl. 2.8); hierbei entspricht s der Längenänderung ΔL. Allerdings ist die Kraft während des Ausdehnens nicht konstant, sondern sie nimmt nach und nach zu, bis schließlich der Wert $F = D \cdot s$ erreicht ist.
Dies ist in Abb. 2 dargestellt: Um die Feder an der Stelle x um eine Strecke Δs zu dehnen, benötigt man die Energie $\Delta E = F \cdot \Delta s$. Dabei wird für die sehr kleine Strecke Δs die Kraft als konstant angenommen. Die Energie ΔE entspricht der markierten Rechteckfläche.

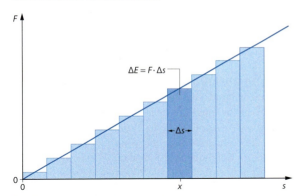

2 s-F-Diagramm einer Feder: Die Spannenergie ergibt sich als die Summe der Rechteckflächen.

Die gesamte Energie, die zum Spannen der Feder um die Länge s aufgewendet werden muss, kann dann durch die Summe der Rechtecke angenähert werden. Wählt man die Strecken Δs immer kleiner, so geht schließlich die Gesamtfläche der Rechtecke in die Dreiecksfläche mit dem Flächeninhalt $\tfrac{1}{2}F \cdot s$ über. Für die Spannenergie E_{spann} gilt mit $F = D \cdot s$ die Gleichung (3).

Energiebilanz beim Fadenpendel

Wird ein *reibungsfreies* Fadenpendel auf die Höhe $h_{\max}$ ausgelenkt und losgelassen, wird die potenzielle Energie in kinetische Energie umgewandelt. Die Geschwindigkeit v beim Durchgang durch die Ruhelage muss daher der Geschwindigkeit beim freien Fall aus der Höhe $h_{\max}$ entsprechen. Die entsprechende kinetische Energie wird anschließend wieder in potenzielle Energie umgewandelt – in den beiden Umkehrpunkten beträgt die Geschwindigkeit $v = 0$ (Abb. 3).
Genauso kann für jede beliebige Zwischenhöhe h die momentane kinetische Energie als Differenz der maximalen potenziellen und der momentanen potenziellen Energien bestimmt werden:

$$E_{\text{kin}} = E_{\text{pot,max}} - E_{\text{pot},h} \qquad (10)$$

Hieraus kann mit Gl. (2) auch die momentane Geschwindigkeit berechnet werden.
Einem *realen* Pendel, das sich selbst überlassen ist, wird durch Reibung ständig Energie entzogen. Dadurch nimmt seine Auslenkung nach und nach ab bis es schließlich zur Ruhe kommt.

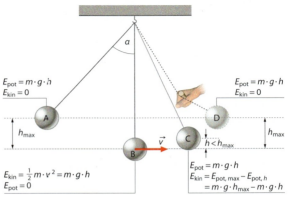

3 Reibungsfreies Fadenpendel: In den Punkten A und C ist E_{pot} maximal und $E_{\text{kin}} = 0$. Im Punkt B ist E_{kin} maximal und $E_{\text{pot}} = 0$.

AUFGABEN

1 Ein Körper der Masse 102 g wird aus der Höhe $h = 4$ m frei fallen gelassen.
 a Geben Sie die kinetische und die potenzielle Energie des Körpers für die Höhen 3 m, 2 m, 1 m und 0 an.
 b Berechnen Sie die jeweiligen Geschwindigkeiten.
 c Geben Sie die kinetische und die potenzielle Energie des Körpers für folgende Zeiten nach dem Loslassen an: 0,1 s; 0,2 s; 0,3 s und 0,4 s.
 d Beschreiben Sie die Umwandlungsrate von potenzieller in kinetische Energie.

2 Ein Artist ($m = 70$ kg) springt mit zwei 15-kg-Hanteln aus 3 m Höhe auf ein Trampolin. Im tiefsten Punkt der Bewegung lässt er die Hanteln los. Berechnen Sie die Höhe, die der Artist anschließend erreicht.

3 In einer senkrecht nach oben gerichteten Federpistole befindet sich eine Kugel der Masse $m = 50$ g. Die Feder mit der Federkonstante $D = 100$ N/m ist um 10 cm gespannt. Berechnen Sie die Höhe, die die Kugel maximal erreicht.

Um deutlich zu machen, dass die von ihm gebauten Dampfmaschinen den Pferden deutlich überlegen waren, gab James Watt deren Leistung in Pferdestärken (PS) an. Beim Sprung oder kurzen Sprints können Pferde allerdings eine Leistung von bis zu 24 PS erreichen.

2.10 Energieübertragung und Leistung

Es gibt die unterschiedlichsten Systeme, die Energie von einer Form in eine andere umwandeln – z. B. Motoren, die chemische Energie zum Antrieb von Fahrzeugen umsetzen, Pflanzen, die Energie im Sonnenlicht einfangen und in ihrer Biomasse speichern, oder Lebewesen, die diese Biomasse wieder nutzen, um ihren Energiebedarf zu decken.

Für viele Prozesse ist es von Bedeutung, wie schnell die Energieübertragung abläuft. Die abgeleitete Größe Leistung gibt an, welche Energie ΔE in einer bestimmten Zeit übertragen oder umgewandelt wird.

Die Leistung P ist die Änderungsrate der Energie:

$$P = \frac{\Delta E}{\Delta t} \quad \text{bzw.} \quad P = \dot{E}. \tag{1}$$

Die Einheit der Leistung ist Watt (W). Es gilt:

$$1\,\text{W} = 1\,\frac{\text{J}}{\text{s}}.$$

Wirkungsgrad Bei mechanischen Energieumwandlungen kann niemals die gesamte Energie in die gewünschte nutzbare Energieform umgewandelt werden, da immer Reibungsverluste auftreten. Der Wirkungsgrad η gibt an, welcher Anteil der aufgewendeten Energie bei einem Prozess als nutzbare Energie abgegeben wird:

$$\eta = \frac{\Delta E_{\text{nutz}}}{\Delta E_{\text{auf}}}. \tag{2}$$

Der Wirkungsgrad jeder realen Maschine ist kleiner als 1 bzw. kleiner als 100 %. Ein größerer Wirkungsgrad stände im Widerspruch zum Energieerhaltungssatz: Es ließe sich ein *Perpetuum mobile* konstruieren, also eine Maschine, die Energie produziert.

Kraftwandler

Einfache Maschinen wie Seile, Hebel, Rollen, Flaschenzüge oder schiefe Ebenen werden auch als Kraftwandler bezeichnet: Sie können Richtung und Betrag einer einzusetzenden Kraft verändern. Energie kann durch ihren Einsatz jedoch nicht gespart werden, da die Reduktion der aufzuwendenden Kraft durch das Zurücklegen eines längeren Wegs ausgeglichen werden muss.

Dieser Sachverhalt wird als die *Goldene Regel der Mechanik* bezeichnet. Sie besagt, dass das Produkt aus aufzuwendender Kraft und zurückzulegendem Weg unabhängig vom verwendeten Kraftwandler immer konstant ist: $F \cdot s =$ konst. Die Goldene Regel findet sich beispielsweise im Hebelgesetz für den zweiseitigen Hebel: Auf beiden Seiten ist das Produkt aus F und s gleich groß.

Richtung von Kraft und Weg

Wird ein Schlitten an einem Seil gezogen, so weist die Zugkraft $\vec{F}_Z$ in Richtung des Seils (Abb. 2). Der Schlitten bewegt sich allerdings entlang der Horizontalen. Für die Kraft in der Bewegungsrichtung gilt: $F = F_Z \cdot \cos\alpha$. Dies ist die »wirksame« Komponente der Zugkraft, die zur Beschleunigung des Schlittens führt. Die Komponente senkrecht zur Bewegungsrichtung trägt nicht zur Beschleunigung bei. Für die Energie, die auf den Schlitten übertragen wird, gilt:

$$\Delta E = F_Z \cdot s \cdot \cos\alpha. \tag{3}$$

Dabei ist α der Winkel zwischen der Kraft $\vec{F}$ und der Richtung des Wegs $\vec{s}$. Im Fall $\alpha = 90°$ ist $\cos\alpha = 0$. Wenn also die Kraft senkrecht zur Bewegung gerichtet ist, wird keine Energie übertragen.

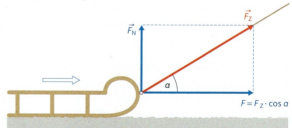

2 Kraft beim Beschleunigen eines Schlittens

Maschine / Energieumwandlungsprozess	Aufgewendete Energie	Nutzenergie	Wirkungsgrad in %
Kernkraftwerk	nuklear	elektrisch	35
Kohle- und Gaskraftwerk	chemisch	elektrisch	30–40
Solarzelle	Sonnenlicht	elektrisch	10–20
Windkraftanlage	mechanisch	elektrisch	50
Brennstoffzelle	chemisch	elektrisch	20–70
Dampfmaschine	chemisch	mechanisch	3–44
Benzinmotor (Ottoprozess)	chemisch	mechanisch	30–40
Dieselmotor (Dieselprozess)	chemisch	mechanisch	35–45
Elektromotor	elektrisch	mechanisch	20–99
Fahrraddynamo	mechanisch	elektrisch	20–60
Glühlampe	elektrisch	Licht	3
Leuchtdiode (LED)	elektrisch	Licht	5–25
menschlicher Muskel	chemisch	mechanisch	20–25
Fotosynthesereaktion	Sonnenlicht	chemisch	35

Antriebsleistung und Geschwindigkeit

Leistung kann auch als Produkt von Kraft und Geschwindigkeit betrachtet werden:

$$P = \frac{\Delta E}{\Delta t} = F \cdot \frac{\Delta s}{\Delta t} = F \cdot v. \tag{4}$$

Beträgt beispielsweise die Motorleistung eines Autos, das mit einer konstanten Geschwindigkeit von 200 km/h fährt, 100 kW, so lässt sich auf die Antriebskraft schließen, die zur Aufrechterhaltung der Bewegung notwendig ist:

$$F = \frac{100 \text{ kW}}{55{,}6 \frac{\text{m}}{\text{s}}} \approx 1{,}8 \text{ kN}.$$

Beträgt die Leistung eines Traktormotors bei einer Geschwindigkeit von 20 km/h ebenfalls 100 kW, ist die Antriebskraft 10-mal so groß. Wird andererseits ein Fahrzeug von seinem Motor mit einer konstanten Leistung P beschleunigt, so nimmt die beschleunigende Kraft entsprechend der Zunahme der Geschwindigkeit ab.

Einheiten

Die Pferdestärke (engl. *horsepower*) ist eine veraltete, jedoch im Alltag – vor allem im Bereich von Motoren – noch häufig anzutreffende Einheit der Leistung. Als Einheitenzeichen wird PS verwendet.

Inzwischen ist 1 PS als die Leistung definiert, die erbracht werden muss, um einen Körper der Masse $m = 75$ kg entgegen der Erdanziehung mit einer Geschwindigkeit von 1 m/s zu bewegen. Dabei gilt:

$$1 \text{ PS} \approx 0{,}735 \text{ kW}. \tag{5}$$

In der Technik ist die Leistung eine geläufige und oft auch einfach zu messende Größe. Daher werden Energiemengen häufig durch eine Leistungseinheit ausgedrückt:
Wattsekunde: 1 W·s = 1 J
Kilowattstunde: 1 kW·h = 1000 W · 3600 s = $3{,}6 \cdot 10^6$ J

Wirkungsgrad und Nutzenergie

Der Wirkungsgrad ist geeignet, die Qualität eines Prozesses zu charakterisieren. Er gibt an, zu welchem Anteil die eingesetzte Energie tatsächlich in die gewünschte Energieform überführt wurde. Diese Energie wird auch als Nutzenergie bezeichnet.

Wird in einem Kraftwerk ein Wirkungsgrad von 35 % erzielt, so gehen die verbleibenden 65 % der eingesetzten Energie für den Prozess der Elektrizitätserzeugung als Abwärme verloren. Allerdings lässt sich auch ein Teil dieser Abwärme noch nutzen, beispielsweise für die Heizung in Wohnungen.

Die Tabelle oben zeigt einige Beispiele für Maschinen, Geräte und auch natürliche Energieumwandlungsprozesse mit ihren Wirkungsgraden.

AUFGABEN

1 Beim New Yorker Treppenlauf, der auf der Aussichtsplattform des Empire State Building endet, überwindet ein 74 kg schwerer Athlet in einer Zeitspanne von 10 min, 19 s einen Höhenunterschied von 320 m. Ermitteln Sie seine Durchschnittsleistung.

2 Ein Güterzug fährt 40 min lang mit einer Geschwindigkeit von 60 km/h. Die Elektrolok muss dabei eine Zugkraft von 55 kN aufbringen.
a Berechnen Sie die Arbeit, die von der Lok während dieses Vorgangs verrichtet wird.
b Wie groß ist dabei die Leistung der Lok?

3 Ein Radfahrerin fährt eine Straße, die eine Steigung von 8 % besitzt, mit einer konstanten Geschwindigkeit von 7 km/h bergan. Die Gesamtmasse von Fahrerin und Fahrrad beträgt 82 kg. Bestimmen Sie die mechanische Leistung der Fahrerin. *Hinweis:* Die Steigung einer Straße beträgt 8 %, wenn sie auf einer waagerechten Strecke von 100 m um 8 m in vertikaler Richtung angestiegen ist.

11.8 Der theoretisch maximal erreichbare Wirkungsgrad einer Wärmekraftmaschine entspricht dem des Carnot-Prozesses.

In Beschleunigern werden Elementarteilchen auf sehr hohe Geschwindigkeiten beschleunigt und zur Kollision gebracht. Die Beobachtung dieser Stoßprozesse liefert wichtige Erkenntnisse über den Aufbau der Materie. Die Stoßprozesse der Teilchen lassen sich dabei mit den gleichen Gesetzmäßigkeiten beschreiben, die auch für makroskopische Objekte wie Billardkugeln gelten.

2.11 Stoßprozesse

Kommt es zwischen Körpern, die sich relativ zueinander bewegen, kurzzeitig zu einer Wechselwirkung, so spricht man von einem Stoß. Beispiele hierfür sind zwei Billardkugeln, die aufeinandertreffen, oder elektrisch geladene Teilchen, die aufeinandergeschossen werden. Die Art der Wechselwirkung spielt keine Rolle, denn alle Stoßvorgänge lassen sich allein mithilfe der Erhaltungssätze für Energie und Impuls vollständig beschreiben.

Spezialfälle Da sich vor einem Stoßprozess mindestens einer der beteiligten Körper bewegt, liegt Energie in kinetischer Form vor. Bleibt diese kinetische Energie beim Stoß erhalten, handelt es sich um einen *elastischen* Stoß. Beim *unelastischen* Stoß wird ein Teil der kinetischen Energie für plastische Verformung aufgewendet oder in Wärme umgewandelt.
Ein gerader zentraler Stoß liegt vor, wenn sich die beiden Körper vor und nach dem Stoß längs ein und derselben Geraden durch ihre Schwerpunkte bewegen. Die Richtungen der Geschwindigkeiten und Impulse können dann durch ein Vorzeichen vor den entsprechenden Beträgen dargestellt werden.

Zentraler elastischer Stoß

Die Berechnung von Stoßprozessen ist im Allgemeinen recht aufwendig. Vergleichsweise einfach lassen sich jedoch einige Spezialfälle beschreiben. Ein solcher Spezialfall ist der vollkommen elastische Stoß zweier Körper auf einer Geraden, also beispielsweise zweier Gleiter auf einer Luftkissenbahn (Exp. 1 a).
Für die Berechnung der Geschwindigkeiten der Körper vor dem Stoß v_1 und v_2 sowie nach dem Stoß v_1' und v_2' gilt die Energieerhaltung:

$$\tfrac{1}{2} m_1 \cdot v_1^2 + \tfrac{1}{2} m_2 \cdot v_2^2 = \tfrac{1}{2} m_1 \cdot v_1'^2 + \tfrac{1}{2} m_2 \cdot v_2'^2. \quad (1)$$

Außerdem bleibt die Summe der Impulse erhalten:

$$m_1 \cdot v_1 + m_2 \cdot v_2 = m_1 \cdot v_1' + m_2 \cdot v_2'. \quad (2)$$

Hieraus lassen sich durch einige Umformungen die Gleichungen für v_1' und v_2' gewinnen ⟳:

$$v_1' = \frac{(m_1 - m_2) \cdot v_1 + 2 m_2 \cdot v_2}{m_1 + m_2} \quad (3)$$

$$v_2' = \frac{(m_2 - m_1) \cdot v_2 + 2 m_1 \cdot v_1}{m_1 + m_2} \quad (4)$$

EXPERIMENT 1

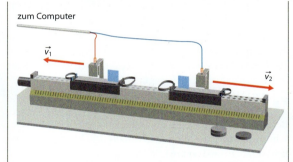

a) Auf einer Luftkissenfahrbahn stoßen zwei Gleiter mit unterschiedlichen Massen und Anfangsgeschwindigkeiten elastisch aufeinander. Die Endgeschwindigkeiten v_1' und v_2' der Gleiter werden gemessen.
b) Die Gleiter bleiben nach dem Stoß aneinander haften, sie stoßen vollkommen unelastisch. Die beiden Anfangsgeschwindigkeiten und die Geschwindigkeit des zusammengekoppelten Gleiters werden gemessen.

Gleiche Massen Bei gleichen Massen bedeutet die Impulserhaltung, dass die Summe der Geschwindigkeiten vor und nach dem Stoß gleich groß sein muss, während aus der Energieerhaltung folgt, dass die Summe der Geschwindigkeitsquadrate konstant bleibt. Beide Bedingungen sind nur erfüllt, wenn die Geschwindigkeiten ausgetauscht werden (vgl. 2.4):

$$v_1' = v_2 \quad \text{und} \quad v_2' = v_1. \quad (5)$$

Dies lässt sich auch durch Einsetzen der Bedingung $m_1 = m_2$ in die Gleichungen (3) und (4) zeigen.

Reflexion an einer Wand Wirft man einen Gummiball mit Masse m_1 der Geschwindigkeit v_1 gegen eine Wand, so liegt näherungsweise ein elastischer Stoß vor. Die Wand hat dabei die Geschwindigkeit $v_2 = 0$ und im Vergleich zum Ball eine quasi unendlich große Masse m_2, zumal sie mit der Erde fest verbunden ist.

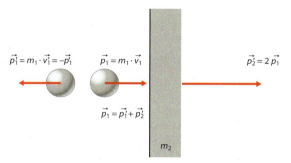

2 Impulsübertragung beim elastischen Stoß mit $m_2 \gg m_1$

Die Geschwindigkeit und damit auch der Impuls des Balls kehren sich dabei um, während die Wand den betragsmäßig doppelten Impuls des Balls aufnimmt. Aufgrund ihrer wesentlich größeren Masse ändert sich ihre Geschwindigkeit aber faktisch nicht; auch dies folgt aus den Gleichungen (3) und (4).

Im umgekehrten Fall bewegt sich ein massereicher Körper 1, beispielsweise ein Golfschläger, auf einen vergleichsweise massearmen ruhenden Körper 2, einen Golfball, zu. Dann gilt also $m_1 \gg m_2$ und nach dem elastischen Stoß $v_2' \approx 2v_1$: Der Ball hat die doppelte Geschwindigkeit des Schlägers.

Vollkommen unelastischer Stoß

Ein vollkommen unelastischer Stoß liegt vor, wenn beide Körper nach dem Stoß aneinander haften bleiben – sie haben dann die gleiche Geschwindigkeit v' (Exp. 1 b). Die Summe der kinetischen Energien nach dem Stoß ist dabei geringer als vor dem Stoß, da bei der plastischen Verformung kinetische Energie in innere Energie umgewandelt wurde. Nach dem Impulserhaltungssatz gilt:

$$m_1 \cdot v_1 + m_2 \cdot v_2 = (m_1 + m_2) \cdot v'. \tag{6}$$

Auflösen nach v' ergibt für die gemeinsame Geschwindigkeit nach dem Stoß:

$$v' = \frac{m_1 \cdot v_1 + m_2 \cdot v_2}{m_1 + m_2}. \tag{7}$$

Nichtzentrale Stöße

Bei schrägen, also nichtzentralen Stößen können die Impulsvektoren jeweils in zwei zueinander senkrechte Komponenten zerlegt werden, sodass sich für eine Komponente ein zentraler Stoß ergibt, während sich die dazu senkrechte Komponente nicht ändert. Abbildung 3 zeigt an zwei Beispielen, wie mithilfe einer Zerlegung der Impulsvektoren die Impulse nach dem Stoß bestimmt werden können.

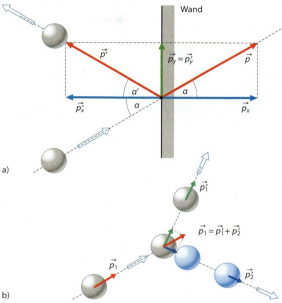

3 a) Zerlegung des Impulsvektors beim schrägen Stoß gegen eine Wand; b) schräger Stoß zweier Billardkugeln

AUFGABEN

1 Früher hat man Autos so konstruiert, dass ihre Karosserie möglichst starr war. Begründen Sie, dass man heute Autos mit Knautschzonen entwickelt.

2 Ein Geländewagen ($m_1 = 2500$ kg, $v_1 = 50$ km/h) und ein Kleinwagen ($m_2 = 800$ kg, $v_2 = 30$ km/h) prallen ungebremst frontal zusammen. Dabei verhaken sie sich ineinander.

a Berechnen Sie für beide Fahrzeuge die Geschwindigkeitsänderung.

b Leiten Sie daraus Schlussfolgerungen für die Notwendigkeit von Sicherheitssystemen in Kleinwagen ab.

3 Zwei Wagen stoßen so zusammen (Abb.):

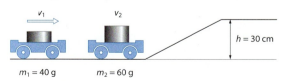

a Berechnen Sie die Geschwindigkeiten der Wagen nach einem elastischen und nach einem vollkommen unelastischen Stoß für $v_1 = 4$ m/s und $v_2 = 0$.

b Welche Geschwindigkeit muss Wagen 1 vor einem elastischen Stoß besitzen, damit der Wagen 2 die Höhe $h = 30$ cm gerade noch überwinden kann?

4 Ein Fußballspieler kann 30 km/h schnell laufen. Welche Geschwindigkeit kann er einem Ball verleihen?

Wird eine Feuerwerksrakete zur Explosion gebracht, fliegen die Fragmente in alle Richtungen und zeichnen Leuchtspuren an den Nachthimmel. Der gemeinsame Schwerpunkt aller Fragmente bleibt jedoch auf der Bahn, die die Feuerwerksrakete vorher innehatte.

2.12 Schwerpunktsatz

Die Bewegung eines Systems von Körpern kann vereinfacht als die Bewegung seines Massenschwerpunkts beschrieben werden. Der Schwerpunkt eines Körpers bzw. eines Systems mehrerer Körper bewegt sich so, als ob die gesamte Masse in ihm konzentriert wäre und alle äußeren Kräfte ausschließlich dort angreifen würden. Für diesen Punkt gilt der Schwerpunktsatz:

Treten keine Wechselwirkungen mit Körpern außerhalb des Systems auf, so befindet sich der Schwerpunkt des Systems in Ruhe oder in gleichförmiger geradliniger Bewegung – unabhängig von den inneren Wechselwirkungen des Systems.

Ein Koordinatensystem, in dessen Nullpunkt sich der Schwerpunkt eines Systems von Körpern befindet, wird als Schwerpunktsystem bezeichnet. Dieses bewegt sich mit der Schwerpunktgeschwindigkeit v_S relativ zum ortsfesten Laborsystem, und es gilt:

Die Summe aller Impulse im Schwerpunktsystem ist immer gleich null.

Dies erlaubt häufig eine vereinfachte Betrachtung von Stoßprozessen. Beispielsweise folgt damit für den elastischen Stoß zweier Körper im Schwerpunktsystem:
– Die Impulse der Körper sind immer entgegengesetzt gerichtet und vom Betrag her gleich groß.
– Die Impulse der Körper weisen nach dem Stoß jeweils in die entgegengesetzte Richtung.
– Jeder Körper behält seine kinetische Energie bei.

Schwerpunkt

Der Schwerpunkt eines einfachen homogenen Körpers wie einer Kugel oder eines Würfels ist sein geometrischer Mittelpunkt. Idealisiert kann ein solcher Körper auch als Massenpunkt beschrieben werden, der genau an diesem Mittelpunkt lokalisiert ist.

Der Schwerpunkt von zwei Körpern liegt auf der Verbindungsstrecke der beiden Massenpunkte. Denkt man sich die Verbindungsstrecke als unendlich dünne und massefreie Stange, so bleibt das System im Gleichgewicht, wenn man es im Schwerpunkt unterstützt. Dieser Gleichgewichtszustand liegt nach dem Hebelgesetz dann vor, wenn die Hebelwirkungen gleich groß sind (Abb. 2 und Exp. 1).

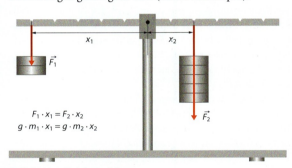

$F_1 \cdot x_1 = F_2 \cdot x_2$
$g \cdot m_1 \cdot x_1 = g \cdot m_2 \cdot x_2$

2 Hebel im Gleichgewicht

EXPERIMENT 1

Auf einer Wippe stehen zwei Wagen mit unterschiedlichen Massen, die durch zusammengedrückte Federn und einen gespannten Faden miteinander verbunden sind. Ihr Massenschwerpunkt befindet sich genau über dem Drehpunkt. Nach dem Durchtrennen des Fadens werden die beiden Wagen in entgegengesetzter Richtung beschleunigt, bis die Federn entspannt sind. Danach rollen sie, unter Vernachlässigung der Reibung, mit konstanter Geschwindigkeit weiter. Die Wippe bleibt während des gesamten Vorgangs im Gleichgewicht. Der Massenschwerpunkt der Wagen befindet sich also immer über dem Drehpunkt.

Schwerpunktsatz und Impulserhaltung

Angenommen, zwei Körper mit den Massen m_1 und m_2 befinden sich zum Zeitpunkt $t = 0$ im Ursprung eines Koordinatensystems. Wenn sie sich gleichförmig mit den Geschwindigkeiten v_1 und v_2 bewegen, gilt für ihren Schwerpunkt zu einem beliebigen Zeitpunkt t:

$$m_1 \cdot (x_S - v_1 \cdot t) = -m_2 \cdot (x_S - v_2 \cdot t). \quad (1)$$

Umformen ergibt:

$$x_S = \frac{m_1 \cdot v_1 + m_2 \cdot v_2}{m_1 + m_2} \cdot t. \quad (2)$$

Wenn $x_1 = v_1 \cdot t$ und $x_2 = v_2 \cdot t$ die Koordinaten der Massenpunkte m_1 und m_2 sind, gilt:

$$x_S = \frac{m_1 \cdot x_1 + m_2 \cdot x_2}{m_1 + m_2}. \quad (3)$$

Da die Massen erhalten bleiben und nach dem Impulserhaltungssatz $m_1 \cdot v_1 + m_2 \cdot v_2$ konstant ist, bewegt sich der Schwerpunkt gleichförmig geradlinig. Sind die beiden Impulse $m_1 \cdot v_1$ und $m_2 \cdot v_2$ betragsmäßig gleich groß, aber entgegengesetzt orientiert, so ruht der Schwerpunkt.
Dieser Sachverhalt gilt nicht nur für zwei Körper, sondern lässt sich auch auf Systeme mit beliebig vielen Körpern übertragen.

MATHEMATISCHE VERTIEFUNG

Mithilfe der Vektorschreibweise kann man analog zu Gl. (3) der Ortsvektor $\vec{r}_S$ des Schwerpunkts von n Massenpunkten m_i, die im Laborsystem die Ortsvektoren $\vec{r}_i$ haben, berechnen. Die Gesamtmasse der Punkte sei M. Damit lässt sich für den Ortsvektor schreiben:

$$\vec{r}_S = \frac{1}{M} \sum_{i=1}^{n} m_i \cdot \vec{r}_i. \quad (4)$$

Hat der Schwerpunkt im Laborsystem den Ortsvektor $\vec{r}_S$, so gilt für beliebige Ortsvektoren $\vec{r}_i$ im Laborsystem und $\vec{r}_{iS}$ im Schwerpunktsystem:

$$\vec{r}_i = \vec{r}_{iS} + \vec{r}_S \quad \text{bzw.} \quad \vec{r}_{iS} = \vec{r}_i - \vec{r}_S. \quad (5)$$

Mit Gl. (4) ergibt sich:

$$\sum_{i=1}^{n} m_i \cdot \vec{r}_{iS} = \sum_{i=1}^{n} m_i \cdot (\vec{r}_i - \vec{r}_S) \quad (6)$$

$$= \sum_{i=1}^{n} m_i \cdot \vec{r}_i - \sum_{i=1}^{n} m_i \cdot \vec{r}_S \quad (7)$$

$$= M \cdot \vec{r}_S - M \cdot \vec{r}_S = 0 \quad (8)$$

Also ist

$$\sum_{i=1}^{n} m_i \cdot \vec{r}_{iS} = 0. \quad (9)$$

Für Geschwindigkeiten im Schwerpunktsystem und im Laborsystem gilt analog zu den Ortsvektoren:

$$\vec{v}_i = \vec{v}_{iS} + \vec{v}_S \quad (10)$$

Die Summe der Impulse im Schwerpunktsystem erhält man durch Ableiten von Gl. (9) nach der Zeit:

$$\sum_{i=1}^{n} p_{iS} = \sum_{i=1}^{n} m_i \cdot v_{iS} = 0. \quad (11)$$

Kinetische Energie im Schwerpunktsystem In einem abgeschlossenen System aus zwei Körpern mit den Massen m_1 und m_2 ergibt sich damit für die kinetische Energie im Laborsystem:

$$E_{kin} = \frac{1}{2} m_1 \cdot v_1^2 + \frac{1}{2} m_2 \cdot v_2^2.$$

Mit Gl. (10) folgt daraus:

$$E_{kin} = \frac{1}{2} m_1 \cdot v_{1S}^2 + \frac{1}{2} m_2 \cdot v_{2S}^2 + \frac{1}{2} (m_1 + m_2) \cdot v_S^2$$
$$+ (m_1 \cdot v_{1S} + m_2 \cdot v_{2S}) \cdot v_S. \quad (12)$$

Der letzte Term ist null, da die Summe der Impulse im Schwerpunktsystem null ergibt. Daher folgt:

$$E_{kin} = E_{kin,1S} + E_{kin,2S} + \frac{1}{2} (m_1 + m_2) \cdot v_S^2. \quad (13)$$

Dieser Sachverhalt lässt sich auf beliebig viele Körper verallgemeinern: Die kinetische Energie E_{kin} im Laborsystem lässt sich als Summe aus den kinetischen Energien der einzelnen Massen im Schwerpunktsystem und der kinetischen Energie der im Schwerpunkt vereinigten Gesamtmasse beschreiben. Letztere wird auch als *Translationsenergie* des Systems bezeichnet.

AUFGABEN

1 Auf einer Wippe mit dem Drehpunkt P sitzen die Mutter im Punkt A, die Tochter im Punkt B und der Vater im Punkt C. Die Masse der Mutter beträgt 70 kg, die der Tochter 20 kg und die des Vaters 90 kg. Sie sitzen so wie in der Abbildung dargestellt. Die Masse der Wippe wird vernachlässigt.

a Berechnen Sie den Schwerpunkt der Anordnung.
b Begründen Sie, dass die Wippe nicht im Gleichgewicht ist.
c Wie weit muss die Tochter in Richtung ihrer Mutter rutschen, damit die Wippe im Gleichgewicht ist?
2 Bei einem Feuerwerk werden leuchtende Partikel in alle Richtungen geschleudert (Abb. 1). Erklären Sie das Bild unter Einbeziehung des Schwerpunktsatzes.
3 Beschreiben Sie, was geschieht, wenn in Exp. 1 einer der Wagen an die Kante der Wippe stößt.

Wird ein Teilchen durch Frontalzusammenstoß mit seinem Antiteilchen vernichtet, entstehen mindestens zwei Photonen – andernfalls wäre die Impulserhaltung verletzt.

FORSCHUNG

2.13 Streuprozesse

Die Informationen, die man aus Stoßprozessen gewinnen kann, helfen bei der Untersuchung von sehr kleinen Strukturen oder Teilcheneigenschaften. Dabei kann man entweder ein festes Ziel (engl. *fixed target*) mit einem Teilchenstrahl beschießen oder auch zwei entgegengesetzt gerichtete Teilchenstrahlen kollidieren lassen (engl. *colliding beams*). In beiden Fällen werden die dabei gestreuten oder entstandenen Teilchen untersucht. Deren Geschwindigkeit, Energie und Masse sowie ihr Impuls geben Aufschluss über die Wechselwirkungen, durch die sie gestreut wurden bzw. entstanden sind.

Strukturuntersuchung

Durch den Beschuss eines festen Objekts mit einem Teilchenstrahl lassen sich Informationen über dessen innere Struktur gewinnen. Dazu ist es u. a. wichtig, dass die Teilchen des Untersuchungsstrahls möglichst klein und energiereich sind:

Gedankenexperiment In einem mit Stroh gefüllten Sack befinden sich mehrere große Steine (Abb. 1). Von außen ist nicht zu erkennen, wie Stroh und Steine im Inneren des Sacks verteilt sind.
a) Zunächst wird der Sack mit Bällen beschossen. Diese prallen schon an der Außenfläche ab – man erhält keine Informationen über die innere Struktur.
b) Danach wird der Sack mit Gewehrkugeln beschossen. Die allermeisten durchdringen den Strohsack nahezu ungestört. In einigen Fällen treffen sie jedoch auf die Steine und werden abgelenkt. Aus den Bahnen der abgelenkten Kugeln kann auf die innere Struktur im Strohsack geschlossen werden.

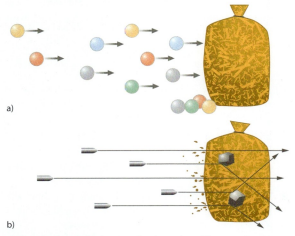

1 Untersuchung der inneren Struktur eines Körpers mit unterschiedlichen Projektilen

Die beiden Beispiele in Abb. 2 zeigen, wie man nur aus Kenntnis der Bewegungsrichtungen der an einem ruhenden Körper gestreuten Teilchen Rückschlüsse über dessen Form ziehen kann. Hier wird angenommen, dass die einfallenden Teilchen jeweils nach dem Reflexionsgesetz von der Oberfläche zurückgeworfen werden. In der Umgebung der Streukörper werden dann unterschiedliche Intensitätsverteilungen der gestreuten Teilchen detektiert.

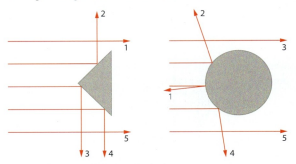

2 Reflexion von Teilchen an unterschiedlichen Streukörpern

Wirkungsquerschnitt

Mechanische Stöße Wird ein Körper wie in Abb. 1 b auf der Fläche A von einem Teilchenstrahl mit N Teilchen getroffen, so tritt nur ein Teil ΔN der eingestrahlten Teilchen mit den harten Bereichen im Inneren des Körpers in Wechselwirkung.
Die Wahrscheinlichkeit dafür, dass ein Teilchen mit dem Körper in Wechselwirkung tritt, ist proportional zur Dicke Δx des Körpers und zur Anzahl der Atome pro Volumeneinheit n; die Größe n hat dabei die Einheit m^{-3}. Außerdem ist die Wahrscheinlichkeit umgekehrt proportional zu der vom Strahl getroffenen Querschnittsfläche A. Es gilt:

$$\frac{\Delta N}{N} \sim n \cdot \Delta x \quad \text{bzw.} \quad \frac{\Delta N}{N} = \sigma \cdot n \cdot \Delta x. \quad (1)$$

Der Proportionalitätsfaktor σ hat die Dimension einer Fläche und wird als Wirkungsquerschnitt bezeichnet. Als Einheit für den Wechselwirkungsquerschnitt wird häufig auch Barn (b) verwendet: $1\,b = 10^{-28}\,m^2$.
In einem klassischen Stoßexperiment ergibt sich der Wirkungsquerschnitt für die Wechselwirkung zweier Stoßpartner aus deren jeweiliger Ausdehnung. Er beschreibt die Querschnittsfläche, bei deren Durchquerung das einfallende Teilchen eine Wechselwirkung mit dem Streukörper erfährt. Im Fall zweier Kugeln mit den Radien R und r (Abb. 3) ist dies eine Kreisfläche der Größe $\pi \cdot (R + r)^2$.

Wechselwirkung kleiner Teilchen Im atomaren Bereich oder im Bereich der Elementarteilchen kann man in der Regel nicht von der Berührung zweier Stoßpartner sprechen. Die Teilchen werden beispielsweise durch elektrostatische Wechselwirkung abgelenkt. Da die Reichweite dieser Wechselwirkung unendlich ist, ist der Wirkungsquerschnitt beim Beschuss eines Atomkerns mit Protonen im Prinzip unendlich. Tatsächlich haben aber die auftretenden Wechselwirkungen bei größeren Abständen oder aufgrund der Abschirmung durch Elektronen keinen messbaren Einfluss auf die Bahn der Teilchen, sodass sich ein endlicher Wirkungsquerschnitt ergibt.

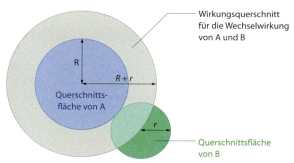

3 Wirkungsquerschnitt für den Stoß zweier Kugeln

Der Wirkungsquerschnitt hängt stets von der Kombination der Wechselwirkungspartner ab. Für die Streuung von Neutronen an einem positiv geladenen Atomkern ergibt sich beispielsweise ein deutlich kleinerer Wirkungsquerschnitt als für die Streuung von Protonen (Abb. 4): Das elektrisch ungeladene Neutron bewegt sich geradlinig am geladenen Streuzentrum vorbei, während das geladene Proton deutlich abgelenkt wird. Damit gibt der Wirkungsquerschnitt σ eines Streuzentrums dessen *effektive Größe* bei einer bestimmten Wechselwirkung an.

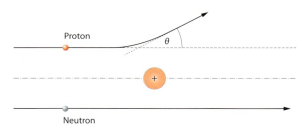

4 Ein Proton und ein Neutron, die im gleichen Abstand zur Achse auf einen Atomkern geschossen werden

Strahlkollisionen

In Teilchenbeschleunigern werden häufig zwei Teilchenstrahlen, die in entgegengesetzte Richtungen laufen, zur Kollision gebracht. Mehrere um den Kollisionspunkt angeordnete Detektoren registrieren dabei Ort, Impuls, Energie und Masse der bei der Kollision gestreuten oder erzeugten Teilchen. Auch die physikalischen Eigenschaften von entstehenden Folgeprodukten lassen sich durch Messungen unter verschiedenen Streuwinkeln bestimmen.

Newton-Diagramme Da die Impulse der Stoßpartner im Schwerpunktsystem vor und auch nach einem elastischen Stoß gleich groß sind, werden sie im Schwerpunktsystem nur »gedreht«: Alle möglichen Impulspfeile haben ihre Spitze auf einem Kreis um den Schwerpunkt (Abb. 5). Aus den möglichen Impulsen nach dem Stoß im Schwerpunktsystem können daher die Impulse im Laborsystem und damit auch die möglichen Bereiche der Ablenkwinkel bestimmt werden ↻. Solche Diagramme sind für die Planung eines Experiments nützlich, da man sich so vorab überlegen kann, in welchem Winkelbereich bei gegebenen Anfangsimpulsen die gestreuten Teilchen zu finden sein müssen.

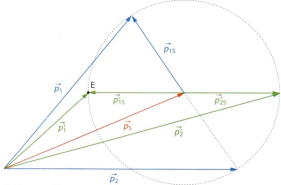

5 Newton-Diagramm

Der Schwerpunkt S liegt auf der Basismitte des durch die beiden Impulse $\vec{p}_1$ und $\vec{p}_2$ aufgespannten Dreiecks. Die Impulse $\vec{p}_{1S}$ und $\vec{p}_{2S}$ ändern beim Stoß ihre Richtung. Es ergeben sich alle möglich Impulse $\vec{p}\,'_{1S}$ und $\vec{p}\,'_{2S}$, aus denen sich die zugehörigen Impulse $\vec{p}\,'_1$ und $\vec{p}\,'_2$ im Laborsystem bestimmen lassen.

Beim unelastischen Stoß wird ein Teil der kinetischen Energie umgewandelt. Die Endpunkte der Impulsvektoren liegen dann auf einem Kreis mit kleinerem Radius.

■ AUFGABEN

1. Beim Billard trifft eine Kugel mit 5 m/s auf eine zweite ruhende Kugel. Nach dem Stoß bewegt sich die erste Kugel unter einem Winkel von 30° gegenüber ihrer ursprünglichen Richtung weg. Bestimmen Sie die Bewegungsrichtung der zweiten Kugel nach dem Stoß sowie die Geschwindigkeiten der beiden Kugeln.
2. Drei Billardkugeln berühren einander paarweise. In ihrer Mitte steht ein Nagel. Kugel 1 stößt zentral auf Kugel 2. Erläutern Sie ausführlich, was passiert.

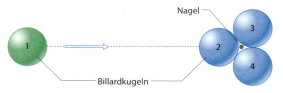

Der Königsweg zum sparsamen Verbrennungsmotor führt über das Minimieren der Reibung. Ein Ansatz besteht darin, die mechanischen Teile des Motors mit einer mikroskopisch dünnen Lage aus hartem, diamantähnlichem Kohlenstoff zu überziehen.

2.14 Reibung

Sobald ein bewegter Körper mit seiner ruhenden Umgebung in Kontakt kommt, tritt Reibung auf: An den Kontaktstellen wird kinetische Energie in Wärme umgewandelt. Die Wechselwirkung lässt sich mit *Reibungskräften* beschreiben, die der Bewegungsrichtung entgegengesetzt sind.

Reibung zwischen festen Körpern kann unter anderem dadurch entstehen, dass deren Berührungsflächen aneinander haften. Zwischen den Atomen bzw. Molekülen der beiden Körper kommt es dann zu elektrischen Wechselwirkungen.

Die Reibungskraft F_r ist näherungsweise proportional zur Normalkraft F_N, mit der die Körper aufeinandergedrückt werden:

$$F_r = \mu \cdot F_N. \tag{1}$$

Der Reibungskoeffizient μ hängt von den Materialien, aus denen die Körper bestehen, und deren Oberflächenbeschaffenheit ab.

Die Gleichung (1) gilt auch für das Haften eines ruhenden Körpers auf einer Unterlage. F_r ist dann die Kraft, die notwendig ist, um den Körper in Bewegung zu setzen, und μ hat einen etwas größeren Wert als im Fall eines gleitenden Körpers.

Wechselwirkung und Energie

Wenn zwei Körper einander sehr nahekommen, treten die Teilchen der beiden miteinander in Wechselwirkung: Es kommt zu kleinen Verschiebungen von elektrischen Ladungsträgern und damit zu einer Anziehung zwischen den Körpern. Auch können sich mikroskopische Unebenheiten der Kontaktflächen ineinander verzahnen. In einem einfachen Modell bilden sich dabei Bindungen zwischen den Körpern aus; dies sind allerdings in der Regel keine chemischen Bindungen.

Bei der Verschiebung des einen Körpers um ein Stück Δs werden an vielen Stellen Bindungen geschlossen, die sofort wieder gelöst werden müssen. Die Anzahl der Bindungen ist proportional zu Δs, daher ist auch die für die Verschiebung notwendige Energie ΔE proportional zu Δs. Die Reibungskraft ist

$$F_r = \frac{\Delta E}{\Delta s}. \tag{2}$$

Mit $\Delta E \sim \Delta s$ ist F_r also unter diesen Annahmen unabhängig von Δs und damit auch unabhängig von der Geschwindigkeit $v = \Delta s/\Delta t$. Die weitgehende Unabhängigkeit der Reibungskraft von der Geschwindigkeit lässt sich in vielen Fällen experimentell bestätigen.

Reibung und Normalkraft

Je stärker ein Körper auf seine Unterlage gedrückt wird, desto tiefer dringen die Unebenheiten der Kontaktflächen ineinander ein – desto mehr Kraft muss also aufgewendet werden, um den Körper wieder »herauszuheben«. Für viele Fälle gilt dann die Proportionalität $F_r \sim F_N$ (Gl. 1).

Die Normalkraft ist senkrecht zur Auflageebene gerichtet. Befindet sich wie in Abb. 2 ein Körper auf einer schiefen Ebene, so lässt sich die Gewichtskraft $\vec{F}_G$ in zwei Teilkräfte zerlegen: die Hangabtriebskraft $\vec{F}_H$ und die senkrecht dazu stehende Normalkraft $\vec{F}_N$.

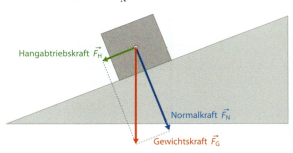

2 Bestimmung der Normalkraft an einer schiefen Ebene

Haften und Gleiten

Versucht man, eine schwere Kiste zu schieben, so bewegt sie sich zunächst nicht: Die ausgeübte horizontale Kraft reicht nicht aus, um die Verzahnungen der beiden Oberflächen zu lösen. Erreicht die aufgewendete Kraft jedoch ei-

 Durch Ladungsverschiebung zwischen Körpern kann es zur gegenseitigen Anziehung – und durch Reibung zur Ladungstrennung kommen.

nen bestimmten Wert F_h, so beginnt die Kiste sich zu bewegen. Dieser Wert wird als *Haftreibungskraft* bezeichnet, auch wenn sich die Körper in der Situation nicht gegeneinander bewegen.

Nach dem Überschreiten der Haftreibungskraft setzt sich die Kiste in Bewegung, sie gleitet über die Fläche. Die Gleitreibungskraft F_g, mit der die Kiste nun gebremst wird, ist kleiner als die Haftreibungskraft (Abb. 3):

$$F_g < F_h. \qquad (3)$$

Die Haftreibungskraft ist stets größer als die Gleitreibungskraft, da ein ruhender Körper tiefer in die Oberfläche eindringt und sich daher stärker mit dieser verbindet. Dies macht sich auch bei einem extrem langsam gleitenden Körper bemerkbar: Es bilden sich festere Bindungen, der Reibungskoeffizient nimmt zu, je langsamer der Körper wird.

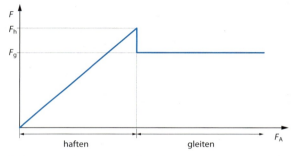

3 Betrag der Reibungskraft, die ein Körper einer Antriebskraft F_A entgegensetzt

Sowohl die Haftreibungskraft als auch die Gleitreibungskraft sind proportional zur Normalkraft, aber in vielen Fällen nahezu unabhängig von der Größe der Kontaktfläche. Oft werden für die Haftreibung und für die Gleitreibung entsprechende Koeffizienten μ_h und μ_g verwendet:

$$F_h = \mu_h \cdot F_N \quad \text{und} \quad F_g = \mu_g \cdot F_N. \qquad (4)$$

Typische Reibungskoeffizienten

Stoffpaar	μ_h	μ_g
Stahl/Stahl	0,08 … 0,25	0,06 … 0,20
Aluminium/Aluminium	1,05	1,04
Gummi/Asphalt	0,9 … 1,3	0,8
Holz/Stein	0,7	0,3
Stahl/Eis	0,027	0,014

Rollreibung

Eine vollkommen harte Rolle ließe sich auf einer vollkommen harten, ebenen Unterlage ohne Widerstand bewegen. Gleiches würde gelten, wenn Rolle und Unterlage elastisch verformt würden, da auch dann keine Energie in Wärme umgewandelt würde.

Reale Körper erfahren aber immer in gewissem Maße unelastische Verformungen, bei denen Bewegungsenergie in Wärme umgewandelt wird. Es muss also ebenfalls zur Aufrechterhaltung der Bewegung eine Kraft aufgewendet werden, um diese Rollreibung zu kompensieren.

Die Rollreibungskraft F_{roll} ist dabei umso kleiner, je größer der Radius des Rads ist. Unter vergleichbaren Bedingungen gilt: $F_{roll} < F_g < F_h$.

Schmierstoffe

Durch das Einbringen von Schmierstoffen zwischen zwei Körper kann die Gleitreibung effektiv gemindert werden. Die Flüssigkeiten dringen teilweise in die Unebenheiten ein und verhindern so, dass der andere Körper dies tut – die Oberflächen werden dadurch effektiv »glatter« und der Abstand der Oberflächen größer, die Körper haften nicht so stark aneinander (Abb. 4).

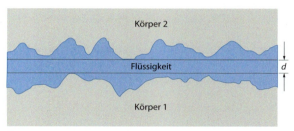

4 Schmierstoff zwischen zwei Oberflächen

AUFGABEN

1 Ein Gegenstand ($m = 3$ kg) ruht zunächst auf einem Tisch und wird dann mit der Kraft $F = 12$ N waagerecht 2 m weit gezogen. Die Geschwindigkeit ist dabei konstant. Bestimmen Sie den Gleitreibungskoeffizienten und die geleistete Reibungsarbeit.

2 Auf einem waagerecht liegenden, 80 cm langen, geraden Brett steht ein Holzquader der Masse 310 g. Der Haftreibungskoeffizient zwischen beiden Körpern beträgt 0,75, der Gleitreibungskoeffizient 0,42. Ein Ende des Bretts wird langsam angehoben, sodass eine geneigte Ebene entsteht.

a Begründen Sie, dass der Haftreibungskoeffizient in der Regel größer ist als der Gleitreibungskoeffizient.

b Bei welchem Neigungswinkel α_1, gemessen zur waagerechten Richtung, beginnt der Holzquader zu rutschen?

c Sobald der Holzquader gleitet, kann der Neigungswinkel etwas verringert werden, ohne dass der Holzquader stehen bleibt. Welchen Wert darf dieser Neigungswinkel α_2 nicht unterschreiten?

3 Ein Lkw bleibt auf einer vereisten Autobahn bei einer Steigung von 7 % mit durchdrehenden Rädern stecken. Bestimmen Sie den maximalen Reibungskoeffizienten in dieser Situation.

Seinen spektakulären Rekordsprung startete Felix Baumgartner in einer Höhe von 39 km. Überschallgeschwindigkeit erreichte er dabei im oberen Bereich des Sprungs. Nach etwa 15 Kilometern abwärts wurde der Sturz durch den größer werdenden Luftwiderstand wieder gebremst.

2.15 Strömungswiderstand

Bei der Bewegung eines Körpers durch Luft, Wasser oder ein anderes Medium wird Energie übertragen: Der Körper schiebt das mehr oder weniger zähe Medium beiseite. Dabei, und auch beim Gleiten der Oberfläche im Medium, werden die Impulse der Teilchen verändert.

Der Strömungswiderstand wird durch eine Reibungskraft beschrieben, die der Bewegungsrichtung entgegengesetzt ist. Die Reibungskraft ist dabei stark von der Geschwindigkeit und der Form des Körpers abhängig, ebenso von der Art des Mediums. Die beiden wichtigsten Modelle der auftretenden Reibungsmechanismen sind die Stokes- und die Newton-Reibung.

Stokes-Reibung Bewegt sich ein kleiner Körper – etwa eine Kugel vom Radius r – mit einer geringen Geschwindigkeit durch ein Medium, ist die Reibungskraft näherungsweise proportional zur Geschwindigkeit v:

$$F_r = 6\pi \cdot \eta \cdot r \cdot v. \tag{1}$$

Die Viskosität η beschreibt dabei, wie stark die einzelnen Teilchen des Mediums aneinanderhaften – also die *Zähigkeit* des Mediums.

Newton-Reibung Bei der schnellen Bewegung durch ein Medium tritt eine Reibungskraft auf, die proportional zu v^2 ist. Sie hängt sowohl von der Dichte ϱ als auch von der Größe, Formgebung und Oberflächenbeschaffenheit des Körpers ab. Für die Reibungskraft auf einen Körper mit der Querschnittsfläche A senkrecht zur Bewegungsrichtung gilt:

$$F_r = \tfrac{1}{2} c_W \cdot \varrho \cdot A \cdot v^2. \tag{2}$$

Der Strömungswiderstandskoeffizient c_W gibt die Form und die Oberflächenbeschaffenheit wieder.

Stromlinien

Die Strömung einer Flüssigkeit oder eines Gases lässt sich mithilfe von Stromlinien beschreiben, die die Teilchenbahnen in der Umgebung eines Hindernisses darstellen. Experimentell kann man Bilder solcher Stromlinien gewinnen, indem man z. B. Schwebeteilchen in eine strömende Flüssigkeit einbringt. Diese Teilchen bewegen sich dann näherungsweise längs der Stromlinien. Anhand der Stromlinienbilder können laminare und turbulente Strömungen unterschieden werden.

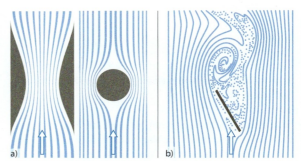

2 a) Laminare Strömung an einer Engstelle und einem Hindernis; b) turbulente Strömung an einem Hindernis

Laminare Strömung Bei laminaren Strömungen treten keine Verwirbelungen auf (Abb. 2 a). In einem einfachen Modell gleitet der Körper an einer Flüssigkeit entlang und auch einzelne Schichten der Flüssigkeiten gleiten aneinander vorbei. Dabei tritt Reibung auf. Befindet sich ein Körper in einer solchen laminaren Strömung, wird der Strömungswiderstand im Wesentlichen durch die Stokes-Reibung bestimmt.

Turbulente Strömung Bei erhöhter Strömungsgeschwindigkeit oder ungünstiger Form eines Hindernisses treten Verwirbelungen auf – die laminare Strömung geht in eine turbulente Strömung über (Abb. 2 b). Die einzelnen Teilchen des Mediums werden ungeordnet weggestoßen, es kommt zu einer Verwirbelung der Schichten, die sich nur schwer vorhersagen lässt. Der dabei auftretende Strömungswiderstand wird durch die Newton-Reibung beschrieben.

Durch Flüssigkeitsreibung konnte James P. Joule mit großer Präzision das mechanische Wärmeäquivalent bestimmen.

Newton-Reibung

Im Folgenden wird ein Fahrzeug betrachtet, das sich mit der Geschwindigkeit v in Luft bewegt. Um die Luft vor sich wegzuschieben, muss es die Energie $F \cdot s$ aufwenden. Eine stark vereinfachende Modellannahme besteht darin, dass sich die Luftteilchen zunächst in Ruhe befinden. Die Luftschicht vor dem Fahrzeug wird dann beschleunigt, und es wird ihr damit die kinetische Energie $\frac{1}{2} m \cdot v_L^2$ zugeführt; v_L ist hierbei die durchschnittliche Geschwindigkeit der Luftteilchen in der Luftschicht. Also gilt:

$$F \cdot s = \tfrac{1}{2} m \cdot v_L^2 . \qquad (3)$$

Die Masse der Luft kann durch den Ausdruck $m = \varrho \cdot V$ ersetzt werden:

$$F \cdot s = \tfrac{1}{2} \varrho \cdot V \cdot v_L^2 . \qquad (4)$$

Die Beziehung $V = A \cdot s$ und die Division beider Seiten durch s ergeben den Luftwiderstand in Abhängigkeit von der Geschwindigkeit der Luftschicht:

$$F = \tfrac{1}{2} \varrho \cdot A \cdot v_L^2 . \qquad (5)$$

Nach dem Impulserhaltungssatz würde ein ruhendes Luftteilchen beim Stoß mit dem Fahrzeug auf dessen doppelte Geschwindigkeit beschleunigt (vgl. 2.11). Da die Teilchen jedoch nicht ruhen und auch die Form des Körpers einen Einfluss auf den Stoß und die Stoßrichtung hat, ist v nur annähernd proportional zu v_L.
Setzt man $v_L^2 = c_W \cdot v^2$, so ergibt sich als Zusammenhang für den Luftwiderstand die Gleichung (2).
Die der Luftschicht zugeführte kinetische Energie wird durch Stoßprozesse weitergegeben. Insgesamt erhöht sich auf diese Weise die mittlere kinetische Energie der Luftteilchen – die Luft wird also durch die Bewegung des Fahrzeugs ein wenig erwärmt.

Fallen mit Luftwiderstand

Die Geschwindigkeit v eines fallenden Körpers nimmt durch die Erdanziehung zu. Bei größer werdender Geschwindigkeit wächst aber auch die Luftwiderstandskraft F_r, die der beschleunigenden Kraft entgegengerichtet ist. Ab einer bestimmten Geschwindigkeit sind beide Kräfte gleich groß: Der Körper befindet sich im Kräftegleichgewicht und wird nicht weiter beschleunigt (Exp. 1). Es ist also dann:

$$F_G = F_L . \qquad (6)$$

Wenn die Newton-Reibung dominiert, gilt:

$$m \cdot g = \tfrac{1}{2} \varrho \cdot A \cdot v^2 . \qquad (7)$$

Daraus lässt sich der Strömungswiderstandskoeffizient berechnen:

$$c_W = \frac{2 m \cdot g}{\varrho \cdot A \cdot v^2} . \qquad (8)$$

Einige Werte für c_W zeigt Abb. 3.

EXPERIMENT 1

Ein Papiertrichter wird aus ca. 2 m Höhe fallen gelassen, die Fallbewegung wird mit einer Videokamera aufgenommen. In einer Videoanalyse lässt sich der Bereich finden, in dem die Fallgeschwindigkeit v konstant ist. Daraus kann der c_W-Wert des Körpers ermittelt werden.

Kreisscheibe	⇒	1,1
Kugel	⇒	0,4
Halbkugel	⇒	1,3
Halbkugel	⇒	0,3
Stromlinienkörper	⇒	0,05
Fallschirm		0,9

3 Typische Strömungswiderstandskoeffizienten c_W

AUFGABEN

1 Ein PKW besitzt einen Strömungswiderstandskoeffizienten von $c_W = 0{,}32$. Die Fläche, die er beim Fahren der Luftströmung entgegensetzt, beträgt $1{,}8 \text{ m}^2$.
   a Bestimmen Sie die erforderlichen Antriebskräfte zur Überwindung des Luftwiderstands bei einer Geschwindigkeit von 50 km/h bzw. 120 km/h.
   b Geben Sie die entsprechenden Leistungen an.

2 Ein Stahlkugel mit dem Durchmesser 1 cm fällt nach unten. Bei welcher Geschwindigkeit v_G geht ihre beschleunigte Bewegung in eine gleichförmige über? Ist v_G für eine größere Kugel kleiner?

3 Bestimmen Sie experimentell den Strömungswiderstand c_W eines geöffneten Regenschirms. Dokumentieren Sie Ihr Vorgehen.

11.11 Die »Entwertung« der Energie bei Reibungsprozessen beschreibt der zweite Hauptsatz der Thermodynamik.

MEILENSTEIN

2.16 *Bei der Untersuchung einer erkrankten Schiffsmannschaft in den Tropen machte der Schiffsarzt Julius Robert Mayer 1840 eine erstaunliche Beobachtung: Das sauerstoffarme venöse Blut der Matrosen war von fast derselben hellroten Farbe wie das sauerstoffreiche arterielle. Dies brachte ihn auf die Idee, eine Aussage über Ursachen und Wirkungen zu formulieren, die wir heute als Energieerhaltungssatz kennen. Obwohl er bei den Physikern damit zunächst auf Skepsis stieß, setzte sich die Idee in der Folgezeit schnell durch.*

Julius Robert Mayer

formuliert den Energieerhaltungssatz

Mayer zog aus der Blutfärbung seiner Patienten den Schluss, dass in der tropisch heißen Umgebung weniger Blutsauerstoff zur Oxidation für die Erzeugung von Wärme benötigt wird als in der kühlen Heimat. Diese Erkenntnis brachte er mit einer völlig anderen Beobachtung in Verbindung: Während der Schiffsfahrt war ihm nämlich aufgefallen, dass aufgepeitschtes Meerwasser wärmer ist als ruhiges. In beiden Vorgängen sah Mayer etwas Gemeinsames: die Erhaltung einer physikalischen Größe, die später als Energie bezeichnet wurde.

»Causa aequat effectum«

Wäre es nicht großartig, eine Maschine zu haben, die sich immerwährend selbst antreiben und dabei auch noch Arbeit verrichten würde? Dieser Gedanke hat die Menschen immer wieder fasziniert und herausgefordert. Obwohl alle Versuche, ein solches *Perpetuum mobile* zu konstruieren und auf diese Weise Energie aus dem Nichts zu gewinnen, bis auf den heutigen Tag erfolglos blieben, waren sie trotzdem nicht ganz nutzlos. Denn die Misserfolge trugen zu der Überzeugung bei, dass es so etwas nicht geben könne. Bereits im Jahre 1776 hatte die Pariser Akademie beschlossen, weitere Vorschläge für den Bau solcher Maschinen nicht mehr zu prüfen. Warum es ein Perpetuum mobile nicht geben kann, war aber noch unklar.

Einer der Ersten, der Licht in das Dunkel brachte, war Julius Robert Mayer. In seinen »Bemerkungen über die Kräfte der unbelebten Natur« tastete er sich mit den folgenden Worten an einen neuen physikalischen Sachverhalt heran, den er allerdings schon deutlich vor Augen hatte: »Kräfte sind Ursachen; mithin findet auf dieselben volle Anwendung der Grundsatz: *Causa aequat effectum* [Die Ursache ist gleich der Wirkung] … Diese erste Eigenschaft aller Ursachen nennen wir ihre Unzerstörlichkeit … Die Fähigkeit, verschiedene Formen annehmen zu können, ist die zweite wesentliche Eigenschaft aller Ursachen.«

Übersetzt man die Begriffe »Kräfte« und »Ursachen«, deren physikalische Bedeutung zu Mayers Zeit noch nicht eindeutig geklärt war, mit »Energie«, so ist damit bereits eine erste Vorbereitung des Energieerhaltungssatzes gegeben. An anderer Stelle formuliert Mayer noch konkreter:

»Wenn wir [...] die auf mechanischem Wege entwickelte Wärmemenge sowie die dazu verbrauchte Arbeitskraft bemessen und diese Größen miteinander vergleichen, so finden wir sofort, dass dieselben in der denkbar einfachsten Beziehung, d. h. in einem unveränderlichen, geraden Verhältnisse zueinander stehen und dass das nämliche Verhältnis auch statthat, wenn umgekehrt mithilfe der Wärme wieder Arbeitskraft erzeugt wird. Diese Tatsachen in kurze, klare Worte gefasst, sagen wir: *Wärme und Bewegung verwandeln sich ineinander.*« Deutlich tritt die Wesensgleichheit von »Arbeitskraft« und »Wärme« zutage.

Mayer blieb bei dieser qualitativen Feststellung nicht stehen und fand einen Wert für das »mechanische Äquivalent der Wärme«. In heutigen Worten lautet sein Ergebnis: Die Energie, die zur Erwärmung von 1 kg Wasser um 1 °C erforderlich ist, ist genauso groß wie die Energie, um dieselbe Wassermenge auf eine Höhe von 367 m anzuheben (heutiger Wert: 427 m).

Mayer erkannte bereits die große Bedeutung der Wärme und Arbeit umfassenden Größe, die er hier noch als Kraft bezeichnet: »Es gibt nur eine einzige Kraft. Im ewigen Wechsel kreist dieselbe in der toten wie in der lebenden Natur. Dort wie hier kein Vorgang ohne Formveränderung der Kraft.« Nach Mayer gibt es also eine Größe, die bei allen Vorgängen erhalten bleibt.

Reaktion der Physiker

JAMES PRESCOTT JOULE, Brauereibesitzer in England und Zeitgenosse Mayers, war bekannt für sein experimentelles Geschick. Auch er befasste sich mit der Umwandlung von mechanischer Energie in thermische Energie (Abb. 2). Dabei gelang es ihm, das mechanische Wärmeäquivalent sehr präzise zu bestimmen. Die Einheit der Energie, das Joule, wurde später ihm zu Ehren benannt.

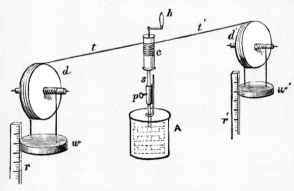

2 Joules Experimentieranordnung: Der Rührer in einem Wasserbehälter wird durch herabsinkende Bleizylinder angetrieben. Durch die innere Reibung erhöht sich die Wassertemperatur: Die potenzielle Energie des Bleis wird in thermische Energie des Wassers verwandelt.

Damit war auch eine erste Begründung dafür gefunden, dass jede Maschine, der keine Energie zugeführt wird, nach einiger Zeit zum Stillstand kommen muss. Denn ein Teil der Energie wird in thermische Energie umgewandelt, wodurch die Bewegungsenergie abnimmt.

Mayer stieß mit seinen Ideen bei den Physikern zunächst auf Ablehnung. Als Arzt gehörte er nicht zur *Scientific Community* und seine Überlegungen waren von physiologischen und von philosophischen Prinzipien geleitet.

Außerdem war die Erhaltung der Energie alles andere als offensichtlich. Viele Erfahrungen im Zusammenhang mit der Energie legten deren Verschwinden nahe: Ein heißer Gegenstand kühlt sich von alleine ab – um ihn wieder aufzuwärmen oder auf gleicher Temperatur zu halten, muss immer wieder Energie zugeführt werden.

Erst als der berühmte und einflussreiche Physiker HERMANN VON HELMHOLTZ 1847 einen Vortrag über die Erhaltung der Energie hielt, erlangte Mayers Erkenntnis eine größere Aufmerksamkeit. In moderner Sprechweise formulierte Helmholtz: »Energie kann weder erzeugt noch vernichtet werden. Sie kann nur von einer Form in andere Formen umgewandelt oder von einem Körper auf andere Körper übertragen werden.«

Genau genommen hatten Mayer und Helmholtz noch von der Erhaltung der »Kraft« gesprochen. Um diese »Kraft« vom Newton'schen Kraftbegriff abzusetzen, nannte man sie »vis viva«, lebendige Kraft. Erst später setzte sich der von dem Ingenieur WILLIAM RANKINE 1851 vorgeschlagene Begriff »Energie« durch.

Hilfreich für die Durchsetzung des Energiebegriffs innerhalb der Physik war auch die mengenartige Eigenschaft der Energie. Zum Bilanzieren von Prozessen ist die Energie mit einer Flüssigkeit vergleichbar, die von einem System zum anderen fließen und gespeichert werden kann. Sie wird dadurch anschaulicher als viele andere physikalischen Größen. HEINRICH HERTZ beschreibt 1893 die Bedeutung des Energiebegriffs: »Jetzt, gegen Ende des Jahrhunderts, hat die Physik einer anderen Denkweise ihre Vorliebe zugewandt. Beeinflusst von dem überwältigenden Eindruck, welchen die Auffindung des Prinzips von der Erhaltung der Energie ihr gemacht hat, liebt sie es, die in ihr Gebiet fallenden Erscheinungen als Umsetzungen der Energie in neue Formen zu behandeln und die Rückführung der Erscheinungen auf die Gesetze der Energieverwandlung als ihr letztes Ziel zu betrachten.«

AUFGABEN

1 Benennen Sie die Schwierigkeiten, die Mayer mit der Anerkennung seiner Überlegungen hatte.
2 Versuchen Sie eine Definition der Größe Energie. Beginnen Sie mit »Die Energie gibt an ...«
3 Worauf musste Joule in seinem Experiment achten, um eine möglichst große Genauigkeit zu erzielen?

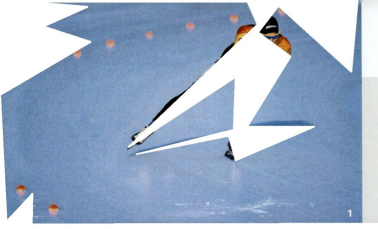

Besonders in der Kurve laufen Eisschnellläufer äußerst konzentriert und setzen ihre Schritte sehr präzise, Körperneigung und Schrittfolge sind genau aufeinander abgestimmt. Der rechte Fuß muss am linken vorbei nach innen versetzt werden. Mit jedem Schritt wird der ganze Körper zur Kurvenlinie hin bewegt. Wem das nicht gelingt, der stürzt und rutscht geradeaus in die Bande.

3.1 Kreisbewegung

Die Bewegungen realer Objekte verlaufen in der Regel nicht auf geradlinigen, sondern meist auf krummlinigen Bahnen. Die einfachste Bewegung auf gekrümmter Bahn ist die gleichförmige Bewegung im Kreis: Bei jedem vollständigen Umlauf in der Zeit T legt das Objekt den Umfang des Kreises mit dem Radius r zurück. Seine Bahngeschwindigkeit v_B beträgt:

$$v_B = 2\pi \cdot \frac{r}{T} = \omega \cdot r. \quad (1)$$

Dabei ist ω die Kreisfrequenz: $\omega = 2\pi/T$. Der Vektor der Bahngeschwindigkeit $\vec{v}_B$ beschreibt die Geschwindigkeit des Körpers zu einem bestimmten Zeitpunkt. Der Betrag der Bahngeschwindigkeit bleibt während der Kreisbewegung konstant, aber die Richtung von $\vec{v}_B$ ändert sich fortwährend und gleichmäßig.
Diese Geschwindigkeitsänderung erfolgt senkrecht zur momentanen Bahnbewegung: Die gleichförmige Kreisbewegung eines Objekts ist eine gleichmäßig zum Zentrum hin beschleunigte Bewegung.
Je schneller das Objekt mit der Kreisfrequenz ω umläuft und je größer dabei der Bahnradius r ist, desto größer ist die Zentralbeschleunigung a_Z:

$$a_Z = \omega^2 \cdot r. \quad (2)$$

Kreisbewegung und Rotation

Wer mit dem Fahrrad auf gerader, ebener Straße mit gleichförmiger Geschwindigkeit unterwegs ist, muss gleichmäßig in die Pedalen treten, um die Reibung zu überwinden. Aus der gleichförmigen Kreisbewegung der Füße auf den Pedalen wird eine gleichförmige Rotation des Hinterrads und schließlich eine konstante lineare Bewegung des Fahrrads. Kreisbewegungen und Rotationen von Objekten werden mit Begriffen beschrieben, die den Begriffen geradliniger Bewegungen ähnlich sind.

Winkelgeschwindigkeit Bei einer Drehung bewegen sich alle Punkte eines rotierenden Körpers im gleichen Zeitabschnitt Δt um denselben Winkel $\Delta\varphi$. Alle Punkte haben deshalb dieselbe *Winkelgeschwindigkeit* ω (Abb. 2). Analog der Translationsgeschwindigkeit $v = \Delta s/\Delta t$ bzw. $v = \dot{s}$ wird die Winkelgeschwindigkeit definiert als:

$$\omega = \frac{\Delta\varphi}{\Delta t} \quad \text{bzw.} \quad \omega = \dot{\varphi}. \quad (3)$$

Bei einer vollständigen Drehung hat jeder Punkt des gleichförmig rotierenden Körpers in der Zeit T einen vollständigen Kreisbogen von $\Delta\varphi = 2\pi$ vollzogen. Für die Winkelgeschwindigkeit gilt daher:

$$\omega = \frac{2\pi}{T}. \quad (4)$$

In Analogie zur Frequenz $f = 1/T$ wird die Größe ω auch als *Kreisfrequenz* bezeichnet: $\omega = 2\pi \cdot f$.

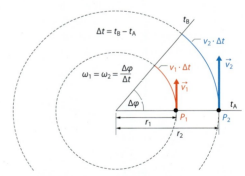

2 Zwei Punkte auf einer rotierenden Kreisscheibe bewegen sich mit gleicher Winkelgeschwindigkeit ω.

Winkelbeschleunigung Im Fall der geradlinigen Bewegungen wird die Änderung der Geschwindigkeit in einer bestimmten Zeit als Beschleunigung bezeichnet: $a = \Delta v/\Delta t$ bzw. $a = \dot{v}$. Entsprechend wird bei der Kreisbewegung die Änderung der Winkelgeschwindigkeit $\Delta\omega$ in der Zeit Δt als *Winkelbeschleunigung* α definiert:

$$\alpha = \frac{\Delta\omega}{\Delta t} \quad \text{bzw.} \quad \alpha = \dot{\omega}. \quad (5)$$

Für einen Gegenstand, der sich mit konstanter Kreisfrequenz ω dreht, ist die Winkelbeschleunigung α = 0. Abbildung 3 zeigt einen Metallreifen, der durch ein Massestück in Rotation versetzt wird. Das Massestück sinkt mit konstanter Beschleunigung nach unten – die Winkelgeschwindigkeit ω des Reifens nimmt gleichmäßig zu, seine Winkelbeschleunigung α ist konstant.

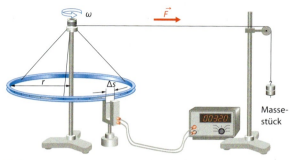

3 Erzeugen einer gleichmäßigen Winkelbeschleunigung

Bahngeschwindigkeit Ein Punkt im Abstand r vom Mittelpunkt seiner kreisförmigen Bahn legt bei einem vollständigen Umlauf einen Weg der Länge $s = 2\pi \cdot r$ zurück. Für seine *Bahngeschwindigkeit* v_B gilt damit: $v_B = 2\pi \cdot r/T = \omega \cdot r$ (Gl. 1). Die Bahngeschwindigkeit $\vec{v}_B$ ist ein Vektor, der in jedem Moment tangential zur Bahn gerichtet ist (Abb. 4a).

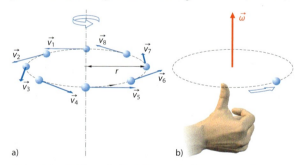

4 Die Bahngeschwindigkeit ist tangential zur Bahn gerichtet.

Zentralbeschleunigung Bei der Kreisbewegung legt ein Punkt in der Zeit Δt die Strecke $\Delta s_B = v_B \cdot \Delta t$ zurück. Er wird dabei um den Betrag $\Delta s_h = \frac{1}{2} a_Z \cdot \Delta t^2$ von der geradlinigen Bahn abgelenkt (Abb. 5). a_Z stellt dabei eine mittlere Beschleunigung im Zeitintervall Δt dar und ist für kleine Intervalle Δt zum Zentrum Z hin gerichtet. In dem rechtwinkligen Dreieck AZT gilt dann:

$$\overline{ZA}^2 + \overline{AT}^2 = \overline{ZT}^2.$$

Daraus ergibt sich:

$$r^2 + v^2 \cdot \Delta t^2 = \left(r + \frac{1}{2} a_Z \cdot \Delta t^2\right)^2$$
$$= r^2 + a_Z \cdot r \cdot \Delta t^2 + \frac{1}{4} a_Z^2 \cdot \Delta t^4 \quad (6)$$

Durch Umformen erhält man:

$$v^2 = a_Z \cdot r + \frac{1}{4} a_Z^2 \cdot \Delta t^2. \quad (7)$$

Für kleiner werdende Zeitintervalle mit $\Delta t \to 0$ lässt sich daraus der Momentanwert der Beschleunigung berechnen: $v^2 = a_Z \cdot r$. Damit gilt für die Zentripetalbeschleunigung bei der gleichförmigen Kreisbewegung die Gleichung (2).

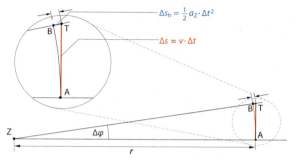

5 Geschwindigkeitsänderung in einem kleinen Zeitintervall Δt

Bei konstanter Winkelgeschwindigkeit ist die Zentralbeschleunigung $\dot{\omega}$ proportional zu r: Der Punkt P_2 in Abb. 2 hat eine größere Bahngeschwindigkeit als P_1. Daher ist auch seine Geschwindigkeitsänderung im Zeitintervall Δt größer als diejenige von P_1.

Vektor der Winkelgeschwindigkeit Ähnlich wie für die Geschwindigkeit $\vec{v}$ kann auch für die Winkelgeschwindigkeit ein Vektor $\vec{\omega}$ definiert werden: Die Richtung dieses Vektors fällt mit der Drehachse zusammen, geht also durch den Mittelpunkt des Kreises und steht senkrecht auf der Bahnebene (Abb. 4b). Mit der Richtung des Vektors $\vec{\omega}$ wird zugleich der Drehsinn der Kreisbewegung festgelegt: Weisen die Finger der rechten Hand in die Richtung von $\vec{v}$, so gibt der Daumen die Richtung von $\vec{\omega}$ an.

AUFGABEN

1 Die Scheibe eines Winkelschleifers dreht sich mit 10 000 Umdrehungen pro Minute. Der Scheibendurchmesser beträgt 115 mm. Berechnen Sie die Geschwindigkeit, mit der sich abgelöste Partikel fortbewegen.

2 Ein Radfahrer fährt auf regennasser Straße. Dabei entfernen sich Tropfen von seinem Hinterreifen.
  a Einige Tropfen lösen sich im höchsten Punkt der Kreisbewegung. Beschreiben Sie deren weitere Bewegung in den Bezugssystemen Fahrrad und Straße.
  b Andere Tropfen lösen sich in Höhe der Nabe, wenn sie sich senkrecht nach oben bewegen. Beschreiben Sie ihre weitere Bewegung in beiden Bezugssystemen.

3 Beschreiben Sie den Unterschied zwischen den Größen Radialbeschleunigung und Winkelbeschleunigung. Geben Sie auch die jeweiligen Einheiten an.

Wer auf diesem Karussell mitfährt, spürt in jedem Moment andere Kräfte. Weil die rotierende Scheibe wie eine Schaukel pendelt, überlagern sich zwei Kreisbewegungen zu schleifenförmigen Bahnen: Aus wechselnden Richtungen drückt und schiebt der Sitz die Mitfahrenden durch die Kurven. Der Gleichgewichtssinn wird auf eine harte Probe gestellt.

3.2 Zentralkraft

Ein zunächst geradlinig bewegter Körper kann durch Wechselwirkung mit einem anderen auf eine Kreisbahn gezwungen werden: Auf den bewegten Körper wird dabei eine Kraft ausgeübt, die senkrecht auf der momentanen Bahn steht und zum Kreismittelpunkt gerichtet ist. Sie wird als *Zentralkraft* F_Z bezeichnet. Nach dem 2. Newton'schen Axiom verhält sich diese Zentralkraft F_Z proportional zur Masse m des Körpers und seiner Beschleunigung a_Z in Richtung Krümmungszentrum:

$$F_Z = m \cdot a_Z = m \cdot \omega^2 \cdot r. \qquad (1)$$

Die Art der Wechselwirkung, die zur Zentralkraft führt, spielt dabei keine Rolle.

Unterschiedliche Wechselwirkungen

Wer im Karussell (Abb. 1) mitfährt, spürt sehr deutlich die Wechselwirkungen an Rücken und Schultern, die ihn auf die rasante Kurvenfahrt zwingen. Fährt ein Radfahrer in die Kurve, so wird auch auf ihn eine Zentralkraft ausgeübt. In diesem Fall findet die Wechselwirkung zwischen der Fahrbahn und dem Reifen statt; hierfür ist eine ausreichende Haftreibung nötig.
Die Planeten unseres Sonnensystems bewegen sich auf nahezu kreisförmigen Bahnen ohne sichtbare Verbindung. Die anziehende Wechselwirkung, die zu diesen Bewegungen führt, ist die Gravitation. Sie wird auch als *Massenanziehung* bezeichnet und wirkt zwischen allen Himmelskörpern, auch über sehr große Entfernungen (vgl. 4.2).

Bestimmung der Zentralkraft

Die Zentralkraft, die auf einen Körper ausgeübt wird, hängt von drei Größen ab (Gl. 1): von der Masse m des Körpers, von der Winkelgeschwindigkeit bzw. der Kreisfrequenz ω der Bewegung und vom Abstand r des Körpers von der Drehachse. Die Einflüsse dieser drei Größen auf die Zentralkraft lassen sich in einem Experiment nachweisen:

EXPERIMENT 1

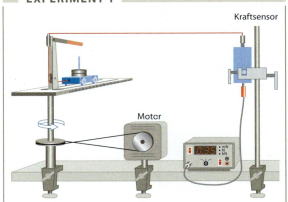

Ein Wagen steht beweglich auf einer Schiene, die von einem Motor in Drehung versetzt wird. Die Zentralkraft, die auf den Wagen ausgeübt wird, wird mit einem Kraftsensor ermittelt. Gemessen wird diese in Abhängigkeit von den Größen m, r und ω. Dabei wird stets eine Größe variiert, die beiden anderen werden konstant gehalten.

Nicht nur für lineare Beschleunigungsvorgänge, sondern auch für senkrecht zur Bewegung erzwungene Beschleunigungen ist eine Kraft erforderlich. Auch für diese gilt das 2. Newton'sche Axiom: Die Kraft ist der Masse m des zu beschleunigenden Körpers und der herbeigeführten Beschleunigung a_Z proportional, $F_Z = m \cdot a_Z$. Mit Gl. (2) aus Kap. 3.1 ist $a_Z = \omega^2 \cdot r$; daraus folgt: $F_Z = m \cdot \omega^2 \cdot r$. Bei einer festen Kreisfrequenz ist die Zentralkraft also umso größer, je größer der Radius r ist.

Zentralkraft und Bahngeschwindigkeit

Bezogen auf die Bahngeschwindigkeit v_B ergibt sich der folgende Zusammenhang:

$$v_B = \omega \cdot r, \text{ also } \omega = \frac{v_B}{r}, \qquad (2)$$

und durch Einsetzen in Gl. (1) ergibt sich:

$$F_Z = m \cdot \frac{v_B^2}{r}. \qquad (3)$$

4.9 Nach der Feldvorstellung wirkt die Gravitation nicht unmittelbar zwischen zwei Himmelskörpern – stattdessen gibt es ein Feld als Vermittler zwischen den beiden.

Dieser Ausdruck spiegelt die alltägliche Erfahrung bei Kurvenfahrten wider: Die Kraft, mit der man bei einer bestimmten Bahngeschwindigkeit in der Kurve abgelenkt wird, ist umso größer, je kleiner der Kurvenradius r ist.

Bewegung von Erde und Mond

Zwischen Erde und Mond herrscht die anziehende Gravitationswechselwirkung. Würden beide einander nicht umkreisen, wären sie längst kollidiert.

Die Erde zieht den Mond mit der Kraft F_E an, der Mond zieht die Erde mit der gleich großen Kraft F_M an. Diese Kräfte entsprechen den Zentralkräften der jeweiligen Kreisbewegung um das gemeinsame Zentrum Z (Abb. 2).

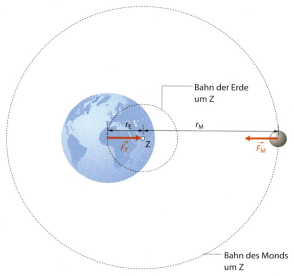

2 Bewegung von Erde und Mond um ein gemeinsames Zentrum

Die Lage dieses Bewegungszentrums lässt sich aus dem Massenverhältnis der beiden Körper berechnen. Dabei können die Körper als Massenpunkte betrachtet werden.

$$F_E = F_M$$
$$m_E \cdot \omega^2 \cdot r_E = m_M \cdot \omega^2 \cdot r_M$$
$$\frac{m_E}{m_M} = \frac{r_M}{r_E} \qquad (4)$$

Die Masse der Erde ist etwa 81,3-mal so groß wie die des Mondes, der mittlere Radius der Mondbahn um die Erde beträgt 384 400 km. Der Abstand des Erdmittelpunkts vom Bewegungszentrum r_E ist damit:

$$r_E = \frac{384\,400 \text{ km}}{82,3} \approx 4670 \text{ km}.$$

Der Erdradius beträgt etwa 6370 km, das Zentrum der gemeinsamen Rotationsbewegung liegt also noch innerhalb der Erde.

Zentralkraft in unterschiedlichen Bezugssystemen

Die Fahrgäste in Abb. 1 fühlen sich nach hinten in die Sitze gepresst: Zwischen ihnen und ihren Rückenlehnen findet eine spürbare Wechselwirkung statt, es werden Kräfte auf sie ausgeübt. Im Bezugssystem des Karussells befinden sie sich jedoch in Ruhe.

Wer beispielsweise auf einem Kettenkarussell seine Mütze verliert, sieht diese zunächst radial davonfliegen. Sobald die Mütze vom Kopf rutscht, fehlt ihr der Wechselwirkungspartner, der sie zuvor auf der Kreisbahn gehalten hat. Im rotierenden System beobachtet, bewegt sich die Mütze beschleunigt davon: In diesem System wird auf die Mütze eine Kraft ausgeübt, die *Zentrifugalkraft*. Sie ist radial nach außen gerichtet.

Eine Person, die solche Bewegungen von außen – also aus der Sicht eines Inertialsystems – beobachtet, beschreibt die Kräfte anders: Die Fahrgäste werden permanent beschleunigt, es wird eine zum Zentrum gerichtete *Zentripetalkraft* auf sie ausgeübt. Ein Gegenstand wie die verlorene Mütze verlässt das Karussell tangential; auf ihn wird – abgesehen von der Gravitation und der Luftreibung – keine Kraft mehr ausgeübt.

AUFGABEN

1 Ein Auto fährt auf der Innenbahn eines Kreisverkehrs mit einer Geschwindigkeit von 30 km/h. Der Durchmesser der Bahn beträgt $d = 20$ m.
a Berechnen Sie die Kraft, mit der eine Person ($m = 60$ kg) auf der Kreisbahn gehalten wird.
b Geben Sie die Kreisfrequenz der Bewegung an.
c Wie ändert sich die in Teil a berechnete Kraft, wenn das Fahrzeug auf der Außenbahn ($d = 30$ m) fährt? Untersuchen Sie die beiden Fälle, dass entweder die Geschwindigkeit oder aber die Kreisfrequenz gleich bleibt. Erklären Sie den Unterschied der beiden Ergebnisse.

2 Die 3 m langen Ketten eines Kettenkarussells sind um 30° aus der Vertikalen ausgelenkt. Die Aufhängepunkte der Ketten befinden sich auf einem Kreis von 6 m Durchmesser.
a Fertigen Sie eine Skizze der Kräfte an, die auf eine mitfahrende Person ausgeübt werden, und berechnen Sie die Zentripetalbeschleunigung.
b Wie viele Runden dreht das Karussell während einer Fahrt von 2 min Dauer?
c Um welchen Faktor ändert sich die Belastung der Ketten bei der Fahrt gegenüber dem Ruhezustand?
d Begründen Sie, dass die Ketten mit leeren Sitzen um den gleichen Winkel ausgelenkt werden wie diejenigen mit vollen Sitzen.

3 Berechnen Sie, wie schnell sich die Erde drehen müsste, damit die Gewichtskraft am Äquator durch die Erdrotation um 1 % vermindert würde. Wie lang wäre dann ein Tag auf der Erde?

Diese tonnenschwere Steinkugel kann von Hand in Drehung versetzt werden. Dank des »Wasserlagers« ist die Reibung gering, sodass die Kugel anschließend ihre Rotation lange beibehält. Wer versucht, die Drehrichtung zu verändern oder die Drehung zu beschleunigen, hat seine Mühe. Man spürt die große Masse der Kugel, und es kostet einige Anstrengung, ihren Zustand zu ändern.

3.3 Rotation ausgedehnter Körper

Jeder Körper, der sich mit einer bestimmten Geschwindigkeit bewegt, enthält kinetische Energie. Auch ein ausgedehnter Körper, der um eine Achse rotiert, besitzt aufgrund dieser Bewegung Energie: Jedes kleine Volumenelement der Masse m nimmt an der Bewegung mit der Bahngeschwindigkeit $v_B = \omega \cdot r$ teil. Für ein punktförmiges Element gilt bei der Rotationsbewegung:

$$E = \tfrac{1}{2} m \cdot v^2 = \tfrac{1}{2} m \cdot (\omega \cdot r)^2 = \tfrac{1}{2} m \cdot r^2 \cdot \omega^2. \quad (1)$$

Die Rotationsenergie des gesamten Körpers ist zu berechnen, indem die kinetischen Energien sämtlicher punktförmig gedachter Elemente mit den Massen m_i und den Bahnradien r_i summiert werden. Die Summe $\sum m_i \cdot r_i^2$ wird dabei als Trägheitsmoment J bezeichnet:

$$E_{rot} = \tfrac{1}{2} \sum m_i \cdot r_i^2 \cdot \omega^2 = \tfrac{1}{2} J \cdot \omega^2. \quad (2)$$

Das Trägheitsmoment bezieht sich stets auf eine bestimmte Drehachse: Die Werte r_i geben jeweils den Abstand zu dieser Achse an.
So wie die Masse m eines Körpers die Größe ist, mit der seine *Trägheit* gegenüber Veränderungen der Geschwindigkeit beschrieben wird, so bezeichnet das Trägheitsmoment den Widerstand eines ausgedehnten Körpers gegenüber einer Veränderung der Rotationsfrequenz.

Rotationsenergie

Eine kleine Kugel, die sich an einem Seil der Länge r mit der Kreisfrequenz ω um eine Achse bewegt, hat die Bahngeschwindigkeit $v_B = \omega \cdot r$. Wenn die Kugel als Massenpunkt betrachtet werden kann, ist ihre kinetische Energie gleich der Rotationsenergie: $E_{kin} = \tfrac{1}{2} m \cdot (\omega \cdot r)^2 = E_{rot}$.

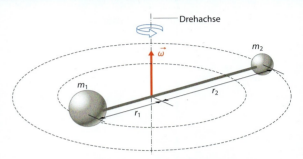

2 Rotation einer asymmetrischen Hantel. Die Beiträge der beiden Kugeln zur Rotationsenergie sind unterschiedlich groß, da sie unterschiedliche Abstände zur Drehachse und auch unterschiedliche Massen besitzen.

Die Rotationsenergie einer asymmetrischen Hantel wie in Abb. 2 setzt sich aus den kinetischen Energien der beiden Kugeln zusammen. Werden diese als Massenpunkte und der Stab als masselos betrachtet, gilt:

$$E_{rot} = \tfrac{1}{2} m_1 \cdot (\omega \cdot r_1)^2 + \tfrac{1}{2} m_2 (\omega \cdot r_2)^2 = \tfrac{1}{2}(m_1 \cdot r_1^2 + m_2 \cdot r_2^2) \cdot \omega^2.$$

In gleicher Weise kann die Rotationsenergie eines Körpers bestimmt werden, der aus vielen kleinen Massenelementen m_i im Abstand r_i von der Drehachse zusammengesetzt ist:

$$E_{rot} = \tfrac{1}{2} \sum m_i \cdot r_i^2 \cdot \omega^2.$$

Trägheitsmoment

Wer einen massereichen Gegenstand in Drehung versetzen oder einen rotierenden abbremsen will (Abb. 1), spürt ein Beharrungsvermögen ähnlich wie beim Anschieben eines schweren Wagens. Der Vergleich der Formeln für die Bestimmung der kinetischen Energie und der Rotationsenergie legt es nahe, die Größe $\sum m_i \cdot r_i^2$ als Beharrungsvermögen bei Änderung der Rotation bzw. als *Trägheitsmoment J* zu bezeichnen:

$$J = \sum m_i \cdot r_i^2. \quad (3)$$

Das Trägheitsmoment eines Körpers gibt an, wie viel Energie dieser bei einer bestimmten Rotationsbewegung enthält. Im Fall eines dünnen Reifens oder eines dünnwandigen Hohlzylinders der Masse m haben – bei Rotation um die Mittelachse – alle Massenpunkte denselben Abstand R von der Drehachse. Dann gilt:

$$J = m \cdot R^2. \qquad (4)$$

Eine Übersicht der Trägheitsmomente unterschiedlich geformter Körper gibt Abb. 3. Zur ihrer Bestimmung ist in der Regel die Integralrechnung erforderlich.

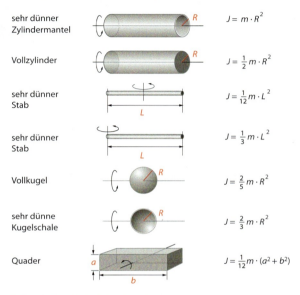

3 Trägheitsmomente einiger Körper

Im Fall des rotierenden Stabs wird deutlich, welchen Einfluss die Wahl der Drehachse hat: Befindet sie sich in der Mitte, ist das Trägheitsmoment vergleichsweise klein. Befindet sie sich am Rand, so liegen die einzelnen Elemente des Stabs im Durchschnitt weiter von der Drehachse entfernt: Das Trägheitsmoment ist größer.

Rollende Körper

Die Rollbewegung eines runden Körpers mit dem Radius R kann als Zusammensetzung zweier Bewegungen betrachtet werden: einer Rotation um die Mittelachse mit der Kreisfrequenz ω und einer Translation mit der Bahngeschwindigkeit v. Für diese Bewegungen gilt $v = \omega \cdot R$.

Die Gesamtenergie E_{roll} des rollenden Körpers ergibt sich als Summe der Translations- und der Rotationsenergie:

$$E_{roll} = E_{kin} + E_{rot} = \frac{1}{2} m \cdot (\omega \cdot R)^2 + \frac{1}{2} J \cdot \omega^2 \qquad (5)$$

$$E_{roll} = \frac{1}{2} (m \cdot R^2 + J) \cdot \omega^2 \qquad (6)$$

Je größer das Trägheitsmoment J eines Körpers mit dem Rollradius R ist, desto geringer ist demnach der Anteil der Translationsenergie an seiner Gesamtenergie E_{roll}.

Dies wird auch in Exp. 1 sichtbar: Beide Zylinder mit gleicher Masse m und gleichem Radius R haben zu Anfang die gleiche potenzielle Energie E_{pot}. Diese wird beim Hinabrollen in kinetische Energie der Translationsbewegung E_{kin} und in Rotationsenergie E_{rot} umgewandelt.

EXPERIMENT 1

Ein Voll- und ein Hohlzylinder mit gleichem Radius und gleicher Masse rollen gleichzeitig eine schiefe Ebene hinab. Der Hohlzylinder kommt später unten an.

Das Trägheitsmoment J des Hohlzylinders ist größer als das des Vollzylinders, denn seine gesamte Masse befindet sich außen am Zylindermantel; im Vollzylinder dagegen gibt es Massenelemente, die einen geringeren Abstand zur Drehachse haben. Am gleichen Ort auf der Rampe, also bei gleicher potenzieller Energie, ist die Rotationsenergie des Vollzylinders kleiner, seine kinetische Energie der Translation also größer als die des Hohlzylinders. Der Vollzylinder gewinnt das Rennen.

AUFGABEN

1 a Begründen Sie, dass sich die Trägheitsmomente eines dünnen Reifens, eines dünnwandigen Hohlzylinders und eines Massenpunkts mit derselben Gleichung berechnen lassen.

b Warum gelten für die Trägheitsmomente einer Vollkugel und eines Vollzylinders unterschiedliche Gleichungen? Erläutern die den Unterschied.

2 Die Angabe eines Trägheitsmoments erfordert stets eine Aussage über die Drehachse.

a Erläutern Sie dies anhand eines langen Stabs und eines Quaders.

b Begründen Sie, dass der Abstand eines Massenpunkts zur Drehachse quadratisch in Gl. (4) eingeht.

3 In einer Situation wie in Exp. 1 rollen ein extrem dünnwandiger Hohlzylinder und ein Vollzylinder mit gleicher Masse und gleichen Radien eine Rampe hinab. Bestätigen Sie anhand einer Energiebetrachtung, dass für einen beliebigen Zeitpunkt der Bewegung folgende Beziehung gilt: $\omega_{hohl}^2 = \frac{3}{4} \omega_{voll}^2$.

Nur selten fallen Katzen auf den Rücken: Selbst aus der ungünstigsten Position und mit den Beinen nach oben gelingt es ihnen, sicher auf allen vieren zu landen. Während des Fallens dreht die Katze Kopf und Vorderbeine blitzschnell in die eine Richtung und den Körper mit gestreckten Hinterbeinen in die andere. So kann sie auf den Vorderpfoten landen und direkt danach auch die Hinterbeine nach unten kehren.

3.4 Drehimpuls und Drehimpulserhaltung

Die geradlinige Bewegung eines Körpers lässt sich mit dem Impuls beschreiben, also dem Produkt aus seiner Masse m und seiner Geschwindigkeit v. Die Rotation kann mit einer ähnlichen Größe beschrieben werden, die *Drehimpuls L* genannt wird.

Für die kinetische Energie gilt $E_{kin} = \frac{1}{2} m \cdot v^2$ und für die Rotationsenergie $E_{rot} = \frac{1}{2} J \cdot \omega^2$. In diesen Gleichungen entspricht das Trägheitsmoment J formal der Masse m und die Winkelgeschwindigkeit ω der linearen Geschwindigkeit v.

Analog zum Impuls $p = m \cdot v$ kann daher der Drehimpuls L eines Körpers mit dem Trägheitsmoment J und der Rotationsfrequenz ω definiert werden:

$$L = J \cdot \omega. \tag{1}$$

Der Gesamtimpuls eines Systems von Körpern bleibt konstant, wenn das System von außen nicht beeinflusst wird, also *abgeschlossen* ist. Auch für den Drehimpuls gilt ein solcher Erhaltungssatz:

Die Summe aller Drehimpulse eines Systems von rotierenden Körpern bleibt konstant, solange es abgeschlossen ist.

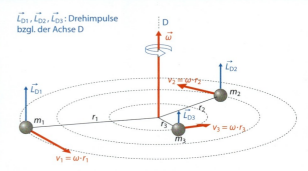

2 Drehimpuls eines Massenpunkts

Für ein System aus Massenpunkten mit den Massen m_i, die sich in den Abständen r_i gemeinsam um eine feste Achse bewegen, kann der Drehimpuls L als Summe der einzelnen Drehimpulse L_i angegeben werden. Alle diese Massenpunkte bewegen sich mit der Kreisfrequenz $\omega = v_i/r_i$. Mit dem Trägheitsmoment $J = \sum m_i \cdot r_i^2$ ergibt sich für den Drehimpuls L eines ausgedehnten Körpers:

$$L = \sum m_i \cdot v_i \cdot r_i = \sum m_i \cdot r_i^2 \cdot \omega = J \cdot \omega. \tag{3}$$

Die Einheit des Drehimpulses ist $kg \cdot m^2/s$.

Drehimpuls als Vektor Der Bahnimpuls $\vec{p} = m \cdot \vec{v}$ ist eine vektorielle Größe und hat die Richtung der Bahngeschwindigkeit $\vec{v}$. Analog ist der Drehimpuls $\vec{L} = J \cdot \vec{\omega}$ eine vektorielle Größe, die parallel zu $\vec{\omega}$ gerichtet ist; das Trägheitsmoment J ist eine skalare Größe.

Der Bahnimpuls $\vec{p}$ eines Körpers ist in jedem Punkt der Bahn festgelegt. Damit kann auch jedem bewegten Körper, der sich im Abstand $\vec{r}$ von einem festen Bezugspunkt befindet, ein Drehimpuls $\vec{L}$ zugeordnet werden: $\vec{L}$ steht senkrecht auf der Fläche, die von $\vec{v}$ und $\vec{r}$ aufgespannt wird (Abb. 2).

Definition des Drehimpulses

Eine kleine Kugel, die an einem Faden im Kreis herumgeschleudert wird, hat in jedem Punkt der Kreisbahn einen Impuls p. Dieser Bahnimpuls ändert dauernd seine Richtung. Für einen Massenpunkt der Masse m, der sich im Abstand r von der Drehachse mit der Kreisfrequenz ω bewegt, ist der Bahnimpuls $p = m \cdot v = m \cdot \omega \cdot r$ (Abb. 2). Der Drehimpuls L ist für diesen Fall als Produkt von p und r definiert:

$$L = m \cdot \omega \cdot r^2. \tag{2}$$

Drehimpuls eines Körpers auf geradliniger Bahn

Für einen geradlinig und mit konstanter Geschwindigkeit bewegten Massenpunkt ist der Drehimpuls $\vec{L}$ bezüglich eines festen Punkts Z konstant (Abb. 3): Bewegt sich der Punkt geradlinig mit v_0 im Abstand r_0 an Z vorbei, so hat er in diesem Augenblick den Drehimpuls $L_0 = m \cdot v_0 \cdot r_0$. Etwas später hat er den Abstand $r = r_0/\cos\alpha$. Die Geschwindigkeitskomponente senkrecht zu r beträgt nun $v_r = v_0 \cdot \cos\alpha$. Damit ergibt sich:

$$L_r = m \cdot v_r \cdot r = m \cdot v \cdot \cos\alpha \cdot \frac{r_0}{\cos\alpha} = m \cdot v_0 \cdot r_0 = \text{konst.} \quad (4)$$

Diese Betrachtung lässt sich für alle Massenpunkte eines Körpers durchführen, sodass gilt: Ein Körper, der sich geradlinig und mit konstanter Geschwindigkeit an einem festen Bezugspunkt vorbeibewegt, besitzt in diesem Bezugssystem einen konstanten Drehimpuls.

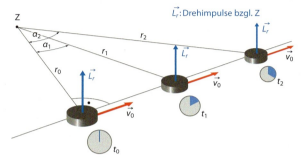

3 Ein Körper bewegt sich mit konstanter Geschwindigkeit an einem Bezugspunkt vorbei. Sein Drehimpuls ist dabei konstant.

Drehimpulserhaltung

Ein Körper, der ohne äußeren Einfluss um eine feste Achse rotiert, behält seine Rotationsfrequenz bei: Er führt eine gleichförmige Kreisbewegung aus. Analog zum Impulserhaltungssatz für lineare Bewegungen lässt sich für Rotationsbewegungen ein Erhaltungssatz formulieren. In einem abgeschlossenen System bleibt der Gesamtdrehimpuls seiner Bestandteile erhalten:

$$\vec{L} = \vec{L}_1 + \vec{L}_2 + \vec{L}_3 + \ldots = \text{konst.} \quad (5)$$

EXPERIMENT 1

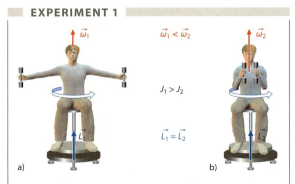

Auf einem Drehschemel steigt die Rotationsfrequenz, sobald man die Arme an den Körper heranzieht. Die Änderung wird größer, wenn man zwei schwere Hanteln in den Händen hält.

Eine Konsequenz dieser Aussage zeigt Exp. 1: Die Verringerung des Trägheitsmoments J wird durch die Zunahme der Rotationsfrequenz ω kompensiert. Die Änderungen von J und ω bewirken allerdings eine Zunahme der Rotationsenergie $E = \frac{1}{2} J \cdot \omega^2$. Die Person führt dem System Energie zu: Sie zieht die Hanteln entgegen der Zentrifugalkraft auf eine kleinere Kreisbahn.

Auch für die fallende Katze in Abb. 1 gilt der Drehimpulserhaltungssatz: Eine Rotation um die horizontale Körperachse ist nur möglich, wenn sich bei der Drehung des einen Körperteils im Uhrzeigersinn ein anderer Körperteil im Gegensinn dreht.

Unabhängigkeit von Bahnimpuls und Drehimpuls

Trifft auf einem Luftkissentisch eine Scheibe auf eine gleichartige, ruhende Scheibe, bewegen sich beide auf Bahnen weiter, die etwa senkrecht zueinander sind (Abb. 4). Es gilt der Impulserhaltungssatz. Nach dem dezentralen Stoß drehen sich beide gleichsinnig.

Der zugehörige Drehimpuls ist schon vor dem Stoß vorhanden: Die herankommende Scheibe hat bezüglich des Mittelpunkts der ruhenden einen Drehimpuls. Der Stoß bewirkt eine Änderung des Bahn- und des Drehimpulses der Scheiben, aber beide für sich bleiben konstant. Drehimpuls und Bahnimpuls eines abgeschlossenen Systems sind Erhaltungsgrößen. Aus einem Bahnimpuls kann kein Drehimpuls werden und umgekehrt.

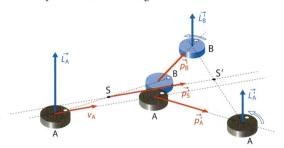

4 Erhaltung von Bahn- und Drehimpuls beim Stoß

AUFGABEN

1 Angenommen, in Exp. 1 beträgt die gesamte rotierende Masse 70 kg und der Körper lässt sich bei angezogenen Hanteln wie ein rotierender Vollzylinder mit $R = 0{,}2$ m beschreiben. Bei gestreckten Armen rotieren die beiden 5-kg-Hanteln auf einer Bahn mit dem Radius 0,7 m; die Masse der Arme ist zu vernachlässigen.

a Die Winkelgeschwindigkeit beträgt zu Beginn $\omega_1 = 0{,}5$ Hz. Berechnen Sie ω_2.

b Berechnen Sie für beide Zustände, mit gestreckten bzw. angezogenen Armen, die Rotationsenergie.

c Begründen Sie, dass der Energieerhaltungssatz trotz der unterschiedlichen Werte für die Rotationsenergie nicht verletzt ist.

Beim Radrennen muss immer der richtige Gang eingelegt sein: In jeder Fahrsituation gibt es ein optimales Verhältnis für die Radien von Kettenblatt, Ritzel und Rad. Wer beim Start mit seinem ganzen Körpergewicht in die Pedale tritt, beschleunigt umso schneller, je kleiner das gewählte Kettenblatt und je größer das Ritzel am Hinterrad ist. Bei großen Geschwindigkeiten dagegen optimiert der Fahrer Drehmoment und Trittfrequenz nach seinen Bedürfnissen.

3.5 Drehmoment

Um den Bahnimpuls p eines Körpers zu ändern, ist eine Wechselwirkung erforderlich. Sie wird durch die physikalische Größe Kraft beschrieben: $F = \Delta p/\Delta t$ bzw. $F = \dot{p}$. Wird ein starrer Gegenstand in Drehung versetzt oder seine Rotationsfrequenz verändert, so ändert sich sein Drehimpuls. Auch für diese Änderung ist eine Wechselwirkung erforderlich. Sie wird durch die Größe *Drehmoment M* beschrieben:

$$M = \frac{\Delta L}{\Delta t} \quad \text{bzw.} \quad M = \dot{L}. \tag{1}$$

Die Einheit des Drehmoments ist N·m.
Analog zur Newton'schen Gleichung $F = m \cdot a$ kann das Drehmoment auch mithilfe des Trägheitsmoments J definiert werden:

$$M = J \cdot \dot{\omega} = J \cdot \alpha. \tag{2}$$

Da die Winkelbeschleunigung $\vec{\alpha}$ ein Vektor in Richtung der Drehachse ist, ist auch das Drehmoment $\vec{M}$ ein Vektor, der die gleiche Richtung besitzt.
Wird auf einen drehbar gelagerten Körper im Abstand r von der Drehachse eine konstante Kraft F ausgeübt, so nimmt seine Rotationsfrequenz gleichmäßig zu. Sofern diese Kraft F senkrecht auf der Fläche steht, die von der Drehachse und dem Radius r aufgespannt wird, gilt für den Betrag des Drehmoments:

$$M = r \cdot F. \tag{3}$$

Änderung des Drehimpulses

Im Schwerefeld der Erde fällt ein Körper der Masse m mit gleichmäßiger Beschleunigung: $a = g$. Wird dieser Körper an einen Faden gebunden, der um ein Rad gewickelt ist, sinkt er mit geringerer Beschleunigung und versetzt das Rad in Rotation (Abb. 2). Die beschleunigte Bewegung bzw. die Änderung des Impulses des kleinen herabsinkenden Körpers wird durch das Newton'sche Gesetz beschrieben: $F = \dot{p} = m \cdot a$. In gleicher Weise wird die beschleunigte Rotation bzw. die zeitliche Änderung des Drehimpulses L des Rads durch das *Drehmoment M* beschrieben:

$$M = \dot{L} = J \cdot \dot{\omega} = J \cdot a. \tag{4}$$

Die Kraft $\vec{F}$ greift im Abstand r von der Drehachse an. Sie steht senkrecht zur Fläche, die von der Drehachse und $\vec{r}$ gebildet wird, und es entsteht das Drehmoment $M = r \cdot F$.

Radiusvektor $\vec{r}$
Trägheitsmoment J
Winkelbeschleunigung $\vec{\alpha}$
Kraft $\vec{F}$

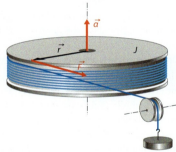

2 Die Kraft, die im Abstand r von der Drehachse ausgeübt wird, führt zu einem Drehmoment.

Drehmoment als Vektor Die von einem Drehmoment hervorgerufene Winkelbeschleunigung $\vec{\alpha}$ ist ein Vektor parallel zur Drehachse in positiver Drehrichtung (Abb. 3). Da das Trägheitsmoment J eine skalare Größe ist, ist auch das Drehmoment $\vec{M}$ ein Vektor parallel zu $\vec{\alpha}$.

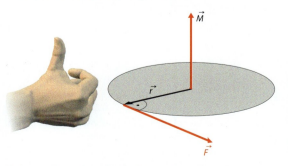

3 Rechte-Hand-Regel für das Drehmoment

Auch auf die Erde wird ein Drehmoment ausgeübt: Wie eine Felgenbremse das Fahrrad, bremsen die Gezeiten die Erdrotation.
4.8

Das Produkt aus Radius r und Kraft F liefert den Betrag des Drehmoments M. Der Radiusvektor $\vec{r}$ und die senkrecht zu ihm angreifende Kraft $\vec{F}$ spannen eine Fläche auf; der Vektor des Drehmoments $\vec{M}$ steht senkrecht auf dieser Fläche. Greifen mehrere Kräfte an einem Körper an, bildet die Summe der Drehmomente das resultierende Drehmoment. Ist die Summe der Drehmomente, die an einem drehbar gelagerten Körper angreifen, gleich null, dann ruht er oder dreht sich mit konstanter Winkelgeschwindigkeit.

Mit einem rotierenden Rad, das statt eines Reifens einen massiven Ring besitzt, kann man die Änderung des Drehimpulses $\Delta\vec{L}$ spüren, wenn man von außen versucht, durch das Drehmoment $\vec{M}$ die Richtung der Drehachse zu ändern (Abb. 4): Senkrecht zur Bewegung der Hände wird die Achse spürbar gekippt.

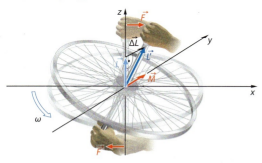

4 Änderung des Drehimpulses an einem rotierenden Rad

Leistung

Wird ein Kiste gegen die Reibungskraft F_r mit einer konstanten Geschwindigkeit v über den Boden geschleift, ist hierfür eine mechanische Leistung $P = F_r \cdot v$ erforderlich. Wer mit dem Fahrrad trotz Luft- und Rollreibung mit konstanter Geschwindigkeit v unterwegs sein will, muss mit konstanter Kreisfrequenz ω und konstantem Drehmoment M in die Pedale treten. Für die Leistung gilt dann:

$$P = M \cdot \omega. \qquad (5)$$

Soll dagegen ein um seine Achse mit ω rotierenden Zylinder mit dem Trägheitsmoment J beschleunigt werden, so muss ihm Rotationsenergie zugeführt werden. Für die erforderliche Leistung ergibt sich ebenfalls:

$$P_{rot} = \dot{E}_{rot} = \tfrac{1}{2} J \cdot \dot{(\omega^2)} = J \cdot \omega \cdot \dot{\omega} = J \cdot \omega \cdot a = M \cdot \omega. \qquad (6)$$

TECHNIK

Drehmomente am Fahrrad Beim Start und an einem steilen Berg wählt man einen kleinen Gang, also eine kleine Übersetzung. Eine Person der Masse m, die mit dem Fuß auf der waagerechten Pedale steht, kann folgendes Drehmoment bewirken (Abb. 5):

$$M_P = F_P \cdot r_P \quad \text{mit} \quad F_P = m \cdot g. \qquad (7)$$

Weil das Kettenblatt den kleineren Radius r_K hat, ist die Kraft F_K auf die Kette größer als die Gewichtskraft:

$$F_K = \frac{M_P}{r_K}. \qquad (8)$$

Diese Kraft gleicht derjenigen, die auf das Ritzel am Hinterrad ausgeübt wird: $F_K = F_R$. Das Drehmoment $M_R = F_R \cdot r_R$ ist also kleiner als das Drehmoment M_P.

Das Ritzel und das Hinterrad mit dem Radius r sind starr miteinander verbunden. Die Kraft F_B, die auf den Boden ausgeübt wird, ergibt sich aus dem Verhältnis der Radien:

$$F_B = F_R \cdot \frac{r_R}{r}. \qquad (9)$$

Mit der gleichgroßen Gegenkraft F_A des Bodens auf das Fahrrad werden Fahrrad und Fahrer beschleunigt. Die Beschleunigung beträgt danach:

$$a = \frac{F_A}{m_{ges}} = \frac{F_K}{m_{ges}} \cdot \frac{r_R}{r} = \frac{m \cdot g}{m_{ges}} \cdot \frac{r_P}{r_K} \cdot \frac{r_R}{r}. \qquad (10)$$

Mit der Schaltung des Rads kann man den Radius r_R des Ritzels verändern. Je größer der Radius des Ritzels ist, desto größer ist die mögliche Beschleunigung.

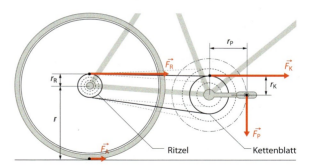

5 Kräfte und Drehmomente am Fahrrad

AUFGABEN

1 Eine Kreisscheibe und ein Kettenkarussell werden jeweils mit konstantem Drehmoment in immer schnellere Rotation versetzt. Zeichnen Sie für beide Körper qualitativ den Verlauf der Kreisfrequenz $\omega(t)$. Erläutern Sie den Unterschied der beiden Graphen.

2 Die 50 m langen Rotorblätter einer großen Windkraftanlage bewegen sich in 3 s einmal um die Achse. Die Leistung des Windrads beträgt dabei 2,0 MW.
a Geben Sie die Kreisfrequenz und die Bahngeschwindigkeit der Flügelspitzen an.
b Berechnen Sie das Drehmoment, das an der Achse des Windrads angreift.
c Welche Kraft müsste im Abstand von 50 m von der Drehachse auf einen Rotorflügel ausgeübt werden, um ein gleich großes Drehmoment zu bewirken?

Es ist nicht einfach, eine Keule so zu werfen, dass sie zuverlässig wieder gefangen werden kann. Ihr Schwerpunkt bewegt sich wie ein kleiner Ball stets auf einer parabelähnlichen Bahn. Um ihn dreht sich die Keule gleichförmig – egal, ob sie langsam oder schnell rotiert. Üben kann man das Spiel, indem man versucht, immer gleiche Abwurfbedingungen zu erzeugen: Dann sind auch Bahn und Drehung immer gleich.

3.6 Kräfte bei Drehbewegungen

Wird ein Gegenstand am Faden herumgeschleudert, sind Zugkräfte am Drehpunkt spürbar. Ohne eine Verbindung zum Zentrum gelingt die Bewegung auf einer Kreisbahn nicht.

Auch bei der Rotation eines ausgedehnten Körpers werden sämtliche Volumenelemente durch Zentralkräfte auf Kreisbahnen um die Drehachse gehalten. Diese Zentralkräfte $\vec{F}_{Zi}$ sind zur Drehachse hin gerichtet. Wenn die Summe aller Kräfte null ist, kann sich der Körper frei um diese Achse drehen.

Bei freier Drehung um eine Achse, die durch den Schwerpunkt verläuft, gilt:

$$\Sigma \vec{F}_{Zi} = 0 \qquad (1)$$

Auf benachbarte Volumenelemente werden unterschiedlich große Kräfte ausgeübt: In einem ausgedehnten rotierenden Körper treten innere Spannungen auf.

Zentripetalkräfte

Abbildung 2 zeigt eine Doppelhantel, die mit der Kreisfrequenz ω um eine Achse durch den Kreuzungspunkt der Hantelstäbe rotiert. Die Kraft, die eine Kugel dabei auf die Achse ausübt, ist $\vec{F}_{Zi} = m_i \cdot \omega^2 \cdot \vec{r}_i$. In diesem Beispiel ist die Summe der Kräfte auf die Achse null, weil die jeweils gegenüberliegenden Kugeln gleiche Massen und gleiche Abstände zur Achse besitzen.

Freie Rotation

Der Schwerpunkt der rotierenden Keule in Abb. 1 beschreibt eine parabelähnliche Bahn. Die Keule dreht sich während des Wurfs frei um ihren Schwerpunkt.

Wird ein ausgedehnter Körper in seinem Schwerpunkt unterstützt, ist er im Gleichgewicht: Zu jedem Drehmoment $M_i = \Delta m \cdot g \cdot r_i$ gibt es ein anderes, das dieses kompensiert.

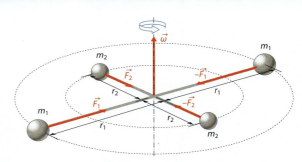

2 Kräfte bei der Rotation einer Doppelhantel

Bezogen auf den Schwerpunkt gilt also $\Sigma \Delta m \cdot g \cdot \vec{r}_i = 0$, und mit g = konst folgt:

$$\Sigma \Delta m \cdot \vec{r}_i = 0 \qquad (2)$$

Wenn ein Körper wie in Abb. 3 um den Schwerpunkt in Rotation versetzt wird, wird auf jedes Volumenelement der Masse Δm eine Zentralkraft ausgeübt: $\vec{F}_{Zi} = \omega^2 \cdot \Delta m \cdot \vec{r}_i$. Für die Summe aller inneren Kräfte $\vec{F}_{Zi}$ gilt mit Gl. (2):

$$\Sigma \vec{F}_{Zi} = \omega^2 \cdot \Sigma \Delta m \cdot \vec{r}_i = 0. \qquad (3)$$

Dreht sich also ein Körper frei um eine Achse, die durch seinen Schwerpunkt verläuft, so werden dadurch auf den Schwerpunkt insgesamt keine Kräfte ausgeübt. Der Schwerpunkt der Keule in Abb. 1 folgt daher »ungestört« einer parabelähnlichen Bahn.

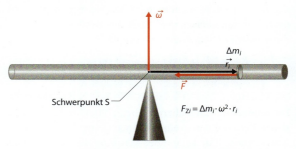

3 Ein Stab wird in seinem Schwerpunkt unterstützt. Zu jedem Element der Masse Δm_i gibt es ein gleich großes auf der gegenüberliegenden Seite. Bei der Rotation um den Schwerpunkt ergibt die Summe der Zentralkräfte null.

Unwucht

Wenn die Drehachse eines ausgedehnten starren Körpers nicht durch dessen Schwerpunkt verläuft, dann ist die Summe aller Zentralkräfte nicht gleich null: Es kommt zu einer resultierenden Kraft, die von der Achse weg gerichtet ist und mit der Kreisfrequenz umläuft. Autoräder werden daher entsprechend geprüft und erhalten an passenden Stellen kleine Metallstücke, mit denen der Schwerpunkt des Rads möglichst genau auf die Drehachse verschoben wird.

VERTIEFUNG
Stabile Rotationsachsen

Wer ein Buch – oder eine volle Getränkepackung – wie in Abb. 4 rotierend nach oben wirft, kann es kaum wieder auffangen, weil es sich torkelnd dreht. Die durch den Abwurf erzeugte Rotation des Quaders beginnt hier um die Achse, die durch seine lange Schmalseite und seinen Schwerpunkt geht. Sofort verdreht sich der Quader zunehmend – die Orientierung der Rotationsachse im Raum bleibt dabei jedoch dieselbe, denn der Drehimpuls des Quaders bleibt konstant.

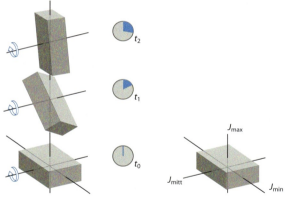

4 Freie Rotation eines Quaders

Die Rotationsenergie $E_{rot} = \frac{1}{2} J \cdot \omega^2$ eines frei rotierenden Körpers hängt davon ab, wie die Drehachse orientiert ist: Von allen möglichen Drehachsen gibt es eine mit minimalen und eine mit maximalem Trägheitsmoment J. Eine stabile Rotation stellt sich nur ein, wenn die Rotationsenergie gerade minimal oder maximal ist. Die theoretische Begründung hierfür liefert das *Hamilton'sche Prinzip*, das auch *Prinzip der kleinsten Wirkung* genannt wird: Führen kleine Veränderungen der Orientierung des Körpers zur Drehachse nur zu geringfügigen Änderungen der Rotationsenergie, ist dies eine *stabile Achse*.

Beim Abwurf (Abb. 4 unten) dreht sich der Quader nicht um eine stabile Achse, und kleinste Störungen ändern seine Orientierung zur Drehachse. Wird der Quader dagegen so geworfen, dass er um eine der Achsen mit J_{min} oder J_{max} rotiert, gerät er nicht ins Torkeln.

FORSCHUNG
Yorp-Effekt

Werden astronomische Objekte wie Asteroiden von der Sonne bestrahlt und erwärmt, geben sie auch thermische Strahlung wieder ab. Rotieren solche Objekte relativ schnell, dann erfolgt die Rückstrahlung nicht genau in der gleichen Richtung wie die Einstrahlung (Abb. 5). Die Objekte verändern dadurch ihre Rotationsachse oder ihre Rotationsfrequenz. Dieser Yarkovsky-O'Keefe-Radzievskii-Paddack-Effekt bewirkt ein sehr schwaches Drehmoment. Er könnte jedoch die Ursache dafür sein, dass manche Asteroiden zunehmend schneller rotieren und schließlich, nach Millionen von Jahren, auseinanderbrechen. Mit einer Langzeitmessung konnte im Jahr 2007 erstmals die Zunahme einer Rotationsfrequenz als Folge des Yorp-Effekts nachgewiesen werden: Der Asteroid 2000 PH5 braucht mit seinen 114 m Durchmesser nur 12 Minuten für eine Umdrehung – er wird pro Jahr um eine Millisekunde schneller.

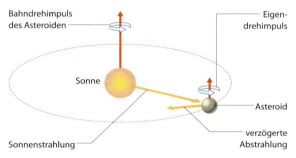

5 Yorp-Effekt: Beschleunigung der Rotation eines Asteroiden durch verzögerte Strahlungsabgabe

AUFGABEN

1 Begründen Sie, dass ein geworfenes Frisbee stets um seine Mittelachse rotiert.

2 a Erklären Sie, dass der Mond bei seiner Bewegung um die Erde nicht deren Mittelpunkt umkreist (vgl. 3.2).
b Welche Auswirkungen hätte es, wenn der Mond die gleiche Masse besäße wie die Erde?
c Berechnen Sie die Umlaufdauer von Erde und Mond unter der Annahme, dass beide gleiche Massen haben und der Abstand ihrer Mittelpunkte voneinander 384 400 km beträgt.

3 In der Lauffläche eines Autoreifens hat sich ein Stein der Masse 50 g festgesetzt.
a Beschreiben Sie die Auswirkungen, die beim Fahren zu spüren sind.
b Berechnen Sie die Kraft, die durch die Unwucht bei Geschwindigkeiten von 80 km/h und 160 km/h auf die Achse ausgeübt wird. Der Durchmesser des Rads beträgt $d = 58$ cm.
c Begründen sie die Notwendigkeit des Auswuchtens von Autorädern.

UMWELT

3.7 Rotierende Bezugssysteme

Nichtinertialsysteme

Wer auf langer, gerader Strecke mit dem ICE unterwegs ist, spürt kaum noch, dass sich der Zug bewegt und mit vielleicht 250 km/h dahinrast. Bei Dunkelheit oder mit geschlossenen Augen kann man schon mal vergessen, in welcher Richtung der Wagen fährt. In einem solchen nicht beschleunigten Bezugssystem gelten die Newton'schen Axiome: Ein kräftefreier Körper ändert seinen Bewegungszustand nicht, er ruht also oder bewegt sich geradlinig gleichförmig. Nichtbeschleunigte Bezugssysteme werden als *Inertialsysteme* bezeichnet (vgl. 2.6).

Beim Start eines Flugzeugs dagegen werden wir in den Sitz gepresst: Der Sitz, der im Bezugssystem ruht, übt eine Kraft auf uns aus. In der Kurvenfahrt eines Zugs rutschen Gegenstände vom Tisch: Ohne Wechselwirkung mit einem anderen Körper werden sie beschleunigt. Für den Beobachter in einem beschleunigten Bezugssystem wird also ein »kräftefreier« Körper als beschleunigt wahrgenommen. Solche Bezugssysteme werden als *nichtinertial* bezeichnet. Für Beobachter in einem Nichtinertialsystem scheinen Kräfte auf ruhende Körper zu wirken, sie werden als *Trägheits-* oder *Scheinkräfte* bezeichnet.

Gleichförmig rotierendes Bezugssystem Die Trägheitskraft auf einen Körper in einem rotierenden Bezugssystem gleicht dem Betrag nach der Zentralkraft: Im rotierenden System wird sie vom Beobachter als *Zentrifugalkraft* wahrgenommen. Für die Trägheitskraft gilt also (vgl. 3.2):

$$F_T = m \cdot \omega^2 \cdot r \tag{1}$$

Ein Labor auf der Erde ist streng genommen kein Inertialsystem, denn die Erde dreht sich in 24 Stunden einmal um ihre Achse und umrundet die Sonne in 365 Tagen. Jeder Ort bewegt sich also auf einer gekrümmten Bahn. Für die meisten Vorgänge des Alltags und auch für viele Messungen der Physiker sind diese Abweichungen vom Ideal eines Inertialsystems zu vernachlässigen. Für die großräumigen Bahnen von Luftmassen und Wasserströmungen auf der rotierenden Erde jedoch sind die Trägheitskräfte ausschlaggebend, sie bestimmen unser Klima und das Wettergeschehen maßgeblich.

Corioliskraft Wenn sich ein Körper in einem rotierenden System geradlinig bewegt, ändert er seinen Abstand zum Drehzentrum. Die Trägheitskräfte auf diesen Körper ändern sich deshalb in Betrag und Richtung.
Für gleichförmig rotierende Bezugssysteme hat GASPARD GUSTAVE DE CORIOLIS 1835 die beobachtbare Beschleunigung berechnet. Die Trägheitskraft innerhalb eines solchen Bezugssystems wird als *Corioliskraft* bezeichnet.

Der Körper in Abb. 1 bewegt sich mit der Geschwindigkeit $\vec{v}$ senkrecht zur Rotationsachse in einem System, das gleichförmig mit der Winkelgeschwindigkeit $\vec{\omega}$ rotiert. Die Corioliskraft $\vec{F}_C$ steht in diesem Fall senkrecht auf der Ebene, die durch $\vec{\omega}$ und $\vec{v}$ aufgespannt wird: Der Körper wird nach rechts von seiner Bahn innerhalb des rotierenden Systems abgelenkt.

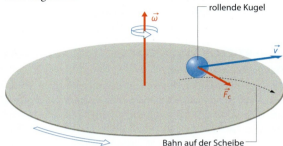

1 Corioliskraft in einem rotierenden Bezugssystem

Rotation der Erde und lokale Drehung

Jeder Ort in Deutschland bewegt sich mit etwa 1000 km pro Stunde in Richtung Osten – je südlicher, desto schneller, denn die Breitenkreise werden nach Süden hin größer. Für einen Beobachter auf der Nordhalbkugel sind deshalb alle Objekte, die südlich von ihm liegen, schneller in Richtung Osten unterwegs als er selbst; nördlich liegende Objekte dagegen bewegen sich langsamer (Abb. 2).

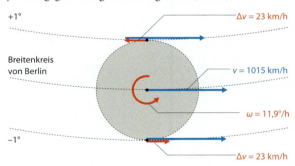

2 Lokale Drehung an einem bestimmten Breitenkreis

Wählt dieser Beobachter seine Geschwindigkeit als Bezugsgröße, dann sind Objekte südlich von ihm nach Osten und nördlich von ihm nach Westen unterwegs: Sein Bezugssystem macht scheinbar eine *lokale Drehung* gegen den Uhrzeigersinn. Das Gleiche gilt entsprechend auch für Orte westlich und östlich vom Beobachter.
Für einen Beobachter am Äquator dagegen bewegen sich südlich und nördlich von ihm gelegene Orte in gleicher Weise langsamer als er, hier ist die Winkelgeschwindigkeit der lokalen Drehung gleich null. An Nord- und Südpol ist die Winkelgeschwindigkeit der lokalen Drehung gerade diejenige der Erdrotation.

Die lokale Winkelgeschwindigkeit ω_{Ort} eines Orts auf der mit ω_{Erde} rotierenden Erde hängt von dessen geografischer Breite φ ab, es gilt:

$$\omega_{\text{Ort}} = \omega_{\text{Erde}} \cdot \sin\varphi. \tag{2}$$

Die lokale Drehung in Deutschland erfolgt also mit einer Winkelgeschwindigkeit von etwa 12° pro Stunde, während die Erde mit 15° pro Stunde rotiert.

Foucault'sches Pendel Ein Fadenpendel schwingt in der einmal gestarteten Bahnrichtung hin und her, auch wenn der Aufhängepunkt um die lotrechte Achse gedreht oder wenn das Pendel als Ganzes geradlinig bewegt wird.
Léon Foucault ist es im Jahr 1851 als Erstem gelungen, mit einem Pendel die lokale Drehung zu demonstrieren und damit einen *unmittelbaren* Nachweis der Erdrotation zu erbringen, der also unabhängig von astronomischen Beobachtungen ist. Für seine aufsehenerregenden Experimente im Pariser Panthéon verwendete Foucault ein 67 m langes Pendel mit einer 28 kg schweren Kugel.
Um das schwingende Pendel drehen sich die Aufhängung und der Raum gegen den Uhrzeigersinn. Für den mitbewegten Beobachter dreht sich die Pendelebene im Uhrzeigersinn ↻.

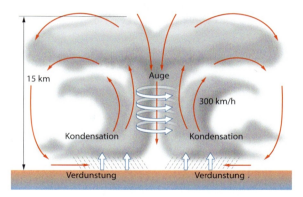

4 Aufsteigende Luftmassen über dem Meer

Ein solcher Zyklon ist ein zeitlich stabiles Gebilde. Zieht er nach Norden, so kommt er in Breiten, die sich langsamer in Richtung Osten bewegen als er selbst. Er ist also schneller als die Erdoberfläche und wird nach Osten abgelenkt.

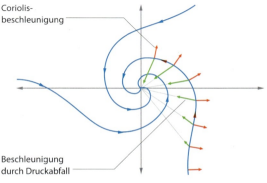

5 Entstehung eines Tiefdruckwirbels auf der Nordhalbkugel

3 Das Foucault'sche Pendel behält seine Schwingungsebene im Inertialsystem bei. In Mitteleuropa dreht sich die Umgebung innerhalb von 30 Stunden einmal gegen den Uhrzeigersinn um das Pendel herum.

Tiefdruckgebiete Die rotierende Erde nimmt auch die Luft über ihrer Oberfläche mit. Luftdruckunterschiede zwischen unterschiedlich erwärmten Bereichen erzeugen eine Strömung der Luft am Boden vom kälteren zum wärmeren Gebiet: Die erwärmte Luft steigt auf und erzwingt einen allseitigen Zustrom (Abb. 4).
Die zuströmenden Luftmassen werden infolge der lokalen Drehung gegen den Uhrzeigersinn abgelenkt – auf der Nordhalbkugel nach rechts. Aus dieser Bewegung wird ein Wirbel gegen den Uhrzeigersinn, der sich bis in große Höhen fortsetzt (Abb. 5).

AUFGABEN

1. Wohin bewegen sich die Teeblätter in einem Glas mit ebenem Boden, nachdem der Tee kräftig umgerührt wurde und die Rotation langsamer wird? Führen Sie ein entsprechendes Experiment durch und erklären Sie Ihre Beobachtung.
2. Begründen Sie, dass es unmittelbar am Äquator nicht zur Ausbildung von Hurrikans kommen kann.
3. Entwerfen Sie für ein Foucault'sches Pendel einen Antrieb, der die auftretenden Reibungskräfte kompensiert.
4. Ein Gedankenexperiment: Von einem hohen Turm werden Kugeln fallengelassen. Begründen Sie die Abweichung vom lotrechten Fallen – berücksichtigen Sie dabei die Bahngeschwindigkeiten von Turmspitze und Boden.
5. Spannen Sie in das Bohrfutter einer fixierten Handbohrmaschine einen etwa 80 cm langen elastischen Stab. Versetzen Sie den Stab in Schwingungen und schalten Sie die Bohrmaschine ein. Beobachten Sie die Bewegung des Stabs und erklären Sie diese.

KONZEPTE DER PHYSIK

4.1 Frühe Weltbilder

Erste Vorstellungen in der Antike

Die Menschen haben sich schon von jeher ein Bild vom Bau der Welt und von ihrer eigenen Stellung darin gemacht. Früh erlangten dabei die wiederkehrenden kosmischen Ereignisse wie der Auf- und Untergang von Sonne, Mond und Sternen eine besondere Aufmerksamkeit.

Zunächst überwogen Vorstellungen, die vom menschlichen Alltag geprägt waren. Das Weltgebäude stellte man sich beispielsweise als geschlossenen Saal mit der flachen Erde als Boden und dem Himmel als flacher Decke oder gewölbter Kuppel vor. Bei den alten Ägyptern wurde diese durch vier Säulen und bei den Chaldäern durch einen ringförmigen Wall abgestützt.

Die Griechen übernahmen das Weltbild der Chaldäer, um es anschließend zu modernisieren. Dabei gewannen gezielte Beobachtungen und folgerichtiges Denken immer mehr Einfluss auf die Vorstellungen. So ersetzten die Griechen ab etwa 600 v. Chr. die Kuppel durch eine Himmelskugel. Damit konnte man die sichtbaren Bewegungen der Gestirne vom Aufgang im Osten bis zu ihrem Untergang im Westen gedanklich unter dem Horizont fortsetzen.

In der Mitte der Kugel schwebte die Erde, zunächst als Scheibe. Aber bereits im 5. Jh. v. Chr. beschrieben die Pythagoräer die Erde als Kugel in der Mitte einer ebenfalls kugelförmigen Welt.

Die Sterne dachte man sich an einer kristallenen Sphäre festgemacht, die sich einmal am Tag um die Erde dreht, und zwar um eine raumfeste Achse, die durch den Mittelpunkt und die damals noch unerreichbaren Pole der Erde geht. Während die Sterne bei der Drehung der Himmelskugel ihre relative Stellung zueinander beibehielten, bewegten sich die Planeten unterhalb dieser Fixsternsphäre auf komplizierten Bahnen.

Das ptolemäische Weltbild

Dieses Modell wurde später von dem griechischen Philosophen, Mathematiker und Astronomen CLAUDIUS PTOLEMÄUS (um 100 bis nach 160) zu einem *geozentrischen* Weltbild verfeinert. Darin befindet sich die Erde im Mittelpunkt der Welt, während die Himmelskörper die Erde auf Kristallsphären umkreisen (Abb. 1).

Unterhalb der Fixsternsphäre, an der die Sterne *fixiert* sind, befinden sich die Sphären der übrigen Himmelskörper. Auf der erdnächsten Sphäre befindet sich der Mond, auf den nächstferneren Sphären folgen dann Merkur, Venus, Sonne, Mars, Jupiter und Saturn. Mehr Planeten waren damals nicht bekannt. Jenseits der Fixsternsphäre erstreckt sich noch eine weitere, die für den Antrieb sämtlicher Bewegungen sorgt.

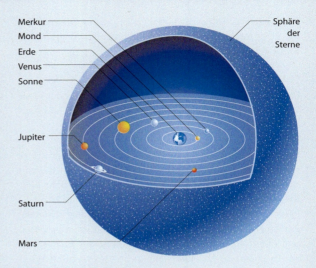

1 Darstellung des ptolemäischen Weltsystems

Es widerspricht allerdings der unmittelbaren Beobachtung, dass die Planeten die Erde auf einfachen Kreisbahnen umrunden: Manche Planeten scheinen bei ihrem Umlauf um die Erde Schleifenbahnen zu durchlaufen. Um dieses Problem zu lösen, ging Ptolemäus davon aus, dass die Planeten sich zwar auf kreisförmigen Bahnen, den *Deferenten*, bewegen, dass sie aber um diesen Deferenten noch weitere Kreise, *Epizykel*, ziehen (Abb. 2). Durch den Einsatz zahlreicher, leicht gegeneinander geneigter Kreisbahnen konnte Ptolemäus sein Modell mit den damaligen Beobachtungen gut in Einklang bringen. Am ptolemäischen Weltbild wurde bis in die Neuzeit festgehalten, zumal die Berechnungen im Rahmen dieses Modells gute Resultate lieferten.

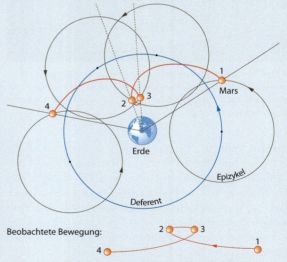

2 Die Schleifenbahn des Mars im ptolemäischen Weltbild. Der Mars bewegt sich auf einer Kreisbahn, deren Mittelpunkt auf einer weiteren Kreisbahn die Erde umläuft.

Das kopernikanische Weltbild

NIKOLAUS KOPERNIKUS (1473–1543) gilt als der Begründer des heliozentrischen Weltbilds, bei dem nicht länger die Erde, sondern die Sonne im Mittelpunkt steht. Vermutlich inspiriert von der Idee des ARISTARCH VON SAMOS (310–230 v. Chr.) kam er durch einen perspektivischen Trick zu seinem Modell.

Kopernikus versetzte sich gedanklich in die Sonne und betrachtete von dort aus das Planetensystem. Dabei entwirrten sich die Planetenbewegungen zu einfachen Kreisbahnen – und die Erde selbst sank auf den Status eines Planeten herab (Abb. 3).

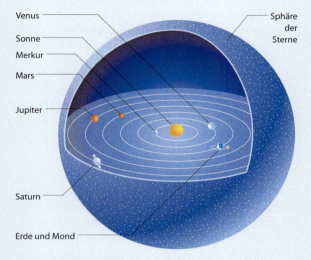

3 Das heliozentrische Weltsystem des Nikolaus Kopernikus

So einleuchtend und vertraut die Idee uns heute erscheinen mag, so revolutionär war sie zur damaligen Zeit: Dieses Weltbild widersprach der selbstverständlichen Anschauung, »festen Grund« unter den Füßen zu haben, es hatte stattdessen das lächerlich erscheinende Bild zur Folge, dass sich die Menschen auf einem rotierenden Kreisel befinden. Hinzu kam, dass die ersten Berechnungen im Rahmen des kopernikanischen Modells die Genauigkeit des ptolemäischen Modells nicht erreichten.

Einige Grundzüge der alten Kosmologie behielt Kopernikus allerdings bei: die feststehenden Kreisbahnen und die endliche äußere Sphäre, die die Fixsterne trägt.

Galilei und Kepler

Während die meisten Gelehrten und Theologen das kopernikanische Weltbild ablehnten, gab es einige jüngere Anhänger, die sich vehement für das System einsetzten. Zu ihnen zählen GALILEO GALILEI (1564–1642) und JOHANNES KEPLER (1571–1630).

Galilei ging vor allem empirisch vor, um das neue Sonnensystem zu stützen. Dabei war ihm das gerade erfundene Fernrohr eine große Hilfe: Aus seinen Beobachtungen folgerte er, dass die Mondoberfläche nicht glatt, sondern durch Strukturen geprägt ist, die an Berge, Täler und Flüsse erinnern. Der Mond, also ein Himmelskörper, wies seines Erachtens eine erdähnliche Gestalt auf. Daraus zog Galilei den Umkehrschluss, dass die Erde auch als ein Himmelskörper angesehen werden musste.

Darüber hinaus entdeckte er, dass der Jupiter von mehreren Monden umkreist wird. Damit hatte er ein Gegenbeispiel zu der alten Lehre gefunden, nach der sich alles um die Erde dreht.

Galilei positionierte sich mit seinen Hypothesen auch öffentlich gegen das von der Kirche aufrechterhaltene ptolemäische System. Er wurde schließlich in einem aufsehenerregenden Prozess von der Kirche gezwungen, der kopernikanischen Lehre abzuschwören. Erst im Jahre 1992 gestand eine päpstliche Kommission den Irrtum des Vatikans ein, und Galileo Galilei wurde offiziell rehabilitiert.

Ganz frei von überkommenen Ideen war aber auch Galilei noch nicht: Wie Kopernikus hielt er daran fest, dass die Bahnen der Planeten um die Sonne kreisförmig seien. Erst Johannes Kepler vermochte sich mit großer Mühe von dieser Einschränkung zu trennen. Als Grundlage seiner Berechnungen dienten sehr genaue Beobachtungsdaten der Planetenbahnen von TYCHO BRAHE, (1546–1601) die dieser noch ohne Fernrohr erhoben hatte. Indem Kepler den Daten voll vertraute, sah er sich gezwungen, von ellipsenförmigen Planetenbahnen auszugehen, obwohl die Abweichungen von Kreisbahnen sehr klein sind.

Während Kopernikus statt der Erde die Sonne ins Zentrum der Bewegungen rückte, ging Kepler noch einen Schritt weiter: Die Sonne steht nicht einmal im Mittelpunkt der Ellipsenbahnen, sondern herausgerückt in einem der Brennpunkte – der Mittelpunkt ist leer (vgl. 4.3). Nur durch die Annahme elliptischer Bahnformen gelangte Kepler jedoch zur mathematischen Formulierung seiner Planetengesetze und lieferte damit NEWTON eine ideale Vorlage für die Herleitung des Gravitationsgesetzes.

AUFGABEN

1 Stellen Sie wesentliche Aussagen zum ptolemäischen und zum kopernikanischen Weltbild in einer Tabelle gegenüber.

2 Erläutern Sie den Einfluss des Fernrohrs auf die Weiterentwicklung der Weltbilder.

3 Der Dominikanermönch GIORDANO BRUNO wurde im Jahr 1600 als Ketzer verbrannt, da seine Aussagen im Widerspruch zur Lehre der Kirche standen. Informieren Sie sich über sein Leben und stellen Sie einen Zusammenhang zwischen seinem Wirken und den Weltbildern um das Jahr 1600 her.

Die Idee, zum Mond zu reisen und seine Oberfläche zu betreten, hatte die Fantasie der Menschen schon seit Langem beflügelt. Die Physik lieferte recht früh die theoretischen Grundlagen dazu: Das Gravitationsgesetz z. B. stammt aus dem Jahr 1686. Die notwendige Technik konnte aber erst 280 Jahre später entwickelt werden – doch dann wurde für die ersten Astronauten der Traum wahr: Sie konnten vom Mond aus den Erdaufgang betrachten.

4.2 Gravitationsgesetz

Die Gravitation ist eine der grundlegenden Wechselwirkungen, die in der Physik beschrieben werden: Alle Körper ziehen sich abhängig von ihrer Masse gegenseitig an. Zwischen den meisten Gegenständen ist die Wechselwirkung so klein, dass man sie nicht ohne Weiteres feststellen kann.

An Körpern mit großer Masse, wie Erde, Mond oder anderen Himmelskörpern, kann man jedoch Auswirkungen der Gravitationskraft direkt oder indirekt beobachten: Beim Herabfallen von Gegenständen zur Erde tritt die Gravitation direkt in Erscheinung, im Umlauf des Monds um die Erde oder der Planeten um die Sonne macht sie sich dagegen indirekt bemerkbar.

Der genaue Zusammenhang zwischen der Masse der wechselwirkenden Körper und der Entfernung der Körper voneinander wird durch das von ISAAC NEWTON gefundene Gravitationsgesetz beschrieben. Demnach ziehen sich zwei Körper der Massen m_1 und m_2 mit einer Kraft vom Betrag F_G an, die proportional zum Produkt ihrer Massen und umgekehrt proportional zum Abstandsquadrat r ihrer Schwerpunkte ist:

$$F_G = G \cdot \frac{m_1 \cdot m_2}{r^2}. \tag{1}$$

Die Gravitationskonstante G ist eine universelle Naturkonstante, die nur experimentell bestimmt werden kann:

$$G = 6{,}67 \cdot 10^{-11} \frac{\text{N} \cdot \text{m}^2}{\text{kg}^2}.$$

Aus dem Gravitationsgesetz lässt sich die Beschleunigung g eines Körpers der Masse m_2 auf der Erdoberfläche berechnen:

$$g = \frac{F_G}{m_2} = G \cdot \frac{m_E}{r_E^2} = 9{,}8 \, \frac{\text{m}}{\text{s}^2}. \tag{2}$$

Der Weg zum Gravitationsgesetz

Bei der Entwicklung des Gravitationsgesetzes konnte sich Newton auf Vorarbeiten von GALILEI und KEPLER stützen: Galilei hatte das Herabfallen schwerer Körper auf der Erde beschrieben, Kepler hatte Gesetze gefunden, nach denen sich der Mond um die Erde bewegt.

Newton kannte diese Arbeiten und ging davon aus, dass es zwischen dem Bewegungsverhalten eines Steins in der Nähe der Erdoberfläche und demjenigen des Monds in weiter Entfernung von der Erde keinen prinzipiellen Unterschied geben dürfte (vgl. 4.4).

Gravitation ausgedehnter Körper

Über die Ausdehnung der einander anziehenden Körper trifft das Gravitationsgesetz keine Aussage. Dieses Problem lässt sich jedoch mithilfe eines geometrischen Beweises lösen: Danach spielt für die Gravitationswechselwirkung zwischen zwei Körpern nur der Abstand ihrer Massenmittelpunkte eine Rolle ↻.

Um also die Gravitationskraft, die auf einen Probekörper auf der Erdoberfläche ausgeübt wird, zu berechnen, kann man annehmen, dass die gesamte Masse der Erde im Erdmittelpunkt konzentriert ist. Der Erdradius ist dann der Abstand r im Gravitationsgesetz. Ebenso können für die Berechnung von Planetenbahnen die Himmelskörper als Punktmassen betrachtet werden.

Bestimmung der Gravitationskonstante

Die Gravitationskonstante lässt sich mithilfe astronomischer Daten abschätzen. Geht man von einer kreisförmigen Mondbahn mit dem Radius r und der bekannten Erdmasse m_E aus, so folgt aus dem Gravitationsgesetz:

$$G = \frac{F_{GM} \cdot r^2}{m_E \cdot m_M}. \tag{3}$$

Dabei ist F_{GM} die Gravitationskraft, mit der der Mond an seinem Ort von der Erde angezogen wird. Diese ist gleich der Zentripetalkraft:

$$F_{GM} = 4\pi^2 \cdot \frac{m_M \cdot r}{T^2}. \tag{4}$$

Für die Wechselwirkung zwischen zwei Ladungsträgern gilt ein Gesetz, das dieselbe Struktur hat wie das Gravitationsgesetz. → 5.8

Hierin sind T die Umlaufzeit des Monds um die Erde und m_M die Masse des Monds. Setzt man diesen Ausdruck in Gl. (3) ein, ergibt sich:

$$G = 4\pi^2 \cdot \frac{r^3}{m_E \cdot T^2}. \qquad (5)$$

Die Erdmasse wurde zur Zeit Newtons aus dem Volumen und der mittleren Dichte der Erde bestimmt. Diese wurde damals mit der Dichte des Gesteins aus der Erdkruste gleichgesetzt. Es sollte sich aber später herausstellen, dass die Dichte des Erdkerns wesentlich größer als die der Kruste ist.

Die Gravitationskonstante direkt aus der Anziehung zweier handlicher Gegenstände zu ermitteln setzt ein sehr empfindliches Messgerät voraus. Denn die Kraft, mit der sich zwei Körper der Masse 1 kg im Abstand von 10 cm anziehen, liegt in der Größenordnung von 10^{-9} N.

HENRY CAVENDISH entwickelte eine Anordnung, mit der auch kleinste Gravitationskräfte gemessen werden können. Dazu verwendete er eine Drehwaage, in der eine Stange an einem dünnen Faden aufgehängt ist (Exp. 1). Wird die Stange aus ihrer Ruhelage ausgelenkt, so wird der Faden mit einem bestimmten Drehmoment verdrillt.

EXPERIMENT 1

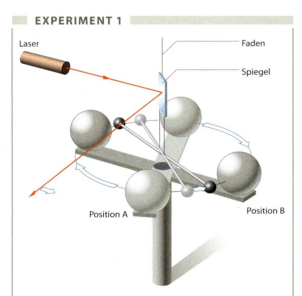

An einem Faden hängt ein Waagebalken mit kleinen Kugeln. Die kleinen Kugeln werden durch zwei große Bleikugeln in der Position A angezogen. Im Gleichgewicht wird diese Anziehung durch das leichte Verdrillen des Fadens kompensiert. Dann werden die Bleikugeln in die Position B geschwenkt. Sowohl der Faden als auch die Bleikugeln bewirken nun eine Beschleunigung der kleinen Kugeln, die mit einem Lichtzeiger sichtbar gemacht wird. Aus dieser Beschleunigung kann die Gravitationskonstante berechnet werden ↻.

Bestimmung der Erdmasse

Mithilfe der direkt aus einem Experiment gewonnenen Gravitationskonstante lässt sich die Masse der Erde m_E aus der Fallbeschleunigung g und dem Erdradius r_E abschätzen. Der Wert für die Fallbeschleunigung g ist experimentell gut bekannt, auch den Radius der als kugelförmig angenommenen Erde kennt man schon seit der Antike recht genau; er beträgt r_E = 6370 km. Aus dem Gravitationsgesetz (Gl. 1) ergibt sich der Zusammenhang:

$$g = \frac{G \cdot m_E}{r_E^2}.$$

Durch Auflösen nach m_E und Einsetzen der Zahlenwerte erhält man: $m_E = 5{,}96 \cdot 10^{24}$ kg.

Für eine genauere Berechnung muss berücksichtigt werden, dass die Erde keine perfekte Kugel darstellt und die Fallbeschleunigung g nicht für alle Orte auf der Erde gleich ist. Der heute für gültig gehaltene Wert beträgt $m_E = 5{,}9736 \cdot 10^{24}$ kg. Jedoch ist auch dieser Wert nicht endgültig: Die Masse der Erde nimmt im Laufe der Zeit durch herabfallenden Kometenstaub ständig zu.

AUFGABEN

1 Zwei Öltankschiffe besitzen die Massen 250 000 t bzw. 390 000 t und fahren langsam im Abstand von 100 m aneinander vorbei. Schätzen Sie durch eine Rechnung die Gravitationskraft zwischen beiden Schiffen ab.

2 Der Erdmond bewegt sich in einer mittleren Entfernung von 384 400 km auf einer kreisähnlichen Bahn in 27,32 d um die Erde. Die Erdmasse beträgt $5{,}97 \cdot 10^{24}$ kg. Ermitteln Sie hieraus die Gravitationskonstante.

3 Despina ist ein Mond des Planeten Neptun, der sich in einem Abstand von 52 526 km zum Mittelpunkt des Neptuns auf einer kreisähnlichen Bahn bewegt. Für einen Umlauf um den Neptun benötigt Despina 0,3347 Tage. Bestimmen Sie aus diesen Angaben die Masse des Planeten Neptun.

4 Erläutern Sie, welche Bedeutung die experimentelle Bestimmung der Gravitationskonstante für die Berechnung der Erdmasse hatte.

5 a Erläutern Sie, dass sich ein geostationärer Satellit ohne Antrieb über einem bestimmten Punkt der Erde aufhalten kann.
b Berechnen Sie die Höhe über dem Erdboden, in der sich geostationäre Satelliten aufhalten. Geben Sie auch die Bahngeschwindigkeit an, mit der sich die Satelliten um den Erdmittelpunkt bewegen.
c In Deutschland werden die Parabolantennen für Satellitenempfang so eingestellt, dass sie in südliche Richtungen zeigen. Begründen Sie dies.

6 Angenommen, die Erde besäße eine mittlere Dichte von 3 g/cm³: Geben Sie für diesen Fall die Gewichtskraft auf einen Körper der Masse 1 kg an.

Die Erde umrundet die Sonne in einem Abstand von 150 Millionen Kilometern. Der Saturn ist etwa zehnmal so weit von ihr entfernt, mit bloßem Auge sieht man ihn nur selten. Dennoch waren um 1600 die Planetenbahnen so genau vermessen, dass Johannes Kepler seine Gesetze finden konnte. Und inzwischen ist mithilfe von Raumsonden auch der Blick zurück möglich: Die Erde erscheint vom Saturn aus als kleiner Lichtfleck am Himmel.

4.3 Kepler'sche Gesetze

Anhand zahlreicher, sehr genauer Messdaten fand JOHANNES KEPLER auf empirischem Weg Gesetze, mit denen sich die Bahnen sämtlicher Planeten um die Sonne beschreiben lassen. NEWTON entwickelte mithilfe dieser Gesetze sein Gravitationsgesetz. Umgekehrt konnte er anschließend die Kepler'schen Gesetze aus dem Gravitationsgesetz herleiten und ihnen so eine physikalische Begründung geben.

1. Kepler'sches Gesetz: Alle Planeten bewegen sich auf Ellipsenbahnen um die Sonne. In einem der beiden Brennpunkte von jeder Ellipsenbahn steht die Sonne.

Das heliozentrische Weltbild von KOPERNIKUS wird damit präzisiert: Die Sonne befindet sich nicht im Zentrum der Bewegung, sondern etwas außerhalb davon. Das 1. Kepler'sche Gesetz folgt aus dem Gravitationsgesetz unter der Voraussetzung, dass die Masse des Zentralkörpers wesentlich größer ist als diejenigen der Planeten.

2. Kepler'sches Gesetz (Flächensatz): Die gerade Verbindung zwischen Sonne und Planeten überstreicht in gleichen Zeiten Δt gleiche Flächen ΔA.

Dieses Gesetz kann aus der Tatsache gefolgert werden, dass die Gravitationskraft eine Zentralkraft ist. Sie ist immer zu einem festen Zentrum, beispielsweise der Sonne, hin gerichtet.

3. Kepler'sches Gesetz: Innerhalb eines Planetensystems gilt für die großen Halbachsen der Ellipsenbahnen a_i und die Umlaufzeiten T_i sämtlicher Planeten:

$$\frac{a_1^3}{T_1^2} = \frac{a_2^3}{T_2^2} = \ldots \quad \text{bzw.} \quad \frac{a^3}{T^2} = \text{konst.} \tag{1}$$

Ellipsenbahnen

Beim Umlauf eines Planeten um die Sonne gibt es einen sonnennächsten und einen sonnenfernsten Punkt: Perihel und Aphel (Abb. 2). Die große Halbachse a steht senkrecht auf der kleinen Halbachse b. Der Abstand e eines Brennpunkts vom Zentrum der Ellipse heißt lineare Exzentrizität: $e = \sqrt{a^2 - b^2}$.

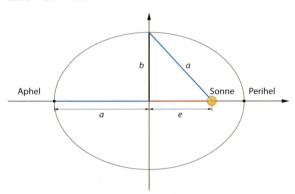

2 Bezeichnungen an einer elliptischen Bahnkurve. Die Sonne steht in einem der beiden Brennpunkte.

Um zu erfassen, wie stark die Ellipse von der Kreisbahn abweicht, benutzt man die numerische Exzentrizität:

$$\varepsilon = \frac{e}{a} = \sqrt{1 - \frac{b^2}{a^2}}. \tag{2}$$

Für die Kreisbahn gilt $\varepsilon = 0$. Die Bahn der Erde hat eine kleine Exzentrizität von 0,017. Die größte Exzentrizität der Planeten im Sonnensystem hat Merkur mit 0,206. Nach dem 2. Kepler'schen Gesetz wird die Geschwindigkeit des Planeten bei Annäherung an die Sonne größer. Sie ist im Perihel maximal und im Aphel minimal.

Flächensatz

Während seiner Bewegung wird ein Planet permanent von der Sonne angezogen, er wird in Richtung der Sonne beschleunigt. In einem kleinen Zeitintervall Δt führt diese Beschleunigung zu einer Abweichung von der geradlinigen Bahn um den Betrag Δz in Richtung der Sonne.

MECHANIK UND GRAVITATION | 4 Gravitation

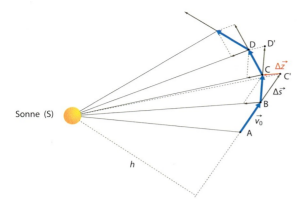

3 Die Anziehung der Sonne führt in jedem Zeitintervall Δt zu einer Abweichung von der geradlinigen Bewegung.

In Abb. 3 bewegt sich der Planet zunächst in der Zeit Δt von A nach B. Im folgenden Zeitintervall gelangt er infolge der Anziehung nicht nach C′, sondern nach C. Die tatsächliche Ortsveränderung ist die Vektorsumme von $\Delta \vec{s}$ und $\Delta \vec{z}$. Entsprechendes gilt für die folgenden Zeitintervalle. Werden die Zeitintervalle immer kleiner, so nähert sich die Bewegung in Abb. 3 der realen, kontinuierlichen Bewegung immer mehr an.

Der Planet bewegt sich also in einer Ebene um die Sonne, die durch die Verbindungslinie und den Vektor der Anfangsgeschwindigkeit $\vec{v}_0$ aufgespannt wird. Diese Ebene kann vom Planeten nicht verlassen werden.

Die Dreiecke SAB und SBC′ in Abb. 3 sind gleich groß, denn sie haben beide gleich lange Grundseiten ($\overline{AB}$ und $\overline{BC'}$) und die gleiche Höhe h. Auch die Flächen der Dreiecke SBC′ und SBC sind gleich, weil sie dieselbe Grundseite SB und wegen der Parallelität von SB und CC′ die gleiche Höhe bezüglich SB haben. Daraus folgt, dass die Flächen von SAB und SBC gleich groß sind.

Verallgemeinert man dieses Ergebnis, so ergibt sich die Aussage des Flächensatzes: Die Verbindungslinie überstreicht in gleichen Zeiten gleiche Flächen (Abb. 4).

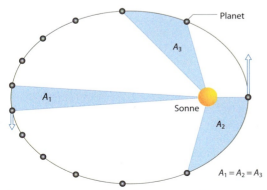

4 Zum 2. Kepler'schen Gesetz: Die in gleichen Zeiten überstrichenen Flächen sind gleich groß, die Geschwindigkeit variiert.

Bei dieser Begründung des Flächensatzes wurde nur benutzt, dass die Kraft immer auf denselben Punkt, nämlich auf die Sonne S, gerichtet ist. Der Satz gilt allgemein für Zentralkräfte.

Keplerkonstante

Im Folgenden wird vereinfachend angenommen, dass sich die Erde statt auf einer Ellipsenbahn mit der konstanten Geschwindigkeit v auf einer Kreisbahn um die Sonne bewegt. Die Zentripetalkraft F_Z, mit der die Erde von der Sonne angezogen wird, ist gleich der Gravitationskraft F_G:

$$F_Z = F_G$$
$$m_E \cdot v^2 \cdot \frac{1}{r} = G \cdot \frac{m_E \cdot m_S}{r^2}. \qquad (3)$$

Drückt man darin die Bahngeschwindigkeit durch die Umlaufzeit T aus, also $v = 2\pi \cdot r/T$, so ergibt sich:

$$\frac{4\pi^2 \cdot r^2}{T^2} \cdot \frac{1}{r} = G \cdot \frac{m_S}{r^2}.$$

Daraus folgt das 3. Kepler'sche Gesetz:

$$\frac{r^3}{T^2} = G \cdot \frac{m_S}{4\pi^2} = \text{konst.} = C_K \qquad (4)$$

Die Konstante enthält die Sonnenmasse m_S. Sie wird auch als Keplerkonstante C_K bezeichnet. Die Keplerkonstante ist charakteristisch für jedes System, in dem Himmelskörper einen Zentralkörper umlaufen. So hat auch das System des Jupiters und seiner Monde oder auch das System Erde–Mond jeweils seine eigene Keplerkonstante, die von der Masse des Zentralkörpers abhängt.

■ AUFGABEN ■

1 Die Länge der großen Halbachse des Jupitermonds Europa beträgt 670 900 km, die numerische Exzentrizität seiner Bahn 0,0101. Die entsprechenden Daten eines anderen Jupitermonds mit dem Namen *Pasiphae* sind 23 624 000 km und 0,409.
a Berechnen Sie für beide Jupitermonde die Längen der kleinen Halbachsen sowie die Entfernungen zwischen Perihel und Aphel zu einem der Brennpunkte.
b Veranschaulichen Sie die Bahnen der beiden Jupitermonde mithilfe von maßstäblichen Zeichnungen.

2 Ein künstlicher Satellit bewegt sich auf einer Ellipsenbahn um die Erde. Sein Abstand im erdnächsten Punkt beträgt 300 km, sein größter Abstand 2000 km. Bestimmen Sie mithilfe des 2. Kepler'schen Gesetzes das Verhältnis der Geschwindigkeiten an diesen Stellen.

3 Die Umlaufzeiten der Planeten Erde und Neptun betragen 365,26 Tage bzw. 164,79 Jahre. Berechnen Sie die Länge der großen Halbachse der Neptunbahn unter der Annahme, dass die der Erdbahn 149 600 000 km beträgt.

4 Erläutern Sie den prinzipiellen Unterschied zwischen Gravitations- und Keplerkonstante.

MEILENSTEIN

4.4 *London, 1665.* In der Stadt wütet die Pest, Isaac Newton flieht in seine Heimat aufs Land, wo er seine *Annus mirabilis, seine »Wunderjahre«,* verbringen soll. Bei der Beschäftigung mit der Himmelsmechanik kommt ihm hier ein Gedanke, der die Welt verändert: Der Mond am Himmel verhält sich nicht anders als ein Apfel, der vom Baum fällt.

Isaac Newton
vereinheitlicht die Physik

Himmlische und irdische Physik

Bis etwa zum Jahre 1600 gab es eine Trennung zwischen »himmlischer« und »irdischer Physik«. Durch die Beobachtung der Planetenbewegungen und des Fixsternhimmels waren die Wissenschaftler überzeugt, dass am Himmel alles auf ewig unverändert seinen Lauf geht und daher alles vorherberechnet werden kann. Die guten Vorhersagen von Planetenpositionen, Sonnen- und Mondfinsternissen schienen ihnen Recht zu geben. Demgegenüber ging es auf der Erde völlig anders zu, denn jede Bewegung kam über kurz oder lang zum Stillstand.

In dieser Situation brachte GALILEI einen ganz neuen Aspekt in die physikalische Erschließung der Welt (vgl. 2.1). Mithilfe von raffinierten Experimenten unterstützte er seine These, dass sich Gegenstände ohne Reibung auch auf der Erde wie am Himmel verhalten würden. Er gelangte so zu der idealen, also reibungsfreien Fallbewegung: Unabhängig von ihrer Form, Zusammensetzung und Größe fallen alle Körper mit der gleichen Beschleunigung.

Während Galilei sich um gesetzmäßige Zusammenhänge bewegter Körper auf der Erde kümmerte, war sein Zeitgenosse JOHANNES KEPLER eher den »himmlischen« Körpern, Sonne, Mond und Planeten zugetan. Er schuf mit seinen Planetengesetzen die Möglichkeit, die Bewegungen der Planeten aus wenigen Beobachtungsgrößen zu berechnen und damit vorherzusagen.

Auf den Schultern von Riesen

Als NEWTON im Alter einmal gefragt wurde, wie er zu seinen Erkenntnissen gekommen sei, soll er bescheiden geantwortet haben, dass er auf den Schultern von Riesen gestanden habe. Zu diesen Riesen zählten vor allem KOPERNIKUS, Galilei und Kepler. Überzeugt davon, dass im Himmel und auf der Erde die gleichen physikalischen Gesetze gelten müssen, gelang es Newton, die von diesen Wissenschaftlern geschaffenen Ansätze zu einem einheitlichen Weltbild zu verknüpfen.

Kopernikus hatte das heliozentrische Weltbild entworfen, in dem nicht wie bislang angenommen die Erde unbeweglich im Mittelpunkt der Welt steht, sondern die Sonne. Die Planetenbahnen, die zuvor einem Wollknäuel glichen, »entwirrte« er zu einem einfachen System konzentrischer Kreise. Erst auf dieser Grundlage konnte so etwas wie die Newton'sche Idee der Massenanziehung entstehen.

Von Galilei wusste Newton, dass sich die Bewegung eines geworfenen Steins in eine gleichförmige Tangentialbewegung und eine beschleunigte Radialbewegung zerlegen lässt. Ebenfalls von Galilei stammt der Trägheitssatz: Aus ihm folgt, dass nur für eine beschleunigte Bewegung eine Wechselwirkung erforderlich ist.

Newtons entscheidende Idee bestand darin, dass die Wechselwirkung zwischen einem geworfenen Stein und der Erde von der gleichen Art sein muss wie diejenige zwischen dem kreisenden Mond und der Erde. Die Frage, warum der

Mond nicht ebenso wie der Stein auf die Erde fällt, beantwortete er folgendermaßen: Auch der Mond falle tatsächlich wie der Stein auf die Erde zu. Er nähert sich der Erde aber nicht, weil sich die Erdoberfläche aufgrund ihrer Kugelgestalt quasi in gleichem Maße von der Bahn des Monds entfernt.

Lässt man nämlich einen gehobenen Stein los, so fällt er beschleunigt auf die Erde. Ein von einem Turm horizontal abgeworfener Stein fällt auf die Erde zu, auch wenn er sich unabhängig davon gleichzeitig mit konstantem Tempo horizontal weiterbewegt. Aus der zusammengesetzten Bewegung entsteht die charakteristische Wurfbahn.

Je größer nun die Horizontalgeschwindigkeit ist, mit der der Stein im idealen luftfreien Umfeld startet, desto weiter ist der Landepunkt vom Startpunkt entfernt (Abb. 2). Bei genügend hoher Startgeschwindigkeit tritt schließlich der Fall ein, dass – obwohl der Stein fällt – er einen konstanten Abstand zur Erde beibehält. Nämlich dann, wenn die Erde sich in gleichem Maße von der gedachten Geraden »wegkrümmt«, wie das Objekt auf die Erde zufällt.

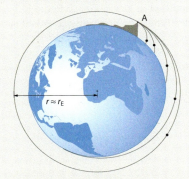

2 Bahnen eines geworfenen Steins bei unterschiedlichen Anfangsgeschwindigkeiten

Der Mond fällt also ständig auf die Erde zu, ohne sich ihr anzunähern, und beschreibt dabei eine geschlossene Ellipsenbahn um die Erde. Da aber der Mond die Erde mit der gleichen Kraft anzieht wie die Erde den Mond, fallen beide Himmelskörper in Richtung ihres gemeinsamen Schwerpunkts (vgl. 3.2).

Die Mondbewegung als Testfall

Um sein Gravitationsgesetz zu testen, verglich Newton »die Kraft, die nötig ist, um den Mond in seiner Bahn zu halten, mit der Schwerkraft auf der Erdoberfläche und fand, dass sie fast genau gleich sind«. Newton kannte die Umlaufzeit des Monds um die Erde: $T = 27{,}3$ Tage. Außerdem war zu seiner Zeit bekannt, dass der Mond etwa 60 Erdradien weit von der Erde entfernt ist. Damit konnte er die Zentripetalbeschleunigung, mit der der Mond in Richtung Erde fällt, leicht bestimmen.

Unter der Annahme, dass sich der Mond annähernd auf einer Kreisbahn bewegt, wandte Newton die Gleichung für die Zentripetalbeschleunigung $a = 4\pi^2 \cdot r/T^2$ an und kam dabei auf einen Wert von $2{,}72 \cdot 10^{-3}$ m/s².

Diesen Wert verglich er mit der Fallbeschleunigung g eines Körpers auf der Erde, der bereits in guter Näherung experimentell zu bestimmen war. Es stellte sich heraus, dass die Zentripetalbeschleunigung des Monds gleich dem $1/60^2$-Fachen der Fallbeschleunigung g auf der Erdoberfläche ist.

Glück hatte Newton dabei insofern, als just zu der Zeit, da er das Gravitationsgesetz entwickelte, ein recht genauer Wert für den Erdradius bestimmt wurde: JEAN PICARD hatte 1769 mit einem Fernrohr von verschiedenen Orten aus den Abstand eines Sterns zum Zenit vermessen und daraus die Länge eines Meridianbogens ermittelt.

Auf die umgekehrte Proportionalität zum Quadrat des Abstands zweier wechselwirkender Himmelkörper ist Newton durch das 3. Kepler'sche Gesetz gekommen. Kepler hatte empirisch gefunden, dass in einem Planetensystem der Quotient aus der dritten Potenz der großen Halbachsen der Bahnen und der Quadrate der Umlaufzeiten konstant ist (vgl. 4.3).

Isaac Newton gelang es also, auf der Grundlage der Galilei'schen Fallgesetze und der Kepler'schen Gesetze ein allgemeines Gravitationsgesetz abzuleiten. Er vereinigte damit die himmlische und die irdische Physik: Bewegungen am Himmel und auf der Erde lassen sich mit denselben Gesetzen beschreiben, weil sie dieselben Ursachen haben. Die Bewegung der Planeten um die Sonne oder des Monds um die Erde und der Fall eines Apfels vom Baum werden durch dasselbe Prinzip der Massenanziehung bestimmt.

AUFGABEN

1. Das Lebenswerk Isaac Newtons umfasst neben der Gravitationstheorie noch weitere herausragende wissenschaftliche Leistungen auf physikalischem und mathematischem Gebiet. Geben Sie hierzu einen Überblick.
2. Newton hat mit seiner »Mondrechnung« einen Zusammenhang zwischen der Fallbeschleunigung auf der Erdoberfläche und der Zentripetalbeschleunigung des umlaufenden Erdmonds hergestellt. Ermitteln Sie die Fallbeschleunigung auf der Saturnoberfläche, indem Sie Newtons Überlegungen auf den Saturn und seinen Mond Rhea übertragen.
   Folgende Größen sind bekannt:
   Radius des Saturns: 58 200 km
   Abstand Saturn–Rhea: 527 000 km
   Umlaufdauer von Rhea um den Saturn: 4,518 Tage
3. Leiten Sie das 3. Kepler'sche Gesetz aus dem Newton'schen Gravitationsgesetz her. Gehen Sie dabei von einer kreisförmigen Bewegung der Planeten um die Sonne aus.

Hier schweben ein großer und ein kleiner Himmelskörper durchs All: Jupiter und einer seiner Monde. Nichts scheint sie zu halten, und dennoch halten sie einander gegenseitig fest. Zwar umläuft der Mond seinen Planeten in wenigen Tagen, aber er ist fest eingebunden in dessen Gravitationsfeld. Da seine Gesamtenergie sich kaum ändert, wird dies auch noch über Millionen von Jahren so bleiben.

4.5 Gravitationsfeld und Energie

Wechselwirkungen zwischen verschiedenen Körpern treten häufig auf, ohne dass sie einander berühren. Dies ist bei magnetischen und elektrischen Wechselwirkungen ebenso der Fall wie bei der Gravitation. Um solche Wechselwirkungen über eine Entfernung zu beschreiben, wurde im 19. Jh. der Feldbegriff eingeführt (vgl. 4.9). In der Feldbeschreibung verändert ein Körper der schweren Masse m_Z den umgebenden Raum, das Feld übt an jedem Punkt eine entsprechende Wirkung auf einen anderen Körper aus.

Allgemein erfassen Felder die räumliche Verteilung von physikalischen Messgrößen, z. B. Temperaturen oder Windgeschwindigkeiten. Jedem Punkt des Raums wird ein Wert der jeweiligen Größe zugeordnet.

Zur Beschreibung der Gravitation wird ein *Vektorfeld* benutzt. An jedem Raumpunkt in der Umgebung eines Zentralkörpers liegt eine bestimmte Fallbeschleunigung $\vec{g}$ vor. Diese *Gravitationsfeldstärke* gibt an, welche Gravitationskraft auf einen Probekörper der Masse m_{Pr} ausgeübt wird:

$$g = \frac{F_G}{m_{Pr}} = G \cdot \frac{m_Z}{r^2}. \qquad (1)$$

Feldlinien veranschaulichen modellhaft die Struktur von Feldern: Im Gravitationsfeld zeigen sie die Richtung der Fallbeschleunigung an; ihre Dichte charakterisiert den Betrag der Fallbeschleunigung qualitativ.

Die potenzielle Energie eines Körpers im Gravitationsfeld der Erde hängt von seiner Höhe bezüglich eines bestimmten Nullniveaus ab. Dieses wird in der Regel ins Unendliche gelegt; die Energiewerte sind dann negativ und es gilt:

$$E_{pot}(r) = -G \cdot m_{Pr} \cdot m_E \cdot \frac{1}{r}. \qquad (2)$$

Feldstärke und Feldlinienverteilung

Charakteristisch für ein Gravitationsfeld ist die Kraft, die an einem bestimmten Ort auf einen Probekörper der Masse m_{Pr} ausgeübt wird. Die Gravitationsfeldstärke ist dementsprechend als Quotient $\vec{F}_G/m_{Pr}$ definiert. Dieser Quotient ist gleich der Fallbeschleunigung $\vec{g}$ am betreffenden Ort und lässt sich für einen Zentralkörper der Masse m_Z aus dem Gravitationsgesetz berechnen (Gl. 1).

Die Feldliniendichte in einem Gravitationsfeld bezeichnet die Anzahl der Feldlinien pro Volumeneinheit eines Zentralkörpers und veranschaulicht den Betrag der Gravitationsfeldstärke, also der Fallbeschleunigung. In Abb. 2a nimmt die Feldliniendichte nach außen hin ab, das Feld ist inhomogen und radialsymmetrisch.

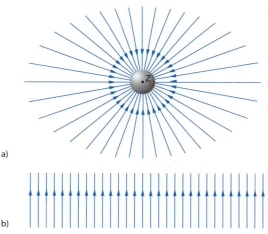

2 Zweidimensionale Darstellung der Feldlinien: a) eines radialsymmetrischen; b) eines homogenen Gravitationsfelds

In einem homogenen Feld ist die Feldstärke konstant, die Feldliniendichte ändert sich also nicht, und die Feldlinien verlaufen parallel zueinander (Abb. 2 b). In einem hinreichend kleinen Ausschnitt kann ein radialsymmetrisches Gravitationsfeld durch ein homogenes Feld angenähert werden. So ist beispielsweise innerhalb eines Hauses auf der Erdoberfläche die Fallbeschleunigung als konstant anzusehen.

Das Radialfeld eines Himmelskörpers ähnelt dem elektrischen Feld einer Punktladung – das homogene Gravitationsfeld an der Erdoberfläche dem Feld in einem Kondensator.

Überlagerung von Gravitationsfeldern

Wenn sich ein Probekörper im Einflussbereich von Erde und Mond befindet, ist er einem resultierenden Gravitationsfeld von Erde und Mond ausgesetzt. Dieses entsteht als Überlagerung beider Gravitationsfelder. Die resultierende Feldstärke am Ort des Körpers ergibt sich aus der Vektorsumme der einzelnen Feldstärken. Die Feldlinien, die aus der Überlagerung resultieren, stellen Kurven dar, deren Tangente in jedem Punkt mit der Richtung der Feldstärke $\vec{g}$ übereinstimmt.

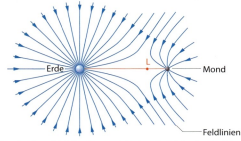

3 Gravitationsfeld des Systems Erde–Mond; im Punkt L ist die Feldstärke null.

Potenzielle Energie

Um auf der Erde einen Körper der Masse m_{Pr} um die Strecke Δr anzuheben, muss ihm Energie zugeführt werden. Dabei erhöht sich seine potenzielle Energie um den Betrag

$$\Delta E_{pot} = F_G \cdot \Delta r = m_{Pr} \cdot g \cdot \Delta r. \tag{3}$$

Diese Gleichung gilt, solange die Strecke Δr sehr klein gegenüber dem Abstand zum Erdmittelpunkt ist. Für größere Strecken nimmt die Kraft nach dem Gravitationsgesetz mit größer werdendem Abstand r immer mehr ab. Die Energie, die dem Körper beim Anheben von einem Abstand r_1 auf einen Abstand r_2 zugeführt wird, entspricht der Fläche unter dem Graphen $F(r)$ in Abb. 4. Für die potenzielle Energie ergibt sich mithilfe der Integralrechnung:

$$\Delta E_{pot} = G \cdot m_{Pr} \cdot m_Z \left(\frac{1}{r_2} - \frac{1}{r_1} \right). \tag{4}$$

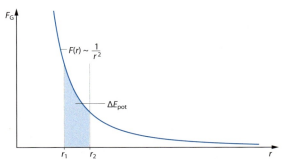

4 Die Energieänderung beim Anheben eines Körpers in einem Gravitationsfeld entspricht der Fläche unter dem Graphen $F(r)$.

Dabei hängt ΔE_{pot} nur von der Abstandsänderung, nicht aber vom Weg ab, auf dem er von einem Ort zum anderen gelangt ist. Jede Bewegung eines Körpers kann in einen radialen Anteil und einen Anteil entlang der Kreisbahn zerlegt werden. Letzterer bewirkt keine Änderung von E_{pot}.

Nullpunkt der potenziellen Energie

Die Höhe, durch die die potenzielle Energie eines Körpers bestimmt ist, bezieht sich auf ein frei wählbares Nullniveau. Es wird für das Gravitationsfeld der Erde in der Regel ins Unendliche gelegt, also $r_1 \to \infty$ in Gl. (4). Dadurch werden alle potenziellen Energien negativ. Für einen Probekörper der Masse m_{Pr} im Abstand r vom Erdmittelpunkt gilt damit die Gleichung (2). Die potenzielle Energie $E_{pot}(r)$ wird dann durch eine Hyperbel dargestellt, die ihren tiefsten Punkt auf der Erdoberfläche hat (Abb. 5).

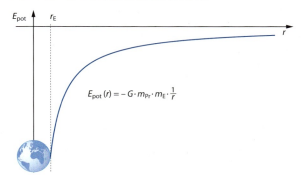

5 Potenzielle Energie eines Körpers im Gravitationsfeld der Erde; sie verläuft proportional zu $1/r$

AUFGABEN

1. Wo ist die Fallbeschleunigung größer, auf der Merkuroberfläche oder auf der Oberfläche des Erdmonds? Begründen Sie Ihre Antwort durch Berechnungen.

2. Ein GRACE-Satellit zur Untersuchung des Gravitationsfelds der Erde besaß eine Masse von 490 kg. Er umrundete die Erde auf einer kreisähnlichen Bahn in einer Höhe von 500 km über der Erdoberfläche in 95 min.
   a Berechnen Sie die Energie, die mindestens nötig war, um ihn in seine Umlaufbahn zu bringen.
   b Berechnen Sie seine Bahngeschwindigkeit.

3. **a** Skizzieren Sie auf der Basis von Abb. 3 den Potenzialverlauf auf der Verbindungslinie von Erde und Mond.
   b Geben Sie die Position des Punkts L an.

4. Ein Satellit der Masse 1000 kg soll von der Erdoberfläche in eine Höhe von 900 km gebracht werden.
   a Berechnen Sie die Energie, die dem Satelliten dabei zugeführt werden muss. Gehen Sie bei dieser Berechnung von einem homogenen Gravitationsfeld aus.
   b Führen Sie die gleiche Berechnung unter der Annahme eines Radialfelds durch. Vergleichen Sie die beiden Ergebnisse.

Die Raumstation ISS schwebt auf einer Kreisbahn über dem Blauen Planeten – gerade bekommt sie Besuch von der Raumfähre Endeavour. Die Astronauten spüren keine Erdanziehung, sie driften frei im Inneren der Station. Physiker sagen: Sie befinden sich in einem Potenzialtrichter, einem mathematischen Konstrukt, das die Beschreibung ihres Zustands sehr vereinfacht.

4.6 Gravitationspotenzial

Um die potenzielle Energie eines Körpers in einem Gravitationsfeld unabhängig von dessen Masse m_K zu beschreiben, dient das Gravitationspotenzial V.

Das Gravitationspotenzial V gibt an, wie groß die potenzielle Energie eines Körpers im Gravitationsfeld ist:

$$V = \frac{E_{pot}}{m_K}. \qquad (1)$$

Durch die Wahl des Energienullpunkts im Unendlichen erhält man für das Potenzial des Erdfelds:

$$V = -G \cdot m_E \cdot \frac{1}{r}. \qquad (2)$$

Flächen, auf denen benachbarte Punkte das gleiche Potenzial haben, heißen Äquipotenzialflächen. Die Feldlinien stehen stets senkrecht auf den Äquipotenzialflächen.

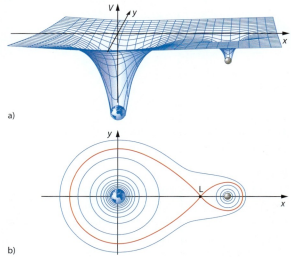

2 a) Potenzialtrichter des Systems Erde–Mond; b) Äquipotenziallinien in einer Ebene

Potenzialverlauf

Das Potenzial eines Zentralkörpers hat einen trichterförmigen Verlauf mit $V \sim 1/r$. Befindet sich ein weiterer Körper im Einflussbereich des Zentralkörpers, so wird der Potenzialverlauf entsprechend modifiziert. Dies ist beispielsweise im System Erde–Mond der Fall (Abb. 2a). Der Einfluss des Monds ist aber relativ gering. In größerer Entfernung jenseits des Monds dominiert wieder das Erdpotenzial.

In einem einfachen radialsymmetrischen Gravitationsfeld laufen die Feldlinien geradlinig auf das Gravitationszentrum Z zu. Da die potenzielle Energie eines Probekörpers nur vom Abstand von Z abhängt, ist das Potenzial auf einer Kugelfläche mit Z als Mittelpunkt konstant: Die Kugelflächen stellen Äquipotenzialflächen dar. Abbildung 2b zeigt den Schnitt durch die Äquipotenzialflächen des Systems Erde–Mond. Sie ähneln den Höhenlinien auf einer Landkarte.

Bewegungen von Satelliten im Gravitationsfeld

Für Wurfbahnen in der Nähe der Erdoberfläche kann die Fallbeschleunigung g näherungsweise als konstant angesehen werden. Spielt die Reibung keine Rolle, so sind die Wurfbahnen parabelförmig (vgl. 1.11).

Bei Bewegungen über größere Entfernungen im Raum muss die Inhomogenität des Gravitationsfelds berücksichtigt werden: g ändert sich von Ort zu Ort. Die Bahnen von Satelliten und Himmelskörpern sind daher nicht mehr einfach zu berechnen. Vielmehr bietet es sich an, die Bahnen numerisch mit einem Computer zu berechnen ↻.

Solche Berechnungen ergeben je nach den Startwerten für Ort und Geschwindigkeit unterschiedlich geformte Bahnen, die als **Kegelschnitte** klassifiziert werden können: Kreise, Ellipsen, Parabeln oder Hyperbeln (Abb. 3).

Die Bahnform eines Körpers im Gravitationsfeld der Erde hängt von seiner Gesamtenergie, also von der Summe aus kinetischer und potenzieller Energie ab:

$$E_{ges} = \frac{1}{2} m \cdot v^2 - G \cdot m \cdot \frac{m_E}{r}. \qquad (3)$$

Eine Potenzialdifferenz zwischen zwei Punkten im elektrischen Feld wird auch als Spannung bezeichnet.

MECHANIK UND GRAVITATION | 4 Gravitation

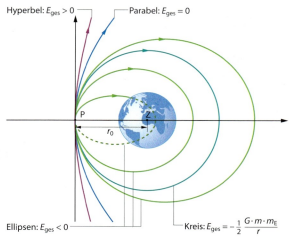

3 Bahnformen von Satelliten bei unterschiedlicher Geschwindigkeit im Punkt P

Auf einer Kreisbahn um die Erde sind kinetische und potenzielle Energie jeweils konstant; die Zentripetalkraft ist gleich der Gravitationskraft:

$$\frac{m \cdot v^2}{r} = G \cdot \frac{m \cdot m_E}{r^2}. \qquad (4)$$

Hieraus lässt sich die **1. kosmische Geschwindigkeit** berechnen. Das ist die Geschwindigkeit eines Körpers unmittelbar oberhalb der als perfekte Kugel gedachten Erdoberfläche. Dazu wird Gl. (4) nach v aufgelöst und der Erdradius eingesetzt:

$$v_1 = \sqrt{\frac{G \cdot m_E}{r_E}} = 7{,}8 \, \frac{\text{km}}{\text{s}}. \qquad (5)$$

Es sind aber auch Kreisbahnen mit größerem Radius und entsprechend geringerer Geschwindigkeit möglich.
Auf einer Ellipsenbahn wird der Körper beschleunigt, wenn er sich dem erdnächsten Punkt nähert. Dabei nimmt seine kinetische Energie zu und seine potenzielle Energie im gleichen Maße ab. Es werden also ständig potenzielle und kinetische Energie ineinander umgewandelt, der Betrag der Gesamtenergie bleibt aber konstant.
Solange die kinetische Energie eines Satelliten oder Himmelskörpers kleiner ist als die potenzielle Energie, verbleibt er im Einflussbereich der Erde, anderenfalls verlässt er das System. Die Grenzgeschwindigkeit, bei der dies geschieht, erhält man durch Gleichsetzen von kinetischer und potenzieller Energie:

$$\frac{1}{2} m \cdot v^2 = G \cdot \frac{m \cdot m_E}{r_E}. \qquad (6)$$

Hieraus ergibt sich die Geschwindigkeit, bei der eine von der Oberfläche der Erde startende Rakete das Gravitationsfeld der Erde verlassen kann:

$$v_2 = \sqrt{2 \, \frac{G \cdot m_E}{r_E}} = 11{,}2 \, \frac{\text{km}}{\text{s}}. \qquad (7)$$

Man nennt diese Fluchtgeschwindigkeit auch **2. kosmische Geschwindigkeit**.
Die zugehörige Bahn hat die Form einer Parabel. Für den Fall, dass die kinetische Energie größer als die potenzielle Energie ist, ergibt sich als Bahnform eine Hyperbel.

MATHEMATISCHE VERTIEFUNG

Berechnung von Satellitenbahnen Die Bahnen von Satelliten lassen sich nach dem folgenden Schema berechnen:

1. Der Satellit befindet sich zunächst im Punkt $P(x|y)$. Sein Abstand zum Gravitationszentrum beträgt also

$$r = \sqrt{x^2 + y^2}.$$

2. Der Betrag der Beschleunigung in diesem Punkt ergibt sich aus dem Gravitationsgesetz: $a = G \cdot m_E / r^2$. Für die beiden Beschleunigungskomponenten a_x und a_y gilt:

$$a_x = -a \cdot \frac{x}{r} = -G \cdot \frac{m_E}{r^3}; \quad a_y = -a \cdot \frac{y}{r} = -G \cdot \frac{m_E}{r^3}.$$

3. Die Geschwindigkeit im folgenden Punkt P' wird daraus komponentenweise berechnet:

$$v_{x\,\text{neu}} = v_x + a_x \cdot \Delta t; \quad v_{y\,\text{neu}} = v_y + a_y \cdot \Delta t.$$

4. Die neue Position wird mithilfe der Geschwindigkeiten berechnet:

$$x_{\text{neu}} = x + v_{x\,\text{neu}} \cdot \Delta t; \quad y_{\text{neu}} = y + v_{y\,\text{neu}} \cdot \Delta t.$$

Für diesen Punkt $P'(x_{\text{neu}} | y_{\text{neu}})$ werden dann erneut der Abstand und die Beschleunigung berechnet.

Eine Verfeinerung dieses Vorgehens besteht im *Halbschrittverfahren*. Darin wird die Geschwindigkeit jeweils in der Mitte eines Zeitintervalls Δt berechnet.

AUFGABEN

1 Berechnen Sie die 1. und die 2. kosmische Geschwindigkeit für einen Satelliten, der den Mars umkreisen bzw. das Gravitationsfeld des Mars verlassen soll.

2 Erläutern Sie die Unterschiede zwischen den Begriffen Gravitationskraft, Gravitationsfeldstärke und Gravitationspotenzial.

3 Stellen Sie die Bahnen folgender Bewegungen mithilfe einer Tabellenkalkulationssoftware in einem x-y-Diagramm dar:
 a Bewegung der Erde um die Sonne während eines Erdjahrs
 b Bewegung des Merkurs um die Sonne während eines Merkurjahrs
 c Vergleichen Sie die Bahnen der Bewegungen. Nutzen Sie dazu den Abschnitt *Berechnung von Satellitenbahnen*.

Die Ambitionen der Raumfahrt gehen weit über die Erforschung unseres »heimischen« Planetensystems hinaus. In der Hoffnung, dass auch außerhalb des Sonnensystems ähnliche Verhältnisse vorzufinden sind wie bei uns, wurden 1977 den beiden interstellaren Raumsonden Voyager 1 und 2 Datenplatten als Botschaften mitgegeben, die an etwaige intelligente Außerirdische gerichtet sind.

4.7 Raumfahrt und Raketen

Eine erfolgreiche Mission ins Weltall erfordert zweierlei: eine möglichst genaue Berechnung der Bahn, die der Flugkörper nehmen soll, und eine zuverlässige Raketentechnik, die ihm die notwendige Geschwindigkeit verleiht.

Bahnberechnungen sind auch mit leistungsfähigen Computern nur näherungsweise möglich, da stets mehrere zueinander bewegte Körper die Bahn beeinflussen. Kleine Abweichungen in den Startbedingungen können nach einiger Flugzeit große Auswirkungen auf die Position haben. Daher muss ein Flugkörper mit einer Steuerung ausgestattet sein, die es jederzeit erlaubt, die Bewegung zu korrigieren.

Eine Rakete wird nach dem Rückstoßprinzip angetrieben, sie stößt Verbrennungsgase nach hinten aus. Die Impulsänderung, die die Gase dabei erfahren, entspricht der Impulsänderung der Rakete in Vorwärtsrichtung. Bei der Berechnung der Raketengeschwindigkeit ist zu berücksichtigen, dass die Masse der Rakete durch den Treibstoffausstoß ständig abnimmt: Während die Impulsänderung konstant ist, nimmt die Geschwindigkeitsänderung der Rakete immer mehr zu.

Um Raumsonden in große Entfernungen zu befördern, sind Geschwindigkeiten erforderlich, die mit Raketen nicht zu erreichen sind. Hierzu wird daher die Swing-by-Technik eingesetzt: Die Sonde wird für kurze Zeit in das Gravitationsfeld eines schnell bewegten Planeten gebracht. Dadurch wird sie »mitgerissen«, sodass sie nach dem Verlassen des Gravitationsfelds eine wesentlich größere Bewegungsenergie besitzt.

Mehrkörperproblem

Der Schriftsteller JULES VERNE lässt seine Romanhelden im Buch »Von der Erde zum Mond« mithilfe einer Kanone zum Mond schießen. Diese fantastische Vorstellung ist jedoch aus zwei Gründen unrealistisch Zum einen könnte kein Mensch die erforderliche Beschleunigung durch die Kanone aushalten, zum anderen ist es unmöglich, die Bahn eines abgeschossenen Körpers ausreichend genau vorherzuberechnen: Erde, Mond und Raumschiff befinden sich zueinander in ständiger Bewegung, man spricht von einem *Dreikörperproblem*.

Selbst wenn die Bewegung unter idealen Bedingungen wie vollkommener Reibungsfreiheit abläuft, ist es nicht möglich, die Bahn exakt vorherzusagen. Der Mathematiker HENRI POINCARÉ konnte dies bereits weit vor der Entwicklung der ersten Raketen nachweisen: Da es niemals gelingen kann, die Anfangsbedingungen mit absoluter Präzision einzustellen, müssen sich zwangsläufig Abweichungen von der perfekten Bahn ergeben. Die Abweichungen verhalten sich dabei *chaotisch*: Eine bessere Festlegung der Anfangsbedingung führt nicht zwangsläufig zu einer verbesserten Flugbahn (vgl. 8.13).

In der Realität hat man es außerdem niemals mit einem reinen Dreikörperproblem zu tun. Der Einfluss der Sonne und anderer Himmelskörper muss stets bei den Berechnungen berücksichtigt werden.

Raketenantrieb

Die heißen Verbrennungsgase verlassen eine Rakete mit einer Strömungsgeschwindigkeit v_G von mehreren Tausend Metern pro Sekunde. Aus der Gasmasse Δm, die die Rakete in der Zeit Δt verlässt, kann die Impulsänderung berechnet werden. Der Ausdruck $\Delta p / \Delta t$ wird auch als Schubkraft F_S der Rakete bezeichnet:

$$F_S = \frac{\Delta p}{\Delta t} = v_G \cdot \frac{\Delta m}{\Delta t}. \quad (1)$$

Bei der Berechnung der Raketengeschwindigkeit als Funktion der Zeit ist zu berücksichtigen, dass die Masse der Rakete durch den Verlust an Treibstoff kontinuierlich abnimmt. Bei gleicher Strömungsgeschwindigkeit des Gases v_G nimmt also die Beschleunigung immer mehr zu. Mit der Startmasse m_S, die auch die Masse des Treibstoffs einschließt, ergibt sich die von KONSTANTIN ZIOLKOWSKI gefundene Raketengleichung ↻:

$$v(t) = v_G \cdot \ln\left(\frac{m_S}{m(t)}\right). \quad (2)$$

Zur genauen Steuerung von Begegnungen mit Planeten sowie bei Landemanövern werden iterative Verfahren angewandt.
1.6

Die Endgeschwindigkeit v_e wird erreicht, wenn der Treibstoff verbraucht ist und die Leermasse m_L der Rakete zurückbleibt:

$$v_e = v_G \cdot \ln\left(\frac{m_S}{m_L}\right). \quad (3)$$

Hohe Endgeschwindigkeiten sind demnach durch ein möglichst großes Verhältnis m_S/m_L von Start- und Leermasse zu erreichen. Der Vergrößerung der Startmasse sind jedoch Grenzen gesetzt, da mit zunehmender Treibstoffmasse auch die Masse der Tanks und damit die Leermasse zunehmen. Aus diesem Grund wird in der Praxis das Mehrstufenprinzip ausgenutzt: Der Treibstoff wird in mehreren Stufen untergebracht, die abgestoßen werden, sobald sie leer sind (Abb. 2).

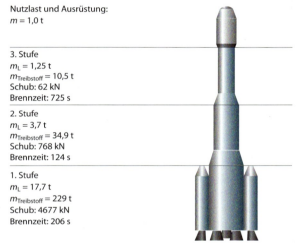

2 Prinzip einer Mehrstufenrakete

Nutzlast und Ausrüstung:
$m = 1,0$ t

3. Stufe
$m_L = 1,25$ t
$m_{\text{Treibstoff}} = 10,5$ t
Schub: 62 kN
Brennzeit: 725 s

2. Stufe
$m_L = 3,7$ t
$m_{\text{Treibstoff}} = 34,9$ t
Schub: 768 kN
Brennzeit: 124 s

1. Stufe
$m_L = 17,7$ t
$m_{\text{Treibstoff}} = 229$ t
Schub: 4677 kN
Brennzeit: 206 s

Swing-by-Technik

Um Raumsonden weit in den Weltraum hinaus zu transportieren, reicht ein Raketenantrieb nicht aus. Mithilfe eines Swing-by-Manövers kann einer Raumsonde jedoch ein großer Energiebetrag zugeführt werden. Dabei wird ausgenutzt, dass sich die Planeten mit hoher Relativgeschwindigkeit zur Erde bewegen.

Man kann das Swing-by-Manöver mit einem elastischen Stoß vergleichen, bei dem sich allerdings die Stoßpartner – Raumsonde und Planet – nicht berühren, sondern über die Gravitation miteinander wechselwirken. Wie beim Stoß ist das Ergebnis eine neue Bahn bzw. eine andere Geschwindigkeit.

Voraussetzung für ein Swing-by-Manöver ist, dass die Raumsonde den Anziehungsbereich des Planeten durchläuft, in dem das Gravitationsfeld des Planeten stärker ist als das der Sonne. Bei der Erde reicht diese Sphäre bis etwa 1,5 Millionen Kilometer in den Weltraum hinaus, beim Jupiter etwa 55 Millionen. Die Endgeschwindigkeit der Raumsonde hängt von ihrer Ankunftsgeschwindigkeit und der Bahngeschwindigkeit des Planeten ab. Die Energie muss so groß sein, dass die Sonde nicht vom Planeten »eingefangen« wird. Ihre Bahn im Anziehungsbereich des Planeten ist dann ein Hyperbelast (Abb. 3).

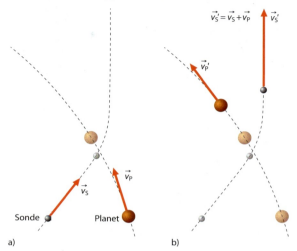

3 Addition der Geschwindigkeiten bei einem Swing-by-Manöver: Die Raumsonde wird beschleunigt.

Der Ablenkwinkel ist umso größer, je näher die Bahn an den Planeten heranführt. Die Relativgeschwindigkeit zwischen Sonde und Planet ist vor und nach der Begegnung gleich groß – von dem bewegten Planeten aus betrachtet gewinnt die Sonde also bei diesem Manöver nicht an Geschwindigkeit. Anders stellt sich die Situation von der Sonne aus gesehen dar: Die Bahngeschwindigkeit des Planeten muss vektoriell zur Relativgeschwindigkeit Sonde–Planet addiert werden; dadurch ergibt sich für die Sonde eine u. U. beträchtliche Geschwindigkeitszunahme.

AUFGABEN

1 Eine Rakete (Ariane 44L) hat unmittelbar vor dem Start eine Gesamtmasse von 484 t. Darin sind 230 t Treibstoff für die erste Stufe der Rakete enthalten. Diese Treibstoffmenge wird innerhalb von 209 s verbrannt, wobei eine Schubkraft von 5395 kN entwickelt wird.
 a Berechnen Sie den Massendurchsatz $\Delta m/\Delta t$.
 b Wie groß ist die Strömungsgeschwindigkeit der Verbrennungsgase?
 c Berechnen Sie die Geschwindigkeit der Rakete nach dem Verbrennen der angegebenen Treibstoffmenge.
 d Zeichnen Sie für die Bewegung der Rakete ein Zeit-Geschwindigkeit-Diagramm. Berechnen Sie hierzu entsprechende Größen.
2 Begründen Sie, dass für den Antrieb von Raketen in der Regel mehrere Stufen eingesetzt werden.
3 Leiten Sie die Gleichung (1) her.

UMWELT

4.8 Gezeiten

Bereits die griechischen Naturphilosophen erkannten, dass Ebbe und Flut mit dem Umlauf des Monds um die Erde zu tun haben. Aber erst NEWTON konnte den Zusammenhang im heutigen Verständnis physikalisch erklären.

Erde und Mond im freien Fall

Nach Newtons Gravitationstheorie verhält sich der Mond wie ein geworfener Stein (vgl. 4.4): Seine Bewegung lässt sich aus einer gleichförmigen Translationsbewegung und einer beschleunigten Bewegung in Richtung des Gravitationszentrums zusammensetzen. Dieses Zentrum ist der gemeinsame Schwerpunkt von Erde und Mond, der aufgrund des ungleichen Massenverhältnisses noch innerhalb der Erde liegt (vgl. 3.2). Das Gleiche gilt in dieser Betrachtungsweise auch für die Erde: Die Schwerpunkte von Erde und Mond befinden sich im freien Fall.

Da das Gravitationsfeld des Monds aber inhomogen ist, nimmt die vom Mond hervorgerufene Schwerebeschleunigung mit zunehmender Entfernung ab: Auf der dem Mond zugewandten Seite der Erde werden die Massenelemente stärker beschleunigt als der Schwerpunkt; auf der dem Mond abgewandten Seite werden sie schwächer beschleunigt als der Schwerpunkt. Dadurch eilt das Wasser der Ozeane auf der dem Mond zugewandten Seite der Erde als Ganzes etwas voraus und bleibt auf der dem Mond abgewandten Seite etwas zurück: Es entstehen Flutberge, unter denen sich die rotierende Erde gleichsam hinwegbewegt. Auch die festen Bestandteile der Erde werden ein wenig auseinandergezogen.

Die realen Gezeiten, wie wir sie am Meer beobachten, lassen sich allerdings nicht allein durch wechselnde astronomische Konstellationen erklären. Maßgeblich ist auch, dass sich die Flutwellen an Meeresbecken und Untiefen reiben und laufend auf zerklüftete, regellos verteilte Landmassen treffen, von denen sie reflektiert werden. Buchten und Meeresbecken können die aus den Ozeanen kommende Flut zu einem enormen Tidenhub verstärken: Während sich das Wasser auf hoher See allenfalls um einen halben Meter hebt, erreichen die Tiden besonders in trichterförmigen Küstenformationen oft mehrere Meter. Außerdem kann es an solchen Stellen zu entsprechenden zeitlichen Verzögerungen kommen.

Halbquantitatives Gezeitenmodell

Die mathematische Beschreibung der Gezeiten für alle Punkte auf der Erde ist kompliziert. Im Folgenden wird der Einfachheit halber die Gezeitenwirkung an drei einzelnen Punkten betrachtet, die auf der Verbindungslinie Erde–Mond liegen und als frei beweglich angesehen werden (Abb. 1). Der Schwerpunkt der Erde S_E befindet sich im System Erde–Mond im freien Fall mit der konstanten Beschleunigung a.

An den vom gemeinsamen Schwerpunkt S entfernten Punkten 1 und 2 treten wegen der Entfernungsabhängigkeit der Gravitationskraft zusätzliche Beschleunigungen auf.

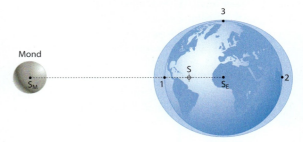

1 Flutberge auf der dem Mond zugewandten und von ihm abgewandten Seite der Erde. Die Flutberge sind überhöht, der Abstand des Monds verkürzt dargestellt.

Der Punkt 1 ist näher am Mond als der Schwerpunkt, hier ist die Fallbeschleunigung um den Betrag Δa_1 größer; Punkt 2 ist weiter entfernt, hier ist die Fallbeschleunigung um den Betrag Δa_2 geringer. Da die Entfernung zum Mond gegenüber dem Erdradius groß ist und die Entfernungen zum Erdmittelpunkt gleich groß sind, haben die Differenzen ungefähr den gleichen Betrag, und man kann schreiben: $\Delta a_1 \approx \Delta a_2 \approx \Delta a$. Die Fallbeschleunigungen in Richtung Erdmittelpunkt haben in den Punkten 1 und 2 entgegengesetzte Vorzeichen.

Bei einer Bilanz der Beschleunigungen im Ruhesystem der Erde muss aber eine dem Fallen entgegengerichtete gleich große Trägheits-Beschleunigung $-a$ berücksichtigt werden. Es ergibt sich:

Freier Punkt	1	S	2
Beschleunigung im Inertialsystem	$-(a + \Delta a) + g$	$-a$	$-(a - \Delta a) - g$
Beschleunigung der Erde	a	a	a
Resultierende Beschleunigung gegenüber der Erde	$g - \Delta a$	0	$-(g - \Delta a)$

Die resultierende Beschleunigung des Wassers in Richtung Erdmittelpunkt ist in den Punkten 1 und 2 jeweils um den Betrag Δa vermindert. Das Wasser steht daher in 1 und 2 höher als im Punkt 3, es bilden sich also zwei Flutberge aus. Da sich die Erde einmal pro Tag um die eigene Achse dreht, kommt es zweimal pro Tag zu Ebbe und Flut. Abbildung 2 zeigt die Gezeitenwirkung an unterschiedlichen Stellen der Erdoberfläche.

2 Gezeitenwirkung auf der Erdoberfläche: Die Pfeile geben qualitativ Richtung und Betrag der entsprechenden Gezeitenbeschleunigung an. Der Mond befindet sich links in großer Entfernung.

Einfluss von Sonne und Mond   Die Erde befindet sich nicht nur im Gravitationsfeld des Monds, sondern auch in dem viel stärkeren Gravitationsfeld der Sonne. Nach dem Gravitationsgesetz bewirkt ein Körper der Masse M in einer Entfernung r von seinem Schwerpunkt eine Schwerebeschleunigung mit dem Betrag $a = G \cdot M/r^2$. Setzt man für M jeweils die Masse von Mond und Sonne ein, so erhält man am Ort der Erde die folgenden Werte:
Mond: $a = 3{,}32 \cdot 10^{-5}$ m/s^2
Sonne: $a = 5{,}90 \cdot 10^{-3}$ m/s^2

Die Sonne ruft also am Ort der Erde eine Schwerebeschleunigung hervor, die 178-mal größer ist als die des Monds. Entscheidend für die Stärke der Gezeiten ist jedoch nicht die absolute Schwerebeschleunigung, sondern die Inhomogenität des Gravitationsfelds der beiden Himmelskörper. Die relative Veränderung eines Gravitationsfelds kann man durch folgenden Ausdruck erfassen:

$$\frac{\Delta a}{a} = \frac{2\,\Delta r}{r}.$$

Setzt man hier für $2\Delta r$ den Erddurchmesser ein, so ergibt sich für die Inhomogenität der beiden Schwerefelder am Orte der Erde:
Mond: $\Delta a/a = 6{,}62 \cdot 10^{-2}$
Sonne: $\Delta a/a = 1{,}70 \cdot 10^{-4}$

Die Stärke des Mondfelds variiert demnach über die Strecke des Erddurchmessers 389-mal so viel wie die Stärke des Sonnenfelds. Damit lässt sich die Gezeitenwirkung der beiden Himmelskörper abschätzen: Die Gezeitenwirkung der Sonne ist auf der Erde etwa um den Faktor $178 : 389 = 0{,}46$ kleiner als die des Monds.

Da die Einflüsse einander überlagern, kommt es zu maximalen Verstärkungen, wenn Sonne, Erde und Mond auf einer Linie liegen, also bei Vollmond und bei Neumond. Man spricht dann von *Springtiden*. Wenn Mond und Sonne bezüglich der Erde einen rechten Winkel bilden, also bei Halbmond, kommt es zu maximalen Abschwächungen der Gezeiten, den *Nipptiden*.

Gezeitenreibung

Im Bezugssystem der Erde wird durch das Auf und Ab der Wassermassen während eines Tidenhubs viel Energie umgesetzt. An geeigneten Küstenabschnitten wird sogar mithilfe von Gezeitenkraftwerken versucht, einen kleinen Teil davon nutzbar zu machen.

Im Bezugssystem des Monds werden auf der Erde ortsfeste Flutberge hervorgerufen, unter denen sich die Erde mit einer Periode von einem Tag hinwegdreht. Dabei tritt Reibung auf: Die Gezeitenwulste wirken auf die Erdrotation wie zwei riesige Bremsbacken, die Rotationsgeschwindigkeit der Erde nimmt ständig ab und die Tage werden länger. Tatsächlich kann man feststellen, dass der Tag vor 100 Jahren 0,001 64 s länger war als heute.

Es gibt allerdings keinen Grund zu der Befürchtung, die Erde könnte in absehbarer Zeit zur Ruhe kommen: Nach einer einfachen Abschätzung ist ihre Rotationsenergie erst nach einer Zeit von 1 Milliarde Jahren aufgebraucht.

Übrigens erklärt man die Tatsache, dass der Mond der Erde stets dieselbe Seite zuwendet, als Resultat der Gezeitenreibung, die die Erde auf den Mond ausübt: Das Material des Monds wurde unter dem Einfluss des Erdfelds über Jahrmillionen »durchgewalkt«, bis die Rotationsenergie des Monds aufgebraucht war. Heute dreht sich der Mond bei jedem Umlauf um die Erde einmal um sich selbst; dieses Verhalten wird auch als gebundene Rotation bezeichnet.

AUFGABEN

1 Geben Sie Faktoren an, die die Höhe der Flutberge an einem Küstenort beeinflussen.

2 Zeigen Sie mithilfe einer Skizze und einer Rechnung, dass ein Zyklus aus Ebbe und Flut insgesamt etwa 24 h und 50 min dauert.

3 Erläutern Sie den Einfluss der Gezeiten auf die Rotationsdauer der Erde.

4 Beschreiben Sie den Aufbau und die Wirkungsweise von Gezeitenkraftwerken.

5 Interpretieren Sie den abgebildeten Ausschnitt aus einem Gezeitenkalender für Venedig.

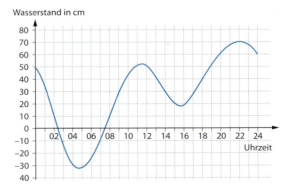

KONZEPTE DER PHYSIK

4.9 Felder

Eine der ersten Beschreibungen eines physikalischen Felds findet sich in Leonhard Eulers Theorie strömender Flüssigkeiten aus dem 18. Jh.: Jedem Punkt in einem Flüssigkeitsvolumen wird dabei eine bestimmte Geschwindigkeit zugeordnet. Ein zweiter wesentlicher Ausgangspunkt für die Entwicklung des Feldkonzepts war der Gegensatz zwischen Nah- und Fernwirkungstheorien.

Nahwirkung kontra Fernwirkung

Die Erfahrung zeigte in der Mechanik, dass Wirkungen zwischen zwei Körpern nur durch unmittelbaren Kontakt der beteiligten Partner zustande kommen. Für eine Wechselwirkung zwischen Körpern, die entfernt voneinander liegen, ist immer ein »Vermittler« – z. B. Flüssigkeitsteilchen – erforderlich. Nach dieser *Nahwirkungstheorie* gelangt die Wirkung nicht instantan von einem zum anderen Körper, sondern sie benötigt dafür eine Zeit, die sich aus dem Abstand und ihrer Ausbreitungsgeschwindigkeit ergibt.

Andererseits stellte Newton in seinen »Principia« fest, dass Wirkungen auch über große Distanzen möglich sind – z. B. zwischen Erde und Mond –, ohne dass es einen erkennbaren Vermittler gibt. Er favorisierte daher eine *Fernwirkungstheorie*: Die Wirkung zwischen den beteiligten Körpern erfolgt danach instantan und ohne Vermittler. Gegen Spekulationen zur Erklärung der Fernwirkung wehrte sich Newton mit seinem viel zitierten *Hypotheses non fingo*. Auch die elektrischen und magnetischen Effekte, die Mitte des 19. Jahrhunderts vielfach untersucht wurden, führten auf das genannte Problem: Findet die Wirkung instantan über die räumliche Distanz statt oder gibt es Vermittler? Besonders intensiv ging Michael Faraday dieser Frage nach, etwa bei der Betrachtung der durch elektrische Ladungen und elektrische Ströme hervorgerufenen Wirkungen, die nicht nur im Vakuum, sondern auch in Stoffen zu beobachten sind. Seine Idee der »Kraftlinien« zur Erklärung der Phänomene wurde später von James C. Maxwell in eine systematische mathematische Beschreibung des Feldkonzepts überführt. Darin tritt das Feld als realer Vermittler zwischen geladenen Körpern auf.

Die Einsteinsche Relativitätstheorie zeigte dann, dass die Vakuumlichtgeschwindigkeit die obere Grenze für die Ausbreitung sämtlicher Wirkungen darstellt. Instantane Fernwirkungen hatten damit endgültig ausgedient.

Heute wird das Feldkonzept in vielen Gebieten der Physik angewandt – selbst in der Elementarteilchenphysik; dort wird die Vermittlung der Wechselwirkung mithilfe von Austauschteilchen beschrieben, denen man ein lokales Feld zuschreiben kann. Weiterhin lässt sich Feldern die Bilanzgröße Energie zuordnen, sie können diese Energie auch transportieren. So wandeln sich z. B. in einem elektromagnetischen Feld ständig elektrische und magnetische Feldenergie ineinander um – die Energie breitet sich mit einer elektromagnetischen Welle aus (vgl. 9.13).

Felddefinition

Nach dem Feldkonzept wird jedem Raumpunkt eindeutig ein bestimmter Wert einer physikalischen Größe – der Feldgröße – zugeordnet. Diese kann ein Skalar sein wie die Temperatur oder ein Vektor wie die Kraft. Entsprechend werden die Felder als *Skalarfeld* bzw. als *Vektorfeld* bezeichnet. Ist die Feldgröße in jedem Raumpunkt gleich – dies umfasst bei Vektorfeldern auch die Richtung der Größe –, nennt man das Feld *homogen*, ansonsten *inhomogen*. Kraftfelder sind Vektorfelder, die Feldgröße wird Feldstärke genannt. Sie ist wie folgt definiert:

$$\vec{\text{Feldstärke}} = \frac{\overrightarrow{\text{Kraft auf einen Probekörper}}}{\text{feldrelevante Eigenschaft des Probekörpers}}.$$

Im Fall der Gravitationsfeldstärke gilt: $\vec{g} = \vec{F}_G/m$, bei der elektrischen Feldstärke: $\vec{E} = \vec{F}_{el}/q$. Ein Kraftfeld beschreibt also die Wirkung auf die entsprechende Eigenschaft eines Körpers an einem bestimmten Ort.

Die Stärke des Felds wird durch die Stärke der Auswirkung beobachtbar. Jedem Feld liegt eine Ursache zugrunde, z. B. die felderzeugende Masse oder Ladung eines Körpers.

Vektorfelder und Feldlinien

Zur Veranschaulichung von Feldern gibt es unterschiedliche Methoden. Im Fall eines Skalarfelds werden die Punkte, an denen die Feldgröße jeweils den gleichen Wert hat, miteinander verbunden. Beispiele sind die Linien gleichen Luftdrucks auf Wetterkarten oder die Höhenlinien auf Landkarten. Im dreidimensionalen Raum ergeben sich statt solcher Linien Flächen gleicher Feldwerte.

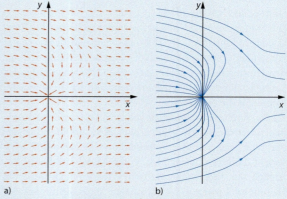

1 Vektorfeld: Pfeilbild (a) und Feldlinienbild (b)

Bei Vektorfeldern kann ein *Pfeilbild* verwendet werden (Abb. 1 a): Für jeden Punkt im Raum wird ein Pfeil in Richtung der Feldgröße gezeichnet, dessen Länge maßstabsgerecht den Betrag der Größe wiedergibt. Sofern sich die Werte nicht sprunghaft, sondern stetig ändern, können Feldlinienbilder gezeichnet werden, die den Verlauf der Größe veranschaulichen (Abb. 1 b). Hier wird der Betrag der Feldgröße als Liniendichte abgebildet. Die Richtung der Feldgröße in einem Punkt findet man nun als Tangente an die entsprechende Feldlinie. Für Feldlinienbilder gelten folgende Konstruktionsregeln:

1. Die Feldlinien zeigen die Richtung der Feldgröße an.
2. Die Feldlinien stehen bei Quellenfeldern senkrecht auf der Oberfläche der felderzeugenden Körper.
3. Feldlinien der gleichen Art schneiden einander nicht.
4. Die Anzahl der Linien, die eine Fläche senkrecht durchtreten, ist ein Maß für die Feldstärke.
5. Feldlinien nehmen den kürzesten Weg, der unter Beachtung der anderen Regeln möglich ist.

Ein wichtiges Charakteristikum von Vektorfeldern sind ihre Quellen bzw. Senken. Im Feldlinienbild gehen die Feldlinien von den Quellen aus, zu den Senken zeigen sie hin (Abb. 2 a).

a)

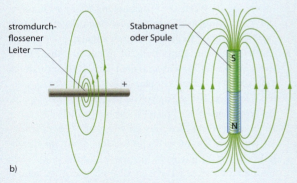

b)

2 Quellenfelder (a) und Wirbelfelder (b)

Addiert man die Feldgrößen auf einer Oberfläche, die die Quelle umschließt, so erhält man ein Maß für die Stärke der Quelle. Ergibt die Summation über eine solche Oberfläche null, so handelt es sich um ein Wirbelfeld: Die Feldlinien sind in sich geschlossen, wie es z. B. bei magnetischen Feldern der Fall ist (Abb. 2 b). Die Radialfelder von Punktmassen und Punktladungen sind dagegen wirbelfrei.

Quellen unterschiedlicher Dimensionalität Die Quellen von Kraftfeldern können unterschiedliche Gestalt und Ausdehnung besitzen. Hieraus ergeben sich dann unterschiedliche Feldlinienverläufe.

Eine idealisierte Punktquelle ohne jegliche Ausdehnung besitzt die Dimensionalität null. Die von ihr ausgehenden Feldlinien verlaufen gleichmäßig nach allen Richtungen. Die Feldliniendichte nimmt bei wachsender Entfernung quadratisch ab, denn die Kugeloberfläche, durch die die Feldlinien treten, vergrößert sich proportional zu r^2 (Abb. 3 a).

Im Fall einer eindimensionalen, unendlich ausgedehnten Quelle verlaufen die Feldlinien radial nach außen und durchtreten dabei größer werdende Zylinderoberflächen (Abb. 3 b). Die Feldliniendichte nimmt linear mit der Entfernung ab, da die Zylinderoberfläche proportional zu r wächst. Über einer unendlich ausgedehnten zweidimensionalen Quelle dagegen bleibt die Feldstärke konstant, die Feldlinien verlaufen parallel zueinander (Abb. 3 c).

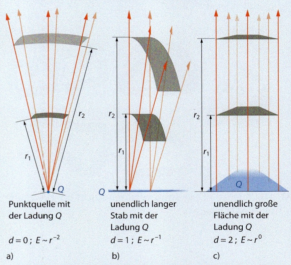

Punktquelle mit der Ladung Q	unendlich langer Stab mit der Ladung Q	unendlich große Fläche mit der Ladung Q
$d = 0$; $E \sim r^{-2}$	$d = 1$; $E \sim r^{-1}$	$d = 2$; $E \sim r^0$
a)	b)	c)

3 Entfernungsabhängiger Verlauf von Feldlinien und Feldstärke bei Quellen unterschiedlicher Dimensionalität d

AUFGABEN

1 Nennen Sie Beispiele für räumliche Verteilungen von physikalischen Größen. Unterscheiden Sie dabei zwischen Skalarfeldern und Vektorfeldern. Welche der Vektorfelder sind auch Kraftfelder?

2 Angenommen, die Sonne würde in einem Moment aufhören zu existieren und ihre Gravitationswirkung auf die Planeten verlieren.

a Beschreiben Sie die Folge dieses Ereignisses für die Bewegung der Erde.

b Erläutern Sie an diesem Beispiel den Unterschied zwischen einer Nahwirkungs- und einer Fernwirkungstheorie der Gravitation.

TRAINING

1 Im Diagramm ist die Geschwindigkeit eines Rennwagens in Abhängigkeit vom Ort dargestellt.

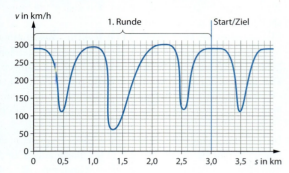

a Geben Sie die Länge der Rennstrecke an.
b An welchen Orten war die Geschwindigkeit maximal bzw. minimal?
c Wählen Sie von den folgenden Strecken A bis E diejenige, die am besten zum Diagramm passt, und begründen Sie Ihre Wahl.

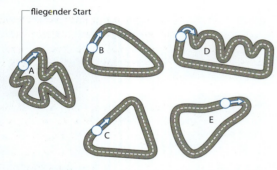

2 Das folgende Diagramm veranschaulicht die Bewegung eines Motorrads:

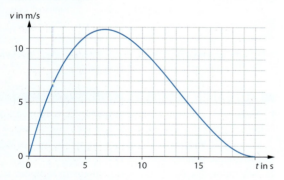

a Erläutern Sie den Bewegungsverlauf.
b Erstellen Sie in Sekundenschritten das zugehörige t-s-Diagramm. Welche Strecke wurde innerhalb von 20 s zurückgelegt?
c Bestimmen Sie für mehrere selbst gewählte Zeitpunkte die Beschleunigungen. Skizzieren Sie damit das t-a-Diagramm.

3 Auf einer Luftkissenbahn bewegt sich ein Gleiter zwischen zwei Lichtschranken. An der ersten beginnt die Zeit- und Ortsmessung. Beim Durchgang durch die zweite Schranke hat der Wagen die Strecke s in der Zeit t zurückgelegt. Auf dem Gleiter ist ein Pappstreifen der Breite $\Delta s = 2{,}0$ cm befestigt. Wenn der Streifen sich durch die zweite Lichtschranke bewegt, unterbricht er den Lichtstrahl für kurze Zeit. Diese Dunkelzeit Δt wird von der zweiten Lichtschranke gemessen. Ein Experiment ergab die folgende Messreihe:

t in s	s in m	Δt in s
0,621	0,055	0,104
0,755	0,091	0,081
0,904	0,130	0,069
1,115	0,191	0,058
1,336	0,267	0,049
1,550	0,356	0,043
1,753	0,449	0,038
1,928	0,534	0,035
2,113	0,642	0,033
2,522	0,912	0,027

a Zeichnen Sie das t-s-Diagramm.
b Bestimmen Sie aus der Dunkelzeitmessung die Geschwindigkeit an den einzelnen Messstellen.
c Erstellen Sie ein t-v-Diagramm und interpretieren Sie es. Bestimmen Sie auf zweierlei Weise die Beschleunigung: geometrisch aus dem t-v-Diagramm und rechnerisch aus den Messwerten. Geben Sie die t-v-Funktion an, die diese Bewegung beschreibt.
d Überprüfen Sie Ihr Ergebnis durch Linearisierung, indem Sie die Werte der Ortsmessung über die Quadrate der Zeit auftragen. Bestimmen Sie damit eine t-s-Funktion, die sich an die Messwerte gut anpasst.

4 Ein ICE, der eine Länge von 201 m besitzt, fährt mit einer konstanten Geschwindigkeit von 120 km/h durch einen 1800 m langen Tunnel.
a Wie lange ist der Zug vollständig im Tunnel?
b Wie lange ist der Zug teilweise im Tunnel?

5 In welchen Abständen müssen vier große Gewindemuttern an einer Schnur befestigt werden, damit im Herabfallen alle 0,2 s ein Aufschlagen der Muttern auf dem Boden zu hören ist? Fertigen Sie eine solche Fallschnur an, und überprüfen Sie in einem Experiment, ob ein gleichmäßiger Schlagrhythmus zu erkennen ist.

6 Beim Kugelstoßen wird eine Kugel mit der Anfangsgeschwindigkeit $v_0 = 9$ m/s aus einer Höhe von 1,80 m unter einem Winkel von 40° gegenüber der Horizontalen abgeworfen.
a Geben Sie die Bewegungsgleichungen für die x- und die y-Komponente an.
b Geben Sie Wurfdauer und Wurfweite an.

c Berechnen Sie die Geschwindigkeit, mit der die Kugel auf den Boden schlägt. Unter welchem Winkel trifft sie auf?
d Welche Höhe erreicht die Kugel?
e Die Kugel hat eine Masse von 4 kg. Berechnen Sie die kinetische Energie, die sie im Moment des Abwurfs besitzt.
f Angenommen, die Sportlerin, die die Kugel stößt, beschleunigt die Kugel gleichmäßig aus der Ruhe auf einer Strecke von 0,80 m. Berechnen Sie die Beschleunigung, die Kraft, die auf die Kugel ausgeübt wird, sowie die Leistung der Sportlerin in dieser Phase.

7 Ein Körper hat zum Zeitpunkt $t = 0$ s die Geschwindigkeit $v_0 = 0$ m/s und befindet sich am Ort $s_0 = 0$ m. Er wird gemäß der folgenden Darstellung beschleunigt:

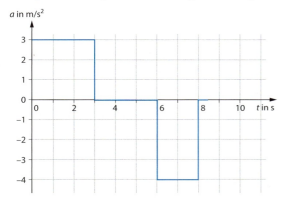

a Zeichnen Sie das t-v-Diagramm und das t-s-Diagramm.
b Die Bewegung des Körpers lässt sich in drei Abschnitte einteilen. Charakterisieren Sie diese Abschnitte, und ermitteln Sie, um welche Beträge sich die beiden Größen Ort und Geschwindigkeit in diesen Abschnitten jeweils ändern.

8 Ein Lkw ($m_1 = 4800$ kg) beschleunigt bei Vollgas in 9 Sekunden aus dem Stand auf 40 km/h. Ein Pkw ($m_2 = 1200$ kg) benötigt dafür nur ein Drittel der Zeit.
a Der Pkw soll von dem Lkw abgeschleppt werden. Geben Sie die Mindestbelastbarkeit des Abschleppseils für den Fall an, dass der Lkw voll beschleunigt.
b Geben Sie die Mindestbelastbarkeit des Seils für den Fall an, dass der Pkw den Lkw mit Vollgas abschleppt.

9 a Ein Fußballer tritt beim Elfmeter gegen den Ball der Masse $m = 0{,}5$ kg, sodass der Ball innerhalb von 0,12 s eine Geschwindigkeit von 23 m/s erhält. Geben Sie die durchschnittliche Beschleunigung und die Kraft an, die auf den Ball ausgeübt wird.
b Der Ball wird vom Torwart auf einer Strecke von 0,4 m auf 0 m/s abgebremst. Berechnen Sie die durchschnittliche Kraft, die der Ball dabei auf den Torwart ausübt.

10 a Zeichnen Sie für die abgebildeten t-s-Graphen jeweils qualitativ einen t-v- und einen t-a-Graphen.
b Beschreiben Sie die zugehörigen Bewegungen, und geben Sie jeweils ein Beispiel an.

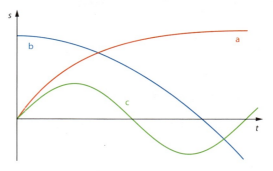

11 An zwei Haken zwischen zwei Mauern mit dem Abstand $d = 10$ m ist ein Seil gespannt. In der Mitte des Seils hängt ein Gegenstand der Masse $m = 5$ kg. Das Seil hängt dabei um 10 cm durch.
a Berechnen Sie die Kraft, die das Seil jeweils auf die Haken in den Mauern ausübt.
b Um welchen Faktor würde sich die Kraft ändern, wenn es gelänge, das Seil so stark zu straffen, dass es nur noch um 5 mm durchhängt?

12 Zehn Eisläufer E_1 bis E_{10} stehen hintereinander auf einer idealen reibungsfreien Eisbahn. Sie haben jeweils die Masse $m = 50$ kg. Jeder hat seine Hände an den Rücken des Vordermanns gelegt. Der hinterste Eisläufer E_1 stößt sich nun von den restlichen neun so ab, dass er mit 2 m/s rückwärtsgleitet. Mit gleicher Heftigkeit stößt sich anschließend E_2 von den übrigen acht ab usw.

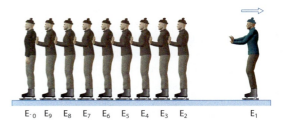

a Beschreiben Sie qualitativ, wie sich alle Eisläufer nach dem ersten, zweiten, dritten, …, neunten Stoß bewegen.
b Berechnen Sie die Geschwindigkeit der Eisläufer E_9 und E_{10} nach dem letzten Stoß.

13 Zwei Federn werden durch ein angehängtes Wägestück von 50 g um 7,5 bzw. 2,5 cm gedehnt.
a Bestimmen Sie die Federkonstanten D_1 und D_2 der beiden Federn sowie die jeweils gespeicherte Energie.
b Die beiden Federn werden aneinandergehängt. Geben Sie die Gesamtfederkonstante an.

14 Zwei Radfahrer fahren mit 15 bzw. 30 km/h eine bestimmte Strecke.
a Vergleichen Sie jeweils die durch Reibung umgewandelte Energie und die mechanische Leistung der beiden Radfahrer unter der Annahme, dass die Reibungskraft proportional zum Quadrat der Geschwindigkeit ist: $F_R \sim v^2$.
b Beurteilen Sie die Angabe in einer Kalorientabelle: »Eine Stunde Radfahren entspricht … Kilokalorien.« Wäre eine Angabe »10 km Radfahren entspricht … Kilokalorien« weniger problematisch?

15 Das folgende Diagramm zeigt den zeitlichen Verlauf der Geschwindigkeit eines Tennisballs der Masse 58 g, der auf einen ruhenden Tennisschläger auftrifft und zurückspringt.

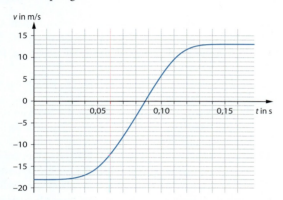

a Erläutern Sie den Kurvenverlauf. Teilen Sie hierzu die Bewegung in geeignete Zeitabschnitte, und gehen Sie auf die stattfindenden Energieumwandlungen ein.
b Vergleichen Sie anhand einer Rechnung jeweils die kinetische Energie und den Impuls des Tennisballs vor und nach dem Aufprall auf den Tennisschläger. Erklären Sie die Unterschiede.
c Welcher mittleren Beschleunigung ist der Tennisball ausgesetzt, nachdem er die Geschwindigkeit 0 m/s hatte?
d Ermitteln Sie mithilfe von Aufgabenteil c die mittlere Kraft und die Impulsänderung während der Beschleunigung.
e Bestimmen Sie aus der in Teil d ermittelten Impulsänderung die Geschwindigkeit des Tennisballs nach dem Aufprall auf den Tennisschläger, und stellen Sie einen Zusammenhang zwischen Ihrem Ergebnis und dem Diagramm her.

16 Über eine Rolle läuft ein Seil. Links hält sich ein Affe fest. Wenn er sich nicht bewegt, hält rechts ein Stein ($m = 15$ kg) das Gleichgewicht.
a Beschreiben Sie die Bewegung für den Fall, dass sich der Affe beschleunigend nach oben in Bewegung setzt.
b Angenommen, der Affe könnte absolut ruckfrei mit konstanter Geschwindigkeit hochklettern. Wie sähe dann die Situation aus?
c Während der Affe am Seil hängend schläft, legt seine Schwester 1 kg Bananen auf den Stein. Berechnen Sie die Beschleunigung der Anordnung.
d Der Affe erwacht. Wie muss er sich am Seil bewegen, um den Beschleunigungsvorgang des Steins zu beenden?

17 Ein Radfahrer erreicht mit einer Geschwindigkeit von 30 km/h eine Rampe mit 8 % Steigung. Berechnen Sie, nach welcher Strecke er, ohne in die Pedale zu treten, zum Stehen kommt, sofern Reibung vernachlässigt werden kann.

18 In der folgenden Abbildung sehen Sie sechs Weg-Kraft-Graphen, sechs Zeit-Weg-Graphen sowie sechs Momentaufnahmen eines Wagens, der sich reibungsfrei längs der y-Koordinate bewegt.
a Ordnen Sie die Graphen einander passend zu. Beachten Sie: $F > 0$ bedeutet, dass der Kraftvektor in positiver y-Richtung orientiert ist. Bei den Experimenten ist y nach rechts gerichtet.
b Begründen Sie Ihre Entscheidungen.

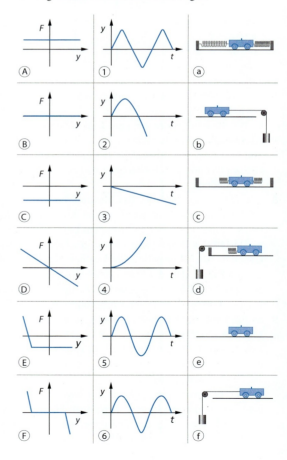

MECHANIK UND GRAVITATION

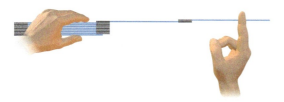

19 Ein Zollstock wird wie in der Abbildung festgehalten. An welchem Gelenk knickt er ab? Begründen Sie Ihre Antwort.

20 Ein Radfahrer fährt mit 20 km/h in Schräglage um die Kurve. Die Neigung des Fahrrads gegenüber der Vertikalen beträgt 20°.
 a Berechnen Sie den Kurvenradius.
 b Wie groß muss der Haftreibungskoeffizient für die Reifen auf der Fahrbahn mindestens sein?

21 Ein dünnwandiges Rohr und eine massive Stange von je 3 cm Durchmesser und gleicher Masse rollen mit geringer Reibung eine 1 m lange Ebene hinab. Die Ebene ist um 30° gegenüber der Horizontalen geneigt.
 a Vergleichen Sie die Geschwindigkeiten und die einzelnen Energieformen der beiden Körper am Ende der schiefen Ebene.
 b Angenommen, es gäbe gar keine Reibung zwischen den Zylindern und der Ebene. Beschreiben Sie den Einfluss, den dies auf die Bewegungsform der beiden Zylinder hätte, und geben Sie auch für diesen Fall die Geschwindigkeiten der Körper am Ende der geneigten Ebene an.

22 Eine Achterbahn enthält einen Looping. Die Sitzflächen der Fahrgäste bewegen sich darin auf einem Kreis mit dem Durchmesser $d = 20$ m. Im höchsten Punkt des Loopings werden die Fahrgäste noch mit 25 % ihrer Gewichtskraft auf die Sitzflächen gedrückt.
 a Berechnen Sie die Geschwindigkeit der Fahrgäste im höchsten Punkt der Bewegung.
 b Berechnen Sie die Geschwindigkeit, die ein reibungsfrei rollender Wagen beim Eintritt in den Looping haben muss.
 c Geben Sie an, wie groß die Kraft ist, mit der ein Fahrgast der Masse 50 kg unmittelbar nach Eintritt in den Looping sowie auf halber Höhe auf seine Sitzfläche gedrückt wird.

23 In der Tabelle sind für die vier hellsten Jupitermonde jeweils die Umlaufdauer T und die Länge der großen Halbachse a angegeben.

Jupitermond	T in d	a in km
Io	1,77	421 800
Europa	3,55	671 100
Ganymed	7,16	1 070 400
Kallisto	16,69	1 882 700

 a Stellen Sie a^3 in Abhängigkeit von T^2 grafisch dar.
 b Erläutern Sie, welcher Zusammenhang zwischen Ihrer Darstellung aus Teil *a* und der Keplerkonstante C_K des betrachteten Systems aus Jupiter und Jupitermonden besteht.
 c Bestimmen Sie den Anstieg der Gerade, und ermitteln Sie daraus die Masse des Jupiters.

24 Bewegt man einen Körper der Masse m auf einer Geraden, die durch die Mittelpunkte von Mond und Erde verläuft, dann werden auf diesen Körper gleichzeitig Gravitationskräfte von Erde und Mond ausgeübt. Die aus beiden Kräften resultierende Kraft F ist im folgenden Diagramm in Abhängigkeit vom Abstand r des Körpers zum Erdmittelpunkt dargestellt. Der Erdmittelpunkt entspricht dabei dem Koordinatenursprung.

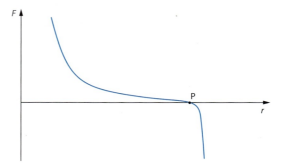

 a Erläutern Sie den Zusammenhang zwischen F und r. Gehen Sie hierbei auf den Vorzeichenwechsel von F und die physikalische Bedeutung des Punkts P ein.
 b Ändert sich die Lage des Punkts P, wenn die Masse m vergrößert wird? Begründen Sie.
 c Erläutern Sie die Bedeutung des Punkts P für eine Raumfahrtmission, bei der ein Raumschiff von der Erde zum Mond und zurück gelangen soll.
 d Berechnen Sie die r-Koordinate des Punkts P; die Masse der Erde beträgt $5,97 \cdot 10^{24}$ kg und die des Monds $7,35 \cdot 10^{22}$ kg.

25 Stellen Sie sich vor, ein Asteroid der Masse $m = 100$ t trifft mit einer Geschwindigkeit von 60 km/s auf die Erdoberfläche.
 a Berechnen Sie die kinetische Energie, die der Asteroid unmittelbar vor dem Aufprall besitzt.
 b Erläutern Sie drei mögliche Energieumwandlungen, die beim Aufprall auftreten können.
 c Schätzen Sie durch eine Rechnung ab, wie viel Wasser verdampft, wenn der Asteroid in den 20 °C warmen Pazifik fällt. Gehen Sie davon aus, dass das Wasser nicht großräumig erhitzt wird.
 d Man hat festgestellt, dass die mittleren Geschwindigkeiten der Asteroiden beim Aufprall auf der Morgenseite der Erde höher sind als beim Aufprall auf der Abendseite der Erde. Erklären Sie diesen Sachverhalt anhand einer Skizze.

Kinematik

Bewegungen

Jedem Zeitpunkt t wird in einem Bezugssystem ein Ort $s(t)$ zugeordnet: $t \mapsto s$.

Geschwindigkeit v	Beschleunigung a
$v = \dfrac{\Delta s}{\Delta t}$ bzw. $v = \dfrac{ds}{dt} = \dot{s}$ Einheit: $\dfrac{m}{s}$	$a = \dfrac{\Delta v}{\Delta t}$ bzw. $a = \dfrac{dv}{dt} = \dot{v} = \ddot{s}$ Einheit: $\dfrac{m}{s^2}$

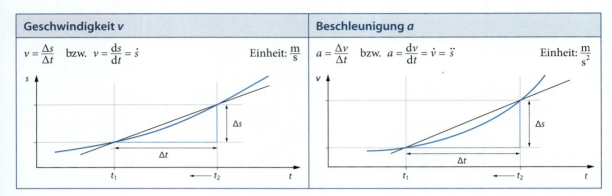

Bewegungsgleichungen

Bewegung mit konstanter Geschwindigkeit	Bewegung mit konstanter Beschleunigung ohne Anfangsgeschwindigkeit	mit Anfangsgeschwindigkeit
$s(t) = v \cdot t$	$s(t) = \tfrac{1}{2} a \cdot t^2$	$s(t) = \tfrac{1}{2} a \cdot t^2 + v_0 \cdot t$
$v(t) = v = $ konst.	$v(t) = a \cdot t$	$v(t) = a \cdot t + v_0$
$a(t) = 0$	$a(t) = a = $ konst.	$a(t) = a = $ konst.

Wurfbewegungen

Überlagerung einer Anfangsbewegung (Geschwindigkeit v_0) mit einer Fallbewegung (Fallbeschleunigung g)

Senkrechter Wurf	Schräger Wurf
$s(t) = v_0 \cdot t - \tfrac{1}{2} g \cdot t^2$	$s_x = v_{0x} \cdot t$ $s_y = v_{0y} \cdot t - \tfrac{1}{2} g \cdot t^2$

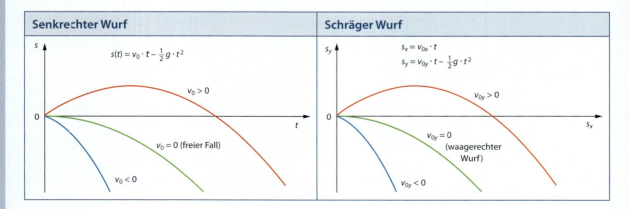

MECHANIK UND GRAVITATION

Dynamik

Masse m
Die Masse eines Körpers gibt an, wie schwer der Körper ist und wie träge er ist.

Newton'sche Axiome
(1) Trägheitsgesetz: Wenn auf einen Körper keine Kraft ausgeübt wird, ändern sich weder Betrag noch Richtung seiner Geschwindigkeit.

(2) Grundgleichung der Mechanik: $\vec{F} = m \cdot \vec{a}$

(3) Wechselwirkungsgesetz: Wenn ein Körper eine Kraft $\vec{F}_{12}$ auf eine zweiten Körper ausübt, dann übt stets der zweite Körper eine gleich große, aber entgegengesetzt gerichtete Kraft $\vec{F}_{21}$ auf den ersten Körper aus: $\vec{F}_{12} = -\vec{F}_{21}$.

Hooke'sches Gesetz
Rücktreibende Kraft $\vec{F}_r$ einer Feder
$\vec{F}_r = -D \cdot \vec{s}$ D Federkonstante

Reibungskraft
Haftreibung:
$F_H = f_H \cdot F_N$ F_N Normalkraft
                         f_H Haftreibungskoeffizient

Gleitreibung:
$F_{Gl} = f_{Gl} \cdot F_N$ f_{Gl} Gleitreibungskoeffizient

Erhaltungsgrößen

Energie

Energieformen der Mechanik
Potenzielle Energie
$E_{pot} = m \cdot g \cdot h$ h Höhe über einem beliebig gewählten Nullniveau

Kinetische Energie
$E_{kin} = \frac{1}{2} m \cdot v^2$ v Geschwindigkeit in einem beliebig gewählten Bezugssystem

Spannenergie einer Feder
$E_{spann} = \frac{1}{2} D \cdot s^2$ s Auslenkung der Feder

Energieerhaltungssatz
Energie kann nicht erzeugt und nicht vernichtet, sondern nur in andere Formen umgewandelt werden.

Energieübertragung
$\Delta E = F \cdot \Delta s \cdot \cos \alpha$ α Winkel zwischen der Kraft $\vec{F}$ und dem Weg $\vec{s}$

Leistung: $P = \frac{\Delta E}{\Delta t}$ bzw. $P = \frac{dE}{dt} = \dot{E}$

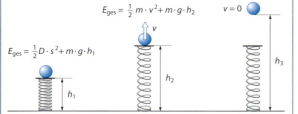

Impuls

Impuls
$\vec{p} = m \cdot \vec{v}$

Impulserhaltungssatz
In einem abgeschlossenen System bleibt der Gesamtimpuls konstant.
$\vec{p}_1 + \vec{p}_2 + \ldots + \vec{p}_n = \vec{p}_1' + \vec{p}_2' + \ldots + \vec{p}_n' = $ konst.

Schwerpunktsatz
Durch den Austausch von Impulsen zwischen den Körpern eines Systems wird der Bewegungszustand des gemeinsamen Schwerpunkts nicht verändert.

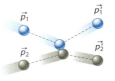

elastischer Stoß
$\vec{p}_1 + \vec{p}_2 = \vec{p}_1' + \vec{p}_2'$
$E_1 + E_2 = E_1' + E_2'$

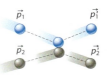

unelastischer Stoß
$\vec{p}_1 + \vec{p}_2 = \vec{p}_1' + \vec{p}_2'$
$E_1 + E_2 > E_1' + E_2'$

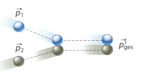

ideal unelastischer Stoß
$\vec{p}_1 + \vec{p}_2 = \vec{p}_{ges}'$
$E_1 + E_2 > E_1' + E_2'$

Kreis- und Drehbewegungen

Kreisbewegungen

Winkelgeschwindigkeit

$\omega = \dfrac{\Delta \varphi}{\Delta t}$ bzw. $\omega = \dfrac{d\varphi}{dt} = \dot{\varphi}$

Gleichförmige Kreisbewegung

$\omega = \dfrac{2\pi}{T} = 2\pi \cdot f$

- ω Kreisfrequenz
- T Umlaufzeit
- f Frequenz

Zentripetalbeschleunigung

$a_Z = \dfrac{v^2}{r} = \omega^2 \cdot r$

Zentripetalkraft

$F_Z = m \cdot \dfrac{v^2}{r} = m \cdot \omega^2 \cdot r$

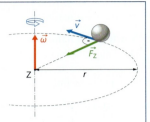

Drehbewegungen

Rotationsenergie eines Körpers

$E_{rot} = \dfrac{1}{2} J \cdot \omega^2$

Trägheitsmoment bezüglich einer Drehachse

Das Trägheitsmoment eines Körpers setzt sich aus den einzelnen Trägheitsmomenten kleiner Volumenelemente im Abstand r_i von der Drehachse zusammen:

$J = m_1 \cdot r_1^2 + m_2 \cdot r_2^2 + m_3 \cdot r_3^2 + \ldots$

Drehimpuls eines Körpers

$\vec{L} = J \cdot \vec{\omega}$

$\vec{L}$ und $\vec{\omega}$ sind entlang der Drehachse gerichtet.

Drehimpulserhaltungssatz

In einem abgeschlossenen System bleibt der Gesamtdrehimpuls erhalten.

Drehmoment bezüglich einer Drehachse

$M = r \cdot F \cdot \sin \delta$

- r Abstand zur Drehachse
- δ Winkel zwischen $\vec{r}$ und $\vec{F}$

Für drehbar gelagerte Körper gilt:

$\vec{M} = \dot{\vec{L}} = J \cdot \dot{\vec{\omega}} = J \cdot \vec{\alpha}$

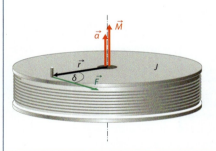

Vergleich von Translations- und Rotationsbewegungen

Translation: Bewegung eines Massenpunkts auf einer Geraden	Rotation: Drehung eines starren Körpers um eine feste Achse	
Weg s	Drehwinkel φ	$\varphi = \dfrac{s}{r}$
Geschwindigkeit $v = \dot{s}$	Winkelgeschwindigkeit $\omega = \dot{\varphi}$	$\omega = \dfrac{v}{r}$
Beschleunigung $a = \dot{v} = \ddot{s}$	Winkelbeschleunigung $\alpha = \dot{\omega} = \ddot{\varphi}$	$\alpha = \dfrac{a}{r}$
kinetische Energie $E_{kin} = \dfrac{1}{2} m \cdot v^2$	Rotationsenergie $E_{rot} = \dfrac{1}{2} J \cdot \omega^2$	
Kraft $\vec{F} = m \cdot \vec{a}$	Drehmoment $\vec{M} = J \cdot \vec{\alpha}$	
Impuls $\vec{p} = m \cdot \vec{v}$	Drehimpuls $\vec{L} = J \cdot \vec{\omega}$	
Impulserhaltung: $m_1 \cdot \vec{v}_1 + m_2 \cdot \vec{v}_2 + \ldots =$ konst.	Drehimpulserhaltung: $J_1 \cdot \vec{\omega}_1 + J_2 \cdot \vec{\omega}_2 + \ldots =$ konst.	

Gravitation

Kepler'sche Gesetze

Empirisch gewonnene Gesetze zur Beschreibung von Planetenbewegungen

1. Alle Planeten bewegen sich auf Ellipsenbahnen um die Sonne. In einem der beiden Brennpunkte von jeder Ellipse steht die Sonne. 2. Die gerade Verbindung zwischen der Sonne und einem Planeten überstreicht in gleichen Zeiten gleiche Flächen: $\frac{\Delta A}{\Delta t}$ = konst.	3. Innerhalb eines Planetensystems gilt: $a_1^3 : a_2^3 : a_3^3 : \ldots = T_1^2 : T_2^2 : T_3^2 : \ldots$ bzw. $\frac{a^3}{T^2} = C_K$ = konst. a_i große Halbachsen der Planetenbahnen T_i Umlaufzeiten der Planeten C_K Keplerkonstante für das spezielle Planetensystem

Wechselwirkung

Fallbewegungen und Planetenbewegungen haben die gleiche Ursache, nämlich die Gravitation.

Newton'sches Gravitationsgesetz Für die Gravitationskraft zwischen zwei Körpern gilt: $F = G \cdot \frac{m_1 \cdot m_2}{r^2}$. G Gravitationskonstante $G = 6{,}67 \cdot 10^{-11} \frac{\mathrm{m}^3}{\mathrm{kg} \cdot \mathrm{s}^2}$ m_1, m_2 Massen der beiden Körper r Abstand der Massenmittelpunkte	**Zusammenhang zwischen Gravitationskonstante G und Fallbeschleunigung g** $g = G \cdot \frac{m_Z}{r^2}$ m_Z Masse des Zentralkörpers

Gravitationsfeld

Nach dem Feldkonzept wird der Raum durch den Einfluss eines massereichen Körpers verändert.

Gravitationsfeldstärke g $\vec{g} = \frac{\vec{F}_G}{m_{Pr}}$ $\vec{F}_G$ Gravitationskraft an einem bestimmten Ort auf einen kleinen Probekörper m_{Pr} Masse des Probekörpers Potenzielle Energie: $E_{pot} = -G \cdot m_{Pr} \cdot m_Z \cdot \frac{1}{r}$ m_Z Masse des Zentralkörpers Dabei liegt der Energienullpunkt im Unendlichen. Gravitationspotenzial: $V = \frac{E_{pot}}{m_{Pr}} = -G \cdot m_Z \cdot \frac{1}{r}$	**Bewegungen im Gravitationsfeld** $E_{ges} = \frac{1}{2} m \cdot v^2 - G \cdot m_{Pr} \cdot m_Z \cdot \frac{1}{r}$ Ellipsenbahnen: $E_{ges} < 0$ Spezialfall Kreisbahn: $E_{ges} = -\frac{1}{2} G \cdot m_{Pr} \cdot m_Z \cdot \frac{1}{r}$ Parabelbahn: $E_{ges} = 0$ Hyperbelbahn: $E_{ges} > 0$ 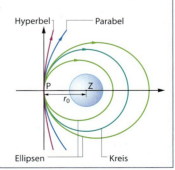

SCHWINGUNGEN UND WELLEN

Das Prinzip eines Wellenkraftwerks ist denkbar einfach: Das Auf und Ab der Wasseroberfläche versetzt einen Generator in Rotation, der dadurch elektrische Energie erzeugt. Neuere Forschungen im Bereich der Materialwissenschaften richten sich aber auch auf grundsätzlich andere Formen der Energieumwandlung: Mehrlagige Stapel von Silikonschichten können beispielsweise periodisch gestaucht und auseinandergezogen werden. Zwischen Ladungsträgern auf den Oberflächen der Schichten entsteht dabei eine rhythmisch variierende elektrische Spannung, die unmittelbar genutzt werden kann. Welche Technologie sich auch durchsetzen wird – das nahezu unerschöpfliche Energiereservoir der Ozeane gilt als möglicher Stützpfeiler der zukünftigen Energieversorgung.

Jedes Musikinstrument versetzt die umgebende Luft in Schwingungen – nur so können wir Musik hören. Bei Saiteninstrumenten schwingt die Saite, in Blasinstrumenten eine Luftsäule und auf einer Trommel einfach das Trommelfell. Meist erfolgen die Bewegungen jedoch so schnell, dass wir sie nicht direkt nachverfolgen können.

8.1 Phänomen Schwingung

Zeitlich periodische Vorgänge begegnen uns in vielfältiger Weise. Ob Schaukel, Gitarrensaite, Spannung an der Steckdose oder Blutdruck in unseren Adern, überall ändert sich eine physikalische Größe in einem bestimmten Rhythmus. Wenn eine Größe immer wieder zurück zu einem bestimmten Wert und darüber hinaus »pendelt«, spricht man von einer Schwingung oder Oszillation. Die schwingenden Objekte werden als *Oszillatoren* bezeichnet.

Schwingungen gibt es in unterschiedlichsten Größenordnungen. So schwingt z. B. die Fotosphäre der Sonne auf und ab, aber auch die Atome in einem Molekül ändern ihre Abstände periodisch. Manche Schwingungen laufen sehr langsam ab, andere sind so schnell, dass sie sich nur mit speziellen Messgeräten verfolgen lassen.

Kenngrößen einer Schwingung Wichtige Begriffe zur Beschreibung einer Schwingung sind die Amplitude und die Periodendauer bzw. Frequenz.
Die **Amplitude** y_{max} gibt die maximale Abweichung der schwingenden physikalischen Größe von ihrem Gleichgewichtswert an.
Die **Periodendauer** T gibt die Zeit an, die für eine vollständige Schwingung benötigt wird.
Die **Frequenz** f gibt an, wie viele vollständige Schwingungen in einer bestimmten Zeit durchgeführt werden. Die Einheit von f ist Hertz (Hz). Es gilt: $1\,\text{Hz} = 1/\text{s}$.

Harmonische Schwingung Jede Schwingung, deren Auslenkung $y(t)$ durch eine Sinusfunktion beschrieben werden kann, heißt harmonische Schwingung:

$$y(t) = y_{max} \cdot \sin(\omega \cdot t) \quad \text{mit} \quad \omega = \frac{2\pi}{T} = 2\pi \cdot f \quad (1)$$

In vielen periodischen Vorgängen ändern sich die Auslenkungen näherungsweise harmonisch.

Amplitude und Periodendauer

Von Schwingungen spricht man, wenn die entsprechende physikalische Größe um einen bestimmten Wert bzw. eine Gleichgewichtslage pendelt. Die Amplitude einer Schwingung ist die maximale Abweichung der Größe von diesem Wert während einer Periode. Experiment 1 zeigt unterschiedliche Methoden, mit denen periodische Vorgänge auf ihre Amplitude und Periodendauer untersucht werden können.

EXPERIMENT 1

a)   b)

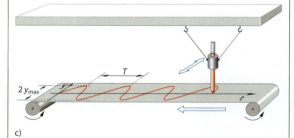

c)

a) Mit Lineal und Stoppuhr werden am Wasserpendel Amplitude und Periodendauer gemessen.
b) Eine Stimmgabel wird stroboskopisch beleuchtet. Bei geeigneter Frequenz erscheint die Schwingung in einer bestimmten Auslenkung »eingefroren«.
c) Durch gleichmäßige Bewegung eines Papierstreifens wird bei einem schwingenden Fadenpendel aus dem zeitlichen Nacheinander ein räumliches Nebeneinander.
d) Mit dem Oszilloskop stellt man direkt den $U(t)$-Graphen einer Wechselspannung dar (ohne Abb.).

Die Gravitationsfelder von Erde und Mond führen zu sehr langsamen rhythmischen Veränderungen an den Küsten – den Gezeiten.

Harmonische Schwingungen und Kreisbewegungen

In den Experimenten 1 c und 1 d wird die Veränderung der schwingenden Größe als Funktion der Zeit grafisch dargestellt. Die Wechselspannung an der Steckdose lässt sich mithilfe einer Sinusfunktion beschreiben (vgl. 7.4). Dass auch die Auslenkung eines Federpendels einer Sinusfunktion folgt, legt Exp. 2 nahe.

EXPERIMENT 2

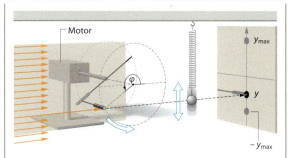

Die Schattenwürfe einer gleichförmigen Kreisbewegung und eines schwingenden Pendels werden beobachtet. Bei gleicher Periodendauer verlaufen sie zu jeder Zeit synchron.

Bei der Kreisbewegung ändern sich die Koordinaten $x(t)$ und $y(t)$ periodisch. Für $y(t)$ gilt: $y(t) = y_{max} \cdot \sin(\omega \cdot t)$ mit der Kreisfrequenz $\omega = 2\pi/T = 2\pi \cdot f$.

Wenn also die Auslenkung des Federpendels den gleichen zeitlichen Verlauf hat wie eine Kreisbewegung, lässt sich auch diese durch eine Sinusfunktion beschreiben. Tatsächlich zeigen viele Schwingungen in der Natur, zumindest näherungsweise, einen sinusförmigen Schwingungsverlauf. Solche Schwingungen werden als harmonische Schwingungen bezeichnet (vgl. 8.2).

Je nach Wahl des zeitlichen Nullpunkts kann eine harmonische Schwingung auch durch eine um $\Delta\varphi$ verschobene Sinusfunktion dargestellt werden. Bei $\Delta\varphi = \pi/2$ entspricht dies der Kosinusfunktion. Es gilt allgemein für harmonische Schwingungen:

$$y(t) = y_{max} \cdot \sin(\omega \cdot t + \Delta\varphi). \tag{2}$$

$\Delta\varphi$ wird wegen $y(0) = y_{max} \cdot \sin(\Delta\varphi)$ als *Nullphasenwinkel* bezeichnet. Bei $\Delta\varphi = \pi/2$ lässt sich $y(t)$ als Kosinusfunktion schreiben: $y(t) = y_{max} \cdot \sin(\omega \cdot t + \pi/2) = y_{max} \cdot \cos(\omega \cdot t)$.
Man spricht auch dann von harmonischen Schwingungen, wenn sich die Amplitude der Sinusschwingung beispielsweise durch eine Dämpfung mit der Zeit ändert und der Ablauf damit nicht mehr streng periodisch ist.

Zeigerdiagramm Eine gleichförmige Kreisbewegung kann man gedanklich in zwei harmonische Schwingungen gleicher Frequenz und Amplitude zerlegen, die senkrecht zueinander verlaufen. Umgekehrt kann man sich auch jede harmonische Schwingung als Projektion einer Kreisbewegung denken. Deshalb wird zur Veranschaulichung von harmonischen Schwingungen oft ein Zeigerdiagramm verwendet, in dem ein Zeiger der Länge A mit der Frequenz f um einen festen Punkt rotiert (Abb. 2).

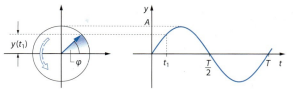

2 Zeigerdiagramm einer harmonischen Schwingung

Zeigerdiagramme werden insbesondere beim Vergleich und bei der Überlagerung von harmonischen Schwingungen verwendet (vgl. 8.8). In Abb. 3 beginnt die zweite Schwingung um die Zeitspanne t_1 zeitversetzt. Die beiden Schwingungen verlaufen um $\Delta\varphi = \omega \cdot t_1$ phasenverschoben. Der Winkel $\Delta\varphi$ zwischen den beiden rotierenden Zeigern bleibt dabei unverändert.

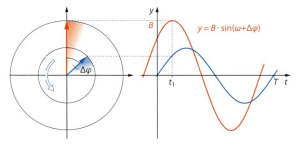

3 Phasenverschiebung im Zeigerdiagramm

AUFGABEN

1 Erklären Sie für die folgenden Schwingungen die Bedeutung der Amplitude. Bestimmen Sie Periodendauer und Frequenz.
   a Ein Kind bewegt sich auf einer Schaukel in 12 Sekunden viermal hin und her.
   b Elefanten kommunizieren mit für uns unhörbarem Infraschall. Dafür vibrieren ihre Stimmlippen weniger als 20-mal in der Sekunde hin und her.
2 Zieht man eine Stimmgabel mit Schreibnadel über eine berußte Glasfläche, so wird die Schwingung sichtbar gemacht. Zeichnen Sie eine mögliche Spur für eine Stimmgabel (100 Hz), die mit einer Geschwindigkeit von 2 m/s über das Glas gezogen wird.
3 An der Steckdose »schwingt« die Spannung mit einer Amplitude von 325 V und einer Frequenz von 50 Hz. Geben Sie eine Gleichung für den Spannungsverlauf an.
4 Beschreiben Sie detailliert, wie es in Exp. 2 gelingt, die Schatten des rotierenden Stabs und der schwingenden Kugel in Übereinstimmung zu bringen.

Gefangen in einem schräg stehenden Teller, rollt diese Murmel hin und her. Immer wieder wird sie zum untersten Punkt ihrer Bahn beschleunigt, dann rollt sie darüber hinaus, bis sich an einem Umkehrpunkt ihre Bewegungsrichtung ändert. Die für diese Schwingung notwendige periodische Kraft stellt sich ganz von selbst ein – sie erreicht ihren Maximalwert immer im Umkehrpunkt.

8.2 Mechanische harmonische Schwingung

Im Fall einer mechanischen Schwingung bewegt sich ein Körper zwischen zwei Umkehrpunkten hin und her. Zwischen diesen Punkten gibt es eine Gleichgewichtslage, also eine Position, in der keine Kraft auf den Körper ausgeübt wird.

Außerhalb der Gleichgewichtslage wird aber in der Regel eine Kraft F_r auf den Körper ausgeübt, die ihn in Richtung der Gleichgewichtslage zurücktreibt. Diese Kraft hängt davon ab, wie weit der Körper aus der Gleichgewichtslage ausgelenkt ist. Ist sie proportional zur Auslenkung, so führt der Körper eine harmonische Schwingung aus. Dies ist z. B. bei einem Federpendel der Fall, dessen Feder dem Hooke'schen Gesetz genügt.

Bei einer mechanischen harmonischen Schwingung ist die rückstellende Kraft F_r proportional zur Auslenkung y:

$$F_r(t) = -k \cdot y(t); \quad k = \text{konst.} \quad (1)$$

Damit ist der zeitliche Verlauf von Auslenkung, Geschwindigkeit, Beschleunigung und Rückstellkraft festgelegt: Es handelt sich um Sinusfunktionen, die alle die gleiche Kreisfrequenz ω besitzen.

Zwischen Kraft und Bewegung kommt es zu einer Rückkopplung: Die Kraft muss nicht von außen eingestellt werden, das System steuert sich von selbst.

Analyse harmonischer Schwingungen

In Exp. 1 werden die rückstellende Kraft F_r und die Auslenkung y bei einer Federschwingung in Abhängigkeit von der Zeit gemessen. Das Experiment zeigt, dass sich Kraft und Weg auf dieselbe Weise ändern: Erreicht der Wagen seine maximale Auslenkung, so ist auch die rückstellende Kraft am größten.

EXPERIMENT 1

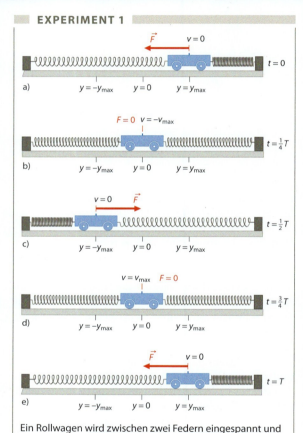

Ein Rollwagen wird zwischen zwei Federn eingespannt und in Schwingung versetzt. Die Werte $F(t)$ und $y(t)$ werden durch Kraft- bzw. Wegsensoren erfasst und von einem Computer aufgezeichnet.

Bei der Federschwingung kann dies als eine Folge des Hooke'schen Gesetzes $F = -D \cdot y$ angesehen werden (vgl. 8.3). Es lässt sich aber auch für beliebige harmonische Schwingungen zeigen, dass die rückstellende Kraft zu jedem Zeitpunkt proportional zur Auslenkung ist. Dazu wird der Ausdruck für die Auslenkung $y(t)$ zweimal nach der Zeit abgeleitet. Daraus ergeben sich folgende Gleichungen für die Geschwindigkeit $v(t)$ und die Beschleunigung $a(t)$:

$$y(t) = y_{max} \cdot \sin(\omega \cdot t) \qquad (2)$$

$$v(t) = \dot{y}(t) = y_{max} \cdot \omega \cdot \cos(\omega \cdot t) \qquad (3)$$

$$a(t) = \ddot{y}(t) = -y_{max} \cdot \omega^2 \cdot \sin(\omega \cdot t) = -\omega^2 \cdot y(t) \qquad (4)$$

Die Geschwindigkeit ist also gegenüber der Auslenkung um eine viertel Periode ($\pi/2$) phasenverschoben (Abb. 2); in den Umkehrpunkten ist sie null, in der Gleichgewichtslage ist sie maximal.

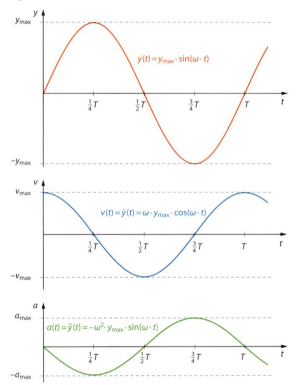

2 Auslenkung, Geschwindigkeit und Beschleunigung bei einer harmonischen Schwingung

Die Beschleunigung ist gegenüber der Auslenkung um eine halbe Periode (π) phasenverschoben. Damit ist sie und auch die Kraft auf den schwingenden Körper immer proportional zur Auslenkung $y(t)$:

$$F_r(t) = m \cdot a(t) = -m \cdot y_{max} \cdot \omega^2 \cdot \sin(\omega \cdot t) = -m \cdot \omega^2 \cdot y(t) \qquad (5)$$

$$\text{oder} \quad F_r(t) = -k \cdot y(t). \qquad (6)$$

Daraus lassen sich Ausdrücke für die Kreisfrequenz ω, die Frequenz f und die Periodendauer T gewinnen. Durch Vergleich von Gl. (5) und Gl. (6) ergibt sich:

$$\omega = \sqrt{\frac{k}{m}}, \; f = \frac{1}{2\pi} \cdot \sqrt{\frac{k}{m}} \quad \text{bzw.} \quad T = 2\pi \cdot \sqrt{\frac{m}{k}}. \qquad (7)$$

Die Konstante k in Gl. (6) legt die Stärke der rückstellenden Kraft fest und wird als Richtgröße bezeichnet. Beim Federpendel ist $k = D$.

Zeigerdiagramm Überträgt man die Kurven in ein Zeigerdiagramm, so ergeben sich aus der Phasenverschiebung jeweils rechte Winkel zwischen den Zeigern (Abb. 3). Die Zeiger rotieren alle mit derselben Kreisfrequenz ω. Die Längen der Zeiger entsprechen den Amplituden der drei unterschiedlichen physikalischen Größen; sie sind wegen der unterschiedlichen Einheiten nicht miteinander zu vergleichen.

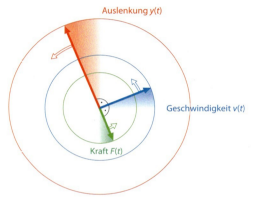

3 Zeigerdiagramm einer harmonischen Schwingung

AUFGABEN

1 a Begründen Sie, dass sich ein und dieselbe harmonische Schwingung sowohl durch die Gleichung $y(t) = y_{max} \cdot \sin(\omega \cdot t)$ als auch durch $y(t) = y_{max} \cdot \cos(\omega \cdot t)$ beschreiben lässt.
b Erläutern Sie den Unterschied zwischen den beiden Darstellungsformen.
c Leiten Sie jeweils aus $y(t)$ die zugehörigen Funktionen $v(t)$ und $a(t)$ her.

2 Angenommen, Nord- und Südpol der Erde wären durch einen geraden Tunnel verbunden und man ließe am Nordpol einen Stein in dieses Loch fallen. Unter Vernachlässigung von Reibung erhält man folgende Zeit-Ort-Funktion: $y(t) = R \cdot \cos(\omega \cdot t)$ mit $\omega = \sqrt{g/R}$ ($g = 9{,}81$ m/s^2, $R = 6357$ km).
a Stellen Sie die Funktion grafisch dar.
b Geben Sie die Funktionen für die Geschwindigkeit $v(t)$ und die Beschleunigung $a(t)$ an. Beschreiben Sie damit die vollständige Bewegung.
c Leiten Sie die Beziehung $\omega = \sqrt{g/R}$ mithilfe der Amplitude der Funktion $a(t)$ her. Sie können dabei voraussetzen, dass es sich um eine harmonische Schwingung handelt.
d Stellen Sie die Fallbeschleunigung a entlang der gesamten Strecke dar.

In der Zeit der Französischen Revolution wurden die Einheiten Meter und Kilogramm definiert. Zunächst wollte man das Meter über die Periodendauer eines Pendels festlegen. Tatsächlich arbeiten Standuhren bis heute oft mit »Sekundenpendeln«, deren halbe Periodendauer eine Sekunde beträgt. Doch die Länge eines Sekundenpendels hängt von der geografischen Breite ab – Grund genug, die Idee für immer zu verwerfen.

8.3 Eigenfrequenzen von Feder- und Fadenpendel

Die einfachsten und zugleich wichtigsten Beispiele für mechanische Schwingungen sind die Bewegungen von Körpern, die an einer Feder oder an einem Faden schwingen. Sie haben einerseits eine große praktische Bedeutung, etwa in Fahrzeugen oder mechanischen Uhren, andererseits besitzen sie Modellcharakter für Schwingungen in anderen physikalischen Bereichen, z. B. bei chemischen Bindungen.

Feder- und Fadenpendel führen zumindest bei kleinen Auslenkungen in guter Näherung harmonische Schwingungen durch. Das bedeutet, dass die Systeme charakteristische Eigenfrequenzen f_0 besitzen, die unabhängig von der Auslenkung sind.

Federpendel:

$$f_0 = \frac{1}{2\pi} \cdot \sqrt{\frac{D}{m}}; \quad T_0 = 2\pi \cdot \sqrt{\frac{m}{D}} \tag{1}$$

Fadenpendel:

$$f_0 = \frac{1}{2\pi} \cdot \sqrt{\frac{g}{l}}; \quad T_0 = 2\pi \cdot \sqrt{\frac{l}{g}} \tag{2}$$

EXPERIMENT 1

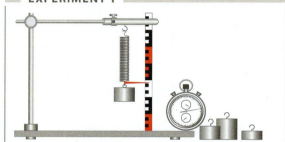

Die Periodendauer eines vertikalen Federpendels wird in Abhängigkeit von der Pendelmasse und der Amplitude bestimmt. Dazu wird jeweils die Zeit für mehrere vollständige Schwingungen gemessen.

Federpendel

Die Auswertung von Exp. 1 zeigt, dass zumindest bei kleinen Amplituden die Eigenfrequenz des Pendels von der Masse des Pendelkörpers, jedoch nicht von der Amplitude der Schwingung abhängt. Die Frequenz nimmt ab, wenn die Pendelmasse erhöht wird.

Auch beim vertikalen Federpendel gilt das Hooke'sche Gesetz. Allerdings wird durch das Anhängen des Pendelkörpers die Feder zusätzlich gedehnt, sodass sich die Gleichgewichtslage ändert (Abb. 2). Die rückstellende Kraft F_r der Feder bezogen auf die neue Gleichgewichtslage ist jedoch weiterhin zu jeder Zeit proportional zur Auslenkung aus der neuen Gleichgewichtslage: $F_r(t) = -D \cdot y(t)$.

Damit schwingt auch das vertikale Federpendel harmonisch, die Richtgröße k (vgl. 8.2) ist die Federkonstante D. Je größer D und je kleiner m ist, desto schneller wird der Körper wieder zur Gleichgewichtslage hingezogen, desto größer ist also die Kreisfrequenz des Federpendels. Es gilt:

$$\omega_0 = \sqrt{\frac{k}{m}} = \sqrt{\frac{D}{m}}. \tag{3}$$

Hierbei wird vorausgesetzt, dass die Masse der Feder gegenüber der Masse m des Pendelkörpers vernachlässigt werden kann.

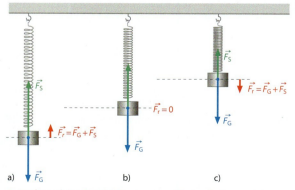

2 Kräfte auf den Pendelkörper am vertikalen Federpendel

In einem Inertialsystem bleibt die Schwingungsebene eines Fadenpendels unverändert. Léon Foucault konnte daher mit seinem langen Pendel die Erddrehung direkt nachweisen.

Fadenpendel

Experiment 2 ergibt zumindest für kleine Auslenkungen, dass die Eigenfrequenz des Pendels von Amplitude und Pendelmasse unabhängig ist. Die Frequenz nimmt jedoch ab, wenn der Faden verlängert wird.

EXPERIMENT 2

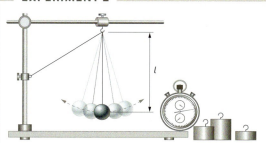

Die Periodendauer eines Fadenpendels wird bestimmt, indem die Dauer für mehrere Schwingungen gemessen wird. Nacheinander werden Pendelmasse, Amplitude und Fadenlänge variiert, die jeweils anderen Parameter werden dabei konstant gehalten.

Unter idealisierten Bedingungen gilt auch für das Fadenpendel ein lineares Kraftgesetz, sodass der Körper harmonische Schwingungen ausführt. Zu dieser Idealisierung gehört, dass die Masse des Fadens vernachlässigbar klein gegenüber der Pendelmasse und der Pendelkörper sehr klein gegenüber der Fadenlänge ist. Man spricht dann von einem *mathematischen Pendel*.

Auf diesen idealisierten Pendelkörper wird die Gewichtskraft $\vec{F}_G = m \cdot \vec{g}$ ausgeübt (Abb. 3): Die Komponente in Richtung des Fadens wird durch $\vec{F}_Z$ kompensiert, die resultierende Kraft ist die rückstellende Kraft $\vec{F}_r$. Sie steht senkrecht zu $\vec{F}_Z$ und tangential zur Bahnkurve.

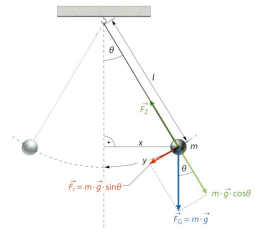

3 Kräfte auf den Pendelkörper am Fadenpendel: Die rückstellende Kraft $\vec{F}_r$ ergibt sich aus der Zerlegung der Gewichtskraft.

Es gilt: $\sin\theta = \dfrac{F_r}{F_G}$ bzw. $F_r = m \cdot g \cdot \sin\theta$. (4)

Mit $\sin\theta = \dfrac{x}{l}$ folgt $F_r = \dfrac{m \cdot g}{l} \cdot x$. (5)

Für kleine Auslenkungen sind die Strecke x und der Kreisbogen y annähernd gleich groß; daraus folgt ein lineares Kraftgesetz:

$$F_r(t) = -k \cdot y(t) \quad \text{mit} \quad k = \dfrac{m \cdot g}{l}. \qquad (6)$$

Damit ergibt sich für die Kreisfrequenz des mathematischen Pendels:

$$\omega_0 = \sqrt{\dfrac{k}{m}} = \sqrt{\dfrac{g}{l}}. \qquad (7)$$

Der Pendelkörper wird umso schneller zur Gleichgewichtslage zurückbewegt, je größer die Fallbeschleunigung g ist. Andererseits braucht er umso mehr Zeit zum Erreichen der Gleichgewichtslage, je größer die Fadenlänge l ist.

Mithilfe eines Pendels lässt sich sehr genau die Fallbeschleunigung bestimmen: Die Messung von g wird auf eine genaue Längenmessung des Fadens und eine Zeitmessung für eine große Anzahl von Schwingungen mit kleiner Auslenkung zurückgeführt.

AUFGABEN

1. Geben Sie qualitativ den Einfluss der Federkonstante und der Masse auf die Eigenfrequenz eines Federpendels an. Begründen Sie die beiden Abhängigkeiten.

2. Ein Probekörper schwingt an einer vertikalen Feder. Berechnen Sie die Schwingungsfrequenz für $m = 0{,}5$ kg und $D = 50$ N/m. Ändert sich die Frequenz, wenn das Experiment auf dem Mond durchgeführt wird?

3. Stoßdämpfer dienen dazu das starke Schwingen eines Fahrzeugs zu verhindern. In ein Auto mit defekten Stoßdämpfern steigen vier Personen ein; dabei senkt sich die Karosserie um etwa 5 cm. Schätzen Sie mit geeigneten Annahmen die Frequenz der Schwingung ab, in die das Auto gerät.

4. **a** Planen Sie ein Experiment, bei dem die Fallbeschleunigung g mithilfe eines Fadenpendels möglichst genau bestimmt werden soll.
   b Diskutieren Sie Faktoren, die die Genauigkeit der Messung beschränken.

5. Beim Fadenpendel weist die rücktreibende Kraft nicht exakt in Richtung der Gleichgewichtslage. Beschreiben Sie qualitativ, wie eine große Auslenkung die Schwingungsdauer und den zeitlichen Verlauf der Auslenkung $y(t)$ beeinflusst.

6. **a** Überprüfen Sie, dass beim Sekundenpendel die Länge fast einen Meter beträgt.
   b Zeigen Sie: Hätte man das Meter mithilfe des Sekundenpendels definiert (Abb. 1), wäre $g = \pi^2$ m/s^2.

Die Wucht einer tonnenschweren Abrissbirne, die mit großer Geschwindigkeit auf das Mauerwerk kracht, ist gewaltig. Die kinetische Energie für ihre Pendelbewegung erhält die Birne von einem Seilbagger durch leichtes Hin- und-her-Schwenken. Ihre Geschwindigkeit und damit die Energie für die Zerstörung sind am unteren Punkt der Pendelbewegung am größten.

8.4 Energie schwingender Körper

Jedes schwingende System enthält Energie: Im Fall einer mechanischen Schwingung ändert sich fortwährend die Geschwindigkeit des schwingenden Körpers, also seine kinetische Energie. Gleichzeitig ändert sich die potenzielle Energie des Körpers durch die Lageänderung im Gravitationsfeld oder durch die Dehnung einer Feder. Im Idealfall einer reibungsfreien Bewegung bleibt die Gesamtenergie des schwingenden Systems konstant.

Bei einer reibungsfreien mechanischen Schwingung werden kinetische und potenzielle Energie periodisch ineinander umgewandelt.

Wird ein zunächst ruhender Oszillator angestoßen, so kehrt er nach einer gewissen Zeit in seine Gleichgewichtslage zurück: Er ist in einem *Potenzialtopf* gefangen. Die Gestalt des Potenzialtopfs, also die Funktion $E_{pot}(y)$, bestimmt das Schwingungsverhalten des Oszillators; ist sie parabelförmig, kommt es zu einer harmonischen Schwingung.

Energiebilanz harmonischer Schwingungen

Führt ein Körper eine periodische Bewegung durch, so müssen auch die beteiligten Energieformen einen immer wiederkehrenden, also periodischen Verlauf nehmen. Beim horizontalen Federpendel (Abb. 2) werden ständig kinetische Energie und die potenzielle Energie, die durch die Federspannung zustande kommt, ineinander umgewandelt. Die Gesamtenergie des Systems bleibt im Idealfall ohne Reibung konstant:

$$E_{ges} = E_{kin}(t) + E_{pot}(t) = \tfrac{1}{2} m \cdot v(t)^2 + \tfrac{1}{2} D \cdot y(t)^2. \quad (1)$$

Während der Schwingung findet ein periodischer, vollständiger Energieaustausch statt.

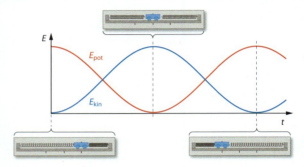

2 Potenzielle und kinetische Energie beim Federpendel

Ist die Auslenkung und damit die potenzielle Energie maximal, so ist die Geschwindigkeit und damit die kinetische Energie null. Ist dagegen die Geschwindigkeit und damit die kinetische Energie maximal, so ist das Pendel in seiner Gleichgewichtslage, und die potenzielle Energie ist null:

$$E_{ges} = \tfrac{1}{2} D \cdot y_{max}^2 = \tfrac{1}{2} m \cdot v_{max}^2. \quad (2)$$

Den Graphen der potenziellen Energie in Abhängigkeit vom Ort nennt man auch *Potenzialtopf*. Der Potenzialtopf eines harmonischen Oszillators ist parabelförmig, da die potenzielle Energie E_{pot} der gespannten Feder proportional zum Quadrat der Auslenkung y ist (Abb. 3).

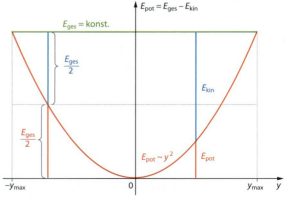

3 Parabelpotenzial eines harmonischen Oszillators.

Bewegungsvorgänge mit variierenden Kräften können durch einfaches Bilanzieren einer Erhaltungsgröße beschrieben werden – dies verhalf dem Energiebegriff zum Durchbruch.

Das zeitliche Verhalten der beteiligten Energieformen ergibt sich aus den beiden Gleichungen für die Auslenkung und die Geschwindigkeit:

$y(t) = y_{max} \cdot \sin(\omega \cdot t)$ $\qquad v(t) = v_{max} \cdot \cos(\omega \cdot t)$

$E_{pot} = \frac{1}{2} D \cdot y^2$ $\qquad E_{kin} = \frac{1}{2} m \cdot v^2$

$E_{pot} = \frac{1}{2} D \cdot y_{max}^2 \cdot \sin^2(\omega \cdot t)$ $\qquad E_{kin} = \frac{1}{2} m \cdot v_{max}^2 \cdot \cos^2(\omega \cdot t)$

$E_{pot} = E_{ges} \cdot \sin^2(\omega \cdot t)$ $\qquad E_{kin} = E_{ges} \cdot \cos^2(\omega \cdot t)$

Mit der allgemeingültigen Beziehung $\sin^2 x + \cos^2 x = 1$ erhält man wiederum $E_{kin} + E_{pot} = E_{ges}$.

Annähernd harmonische Schwingungen

Zwischen zwei Atomen in einem Kristallgitter gilt anders als bei einer Hooke'schen Feder kein lineares Kraftgesetz. Beim Auseinanderziehen wird die Wechselwirkung immer schwächer, beim Zusammendrücken schnell stärker. Den zugehörigen Potenzialtopf zeigt Abb. 4.

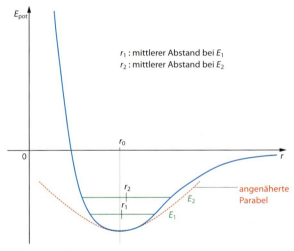

4 Potenzielle Energie für ein Atom, das im Kristallgitter einen Abstand r von seinem Nachbarn besitzt

Obwohl der Potenzialverlauf keineswegs symmetrisch ist, ähnelt er bei sehr kleinen Auslenkungen aus der Gleichgewichtslage r_0 einer Parabel. Bei niedrigen Temperaturen schwingen also die Atome im Kristallgitter näherungsweise harmonisch.
Die grünen Linien in Abb. 4 zeigen zusätzlich die Gesamtenergie der Atome bei unterschiedlichen Temperaturen an. Je höher die Temperatur der Körper ist, desto weniger ähnelt der Potenzialverlauf einer Parabel. Auch vergrößert sich durch den unsymmetrischen Verlauf der mittlere Abstand r_0 der schwingenden Atome. Wenn ein solches Potenzial vorliegt, dehnt sich also der Festkörper bei Temperaturerhöhung aus.

Nichtharmonische Schwingungen

Manche Schwingungen sind nicht einmal näherungsweise harmonisch, beispielsweise die Bewegungen der rollenden Kugel oder des über einem Magneten pendelnden Eisenkörpers in Abb. 5.

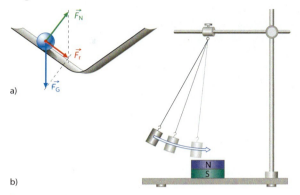

5 Beispiele für nichtharmonische Schwingungen

Während die rückstellende Kraft auf die rollende Kugel unabhängig von der Auslenkung ist, nimmt die Kraft auf den Pendelkörper bei kleiner werdendem Abstand zur Gleichgewichtslage überproportional zu.
Alle nichtharmonischen Schwingungen stimmen in den folgenden äquivalenten Eigenschaften überein:
– kein sinusförmiger Schwingungsverlauf,
– kein lineares Kraftgesetz,
– kein Parabelpotenzial,
– Abhängigkeit der Eigenfrequenz von der Amplitude.

AUFGABEN

1 Ein ungedämpftes Federpendel mit einer Masse von 3 kg und einer Schwingungsdauer von 2 s ist zum Zeitpunkt $t = 0$ um 4 cm aus der Ruhelage ausgelenkt und wird dann losgelassen.
a Berechnen Sie die Federkonstante und die Gesamtenergie der entstehenden Schwingung.
b Berechnen Sie die potenzielle Energie und die kinetische Energie zum Zeitpunkt $t = T/6$.
2 Beschreiben Sie qualitativ die Energieumwandlungen bei einem reibungsfreien Fadenpendel. Erläutern Sie den Unterschied zum realen Pendel.
3 a Begründen Sie, dass bei der nichtharmonischen Schwingung in Abb. 5 a die Frequenz mit der Amplitude abnimmt.
b Beschreiben Sie für die rollende Kugel qualitativ die Abweichung von einem sinusförmigen Verlauf der Auslenkung.
c Finden Sie weitere Beispiele für nichtharmonische Schwingungen. Welcher qualitative Zusammenhang besteht jeweils zwischen der maximalen Auslenkung und der Frequenz?

Taipei 101 heißt ein 508 m hoher Wolkenkratzer in Taiwan. Zwischen seinen Etagen 87 und 92 hängt an starken Seilen eine 660 Tonnen schwere, goldlackierte Stahlkugel. Dieses Pendel soll unerwünschte Schwingungen des gesamten Hochhauses abfangen – dazu wird seine Bewegung durch ein System von Hydraulikzylindern gebremst. Die Eigenfrequenz des Pendels ist auf die der Gebäudeschwingung abgestimmt.

8.5 Gedämpfte Schwingung

In nahezu allen realen Schwingungen tritt Reibung auf. Sofern keine Energie von außen zugeführt wird, nimmt also die Amplitude der Schwingung nach und nach ab: Die Schwingung kommt irgendwann zum Erliegen. Es handelt sich dann um eine gedämpfte Schwingung.

Je nach Art der Dämpfung bzw. der Reibung nimmt die Amplitude in unterschiedlicher Weise ab. Bei kleinen Geschwindigkeiten ist die Kraft, die durch Luft- bzw. Flüssigkeitsreibung entsteht, annähernd proportional zur Geschwindigkeit des schwingenden Körpers. In diesem Fall nimmt die Amplitude *exponentiell* ab, während die Frequenz kaum beeinflusst wird. Bei extrem starker Dämpfung kommt es nicht mehr zu Schwingungen: Der Oszillator nähert sich von einer Seite her der Gleichgewichtslage und bleibt dann in Ruhe.

Konstante Kraft

Reale Pendel sind immer einer Reibung ausgesetzt, die dem System Energie entzieht. Im einfachsten Fall ist die Reibungskraft F_R zu jedem Zeitpunkt der Schwingung konstant und hängt nicht von der Geschwindigkeit des Oszillators ab. Ein Beispiel dafür zeigt Exp. 1.

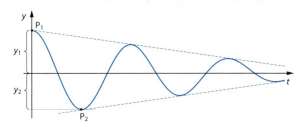

2 Abnahme der Amplitude bei konstanter Kraft

Zwischen zwei willkürlich gewählten aufeinanderfolgenden Umkehrpunkten P_1 und P_2 verliert das System die Energie $\Delta E = F_R \cdot (y_1 + y_2)$ durch Gleitreibung. Die Energiedifferenz zwischen den beiden Punkten beträgt zugleich

$$\Delta E = \tfrac{1}{2} D \cdot y_1^2 - \tfrac{1}{2} D \cdot y_2^2. \tag{1}$$

Durch Gleichsetzen und Umformen erhält man:

$$y_2 = y_1 - \frac{2 F_R}{D}. \tag{2}$$

Damit erklärt sich der Schwingungsverlauf in Abb. 2: Die Amplitude nimmt von Umkehrpunkt zu Umkehrpunkt stets um den gleichen Betrag ab.

EXPERIMENT 1

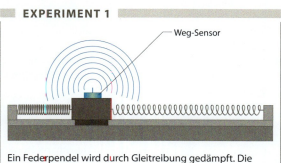

Ein Federpendel wird durch Gleitreibung gedämpft. Die Auslenkung wird über einen Weg-Sensor gemessen und am Computer ausgewertet.

EXPERIMENT 2

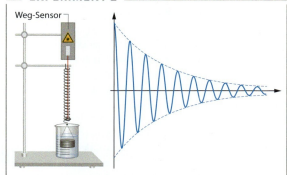

Ein Federpendel wird durch eine Flüssigkeit gedämpft. Die Auslenkung wird über einen Weg-Sensor gemessen und am Computer ausgewertet.

2.14 Jeder Kontakt zwischen Oszillator und Umgebung führt dazu, dass kinetische Energie in Wärme umgewandelt wird.

SCHWINGUNGEN UND WELLEN | 8 Schwingungen

Zur Geschwindigkeit proportionale Kraft

In Exp. 2 wird eine andere Art der Dämpfung untersucht: Hier ist die Reibungskraft näherungsweise proportional zur Geschwindigkeit: $F_R = -b \cdot v$ mit der Dämpfungskonstanten b. Während des Schwingungsvorgangs nimmt die Amplitude anfangs stark, dann immer weniger ab; schließlich nähert sie sich asymptotisch dem Wert null.

Eine mathematische Funktion, die eine solche Abnahme wiedergibt, ist die Exponentialfunktion. Sie beschreibt ein Verhalten, bei dem die Amplitudenwerte von einem Umkehrpunkt zum nächsten stets um den gleichen *Bruchteil* abnehmen. Dass es im Fall einer mit $F_R \sim v$ gedämpften harmonischen Schwingung zu einer exponentiellen Abnahme kommt, lässt sich durch eine mathematische Analyse zeigen (s. u.).

Starke Dämpfung

Je größer die Reibung ist, umso schneller klingt die Schwingung ab. Solange die Dämpfung nicht zu groß ist, wird dabei die Frequenz der Schwingung wenig beeinflusst. Bei sehr starker Dämpfung schwingt das System allerdings gar nicht mehr, sondern es »kriecht« in seine Ruhelage zurück (Abb. 3). Die Grenze zwischen gedämpfter Schwingung und Kriechfall hat eine praktische Bedeutung: Der ausgelenkte Oszillator kommt hier besonders schnell wieder zur Ruhe. Dies wird z. B. bei Stoßdämpfern von Fahrzeugen angestrebt.

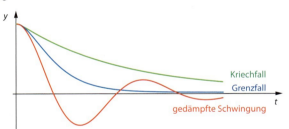

3 Verhalten bei unterschiedlich starker Dämpfung

MATHEMATISCHE VERTIEFUNG

Analyse der gedämpften Schwingung mit $F_R \sim v$

Das Kraftgesetz $F = -k \cdot y$ der ungedämpften harmonischen Schwingung entspricht der die Differenzialgleichung

$$m \cdot \ddot{y}(t) = -k \cdot y(t). \qquad (3)$$

Eine Lösungsfunktion dieser Differenzialgleichung ist die Sinus- oder Kosinusfunktion.

Ist zusätzlich eine Reibungskraft $F_R = -b \cdot v$ zu berücksichtigen, so tritt in Gl. (3) ein weiterer Term auf:

$$F = -b \cdot v - k \cdot y, \qquad (4)$$

also

$$m \cdot \ddot{y}(t) = -b \cdot \dot{y}(t) - k \cdot y(t). \qquad (5)$$

Eine Lösung für diese Differenzialgleichung ist eine Kosinusfunktion, deren Amplitude exponentiell mit der Zeit abnimmt:

$$y(t) = y_{max} \cdot e^{-\delta \cdot t} \cdot \cos(\omega \cdot t). \qquad (6)$$

Dass diese Funktion die Gleichung (5) erfüllt, lässt sich durch Einsetzen der ersten und der zweiten Ableitung zeigen ↻.

Daraus ergibt sich dann für die Dämpfungskonstante δ der Ausdruck

$$\delta = \frac{b}{2m} \qquad (7)$$

und für die Frequenz bzw. Kreisfrequenz:

$$f = \frac{1}{2\pi}\sqrt{\frac{D}{m} - \frac{b^2}{4m^2}} \quad \text{bzw.} \quad \omega = \sqrt{\frac{D}{m} - \frac{b^2}{4m^2}}. \qquad (8)$$

Damit ist die Frequenz durch die Reibung immer kleiner als bei einer ungedämpften Schwingung. Diese Lösung gilt jedoch nur, solange es auch zu einer Schwingung kommt. Ab $D/m - b^2/4m^2 \leq 0$, also mit zunehmender Dämpfung, liefert der Ausdruck keine Werte mehr für f. Das System ist dann *überkritisch* gedämpft und schwingt überhaupt nicht mehr (Abb. 3). Für diesen Kriechfall muss ein anderer Lösungsansatz der Differenzialgleichung verwendet werden.

AUFGABEN

1 a Berechnen Sie für das Pendel im Taipeh 101 mit $m = 660$ t und $l = 15$ m Eigenfrequenz und Schwingungsenergie bei einer Amplitude von 1,5 m.

b Informieren Sie sich über aktive und passive Dämpfungssysteme an Gebäuden und stellen Sie diese einander gegenüber.

2 An zwei gedämpften Pendeln A und B wurden einige Amplituden der Schwingung gemessen.

a Vervollständigen Sie die Tabelle:

Nr.	1	2	3	4	5	6	7
y_A in cm		96	77	61	49		
y_B in cm		102	83	65	46		

b Erläutern Sie, um welche Art von Reibung es sich jeweils handelt.

3 Ein gedämpfter Federschwinger mit $m = 2$ kg ist zum Zeitpunkt $t = 0$ um 3 cm aus der Ruhelage ausgelenkt. Die Federkonstante beträgt 400 N/m.

a Bestimmen Sie die Schwingungsdauer für den Fall einer ungedämpften Schwingung sowie die Gesamtenergie der Schwingung.

b Bestimmen Sie die Dämpfungskonstante b für den Fall, dass die Energie während jeder Periode um 1 % abnimmt und berechnen Sie den Energiebetrag, der im Zeitintervall $[0; 2T]$ in Wärme umgewandelt wird.

Die ständige »Entwertung« der Energie bei einer gedämpften Schwingung beschreibt der 2. Hauptsatz der Thermodynamik.

Gläser zu zersingen ist gar nicht so einfach. Was im Comic sogar mit Panzerglasscheiben funktioniert, ist in der Realität unmöglich. Nur äußerst dünnwandige Weingläser können bei genauer Abstimmung eines leistungsstarken Lautsprechers allein durch den Schall zerbrechen.

8.6 Resonanz

Ein schwingungsfähiges System, das einmal angeregt und dann sich selbst überlassen wird, schwingt mit seiner Eigenfrequenz, bis die Bewegung abgeklungen ist. Wird es aber von außen dauerhaft mit einer bestimmten Frequenz angeregt, so kommt es zu einer Schwingung, deren Amplitude zunächst anwächst.
Der Wert der Amplitude, der sich nach einigen Schwingungen einstellt, hängt davon ab, mit welcher Frequenz die Anregung erfolgt. Im Fall der Resonanz ist die Amplitude maximal.

Anregung und schwingendes System befinden sich in Resonanz, wenn die Erregerfrequenz und die Eigenfrequenz des Systems gleich sind.

Wird ein schwach gedämpftes System dauerhaft mit seiner Eigenfrequenz angeregt, so kann die Amplitude sehr große Werte annehmen, da immer mehr Energie in das System gelangt. In der Praxis ist dies manchmal erwünscht, in anderen Fällen versucht man jedoch das Aufschaukeln einer Schwingung durch Dämpfung zu verhindern, und so eine *Resonanzkatastrophe*, also eine Zerstörung des Systems zu vermeiden.

Beispiele für mechanische Resonanz

Im Internet finden sich Videos, die zeigen, wie Weingläser »zersungen« werden. Um tatsächlich ein Weinglas allein mit der Stimme zu zerstören, ist die exakt richtige und konstant gehaltene Tonhöhe wichtiger als die reine Lautstärke. Experiment 1 zeigt, wie sich ein Weinglas mithilfe eines Tongenerators in starke Schwingungen versetzen lässt. Bei einer bestimmten Frequenz gerät das Glas in Schwingungen und verstärkt den Ton aus dem Lautsprecher. Sehr dünnwandige Weingläser können zerstört werden, wenn die passende Tonfrequenz erreicht ist.
Ein schweres Fadenpendel, das durch einen Föhn oder durch Pusten in Schwingungen versetzt werden soll (Exp. 2), dient im Folgenden als Modell für das Weinglas:

EXPERIMENT 1

Ein Lautsprecher, der von einem Tongenerator angesteuert wird, steht vor einem dünnwandigen Weinglas. Die Frequenz des Tons wird langsam variiert, bis das Glas hörbar mitschwingt (Vorsicht!).

Der Föhn verstärkt die Schwingung, wenn er in einem richtigen Rhythmus in die richtige Richtung bläst; er beschleunigt dann das Pendel immer in dessen Bewegungsrichtung. Dieser Rhythmus entspricht gerade der Eigenfrequenz des Fadenpendels. Der Oszillator ist in Resonanz mit seinem Erreger, und die Amplitude der Schwingung steigt mit der Zeit an. Bei diesem Pendel verhindert die Reibung allzu große Auslenkungen oder gar einen Überschlag des Pendelkörper.

EXPERIMENT 2

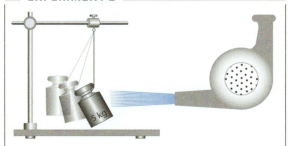

Es wird versucht, ein Fadenpendel mit großer Pendelmasse mit einem Föhn oder durch Pusten in möglichst starke Schwingungen zu versetzen.

Ein Radio kann nur dann ein Signal wiedergeben, wenn seine Resonanzfrequenz auf die Sendefrequenz eingestellt wurde.

Wird das Weinglas mit seiner Eigenfrequenz angeregt, so sorgt in ähnlicher Weise der auftreffende Schall stets im richtigen Moment für eine Beschleunigung der Wandfläche in ihrer Bewegungsrichtung.

Gekoppelte Pendel

Koppelt man zwei Pendel gleicher Länge wie in Exp. 3 und lenkt das Pendel A aus, so überträgt dieses bei jeder Schwingung etwas Energie auf das Pendel B. Die beiden Pendel haben dieselbe Eigenfrequenz und sind in Resonanz. Nach einiger Zeit hört das Pendel A auf zu schwingen, und Pendel B erreicht seine maximale Auslenkung (Abb. 2). Anschließend kehrt sich der Vorgang um, die Energie fließt zurück in das Pendel A.

EXPERIMENT 3

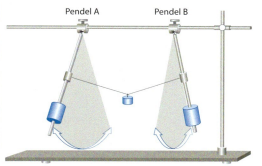

Zwei gleichartige Pendel werden durch ein kleines Wägestück miteinander gekoppelt. Das eine Pendel wird ausgelenkt, die zeitliche Entwicklung der Amplituden beider Pendel wird verfolgt.

Die Energie wandert zwischen den Pendeln hin und her, bis der Vorgang durch Reigung zum Stillstand kommt. Die Periodendauer der Energieübertragung hängt von der Kopplung der Pendel ab und nimmt bei stärkerer Kopplung, z. B. durch Vergrößerung des Wägestücks, ab.

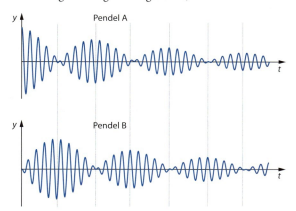

2 Schwingungen zweier gekoppelter Pendel

TECHNIK

Brücken in Resonanz Brücken können nicht völlig starr gebaut werden. Damit sind sie schwingungsfähige Systeme, die im Resonanzfall Schäden erleiden können. Bekannte Beispiele sind die *Tacoma Bridge*, die 1940 unter Windeinfluss zusammenbrach, oder eine Brücke im englischen Boughton, die 1831 durch im Gleichschritt marschierende Soldaten zum Einsturz gebracht wurde. Tatsächlich ist bis heute bei der Bundeswehr das Marschieren im Gleichschritt über Brücken prinzipiell verboten.

Die Millennium-Bridge in London (8.7, Abb. 1) besitzt z. B. eine Eigenfrequenz von etwa 1,7 Hz. Fußgänger bewegen ihre Beine zwar in diesem Frequenzbereich, allerdings tun sie dies normalerweise nicht im Gleichschritt. Schwingt die Brücke jedoch erst einmal ein wenig, versuchen die Fußgänger leicht gegenzusteuern. Dadurch geraten sie unwillkürlich in einen Rhythmus mit der Eigenschwingung der Brücke. Neu eingebaute Dämpfer verhindern eine mögliche Resonanzkatastrophe.

Hochhäuser Auch periodische Winde oder Erdbeben können Gebäude zu Schwingungen anregen. Erfolgt die Anregung in der Nähe der Resonanzfrequenz einzelner Gebäudeteile, so kann es schnell zu einer Resonanzkatastrophe kommen. In manchen Hochhäusern verlässt man sich bei der Vermeidung solcher Katastrophen nicht allein auf einfache Dämpfung z. B. durch Verstrebungen, sondern setzt zusätzlich riesige Pendel als Schwingungstilger ein (vgl. 8.5). Diese sind auf die Eigenfrequenz des Gebäudes eingestellt und nehmen bei Stürmen und Erdbeben viel Schwingungsenergie auf, die dann durch spezielle Dämpfungsvorrichtungen abgeführt wird.

AUFGABEN

1 »Auf Brücken darf nicht im Gleichschritt marschiert werden.« (StVO § 27 Abs. 6)
 a Begründen Sie die Notwendigkeit dieses Paragrafen der Straßenverkehrsordnung.
 b Recherchieren Sie im Internet nach Informationen über Brücken, die durch Resonanzkatastrophen zerstört wurden. Nennen Sie jeweils die baulichen Mängel, die dazu geführt haben.

2 Die Körper einer Gitarre oder Geige werden gelegentlich auch als Resonanzkörper bezeichnet. Diskutieren Sie diese Begriffsbildung kritisch.

3 Erläutern Sie, inwiefern es bei der Konstruktion von Fahrzeugen darauf ankommt, Resonanzen zu vermeiden.

4 In Exp. 3 wird die gesamte Energie von Pendel A nach und nach auf Pendel B übertragen. Versuchen Sie eine Erklärung dafür zu finden, dass auch dann noch Energie übertragen wird, wenn Pendel B bereits stärker schwingt als Pendel A.

Soon after the crowd streamed on to London's Millennium Bridge on the day it opened, the bridge started to sway from side to side: many pedestrians fell spontaneously into step with the bridge's vibrations, inadvertently amplifying them.
Nature 438, 43-44 (2005)

1

8.7 Erzwungene Schwingung

Wird ein schwingungsfähiges System von außen periodisch angeregt, so führt es erzwungene Schwingungen mit der vorgegebenen Frequenz aus. Dabei überträgt der Erreger abhängig von der Frequenz Energie auf den Oszillator.

Je mehr sich die Erregerfrequenz einer Eigenfrequenz des Systems nähert, desto mehr Energie pro Periode wird vom Erreger auf den Oszillator übertragen. Im Resonanzfall ist die Energieübertragung maximal.

Um zu verhindern, dass eine Schwingung abklingt, kann die durch Dämpfung verlorene Energie periodisch von außen wieder zugeführt werden. Viele Systeme in Natur und Technik verfügen zum Erhalt ihrer Schwingung über eine solche selbstgesteuerte *Rückkopplung* die für eine phasenrichtige Steuerung der Energiezufuhr sorgt.

Frequenzabhängigkeit der Energieübertragung

Das Pendel in Exp. 1 bewegt sich nach einer kurzen Einschwingphase mit der Frequenz des Erregers. Die Amplitude der Schwingung hängt jedoch stark von der Differenz zwischen Erregerfrequenz f_e und Eigenfrequenz der Feder f_0 sowie von der Dämpfung der Schwingung ab (Abb. 2). Es lassen sich drei Fälle unterscheiden:

– Bei sehr niedrigen Erregerfrequenzen schwingen Pendel und Erreger im Gleichtakt ($\Delta\varphi \approx 0$). Die Amplitude des schwingenden Körpers stimmt mit der Amplitude des Erregers überein: Die Bewegung ist so langsam, dass das Pendel dem Erreger zu jedem Zeitpunkt folgen kann.
– Im anderen Extremfall, bei sehr hohen Erregerfrequenzen, bewegen sich Pendel und Erreger gegenphasig ($\Delta\varphi \approx \pi$). Die Amplitude des Pendels ist sehr klein, da es der schnellen Oszillation des Erregers nicht zu folgen vermag.
– Nähert sich die Erregerfrequenz f_e der Eigenfrequenz des Pendels f_0, so steigt die Amplitude stark an. Die Energieübertragung auf das Pendel ist maximal, die Erregerschwingung eilt der Schwingung des Oszillators um eine viertel Periode voraus ($\Delta\varphi \approx \pi/2$). Es liegt Resonanz vor.

EXPERIMENT 1

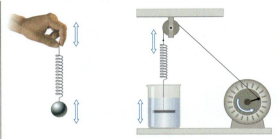

Ein Federpendel wird von Hand bzw. über den Exzenter eines Motors periodisch angeregt. Die Frequenz der Anregung wird variiert und die Amplitude der Pendelschwingung beobachtet.

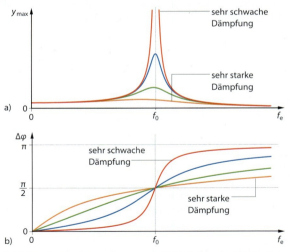

2 a) Amplitude einer erzwungenen Schwingung in Abhängigkeit von der Erregerfrequenz; b) Phasenverschiebung zwischen Erregerschwingung f_e und erzwungener Schwingung

118

Die Wirksamkeit einer mechanischen Energieübertragung hängt immer vom Winkel zwischen Kraft und Weg ab.
2.10

Wenn Wellen in ein Medium eindringen, bleibt die ursprüngliche Frequenz erhalten: Die Schwingungsfrequenz wird den Oszillatoren aufgezwungen.
9.5

Phasenlage im Resonanzfall

Für die Leistung, also die Energieübertragung pro Zeit, gilt:

$$P = F \cdot v \cdot \cos \alpha. \tag{1}$$

Dabei ist α der Winkel zwischen der Kraft F und der Geschwindigkeit v im Zeigerdiagramm (vgl. 8.2, Abb. 3). Die Energieübertragung vom Erreger auf den Oszillator hängt also von der Phasendifferenz zwischen der Kraft und der Geschwindigkeit ab.

Schwingen F und v gleichphasig, zeigen also beide Zeiger zu jeder Zeit in dieselbe Richtung, so ist der Term $\cos \alpha$ stets gleich 1, und die Energieübertragung ist maximal. Da die Auslenkung y eines Oszillators seiner Geschwindigkeit v um eine viertel Periode vorauseilt (vgl. 8.2), folgt wegen der Phasengleichheit von F und v für den Resonanzfall:
Die Erregerschwingung eilt der Schwingung des Oszillators um eine viertel Periode voraus ($\Delta \varphi \approx \pi/2$). Bei allen anderen Phasenlagen ist die Energieübertragung zeitweise negativ. Das bedeutet, dass der Oszillator Energie zurück an den Erreger liefert.

Rückkopplung

Um die Amplitude einer Schwingung konstant zu halten, muss jedem realen, gedämpften System periodisch Energie zugeführt werden. Ein Kind auf einer Schaukel kann entweder regelmäßig von außen angeschubst werden oder es kann durch periodisches Aufrichten und Niederbeugen in der Eigenfrequenz der Schaukel die Schwingung aufrechterhalten.

Sowohl das schaukelnde Kind als auch der Erwachsene, der anschubst, sind in einen Rückkopplungskreis (Abb. 3) eingebunden. Während beim Schaukeln die Rückkopplung erlernt werden muss, gibt es auch selbsterregende Systeme, deren Rückkopplung automatisch durch den Oszillator gesteuert wird.

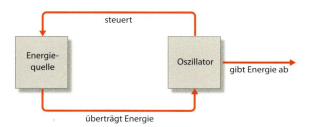

3 Rückkopplung beim Schaukeln

In Abb. 4 sind zwei Systeme dargestellt, in denen es durch Rückkopplung zu selbsterregten Schwingungen kommt. In beiden Fällen steuert der Oszillator seine Energiezufuhr selbst.
Ist bei der elektrischen Klingel der Taster gedrückt, wird der Klöppel vom Elektromagneten zur Glocke gezogen; dabei wird der Stromkreis unterbrochen.

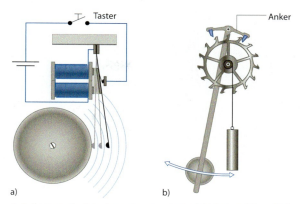

4 Selbsterregte Schwingungen an einer elektrischen Klingel (a) und einer Pendeluhr (b)

Der Elektromagnet ist dann abgeschaltet und zieht den Klöppel nicht mehr an – der Klöppel schwingt zurück und schließt den Stromkreis aufs Neue. Damit steuert das System selbst die Energiezufuhr aus dem Stromkreis als Energiequelle.

Eine Pendeluhr verliert bei jeder Schwingung etwas Energie durch Reibung. Dazu kommen Verluste durch die periodische Kopplung an das Uhrwerk. Um diese Verluste zu kompensieren, erhält der Pendelkörper bei jeder Pendelbewegung einen kleinen Stoß in Bewegungsrichtung. Dabei wird der Ankerarm durch die Zacken des Rads periodisch etwas angehoben. Der richtige Zeitpunkt für die Hebung wird durch Rückkopplung vom Pendel selbst gesteuert. Als Energiereservoir dient bei Penduluhren oft eine gespannte Feder oder ein Gewichtsantrieb.

AUFGABEN

1. Einem Kind auf einer Schaukel soll von außen möglichst effektiv Schwung gegeben werden. Erklären Sie, welche Phasen der Bewegung hierfür besonders gut geeignet sind.
2. Verwendet man ein Mikrofon in der Nähe des Lautsprechers, so hört man unangenehm laute Geräusche. Erläutern Sie, wie es dazu kommt.
3. Eine Geigensaite gerät durch den Strich des Geigenbogens in eine erzwungene Schwingung. Beschreiben Sie die einzelnen Phasen dieses Vorgangs.
4. **a** Begründen Sie, dass im Fall sehr kleiner Anregungsfrequenzen $f_e \ll f_0$ die Phasenverschiebung $\Delta \varphi$ gegen null geht (Abb. 2 b).
   b Erläutern Sie, warum im Resonanzfall die Schwingung des Oszillators der Erregerschwingung um eine viertel Periode hinterherläuft.
5. Finden Sie weitere Beispiele für erzwungene Schwingungen aus Umwelt oder Technik. Entscheiden Sie, welche der gefundenen Beispiele auf einer Rückkopplung beruhen.

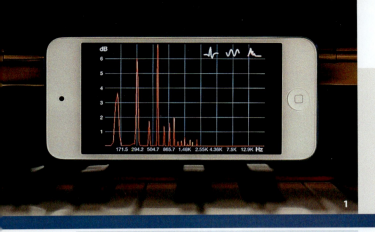

Klavier und Oboe lassen sich leicht am Klang unterscheiden, auch wenn beide ein D spielen. Eine Tonanalyse mit dem Smartphone lässt diesen Unterschied auch sichtbar werden: Viele einzelne Schwingungen mit unterschiedlichen Frequenzen machen den charakteristischen Klang eines Instruments aus.

8.8 Überlagerung harmonischer Schwingungen

Ein schwingungsfähiges System kann von mehreren Quellen gleichzeitig angeregt werden. Der Oszillator führt dann eine Schwingung aus, die in der Regel nicht harmonisch verläuft. Überlagern sich viele harmonische Schwingungen, so entstehen zunehmend komplexe Schwingungsbilder. Durch die Überlagerung von geeigneten harmonischen Schwingungen lässt sich sogar jede beliebige nichtharmonische Schwingung erzeugen. Harmonische Schwingungen dienen daher als grundlegende Bausteine bei der Synthese und der Analyse von komplexen Schwingungen:

Jeder periodische Vorgang lässt sich als Überlagerung vieler harmonischer Schwingungen mit unterschiedlichen Frequenzen und Amplituden beschreiben.

Nach diesem Prinzip arbeitet die *Fourier-Analyse*, deren Ergebnis ein Frequenzspektrum ist. Dieses gibt Auskunft über die Amplituden der einzelnen harmonischen Schwingungen, in die die untersuchte Schwingung zerlegt werden kann.

Werden zwei harmonische Schwingungen mit ähnlichen Frequenzen f_1 und f_2 überlagert, so kommt es zu einer *Schwebung*: Die Amplitude der Überlagerung schwankt mit der Frequenz $f_{sum} = |f_1 - f_2|$.

Schwebung

Schlägt man zwei identische Stimmgabeln kurz nacheinander an, so hört man nur einen Ton mit der ursprünglichen Frequenz. Auf dem Trommelfell des Ohrs addieren sich die Auslenkungen $y_1(t)$ und $y_2(t)$ zu jedem Zeitpunkt. Das Ergebnis ist eine Schwingung, die dieselbe Frequenz besitzt wie die Ausgangsschwingungen (Abb. 2). Im Zeigerdiagramm rotiert der Summenzeiger mit derselben Frequenz wie die Einzelzeiger.

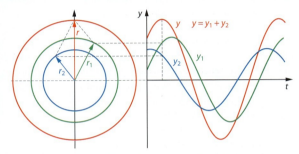

2 Die Überlagerung zweier harmonischer Schwingungen mit gleicher Frequenz führt wiederum zu einer harmonischen Schwingung derselben Frequenz.

Verstimmt man eine der beiden Stimmgabeln leicht, so hört man ein »Flattern« des Grundtons. Die Lautstärke schwillt in charakteristischer Weise an und ab: Es kommt zu einer Schwebung (Abb. 3).

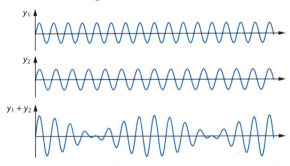

3 Schwebung: Die Überlagerung zweier Schwingungen unterschiedlicher Frequenz führt zu einem An- und Abschwellen der Amplitude.

Das An- und Abschwellen dauert umso länger, je mehr die Ausgangsfrequenzen übereinstimmen. Je dichter nämlich die Frequenzen beieinanderliegen, desto mehr Perioden vergehen, bis sich die Auslenkungen wieder gegenseitig auslöschen. Eine mathematische Analyse zeigt, dass die Amplitude der resultierenden Schwingung mit der Frequenz $f_{sum} = |f_1 - f_2|$ um den Mittelwert der Einzelfrequenzen schwankt ↻.

Die Überlagerung verschiedener Einflüsse an einem Ort wird auch als Superposition bezeichnet. Bei Kraftfeldern drückt sie sich in der Addition der Feldstärken aus.

Fourier-Analyse

Mit einer Fourier-Analyse der überlagerten Schwingung lassen sich die Frequenzen der beiden einzelnen, leicht verstimmten Stimmgabeln ermitteln. Das Resultat, ein Frequenz-Amplitudendiagramm, heißt *Frequenzspektrum* (Abb. 4).

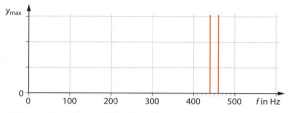

4 Frequenzspektrum einer Schwebung

Da sich jeder beliebige Schwingungsverlauf aus Sinusfunktionen zusammensetzen lässt, kann man ihm auch eindeutig ein Frequenzspektrum zuordnen. Für solche Fourier-Analysen stehen zahlreiche Computerprogramme zur Verfügung. Auch das menschliche Ohr arbeitet nach dem Prinzip der Fourier-Analyse ↻.

Abbildung 5 b zeigt das Ergebnis der Fourier-Analyse einer Rechteckschwingung: Das Frequenzspektrum besteht aus diskreten Linien. Die Harmonische mit der Grundfrequenz der Rechteckschwingung heißt *Grundschwingung*, die weiteren Harmonischen sind *Oberschwingungen*, die jeweils ein Vielfaches der Grundfrequenz besitzen. Schon durch die Überlagerung der ersten fünf Harmonischen ergibt sich ein Verlauf, der der Rechteckfunktion sehr nahekommt (Abb. 5 d).

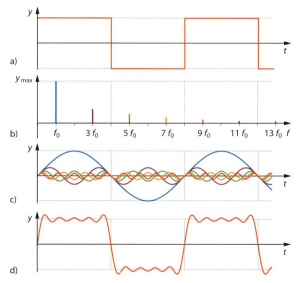

5 a) Rechteckschwingung; b) Frequenzspektrum der Rechteckschwingung; c) Verlauf der ersten fünf Harmonischen; d) Überlagerung der ersten fünf Harmonischen

Schwingungen in der Ebene

Überlagert man zwei Schwingungen, deren Bewegungsrichtungen senkrecht aufeinanderstehen, so entstehen mitunter regelmäßige Schwingungsfiguren (Exp. 1). Diese *Lissajous-Figuren* kommen genau dann zustande, wenn die Frequenzen der Einzelschwingungen im Verhältnis kleiner ganzer Zahlen stehen.

EXPERIMENT 1

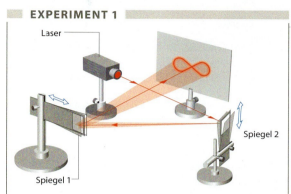

Ein Laserstrahl wird über zwei senkrecht zueinander schwingende Spiegel auf einen Schirm gelenkt. Die Frequenz der Schwingung von Spiegel 1 wird variiert.

TECHNIK

Fourier-Analysen spielen in der Akustik eine große Rolle, da der Klang eines Instruments von den Oberschwingungen abhängt. Die charakteristischen Spektren nutzt man, um Klänge im Computer neu aufzubauen; dieses Verfahren heißt *Fourier-Synthese*.

Auch bei der Kompression von Musikdaten, z. B. ins MP3-Format, werden die periodischen Signale fouriertransformiert, d. h. in ihre Einzelfrequenzen aufgespalten. Anschließend werden für Menschen unhörbare Frequenzen gelöscht, um die Datenmenge zu reduzieren ↻.

AUFGABEN

1 Nehmen Sie mit einem Smartphone oder Computer Frequenzspektren auf. Nutzen Sie dazu ein FFT-Programm *(Fast Fourier Transform)*. Vergleichen Sie:
   a gesungene Töne im Abstand einer Oktave
   b gesungene Vokale (a, e, i …) gleicher Tonhöhe
   c Musikinstrumente gleicher Tonhöhe

2 Die Fourier-Analyse einer Rechteckfunktion liefert die Funktion:
$y(t) = 4/\pi \, (\sin\omega_0 \cdot t + \tfrac{1}{3}\sin\omega_0 \cdot t + \tfrac{1}{5}\sin\omega_0 \cdot t + \ldots)$.
Verwenden Sie einen Funktionsplotter oder eine Tabellenkalkulationssoftware, und zeichnen Sie die Summe der ersten 2, 3, …, 10 Summanden der Funktion.

3 Versuchen Sie, mit einem Synthesizer-Programm durch gezielte Veränderung des Frequenzspektrums Klänge von unterschiedlichen Musikinstrumenten zu erzeugen.

Auch die Temperaturkurve der Erde lässt sich mit einer Fourier-Analyse auf periodische Ursachen wie z. B. den Sonnenfleckenzyklus untersuchen.

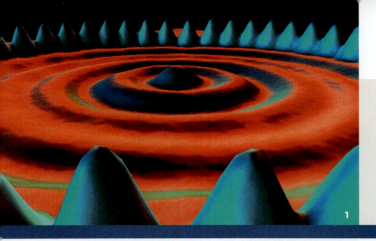

Wellenphänomene kommen in unterschiedlichsten Größenordnungen vor. Diese Aufnahme stammt von einem Rastertunnelmikroskop und zeigt ein einzelnes eingesperrtes Elektron. Berge und Täler sind kreisförmig um das Zentrum angeordnet – wie die Kreiswellen, die von einem ins Wasser geworfenen Stein ausgehen.

9.1 Wellenphänomene

Eine Wasserwelle zeigt sich als wiederholte Auf- und Abbewegung, die sich auf der Wasseroberfläche ausbreitet. Allgemein ist eine Welle die Ausbreitung der zeitlichen Veränderung einer physikalischen Größe durch eine Anordnung von Oszillatoren. Diese Veränderung wird auch als Störung bezeichnet.

Wellen begegnen uns bei der Radio- und Fernsehübertragung, als Erdbebenwellen, als Wasserwellen und in der Akustik; schließlich lässt sich in der Quantenphysik auch die Ausbreitung materieller Teilchen mithilfe eines Wellenmodells beschreiben. Die Gleichungen, die zur Beschreibung von Wellen dienen, haben in den unterschiedlichsten Gebieten der Physik immer dieselbe Gestalt.

Mit einer Welle wird keine Materie transportiert – durch das Fortschreiten der Störung aber Energie. So vermag etwa eine Wasserwelle, einen schwimmenden Körper in Bewegung zu versetzen.

Damit eine Welle entstehen kann, müssen die Oszillatoren untereinander gekoppelt sein. Schwingen zwei benachbarte Oszillatoren nicht phasengleich, so übt der eine Oszillator auf den anderen eine Kraft aus, und es kommt zur Energieübertragung.

> **Eine Welle ist die Ausbreitung einer Störung im Raum. Durch die Kopplung der beteiligten Oszillatoren wird mit einer Welle Energie stets transportiert.**

Wellen werden nach der Schwingungsrichtung der Oszillatoren unterschieden:

> **Bewegen sich die Oszillatoren quer zur Ausbreitungsrichtung, wird die Welle als Transversal- oder Querwelle bezeichnet, bewegen sie sich längs der Ausbreitungsrichtung als Longitudinal- bzw. Längswelle.**

Kopplung

Wenn Oszillatoren miteinander in Verbindung stehen, kann sich eine Welle durch sie ausbreiten; die Oszillatoren werden zum Wellenträger. Besonders gut lässt sich die Wellenausbreitung an einer Reihe von Fadenpendeln erkennen, die miteinander gekoppelt sind (Exp. 1).

EXPERIMENT 1

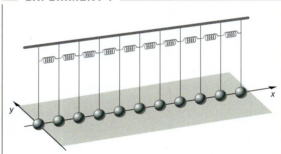

Mehrere Fadenpendel werden mit schwachen Spiralfedern gekoppelt. Wird eines der Pendel seitlich um die Strecke y_{max} ausgelenkt und anschließend losgelassen, breitet sich diese Störung durch die Pendelreihe aus.

Ohne Kopplung würde das am Anfang ausgelenkte Fadenpendel alleine eine annähernd harmonische Schwingung ausführen. Wäre die Kopplung dagegen völlig starr, so würden alle Pendel im Gleichtakt schwingen. Die Oszillatoren sind aber nicht starr, sondern durch eine Feder miteinander gekoppelt. Dadurch kommt es zu einer Phasenverschiebung zwischen den Schwingungen benachbarter Pendel. Der Betrag der Kraft, die ein Pendel auf seinen Nachbarn ausübt, hängt von den Auslenkungen der beiden Pendel ab. Durch die Kopplung kommt es zur Übertragung von Energie in Richtung der Störungsausbreitung.

Eine solche fortlaufende Störung ist eine Welle. Die Schwingung eines Oszillators kann nach kurzer Zeit beendet sein oder aber länger andauern, wenn der erste Oszillator über längere Zeit angeregt wird. Regt die vorbeilaufende Welle einen Oszillator nur zu wenigen Schwingungen an, heißt sie auch *Wellenzug*.

Bei der Ausbreitung von Licht wird Energie transportiert, ohne dass Materie bewegt wird. Dies beschreibt das Wellenmodell des Lichts.
10.3

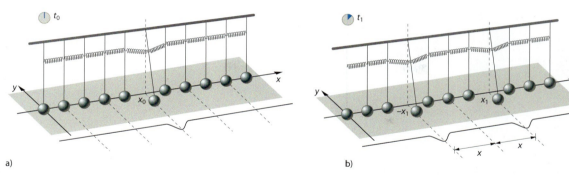

2 a) Das Pendel am Ort $x_0 = 0$ wird zum Zeitpunkt $t_0 = 0$ um y_{max} ausgelenkt. b) Zum Zeitpunkt t_1 hat sich die Auslenkung nach beiden Seiten um x fortgepflanzt. In einer langen Kette von Pendeln breitet sich eine Auslenkung nach beiden Seiten aus.

Ausbreitung einer Störung

Abbildung 2a zeigt eine Reihe von Fadenpendeln, die durch Federn miteinander gekoppelt sind. Wird ein Pendel um y_{max} ausgelenkt, so breitet sich diese Störung in beide Richtungen aus. Die Auslenkung kann daher als Funktion von Zeit t und Ort x längs der Pendelreihe beschrieben werden:

$$y(x, t) = y_{max} \cdot f(x, t). \quad (1)$$

Den rein zeitlichen Verlauf der Auslenkung eines Pendels beschreibt die Funktion

$$y(t) = y_{max} \cdot f(t). \quad (2)$$

Wenn die Störung mit der Ausbreitungsgeschwindigkeit c in positiver x-Richtung läuft, benötigt sie die Zeit t_x, um den Ort x zu erreichen. Die Störung am Ort x nimmt den Zustand ein, den sie am Ort 0 zur Zeit $t - t_x$ hatte (Abb. 2b):

$$y(x, t) = y_{max} \cdot f(t - t_x). \quad (3)$$

Mit der Ausbreitungsgeschwindigkeit $c = x/t_x$ ergibt sich:

$$y(x, t) = y_{max} \cdot f\left(t - \frac{x}{c}\right). \quad (4)$$

Eine nach links laufende Welle wird beschrieben, indem für x negative Werte eingesetzt werden.

Wellenarten

In einer Pendelkette sind die Oszillatoren gut zu unterscheiden. Breitet sich die Störung dagegen in einer gespannten Feder aus (Exp. 2), so sind die Oszillatoren selbst Abschnitte dieser Feder und nicht mehr einzeln zu identifizieren. Bewegen sich die Federbestandteile quer zur Ausbreitungsrichtung, wird die Welle als Transversal- oder Querwelle bezeichnet, bewegen sie sich längs der Ausbreitungsrichtung als Longitudinal- bzw. Längswelle.

Auch bei zweidimensionalen Wasserwellen und bei Schallwellen, die sich dreidimensional in Luft ausbreiten, sind die Oszillatoren kontinuierlich verteilt. Schallwellen erreichen das Ohr als periodische Luftdruckschwankungen, sie sind daher bei ihrer Ausbreitung in Luft immer Longitudinalwellen: Ein Teil eines Luftvolumens gibt seine Druckschwankung an benachbarte Teilvolumina weiter. Für Transversalwellen ist dagegen immer eine Zugkraft quer zur Ausbreitungsrichtung erforderlich, wie sie z. B. in Festkörpern auftreten kann.

Radiowellen breiten sich wie Schall im Raum aus, ohne dass hierfür materielle Oszillatoren notwendig sind. In diesem Fall bewegt sich eine Störung des elektrischen und magnetischen Felds fort.

EXPERIMENT 2

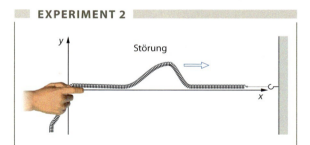

An einer gespannten Schraubenfeder wird das Fortlaufen einer Störung beobachtet. Der Federanfang kann dabei entweder kurz in Federrichtung oder quer dazu bewegt werden.

AUFGABEN

1 Erläutern Sie die Begriffe Transversalwelle und Longitudinalwelle. Geben Sie jeweils zwei Beispiele an.

2 **a** Beschreiben Sie, wie man mit einem kleinen Hammer und einem massiven Stahlstab Transversal- und Longitudinalwellen erzeugen kann.
b Recherchieren Sie, mit welcher Geschwindigkeit sich Störungen in Stahl ausbreiten. Welche Faktoren beeinflussen die Ausbreitungsgeschwindigkeit?

3 Mechanische Wellen lassen sich mithilfe von Diagrammen veranschaulichen. Erläutern Sie, worin die prinzipiellen Unterschiede gegenüber der Darstellung von mechanischen Schwingungen bestehen.

Oft erfordert die Ausbreitung von Materieteilchen die Beschreibung durch ein Wellenmodell – wenngleich sich die Teilchen keineswegs auf Schlangenlinien bewegen.

Beim Rope Workout kommen lange, schwere Seile zum Einsatz: Die Enden werden rhythmisch in Bewegung versetzt, und es entstehen nahezu sinusförmige Wellen, die auf den Seilen fortlaufen.

1

9.2 Harmonische Wellen

Im idealisierten Fall einer harmonischen Welle führen die Oszillatoren dauerhaft sinusförmige Schwingungen aus und übertragen ihre Energie verlustfrei auf gleichartige Nachbarn. Viele in der Natur vorkommende Wellen zeigen näherungsweise dieses Verhalten.

– Eine harmonische Welle hat im Raum einen sinusförmigen Verlauf. Sie wird zu einem bestimmten Zeitpunkt als Momentaufnahme beschrieben durch

$$y = y_{max} \cdot \sin\left(-2\pi \cdot \frac{x}{\lambda}\right).$$

– Die Wellenlänge λ ist der Abstand zweier gleichphasig schwingender Oszillatoren in Ausbreitungsrichtung, also z. B. der Abstand zweier Wellenberge zu einem bestimmten Zeitpunkt.

– Jeder Oszillator einer harmonischen Welle schwingt mit $y = y_{max} \cdot \sin(\omega \cdot t)$.

– Die Frequenz $f = \omega/(2\pi)$ einer Welle ist die Frequenz ihrer Oszillatoren; sie ist gleich dem Kehrwert der Schwingungsperiode: $f = 1/T$.

Die Wellenfunktion beschreibt den räumlichen und den zeitlichen Verlauf einer eindimensionalen harmonischen Welle:

$$y(x, t) = y_{max} \cdot \sin\left(\omega \cdot t - 2\pi \cdot \frac{x}{\lambda}\right). \quad (1)$$

Für die Ausbreitungsgeschwindigkeit c gilt:

$$c = \lambda \cdot f. \quad (2)$$

Ausbreitungsgeschwindigkeit

Die Auslenkung eines harmonischen Oszillators verändert sich mit der Zeit gemäß einer Sinusfunktion (vgl. 8.2):

$$y(t) = y_{max} \cdot \sin\left(2\frac{\pi}{T} \cdot t\right) = y_{max} \cdot \sin(\omega \cdot t). \quad (3)$$

Dabei ist T die Periodendauer und ω die Kreisfrequenz der Schwingung mit $\omega = 2\pi/T$.

Wird der erste einer Reihe harmonisch schwingender Oszillatoren nicht nur einmal ausgelenkt, sondern dauerhaft angeregt, so breitet sich die Schwingung nach und nach auf die anderen Oszillatoren aus. Die Geschwindigkeit, mit der sich eine Störung längs einer Reihe gekoppelter Pendel fortpflanzt, ergibt sich aus dem zurückgelegten Weg x und der hierfür benötigten Zeit t_x:

$$c = \frac{x}{t_x}. \quad (4)$$

Bei der Ausbreitung einer harmonischen Welle entspricht dies der Geschwindigkeit, mit der sich ein bestimmter Schwingungszustand, etwa ein Maximum oder ein Minimum, ausbreitet. Da der Schwingungszustand auch als *Phase* der Welle bezeichnet wird, spricht man auch von der *Phasengeschwindigkeit c*.

Die Strecke längs der Ausbreitungsrichtung zwischen zwei Oszillatoren, die denselben Schwingungszustand besitzen, ist die Wellenlänge λ. Während einer Schwingungsperiode T bewegt sich ein bestimmter Schwingungszustand gerade um eine Wellenlänge λ weiter. Für die Phasengeschwindigkeit ergibt sich daher mit Gl. (4):

$$c = \frac{\lambda}{T} \quad \text{bzw.} \quad c = \lambda \cdot f. \quad (5)$$

Die Ausbreitungsgeschwindigkeit einer Welle hängt von der Stärke der Kopplung der Oszillatoren ab. Werden beispielsweise in einer Pendelreihe Federn mit größerer Federkonstante verwendet, so breitet sich die Welle mit größerer Geschwindigkeit aus: Stärkere Federn können die jeweiligen Nachbarpendel mit größerer Kraft beschleunigen. Die Geschwindigkeit einer Welle in einer Kette mechanischer Oszillatoren ist außerdem umso größer, je geringer die Masse der einzelnen Oszillatoren ist.

Wellenfunktion

Bei einer gleichmäßigen Verteilung der Oszillatoren schwingen benachbarte Oszillatoren jeweils mit der gleichen Phasendifferenz. Dadurch ergibt sich für die gesamte Welle selbst ein sinusförmiger Verlauf. Ihre Form lässt sich beispielsweise in Experiment 1 erkennen.

2.8 — Die Oszillatoren einer harmonischen Welle unterliegen wie ideale elastische Federn einem linearen Kraftgesetz.

EXPERIMENT 1

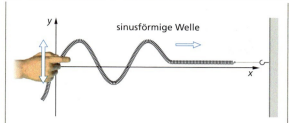

Eine lange Schraubenfeder wird an einem Ende mit einem Haken an einer Wand befestigt und am anderen mit der Hand kurzzeitig zu einer Schwingung angeregt. Die Form der kurzen Welle bleibt erhalten. Bei dauerhafter Anregung können mehrere Wellenberge und -täler beobachtet werden. Das Bild wird allerdings durch die Reflexion der Welle am Federende gestört (vgl. 9.4).

Die Wellenfunktion (Gl. 1)

$$y(x, t) = y_{max} \cdot \sin\left(\omega \cdot t - 2\pi \cdot \frac{x}{\lambda}\right)$$

beschreibt die Ausbreitung einer eindimensionalen Welle: Zum Zeitpunkt $t = 0$ beginnt die Schwingung am Ort $x = 0$ mit der Auslenkung $y = 0$. Wird die Welle dagegen gestartet, nachdem der erste Oszillator um y_{max} ausgelenkt wurde, so gilt:

$$y(x, t) = y_{max} \cdot \cos\left(\omega \cdot t - 2\pi \cdot \frac{x}{\lambda}\right)$$

bzw. $y(x, t) = y_{max} \cdot \sin\left(\omega \cdot t - 2\pi \cdot \frac{x}{\lambda} + \frac{\pi}{2}\right)$.

Der Nullphasenwinkel beträgt in diesem Fall $\pi/2$. Für beliebige Nullphasenwinkel $\Delta\varphi$ hat die Wellenfunktion die Form:

$$y(x, t) = y_{max} \cdot \sin\left(\omega \cdot t - 2\pi \cdot \frac{x}{\lambda} + \Delta\varphi\right). \quad (6)$$

Interpretation des Schwingungsbilds einer Welle

Abbildung 2a zeigt den Verlauf einer Welle im Raum zum Zeitpunkt $t_0 = 0$; der Nullphasenwinkel ist $\Delta\varphi = 0$, wenn der Oszillator A seine Sinusschwingung mit $y = 0$ beginnt. Gleichung (6) beschreibt zum Zeitpunkt $t_0 = 0$ die Ortsabhängigkeit der Welle in der Form:

$$y(x, 0) = y_{max} \cdot \sin\left(0 - 2\pi \cdot \frac{x}{\lambda}\right).$$

Der beispielhaft markierte Oszillator B befindet sich im Abstand von $x_1 = 3/4\,\lambda$ vom Oszillator A entfernt, sodass für seine Auslenkung zum Zeitpunkt t_0 gilt:

$$y(x_1, t_0) = y_{max} \cdot \sin\left(0 - 2\pi \cdot \frac{3}{4}\frac{\lambda}{\lambda}\right) = y_{max} \cdot \sin\left(-\frac{6}{4}\pi\right) = y_{max}.$$

Abbildung 2b zeigt im Hintergrund erneut die Momentaufnahme dieser Welle. Der zeitliche Verlauf der Schwingung des Oszillators B ist nun im Vordergrund dargestellt.

Er befindet sich zu Beginn des Beobachtungszeitraums gerade im Maximum. Seine Schwingung wird durch die allgemeine Wellenfunktion (Gl. 6) beschrieben, indem für x der feste Wert $x_1 = 3/4\,\lambda$ eingesetzt wird:

$$y(x_1, t) = y_{max} \cdot \sin\left(\omega \cdot t - 2\pi \cdot \frac{3}{4}\frac{\lambda}{\lambda}\right)$$
$$= y_{max} \cdot \sin\left(\omega \cdot t - \frac{3\pi}{2}\right)$$
$$= y_{max} \cdot \sin\left(\omega \cdot t + \frac{\pi}{2}\right) = \cos(\omega \cdot t).$$

Der Oszillator führt also eine Schwingung aus, die sich bei dem gewählten zeitlichen Nullpunkt als Kosinusfunktion darstellen lässt.

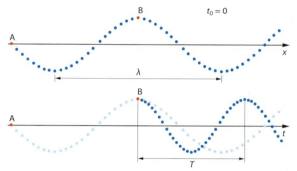

2 a) Momentaufnahme einer sich ausbreitenden Welle; b) zeitlicher Verlauf der Schwingung eines Oszillators

AUFGABEN

1 Ein Oszillator einer Transversalwelle schwingt gemäß der Gleichung $y(t) = 5\,\text{cm} \cdot \sin(\omega \cdot t)$ mit $\omega = 2\pi/T$ und $T = 2\,\text{s}$. Die Welle breitet sich mit 2 m/s linear aus.
a Ermitteln Sie die Amplitude, die Periodendauer, die Frequenz und die Wellenlänge der Welle.
b Wie lautet die Gleichung dieser Welle?
c Stellen Sie die Welle in einem y-t-Diagramm und in einem y-x-Diagramm dar.

2 Die folgenden Diagramme beschreiben eine Welle:

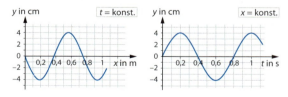

a Ermitteln Sie die Frequenz und die Ausbreitungsgeschwindigkeit der Welle.
b Geben Sie die Wellengleichung an.

3 Bestimmen Sie die Ausbreitungsgeschwindigkeit einer Wasserwelle, die entsteht, wenn ein Stein senkrecht in ruhendes Wasser fällt, z. B. in einen See oder eine Pfütze. Dokumentieren Sie Planung, Durchführung und Auswertung Ihres Experiments.

Zwei kreisförmige Wasserwellen, die an unterschiedlichen Stellen entstehen, breiten sich nach und nach aus. Sie durchdringen einander, ohne sich jedoch dauerhaft zu stören. Nur im Überschneidungsbereich der Ringsysteme kommt es zu einer sichtbaren Überlagerung von Wellenbergen oder -tälern.

1

9.3 Überlagerung von Wellen

Auf einem Wellenträger können sich gleichzeitig mehrere Wellen ausbreiten, die von verschiedenen Stellen ausgehen. Dies hat Auswirkungen auf die Auslenkung der Oszillatoren.

Superpositionsprinzip: Die Auslenkung an der Stelle, an der mehrere Wellen zusammentreffen, ist die Summe der Einzelauslenkungen.

Begrenzte Wellenzüge beeinflussen einander aber nicht dauerhaft, sondern laufen in ursprünglicher Richtung und Form weiter.
Zwei- und dreidimensionale Wellen sind durch ihre Wellenfronten charakterisiert: Oszillatoren einer Welle, die quer zur Ausbreitungsrichtung benachbart sind, besitzen dieselbe Schwingungsphase und bilden gemeinsam eine Wellenfront.

Die Wellenfronten stehen senkrecht zur Ausbreitungsrichtung der Welle. Diese wird daher auch als Wellennormale bezeichnet.

Falls eine Welle ein kleines Zentrum hat, so breitet sie sich kreisförmig auf einer Fläche oder kugelförmig im Raum aus. In sehr großem Abstand von diesem Zentrum verlaufen die Wellenfronten geradlinig bzw. als ebene Flächen im Raum. Solche *ebenen Wellen* entstehen auch, wenn der Wellenerreger geradlinig ausgedehnt ist. Die Form der aktuellen Wellenfront geht aus der Form in der Vergangenheit hervor:

Huygens'sches Prinzip: Jeder Punkt einer Wellenfront ist als Ausgangspunkt neuer Elementarwellen zu betrachten. Deren Einhüllende ergibt die neue Wellenfront zum nächsten Zeitpunkt.

Durchdringung von Wellen

Wellen können einander durchdringen, ohne sich in ihrer Ausbreitung zu stören; das ist an mehreren Wasserwellen zu erkennen, die gleichzeitig über die Wasseroberfläche laufen (Abb. 1). Jede für sich behält dabei ihre kreisförmigen Wellenfronten.
Ebenso können wir Schallsignale aus einer bestimmten Richtung wahrnehmen, während sich quer dazu Schall von einer weiteren Quelle ausbreitet: Die ursprünglichen Schallsignale erreichen uns ungestört.

Überlagerung von Wellen

An den beiden Enden einer gespannten Feder werden zwei kurze Wellenzüge erzeugt; sie laufen aufeinander zu, durchdringen einander und laufen danach weiter (Abb. 2). Jede Welle für sich betrachtet bleibt dabei ungestört. An der Stelle, an der sie einander durchdringen, kommt es jedoch zu einer Überlagerung, einer *Superposition*: An jeder Stelle im Bereich der Überlagerung ist die Auslenkung der Oszillatoren jeweils die Summe der einzelnen Auslenkungen.
Streng genommen ist hierfür ein lineares Kraftgesetz Voraussetzung: Eine doppelt so große auslenkende Kraft bewirkt dann eine doppelte Auslenkung des Oszillators.

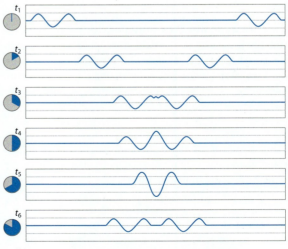

2 Überlagerung zweier aufeinander zulaufender Wellen

> Eine komplizierte Bewegung lässt sich zumeist als Überlagerung einzelner, voneinander unabhängiger Bewegungen beschreiben.
> 1.11

Streuung

Trifft eine Welle auf ein Hindernis, so kann hier eine neue Welle entstehen. Beispielhaft zeigt dies Exp. 1 a, wo sich zunächst eine Kreiswelle ausbreitet. Ein solcher Vorgang wird Streuung genannt.

EXPERIMENT 1

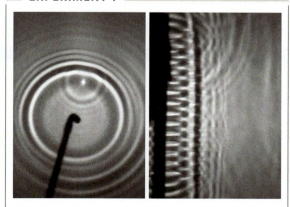

a) In einer Wasserwellenwanne wird durch rhythmisches Eintauchen eines Stabs eine harmonische Kreiswelle erzeugt. Beim Auftreffen der Wellenfronten auf ein Hindernis entsteht eine neue Kreiswelle.
b) Beim rhythmischen Eintauchen einer Reihe von Stäben entstehen einzelne phasengleiche Kreiswellen, die sich zu einer geraden Welle zusammensetzen.

Huygens'sches Prinzip

Durch die Überlagerung von Einzelwellen, die die gleiche Frequenz besitzen, entsteht eine neue Wellenfront (Exp. 1 b). Umgekehrt kann man sich jeden Teil einer Wellenfront als Ausgangspunkt von neuen Wellen vorstellen. Diese Elementarwellen überlagern einander, und in größerer Entfernung entsteht nach dem Huygen'schen Prinzip als Einhüllende die neue Wellenfront.

In Abb. 3 erzeugt ein kleiner Erreger eine kreisförmige Welle. Oszillatoren, die auf einem Kreis um diesen Erreger angeordnet sind, werden gleichzeitig zur Schwingung angeregt. Diese Oszillatoren können wiederum als Ausgangspunkte neuer Elementarwellen betrachtet werden, die dieselbe Wellenlänge wie die Ausgangswelle besitzen. Die Überlagerung der Elementarwellen ergibt eine neue kreisförmige Wellenfront.

Gerade Welle

Ist der Wellenerreger ausgedehnt und geradlinig, so geht von ihm eine Welle mit gerader Wellenfront aus (Abb. 4). Wie bei einer Kreiswelle lässt sich die nächste Wellenfront aus den Elementarwellen einer vorhergehenden Wellenfront zusammensetzen; auch in diesem Fall behält die sich ausbreitende Welle ihre Form bei.

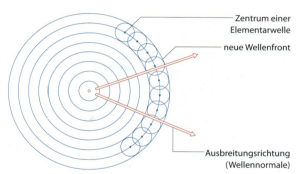

3 Wellenfronten einer Kreiswelle mit Elementarwellen und der resultierenden Wellenfront. Rot dargestellt ist beispielhaft die Ausbreitungsrichtung.

Eine Kreiswelle kann man in großem Abstand vom Zentrum durch eine gerade Welle annähern, entsprechend eine Kugelwelle durch eine ebene Welle. In allen Fällen ist die Ausbreitungsrichtung der Welle im Raum senkrecht zu den Wellenfronten. Diese relative Orientierung wird als *normal* bezeichnet, die Ausbreitungsrichtungen einer Welle sind daher *Wellennormale*.

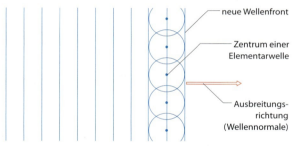

4 Wellenfronten einer geraden Welle mit Elementarwellen und der resultierenden Wellenfront

AUFGABE

1 Zwei Wellen bewegen sich aufeinander zu. Sie sind jeweils durch folgende Gleichung zu beschreiben:

$$y(x,t) = y_{max} \cdot \sin\left(\frac{2\pi}{\lambda} \cdot (x - v \cdot t)\right).$$

Welle 1	$y_{max,1} = 3$ cm	$T_1 = 2$ s	$\lambda_1 = 2$ m	$v_1 = 1$ m/s
Welle 2	$y_{max,2} = 5$ cm	$T_2 = 3$ s	$\lambda_2 = 3$ m	$v_2 = -1$ m/s

Zum Zeitpunkt $t_0 = 0$ hat die Welle 1 den Punkt $x = -5$ m erreicht, die Welle 2 den Punkt $x = 5$ m. An beiden Stellen ist die Auslenkung $y(t_0) = 0$.
a Nach welcher Zeit beginnt die Überlagerung?
b Stellen Sie mithilfe einer Tabellenkalkulation die Auslenkungen y_1 und y_2 beider Wellen sowie deren Summe zum Zeitpunkt $t_0 = 0$ in einem y-x-Diagramm dar. Zeichnen Sie weitere Darstellungen für die Zeitpunkte $t_1 = 5$ s und $t_2 = 8$ s. Beziehen Sie sich in den drei Diagrammen auf das Intervall $-7\text{ m} \leq x \leq 8\text{ m}$.

Zum Orten ihrer Beute sendet eine Fledermaus kurze Ultraschallrufe aus – mit ihren empfindlichen Ohren registriert sie dann den reflektierten Schall. Aus der Laufzeit des Schallsignals schließt die Fledermaus auf die Entfernung und die Richtung eines möglichen Beuteobjekts, aus der Stärke des reflektierten Signals auf dessen Größe.

9.4 Reflexion

Wellen breiten sich auf einem homogenen Wellenträger geradlinig aus. An einem Hindernis dagegen werden sie reflektiert: Die Ausbreitungsrichtung ändert sich und damit auch die Richtung des Energietransports.

Das Reflexionsgesetz, nach dem Einfallswinkel und Reflexionswinkel gleich groß sind, lässt sich mit dem Huygens'schen Prinzip erklären: Bei der Reflexion von Wellen an einem Hindernis ergibt sich die neue Ausbreitungsrichtung durch die Überlagerung der Elementarwellen.

Trifft eine Welle auf die Grenzfläche zu einem anderen Gebiet, in dem sie eine andere Ausbreitungsgeschwindigkeit besitzt, so wird ein Teil dieser Welle an der Grenzfläche reflektiert. Liegt hinter der Grenzfläche eine größere Ausbreitungsgeschwindigkeit vor, so wird ein Wellenberg als Wellenberg reflektiert. Liegt dort jedoch eine geringere Ausbreitungsgeschwindigkeit vor, wird ein Wellenberg als Wellental reflektiert: Die reflektierte Teilwelle erfährt dann einen Phasensprung von $\Delta\varphi = \pi$.

Partielle Reflexion

In einer Kette gleicher Oszillatoren, die auf jeweils dieselbe Weise miteinander gekoppelt sind, breitet sich eine Welle ungehindert aus. Gibt es dagegen in dieser Kette von Oszillatoren einen Bereich, in dem die Kopplung oder die Masse der Oszillatoren eine andere ist, so gilt dies nicht mehr. Die Ausbreitungsgeschwindigkeit ist dann in den beiden Bereichen unterschiedlich. Läuft die Welle von dem einen in den anderen Bereich hinein, wird am Übergang zwischen den beiden Bereichen ein Teil der Welle reflektiert (Exp. 1).

Ausbreitungsmedien

Sind bei einer Wellenausbreitung die einzelnen Oszillatoren nicht erkennbar, spricht man statt von Bereichen auf einem Wellenträger oft auch von unterschiedlichen *Medien*, in denen die Welle jeweils eine spezifische Ausbreitungsgeschwindigkeit besitzt.

EXPERIMENT 1

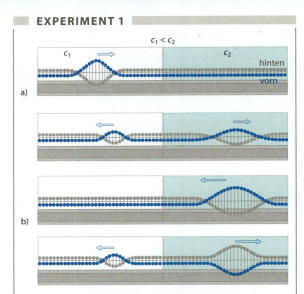

Eine Wellenmaschine ist eine Kette von horizontalen Klöppeln, die elastisch miteinander gekoppelt sind. Im linken Bereich dieser Wellenmaschine hat eine Welle eine geringere Ausbreitungsgeschwindigkeit als im rechten.
a) Links wird eine Störung erzeugt. Sie läuft zum Teil in den rechten Bereich hinein; da sie dort eine höhere Geschwindigkeit besitzt, wird sie dabei breiter. Der andere Teil der Störung wird am Übergang zwischen den beiden Bereichen reflektiert und läuft in gleicher Breite zurück.
b) Wird rechts eine Störung erzeugt, die nach links läuft, so kommt es bei der Reflexion zu einem Phasensprung: Der Wellenberg kehrt als Wellental zurück.

Bei Wasserwellen ist dieses Medium das Wasser; die Ausbreitungsgeschwindigkeit hängt hier von der Wassertiefe ab. Beim Schall ist es beispielsweise die uns umgebende Luft oder auch ein fester Körper; die Ausbreitungsgeschwindigkeit hängt wesentlich von der Festigkeit des Materials ab. Licht breitet sich in transparenten Medien wie Glas oder Wasser mit unterschiedlichen Geschwindigkeiten aus. Oszillatoren sind für die Lichtausbreitung allerdings nicht nötig, sie findet auch im Vakuum statt.

2.11 Für elastische Stöße von materiellen Körpern mit einer Wand gilt der Impulserhaltungssatz – und damit das Reflexionsgesetz.

Phasensprung Bei der Reflexion an der Grenze zu einem Bereich mit einer höheren Ausbreitungsgeschwindigkeit wird ein Wellenberg auch als Wellenberg reflektiert (Exp. 1). Im umgekehrten Fall, bei Reflexion an der Grenze zu einem Bereich mit niedrigerer Ausbreitungsgeschwindigkeit, findet ein Phasensprung von π statt: Ein einlaufender Wellenberg wird hier als Wellental reflektiert.

Auch am Ende einer Kette von Oszillatoren bzw. am Ende des Wellenträgers, etwa einer langen Spiralfeder, kommt es zur Reflexion (Abb. 2). An einem festen Ende, wenn also der letzte Oszillator fest eingespannt ist, entsteht dabei ebenfalls ein Phasensprung um π. An einem losen Ende dagegen wird die Welle wie an einem Übergang in einen Bereich mit höherer Ausbreitungsgeschwindigkeit reflektiert, nämlich ohne Phasensprung. In beiden Fällen der Reflexion am Ende eines Wellenträgers bleibt die Amplitude der Störung unverändert: Im Idealfall wird keine Energie auf die feste Stange übertragen, es wird nur die Richtung des Energietransports umgekehrt.

Der Grund für das Auftreten des Phasensprungs liegt in der starren Befestigung des letzten Oszillators: Der vorletzte Oszillator läuft durch die Gleichgewichtslage weiter, die Welle wird mit umgekehrter Auslenkung reflektiert (Abb. 2 a). Am losen Ende dagegen vollzieht der letzte Oszillator die Schwingung mit (Abb. 2 b). Er gibt seine Energie so an den vorletzten Oszillator zurück, wie er sie an den nächsten weitergeben würde, wenn der Wellenträger an dieser Stelle nicht zu Ende wäre.

ten lässt sich mit dem Huygens'schen Prinzip erklären. In Abb. 3 fällt eine gerade Welle schräg auf ein Hindernis. Eine Wellenfront trifft zunächst im Punkt A auf die Oberfläche. Kurz danach haben sich die von A ausgehenden Elementarwellen schon weiter ausgebreitet als diejenigen, die von den Punkten rechts neben A ausgehen. Es bildet sich als Einhüllende der Elementarwellen, die zur selben erzeugenden Wellenfront $\overline{CD}$ gehören, eine reflektierte gerade Welle, die nach oben läuft. Da die Wellenlänge vor und nach der Reflexion gleich groß ist, sind auch Einfallswinkel und Reflexionswinkel gleich groß.

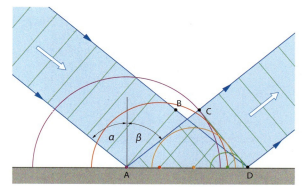

3 Reflexion einer geraden Welle nach dem Huygens'schen Prinzip. Die Normalen der einfallenden und der ausfallenden Welle nehmen zum Lot auf der reflektierenden Gerade oder Fläche denselben Winkel ein.

AUFGABEN

1 Erklären Sie das Phänomen Reflexion mithilfe des Huygens'schen Prinzips.
2 Ein Schiff fährt an einer Hafeneinfahrt vorbei. Ein Beobachter, der sein Boot im Hafenbecken festgemacht hat, stellt fest, dass die Wellen im Hafenbecken teilweise größere Amplituden besitzen als direkt in der Nähe des Schiffs. Erklären Sie das Phänomen.

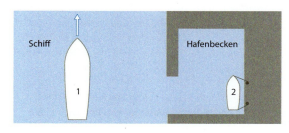

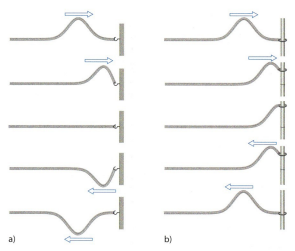

2 Reflexion einer Störung: a) an einem festen, b) an einem losen Ende

Reflexionsgesetz

Die Reflexion von Wasserwellen und anderen zwei- oder dreidimensionalen Wellen wird mit dem Reflexionsgesetz beschrieben: Die Wellennormalen besitzen vor und nach der Reflexion den gleichen Winkel zum Lot. Dieses Verhal-

3 Die Reflexion von Schallwellen kann sich auf die Akustik in Kirchen und Konzerthallen positiv oder auch negativ auswirken. Erläutern Sie Beispiele.
4 Beschreiben Sie das Verhalten einer Welle, die sich auf einem begrenzten Wellenträger ausbreitet, für die beiden Fälle, dass der Wellenträger am Ende frei beweglich bzw. fest eingespannt ist.

Trifft ein Quantenobjekt auf eine Wand, gibt es immer eine gewisse Wahrscheinlichkeit für das Eindringen in die Wand bzw. die Reflexion an der Oberfläche.

Auch wenn der Wind nicht vom Meer her bläst, schmiegen sich die Wellenfronten der Küstenlinie an: Die Geschwindigkeit der Wasserwellen wird mit abnehmender Tiefe geringer, daher laufen sie an einer flachen Küste immer nahezu senkrecht auf den Strand zu.

9.5 Brechung und Beugung

Die Beschreibung einer Wellenausbreitung mithilfe von Elementarwellen erweist sich nicht nur bei der Reflexion, sondern auch bei anderen Wellenphänomenen als erfolgreich.

Brechung Ändert sich beim Eindringen einer Welle in ein anderes Medium ihre Ausbreitungsgeschwindigkeit, so ändert sich dabei auch ihre Ausbreitungsrichtung. Dies gilt allerdings nur, wenn die Welle schräg gegen die Grenze läuft.
Die Richtungsänderung kann mithilfe von Elementarwellen konstruiert werden. Dabei ist zu berücksichtigen, dass die Wellenlängen in den beiden Medien unterschiedlich groß sind. Es gilt das Brechungsgesetz:

$$\frac{\sin\alpha}{\sin\beta} = \frac{c_1}{c_2}. \quad (1)$$

Hierbei ist α_1 der Einfalls- und β der Brechungswinkel zum Lot, c_1 und c_2 sind die Ausbreitungsgeschwindigkeiten der Welle in den beiden Medien.

Beugung Eine andere Beeinflussung der Wellenausbreitung tritt auf, wenn ein Teil einer Welle durch ein Hindernis blockiert wird, ein anderer Teil das Hindernis aber passiert. Dann ergeben sich zusätzlich zur ursprünglichen Ausbreitung Wellenfronten von Kreis- bzw. Kugelwellen:

Wellen können in den geometrischen Schattenraum hinter einem Hindernis eindringen.

EXPERIMENT 1

Mit einem langen Erreger wird eine gerade Wasserwelle erzeugt. Durch Einlegen einer Kunststoffplatte wird die Wassertiefe in einem Teil der Wellenwanne verringert. An der Grenze zwischen beiden Bereichen kommt es zur Brechung.

Die Änderung der Ausbreitungsrichtung lässt sich mithilfe von Elementarwellen konstruieren (Abb. 2). Im Bereich mit der geringeren Ausbreitungsgeschwindigkeit ergeben sich Wellenfronten als Einhüllende der Elementarwellen an der Mediengrenze. Ihre Wellennormalen schließen mit dem Lot auf die Grenzfläche einen kleineren Winkel ein als die Wellennormalen der einfallenden Welle.

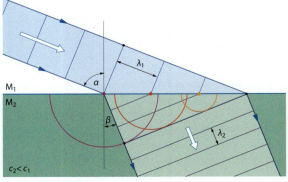

2 Brechung einer geraden Welle

Brechung

In Exp. 1 wird die Ausbreitung einer Wasserwelle untersucht. Beim Übergang der Welle in den Bereich geringerer Wassertiefe nimmt die Geschwindigkeit ab, die Ausbreitungsrichtung ändert sich. Da die Frequenz der Welle konstant bleibt, nimmt ihre Wellenlänge gemäß $\lambda = c/f$ ab.

Das Fermat'sche Prinzip führt die Reflexion und die Brechung von Licht auf dieselbe Ursache zurück: Das Licht nimmt den schnellsten Weg zwischen zwei Punkten.

Aus der Konstruktion ergibt sich für die Richtungsänderung der Wellennormalen:

$$\frac{\sin\alpha}{\sin\beta} = \frac{\lambda_1}{\lambda_2}. \qquad (2)$$

Daraus folgt mit $c = \lambda \cdot f$ das Brechungsgesetz (Gl. 1).

Beugung

Ein anderes Phänomen zeigt sich, wenn einer ebenen Welle ein ausgedehntes Hindernis mit einer kleinen Öffnung in den Weg gestellt wird (Exp. 2). Die Welle durchdringt das Hindernis an der Öffnung – jedoch breitet sie sich dahinter nicht nur in ihrer ursprünglichen Richtung aus, sondern es entstehen kreisförmige Wellenfronten, in deren Zentrum die kleine Öffnung liegt. Dieses Phänomen wird Beugung genannt.

EXPERIMENT 2

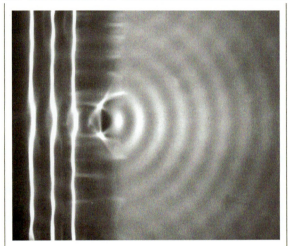

In einer Wellenwanne treffen gerade Wellenfronten auf ein breites Hindernis, das eine schmale Öffnung besitzt. Dahinter breitet sich eine kreisförmige Welle aus.

Die Beugung lässt sich ebenfalls mit dem Huygens'schen Prinzip erklären: Die auftreffende Welle regt in der kleinen Öffnung eine Elementarwelle an. Diese breitet sich anschließend kreisförmig aus.

Auch an der Kante eines Hindernisses kann es zur Beugung kommen: Experiment 3 zeigt, wie kreisförmige Wellenfronten in den Bereich hinter einem Hindernis eindringen. Nach dem Huygens'schen Prinzip erzeugen die vom Hindernis ungestörten Bereiche der geraden Wellen kreisförmige Elementarwellen, die sich wieder zu einer geraden Wellenfront vereinigen (vgl. 9.3, Abb. 4). Hinter dem Hindernis fehlen dagegen die entsprechenden Elementarwellen, sodass die Erregung an der Kante dort zur Ausbreitung kreisförmiger Wellen führt.

EXPERIMENT 3

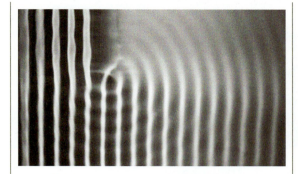

In einer Wellenwanne treffen gerade Wellenfronten auf ein Hindernis mit einer Kante. Dahinter breitet sich eine kreisförmige Welle aus.

Der Bereich hinter dem Hindernis, in das diese kreisförmigen Wellen eindringen, heißt auch *geometrischer Schattenraum*: Nach den Gesetzen der Strahlenoptik würde dieser bei Beleuchtung mit parallelem Licht im Schatten liegen. Allerdings ist bei geeigneten Lichtquellen ein Eindringen von Licht in den geometrischen Schattenraum zu beobachten (vgl. 10.3). Dies ist ein Hinweis darauf, dass auch Licht Welleneigenschaften besitzt.

AUFGABEN

1 Eine Erdbebenwelle breitet sich mit 6,4 km/s in einer bestimmten Gesteinssorte aus und trifft unter einem Winkel von 20° auf eine zweite Gesteinssorte. Die Welle wird an der Grenzschicht gebrochen, wobei der Brechungswinkel 24° beträgt.
a Berechnen Sie die Geschwindigkeit der Welle in der zweiten Gesteinssorte.
b Stellen Sie die Richtungsänderung der Erdbebenwelle in einer Zeichnung dar.

2 Ändert sich beim Übergang einer Welle von einem Medium in ein anderes die Frequenz der Welle? Begründen Sie Ihre Antwort.

3 Erläutern Sie, wie die Entstehung eines Tsunamis mit der Ausbreitungsgeschwindigkeit von Wellen zusammenhängt. Beziehen Sie dabei die Erklärung von Abb. 1 mit ein.

4 Eine Schallwelle trifft bei 20 °C mit der Geschwindigkeit 343 m/s unter einem Einfallswinkel α auf eine 0 °C kalte Luftschicht, in der sich der Schall nur noch mit 331 m/s ausbreitet.
a Stellen Sie die Abhängigkeit des Brechungswinkels β vom Einfallswinkel α für das Intervall $5° \leq \alpha \leq 40°$ in einem Diagramm dar.
b Wie ändert sich der Brechungswinkel β, wenn der Winkel α immer weiter erhöht wird? Erklären Sie diesen Zusammenhang.

Eine Biene schlägt mit beiden Flügeln rhythmisch auf eine Wasseroberfläche. Es entstehen Kreiswellen, die einander überlagern – auf der Wasseroberfläche bildet sich ein streifenförmiges Muster aus. Obwohl die Wellenberge und -täler sich bewegen, bleibt dieses Muster stabil.

9.6 Interferenz

Zwei oder mehr Wellen können einander so überlagern, dass ein stabiles Muster entsteht. Die resultierende Amplitude, mit der die einzelnen Oszillatoren schwingen, ist dann abwechselnd minimal und maximal. Die Bedingung hierfür ist, dass diese Wellen an jedem Ort im Raum mit gleichbleibender Phasendifferenz zusammentreffen. Dazu müssen die Wellenerreger mit derselben Frequenz schwingen.

Die Überlagerung der Wellen von zwei oder mehr Erregern, die mit derselben Frequenz schwingen, heißt Interferenz.

Die Auslenkung an einer Stelle ergibt sich als Summe der Auslenkungen, die durch die unterschiedlichen Erreger hervorgerufen werden.

Konstruktive und destruktive Interferenz Treffen zwei Wellen an einer Stelle gleichphasig aufeinander, kommt es zu einer gegenseitigen Verstärkung, zur *konstruktiven Interferenz*. Treffen sie gegenphasig aufeinander, so schwächen sie sich gegenseitig, dies wird *destruktive Interferenz* genannt.
Die Amplitude ergibt sich aus der Phasendifferenz $\Delta \varphi$, mit der die Wellen am Oszillator eintreffen, sie hängt also vom Entfernungsunterschied zu den beiden Erregern Δx ab. Schwingen die beiden Erreger gleichphasig, gilt:

Konstruktive Interferenz tritt bei Wegdifferenzen von $\Delta x = n \cdot \lambda$ auf, destruktive Interferenz bei $\Delta x = (n + 1/2)\lambda$; dabei ist n eine ganze Zahl.

Überlagern sich zwei Wellen mit gleicher Frequenz und Amplitude, so ist die resultierende Amplitude bei konstruktiver Interferenz doppelt so groß wie die der einzelnen Wellen. Bei destruktiver Interferenz dagegen ist sie null – der Oszillator bleibt dauerhaft in Ruhe.

Schwebung

Die Überlagerung der Wellen zweier Erreger führt im allgemeinen Fall nicht zu einem stabilen Zustand, sondern zu einem scheinbar regellosen Schwingen der einzelnen Oszillatoren im Raum. Liegen aber die Frequenzen der beiden Erreger nahe beieinander, so kommt es zur Schwebung (vgl. 8.8): An jedem Ort schwankt die Amplitude zeitlich zwischen einem Maximalwert und einem Minimalwert; die Schwebungsfrequenz beträgt $f_{sum} = |f_1 - f_2|$.
Nähern sich die Frequenzen der beiden Erreger weiter an, so nimmt die Schwebungsfrequenz, mit der die resultierende Amplitude variiert, ab. Die Schwebung kommt schließlich zum Erliegen, wenn beide Erreger mit derselben Frequenz schwingen: Aus der Schwebung ist dann eine räumlich und zeitlich stabile Interferenz entstanden.

Interferenz

Häufig wird auch die Überlagerung von Wellen mit beliebiger Frequenz als Interferenz bezeichnet. Im Folgenden wird aber nur eine solche Situation Interferenz genannt, bei der sich zwei Wellen gleicher Frequenz überlagern und sich ein zeitlich stabiles Muster im Raum ausbildet (Exp. 1).

EXPERIMENT 1

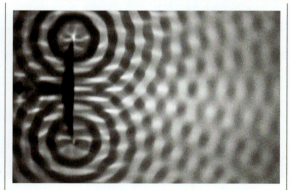

In einer Wellenwanne berühren zwei Stäbe im selben Rhythmus die Wasseroberfläche. Die sich ausbreitenden Wasserwellen bilden ein stabiles Interferenzmuster aus Bereichen, die in Bewegung sind, und solchen, die nahezu ruhen.

Treffen an einem bestimmten Ort zwei Wellen mit gleichgerichteter Auslenkung zusammen, also etwa Wellenberg auf Wellenberg und Wellental auf Wellental, so verstärken sie einander. Treffen dagegen an einem Ort Wellen mit entgegengesetzt gerichteter Auslenkung zusammen, also Wellenberg auf Wellental, so kommt es zu einer verminderten Auslenkung, bei gleichen Amplituden sogar zur vollständigen Auslöschung.

Die resultierende Auslenkung (Abb. 2) ist vom betrachteten Zeitpunkt abhängig, denn sie schwankt an einem Maximum beispielsweise zwischen dem Wert der Amplitude y_{max} in negativer und positiver Richtung. Die Amplitude selbst ist nicht zeitabhängig; für ihre Berechnung ist also der Zeitpunkt ohne Bedeutung.

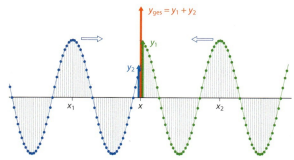

2 Momentaufnahme eines Oszillators am Ort x, der von zwei Wellen getroffen wird. Die resultierende Auslenkung ist die Summe der einzelnen Auslenkungen.

Orte konstruktiver und destruktiver Interferenz

Die Amplitude, mit der ein Oszillator an einem bestimmten Ort schwingt, hängt von der Phasendifferenz $\Delta\varphi$ der beiden Wellen ab. Der Oszillator befinde sich am Ort x, die beiden Erreger in den Entfernungen x_1 und x_2 davon. Wenn die Erreger phasengleich schwingen, gilt:

$$\Delta\varphi = \frac{2\pi}{\lambda} \cdot (x_2 - x_1) = \frac{2\pi}{\lambda} \cdot \Delta x. \quad (1)$$

Von Bedeutung ist also nur der Wegunterschied Δx, den die beiden Wellen am jeweils beobachteten Ort haben.

Für einen Wegunterschied $\Delta x = n \cdot \lambda$ tritt konstruktive Interferenz auf; n ist eine ganze Zahl. In diesem Fall wird $\Delta\varphi$ ein Vielfaches von 2π, und es trifft stets Wellenberg auf Wellenberg und Wellental auf Wellental.

Destruktive Interferenz ergibt sich dagegen für einen Wegunterschied von $\Delta x = (n + 1/2)\lambda$. Dann ist $\Delta\varphi$ ein ungeradzahliges Vielfaches von π, und auf einen Wellenberg trifft stets ein Wellental.

Für den Fall, dass die beiden Erreger zwar mit gleicher Frequenz, aber nicht gleichphasig schwingen, muss in Gl. (1) eine zusätzliche Anfangsphasendifferenz berücksichtigt werden. Der Betrag der resultierenden Auslenkung liegt dann zwischen null und $y_{max,1} + y_{max,2}$.

MATHEMATISCHE VERTIEFUNG

Werden die Orte, an denen Interferenzmaxima auftreten, oder die, an denen Minima auftreten, miteinander verbunden, so stellen die entstehenden Kurven Hyperbeln dar (Abb. 3): Eine Hyperbel ist die Menge aller Punkte, deren Wege zu zwei gegebenen Punkten A und B einen konstanten Wegunterschied aufweisen. Dieser beträgt für die Verbindungslinie zwischen den Maxima ein geradzahliges Vielfaches von λ, für die Linie zwischen den Minima ein ungeradzahliges Vielfaches von λ.

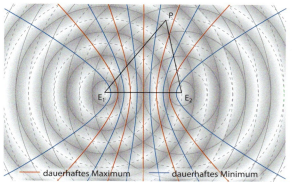

3 Kurven von Minima und Maxima der Amplituden bei der Interferenz zweier Wellen

AUFGABEN

1 Zwei Schallquellen erzeugen sinusförmige Signale mit den Amplituden $y_{max,1} = 0{,}02$ mm und $y_{max,2} = 0{,}1$ mm sowie den Frequenzen $f_1 = 200$ Hz und $f_2 = 180$ Hz.

a Berechnen Sie die Frequenz der Schwebung und beschreiben Sie, wie diese wahrgenommen wird.

b Stellen Sie mithilfe einer Tabellenkalkulationssoftware für einen beliebigen Ort die Auslenkungen y_1 und y_2 beider Wellen in einem Diagramm dar – jeweils mindestens fünf Perioden.

c Stellen Sie in einem weiteren Diagramm $y_1 + y_2$ als Funktion der Zeit dar und veranschaulichen Sie im Diagramm die Periodendauer der Schwebung. Berechnen Sie daraus die Schwebungsfrequenz, und vergleichen Sie das Ergebnis mit dem aus Teil a.

d Hat eine Veränderung der Amplituden einen Einfluss auf die Schwebungsfrequenz?

2 Zwei Lautsprecher befinden sich im Abstand x voneinander und senden ein sinusförmiges Signal gleicher Frequenz und Phase aus. Die Wellenlänge beträgt 5 cm. Geben Sie Werte für x an, bei denen in P ein Lautstärkeminimum bzw. -maximum auftritt.

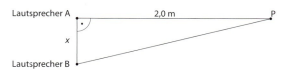

METHODEN

9.7 Darstellung von Wellen mit Zeigern

Die Überlagerung von Wellen führt an unterschiedlichen Orten im Raum zu Schwingungen mit unterschiedlicher Amplitude. Diese Amplitude lässt sich Punkt für Punkt aus den jeweiligen Entfernungen zu den Erregerzentren berechnen. Dazu eignet sich eine grafische Methode: der Zeigerformalismus.

Zeigerformalismus

Die Auslenkung einer Welle an einem bestimmten Punkt wird durch einen rotierenden Zeiger dargestellt. Seine Komponente in y-Richtung gibt die Auslenkung der Welle an. Er dreht sich einmal vollständig im Uhrzeigersinn, wenn die Welle einen Weg s zurücklegt, der so groß ist wie ihre Wellenlänge λ. Der Drehwinkel des Zeigers ist:

$$\alpha = -2\pi \cdot \frac{s}{\lambda}, \quad (1)$$

wenn die Drehung bei »3 Uhr« startet. Es wird also von einer sinusförmigen Welle ausgegangen, die am Ort $s = 0$ und zur Zeit $t = 0$ die Auslenkung $y = 0$ aufweist:

$$y(x) = y_{max} \cdot \sin\left(-2\pi \frac{s}{\lambda}\right). \quad (2)$$

Der Drehwinkel des Zeigers ist damit der Phasenwinkel der Welle.

Darstellung mithilfe eines Computers

Um die Überlagerung von mehreren zweidimensionalen Wellen darzustellen, werden für einen Empfängerpunkt E die Zeiger für alle Wellen gezeichnet und anschließend grafisch bzw. rechnerisch addiert. Im Fall dreidimensionaler Wellen wird nur eine Ebene zur Darstellung ausgewählt. Um das ausgedehnte Interferenzbild zu erhalten, muss für eine Vielzahl von Empfängerpunkten jeweils der resultierende Zeiger ermittelt werden. Für jeden Punkt werden also zunächst aus seinen Entfernungen zu den Erregern die Drehwinkel der Zeiger und dann der resultierende Zeiger berechnet.

Diese Berechnung lässt sich mithilfe eines Computers durchführen. Abb. 1 zeigt eine Simulation, wie sie mit einer dynamischen Geometriesoftware erstellt werden kann. Für die Berechnung werden zunächst die Quellpunkte P_1 und P_2 sowie der zu untersuchende Empfängerpunkt E in ein Koordinatensystem eingefügt. Außerdem werden die beiden Wege, die die Wellen zu E zurücklegen, eingezeichnet. Diese Wege sind zugleich die Normalen auf den Wellenfronten der Kreiswellen, die von P_1 und P_2 ausgehen.

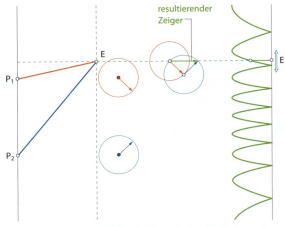

1 Die grafische Addition der beiden Zeiger gibt die Lage der Minima und Maxima im Interferenzmuster wieder.

Die Berechnung der Drehwinkel der zugehörigen Zeiger wird von der Software dynamisch bei jeder Veränderung vorgenommen, anschließend werden die beiden Zeiger mit ihrem jeweiligen Drehwinkel gezeichnet. Schließlich erfolgt die vektorielle Addition der beiden Zeiger zu dem resultierenden grünen Zeiger. Dessen Länge ist proportional zur resultierenden Amplitude der beiden überlagerten Wellen.

In Abb. 1 wurde schließlich für die Berechnung eines Schnitts durch das Wellenfeld der Punkt E längs der senkrechten Linie verschoben. Die grüne Kurve gibt den Betrag der durch die Interferenz entstandenen resultierenden Amplitude längs dieser Linie an.

Der Vorteil dieser Berechnungsmethode liegt darin, dass sie unmittelbar das zeitlich stabile Interferenzmuster, also die Größe der Amplitude an verschiedenen Empfängerorten liefert: Das Ergebnis hängt nur vom relativen Drehwinkel der beiden Zeiger zueinander ab (Abb. 1). Würde man dagegen die Auslenkungen der beiden Wellen am Empfängerort mit der Wellenfunktion (vgl. 9.2) berechnen und addieren, so erhielte man als Ergebnis den *Schwingungszustand*, also die Auslenkung am Empfängerort zu einem bestimmten Zeitpunkt (Abb. 2). Meistens ist man jedoch an dem Interferenzmuster interessiert.

Die Berechnung von Interferenzbildern mithilfe des Zeigerformalismus kann leicht der zu untersuchenden Situation angepasst werden. So kann beispielsweise ein dritter Quellpunkt hinzugefügt werden: Es ergibt sich ein schwächeres Maximum entlang der Achse quer zur Anordnung der Quellpunkte (Abb. 3 a).

Sehr viele, eng zusammenliegende Quellpunkte ergeben dagegen ein sehr breites Maximum (Abb. 3 b). Quer zur Ausbreitungsrichtung variiert die Wellenamplitude in der Nähe der Achse nur noch geringfügig: Diese Erreger senden wie ein Stab eine gerade Welle mit nahezu konstanter Amplitude aus.

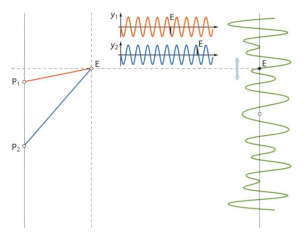

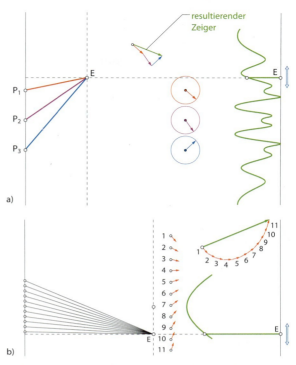

2 Die Addition der Auslenkungen der beiden Wellen ergibt die momentane Auslenkung; sie kann zu einem bestimmten Zeitpunkt null sein, obwohl die resultierende Amplitude (vgl. Abb. 1) nicht null ist.

Zeigerlänge

Die Länge eines Zeigers gibt die Amplitude der Welle an einem bestimmten Ort an. Diese Länge kann in einem beliebigen Maßstab dargestellt werden; wichtig ist lediglich, dass die relative Stärke der Erreger berücksichtigt wird.
Die Amplitude einer Welle nimmt in der Regel mit der Entfernung von den Erregern ab; der Beitrag einer Welle zur resultierenden Schwingung an einem Ort ist also auch von ihrer Weglänge abhängig.
Bei Berechnungen mit dem Zeigerformalismus wird dagegen allen Zeigern die gleiche Länge zugewiesen: Es wird also vorausgesetzt, dass sich die Entfernungen vom Empfängerpunkt E zu den einzelnen Quellen nicht stark unterscheiden und dass die Wellen mit etwa gleicher Amplitude angeregt werden.

Energie

Ist die Schwingungsamplitude, die durch zwei Erreger hervorgerufen wird, gleich groß, so kommt es zu einer besonderen Situation: In den Maxima ist die Amplitude genau doppelt so groß wie diejenige, die im Fall eines einzelnen Erregers entstünde. Dabei ist die Energie einer Schwingung proportional zum Quadrat der Auslenkung des Oszillators. In den Minima verschwindet die resultierende Amplitude vollständig; dementsprechend ist auch die Energie der Schwingungen an diesen Stellen immer null.

Beispiel Die beiden miteinander interferierenden Wellen haben im zeitlichen Mittel genauso viel Energie wie die beiden einzelnen, wenn sie nicht interferieren würden. Dies zeigt exemplarisch die folgende Rechnung:

3 Berechnung der Interferenzbilder von 3 Punktquellen (a) und einer Reihe von Punktquellen (b)

Amplituden und Energien der einzelnen Wellen:

$y_{max,1} = 3$ cm $\qquad y_{max,2} = 3$ cm

$E_1 = 9$ J $\qquad E_2 = 9$ J

Amplitude in einem Maximum bzw. Minimum:

$y_{max} = 3$ cm $+ 3$ cm $= 6$ cm $\qquad y_{min} = 3$ cm $- 3$ cm $= 0$

Energie in einem Maximum bzw. Minimum:

$E_{max} = (3+3)^2$ J $= 36$ J $\qquad E_{min} = 0$

$E_{mittel} = \dfrac{(36\text{ J} + 0)}{2} = 18$ J $= 9$ J $+ 9$ J

■ AUFGABE

1 Die Lautsprecher L_1 und L_2 senden in gleicher Phase eine Schallwelle mit $\lambda = 7{,}5$ cm und $y_{max} = 2$ mm aus. Zeichnen Sie für den Punkt E die Zeiger der von L_1 und L_2 ausgehenden Wellen sowie den daraus resultierenden Zeiger. Wählen Sie zur sinnvollen Darstellung der Zeigerlänge einen geeigneten Maßstab.

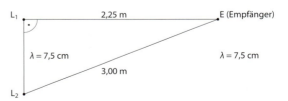

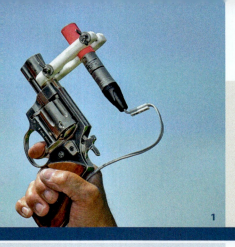

Der Pistolenschuss dient bei Wettkämpfen als Startsignal, über ein Mikrofon wird zeitgleich die Uhr gestartet. Damit auch die Sportler sofort das Signal erhalten, sind direkt an ihren Startpositionen Lautsprecher angebracht, die den Schuss ohne Verzögerung übertragen.

9.8 Schall und Schallwellen

Eine schwingende Saite, eine Lautsprechermembran und andere Schallquellen regen in ihrer Umgebung Schallwellen an, die dann von unseren Ohren oder anderen Empfängern wahrgenommen werden können. Schallwellen sind in Gasen Longitudinalwellen von Druckschwankungen. In Festkörpern können sie sich dagegen auch als Transversalwellen ausbreiten.

Schallwellen sind in einem Frequenzbereich von etwa 20 Hz bis 20 000 Hz vom menschlichen Ohr wahrnehmbar.

Die Ausbreitungsgeschwindigkeit von Schallwellen in Luft beträgt etwa 340 m/s; in flüssigen und festen Medien ist sie meist erheblich größer.
Eine Stimmgabel gibt einen nahezu »reinen« Ton ab: Ihre Zinken führen in etwa eine sinusförmige Schwingung aus. Ein Klang, wie ihn ein Musikinstrument erzeugt, kann als Überlagerung mehrerer sinusförmiger Schwingungen unterschiedlicher Frequenz beschrieben werden.

Eigenschaften von Schallwellen

Führt eine Schallquelle, beispielsweise eine Lautsprechermembran, eine Schwingung aus, so bewirkt sie in ihrer Umgebung eine Luftdruckschwankung. Diese Druckschwankung breitet sich dann als Welle aus.
Die Ausbreitungsgeschwindigkeit einer Schallwelle in Luft kann wie in Exp. 1 bestimmt werden. Sie nimmt sowohl bei steigender Temperatur als auch bei steigendem Luftdruck zu: In beiden Fällen stoßen die Gasmoleküle häufiger miteinander, die Kopplung zwischen benachbarten Volumenelementen wird dadurch stärker.
Auch in Flüssigkeiten und Festkörpern findet eine Schallausbreitung statt: Wale und Delfine verständigen sich über große Entfernungen unter Wasser mit ihren »Gesängen«; Schienen in einem Bahnhof kündigen häufig das Herannahen eines Zugs an.

EXPERIMENT 1

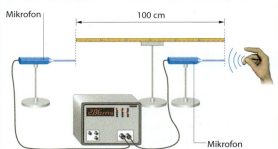

Ein kurzes Geräusch wird mit zwei Mikrofonen im Abstand von $\Delta s = 1$ m registriert. Beide Mikrofone und der Ort der Schallerzeugung liegen dabei auf einer Geraden. Mit der elektronischen Uhr wird die Laufzeit des Schalls Δt zwischen den beiden Mikrofonen gemessen.

Die Schallgeschwindigkeiten in flüssigen und festen Stoffen liegen deutlich höher als in Gasen, weil in ihnen die Kopplung zwischen benachbarten Volumenelementen stärker ist. In Festkörpern kann es bei der Schallausbreitung nicht nur zu Longitudinalwellen kommen, bei denen benachbarte Bereiche abwechselnd gestaucht und gestreckt werden, sondern auch zu Transversalwellen mit einer wechselseitigen Scherung benachbarter Bereiche (Abb. 2).

Schallgeschwindigkeiten in einigen Stoffen

Stoff	c in m/s
Luft bei 0 °C	331
Luft bei 20 °C	343
Kohlenstoffdioxid bei 20 °C	260
Wasserstoff bei 0 °C	1400
Wasser bei 20 °C	1484
Öl	1500
Eis bei − 4 °C	3230
Blei	1230
Beton	3800
Stahl	5100
Holz	4000

Im Gegensatz zum Schall kann sich Licht auch ohne einen materiellen Träger ausbreiten – und besitzt dann die höchste Ausbreitungsgeschwindigkeit überhaupt.

SCHWINGUNGEN UND WELLEN | 9 Wellen

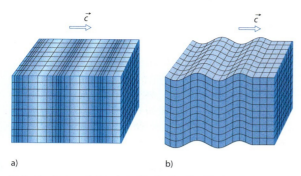

2 Ausbreitung a) einer Longitudinalwelle, b) einer Transversalwelle in einem Festkörper

Als Schallwellen werden üblicherweise mechanische Wellen mit Frequenzen von 20 Hz bis 20 kHz bezeichnet. Bei höheren Frequenzen schließt sich der *Ultraschall* an, bei niedrigeren der *Infraschall*.

Ton – Klang – Geräusch

Für den Schall unterschiedlicher Schallquellen haben wir in unserer Sprache verschiedenste, oft lautmalerische Bezeichnungen: Summen, Quietschen, Knallen usw. Auch in der Physik lassen sich die Signale unterschiedlicher Schallquellen kategorisieren. Dazu wird ihr Schwingungsverhalten untersucht, das durch Schallwellen an ein Mikrofon übertragen wird.

Um dieses Schwingungsverhalten darzustellen, gibt es zwei Möglichkeiten: einerseits die unmittelbare Aufzeichnung einer $y(t)$-Kurve und andererseits die Erzeugung eines Frequenzspektrums mithilfe einer computergestützten Fourier-Analyse (vgl. 8.8).

Abbildung 3 zeigt typische Schwingungsformen: Eine Stimmgabel führt eine nahezu reine Sinusschwingung aus (Abb. 3 a). Die Sinusschwingung wird daher in der Akustik als Ton bezeichnet; ein Ton kann auch mit elektronischen Geräten erzeugt werden.

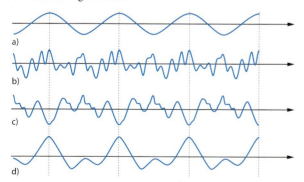

3 Aufzeichnung eines Mikrofonsignals: a) Ton mit der Frequenz 880 Hz; b) Klang einer Gitarrensaite mit demselben Grundton; c) Klang eines gesungenen Vokals »a«; d) Klang eines gesungenen Vokals »o«

Das Schwingungsbild eines Musikinstruments zeigt eine nicht sinusförmige, aber periodische Form (Abb. 3 b). Die Schwingung kann als eine Überlagerung mehrerer Töne in einem bestimmten Frequenzverhältnis gedeutet werden.

Kommunikation durch gesprochene Sprache nutzt die Fähigkeit der Stimme, den Klang zu variieren. Die Vokale »a« und »o« können mit derselben dominierenden Tonhöhe gesprochen oder gesungen werden und weisen dabei ungleiche Schwingungsverläufe auf (Abb. 3 c und d). Ein Geräusch dagegen verursacht ein nichtperiodisches Schwingungsbild. Beispiele für Frequenzspektren, die mit einem Computerprogramm aus einem Schallsignal berechnet wurden, zeigt Abb. 4.

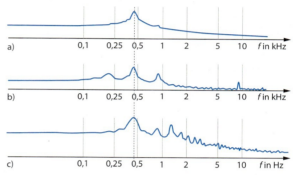

4 Frequenzspektren, die mithilfe einer Smartphone-App aufgenommen wurden: a) Stimmgabel; b) Gitarrensaite; c) gesungener Ton

AUFGABEN

1 Geben Sie Belege dafür an, dass durch Schallwellen Energie übertragen wird.

2 In Exp. 1 wurde eine Zeit von 2,95 ms gemessen. Ermitteln Sie die Lufttemperatur, wenn Folgendes angenommen wird: Der Zusammenhang zwischen Ausbreitungsgeschwindigkeit und Lufttemperatur ist linear. Bei 0 °C beträgt die Ausbreitungsgeschwindigkeit 331 m/s, bei 20 °C sind es 344 m/s.

3 Menschen können im Allgemeinen in einem Frequenzbereich von 20 Hz bis 20 000 Hz hören. Geben Sie den entsprechenden Wellenlängenbereich an.

4 In einem Raum eines Freizeitbads befindet sich ein Entspannungsbecken. Sowohl im Raum als auch unter Wasser gibt es Lautsprecher, die ein und dasselbe Musiksignal aussenden. Eine Person im Entspannungsbecken ist 10 m von einem Raumlautsprecher und 6 m von einem Unterwasserlautsprecher entfernt. Erläutern Sie, was die Person wahrnimmt:
a wenn sich beide Ohren vollständig unter Wasser befinden,
b wenn sich ein Ohr über Wasser und ein Ohr unter Wasser befindet. Ergänzen Sie Ihre Aussage durch eine quantitative Betrachtung.

Mit den 88 Tasten eines Konzertflügels werden Saiten angeschlagen, die in bestimmten, festgelegten Intervallen gestimmt sind. Der tiefste Ton A_2 besitzt eine Frequenz von 27,50 Hz, der höchste Ton c^5 hat 4186 Hz. Das menschliche Ohr ist jedoch in der Lage, noch wesentlich feinere Abstufungen in der Tonhöhe – und außerdem sehr geringe Lautstärkeunterschiede – wahrzunehmen.

9.9 Schallwahrnehmung

Schallwellen transportieren wie alle Wellen bei ihrer Ausbreitung Energie. Das menschliche Gehör ist nicht nur in der Lage, sehr kleine Energieströme wahrzunehmen, sondern es kann auch Wellen mit sehr unterschiedlichen Intensitäten verarbeiten.
Die Intensität I einer Welle gibt an, wie viel Energie E pro Zeit durch eine Fläche A tritt:

$$I = \frac{E}{A \cdot t} = \frac{P}{A}. \qquad (1)$$

Die Einheit der Intensität ist W/m².
Strahlt eine kleinere Quelle nach allen Richtungen gleichmäßig Energie ab, so nimmt die Intensität nach einem quadratischen Abstandsgesetz ab: $I \sim 1/r^2$.
Im menschlichen Ohr wird der Schall durch das Trommelfell und die Gehörknöchelchen in das Innenohr übertragen. Dort erregt der Schall Haarzellen, die Nervenimpulse abgeben. Bei großer Lautstärke können diese Haarzellen geschädigt werden.

Schallintensität

Die Intensität einer Welle beschreibt, wie viel Energie pro Zeit durch eine Fläche transportiert wird, die senkrecht zur Ausbreitungsrichtung steht: $I = E/(A \cdot t)$.
Aus großer Entfernung kann eine kleine Schallquelle als punktförmig angesehen werden. Die Energie, die in einem kurzen Zeitintervall von einer solchen Quelle abgestrahlt wird, wird mit der Geschwindigkeit c gleichmäßig in alle Richtungen transportiert. Sie durchtritt also nach und nach immer größere Kugelschalen.
Die Kugeloberflächen A nehmen mit größer werdendem Abstand r immer mehr zu:

$$A = 4\pi \cdot r^2. \qquad (2)$$

Mit $I \sim \frac{1}{A}$ gilt daher: $I \sim \frac{1}{r^2}$. $\qquad (3)$

Bei einer Verdopplung des Abstands nimmt die Intensität auf ein $\frac{1}{4}$ ab, bei einer Verzehnfachung auf $\frac{1}{100}$.

Das menschliche Ohr

Das menschliche Ohr besteht aus dem äußeren Ohr, dem Mittelohr und dem Innenohr (Abb. 2). Die Muschel des äußeren Ohrs sammelt den Schall und leitet ihn in den leicht trichterförmigen Gehörgang, an dessen Ende er auf das Trommelfell trifft. Durch diese Bündelung verdoppelt sich die Schallamplitude, die Intensität vervierfacht sich demnach (vgl. 8.4).
Das Mittelohr besitzt die Aufgabe, das Schallsignal aus dem luftgefüllten Gehörgang auf das flüssigkeitsgefüllte Innenohr zu übertragen. Dies geschieht mit den Gehörknöchelchen, einem Hebelwerk aus Hammer, Amboss und Steigbügel. Der Steigbügel überträgt das Signal auf das *ovale Fenster* des Innenohrs. Durch die Hebelübersetzung der Gehörknöchelchen ändert sich dabei wiederum die Amplitude der Schallschwingung.
Im Innenohr, das wie ein Schneckengehäuse geformt ist, erregt der Schall Haarzellen, die infolge der Schwingungen Nervenimpulse an das Gehirn abgeben. Diese Haarzellen befinden sich auf einer Membran, die mit dem Schall schwingt. Ihre Größe und Steifigkeit verändert sich längs der Membran so, dass sich ihre Eigenfrequenz um den Faktor 1000 ändert.
Die Lage der jeweils angeregten Haarzellen lässt damit auf die Frequenz des Schallsignals schließen. Auf diese Weise kann ein gesundes junges Ohr Töne zwischen 20 Hz und 20 000 Hz wahrnehmen.

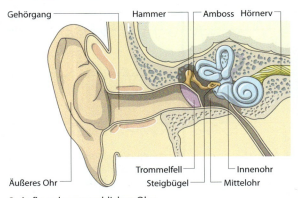

2 Aufbau des menschlichen Ohrs

Das Ohr ist in der Lage, einen Klang spektral in Töne zu zerlegen – das Auge dagegen nimmt Farbreize nur als Überlagerung von drei Grundfarben wahr.

Lautstärke

Das menschliche Ohr ist in der Lage, Schall wahrzunehmen, dessen Intensität den weiten Bereich von 13 Zehnerpotenzen umspannt. Unsere Wahrnehmung ist dabei so eingerichtet, dass die Änderung der Empfindungsstärke von der *relativen* Änderung der Intensität abhängt. Bei kleinen Intensitäten werden Änderungen empfindlicher wahrgenommen als bei großen: Der Lautstärkeunterschied zwischen ein oder zwei Posaunen ist derselbe wie zwischen ein oder zwei Geigen. Dagegen wird eine Erhöhung der Schallintensität um den gleichen Faktor, also der Wechsel von einer auf zwei auf vier Posaunen, nicht wie jeweils eine Verdopplung, sondern als jeweils gleich große Stufe wahrgenommen: Der Unterschied von einer zu zwei Posaunen wird nicht gleich wahrgenommen wie der zwischen zwei und drei, sondern wie der zwischen zwei und vier.

Diesen Sachverhalt beschreibt das empirisch gefundene *Gesetz von Weber und Fechner*. Die subjektiv empfundene Lautstärke L_s steht in einem logarithmischen Zusammenhang zur Schallintensität:

$$L_s \sim \lg \frac{I}{I_0}. \tag{4}$$

Dabei ist I_0 die geringste Intensität, die gerade noch eine Empfindung auslöst. Dies wird bei der Definition der physikalischen Größe Schallintensitätspegel L mit der Einheit Dezibel (dB) berücksichtigt. Es gilt:

$$L = 10 \lg \frac{I}{I_0} \, \text{dB}. \tag{5}$$

Als Wert für die akustische Wahrnehmungsschwelle (Hörschwelle) wurde $I_0 = 10^{-12}$ W/m² festgelegt.

Die folgende Tabelle zeigt typische Werte für Schallintensität und die zugehörige Lautstärke. Die Einheit Phon beschreibt die Schallwahrnehmung im Ohr und berücksichtigt dabei neben dem Schallintensitätspegel auch das Frequenzspektrum und das zeitliche Verhalten des Schallsignals. Für einen Ton von 1000 Hz ist 1 Phon = 1 dB.

Intensität und Schallintensitätspegel von Schallereignissen

Schallquelle	I in W/m²	I/I_0	dB
Hörschwelle	10^{-12}	10^0	0
Flüstern (5 m entfernt)	10^{-9}	10^3	30
normales Gespräch (1 m)	10^{-6}	10^6	60
stark befahrene Straße	10^{-5}	10^7	70
lautes Konzert, Disco	10^{-2}	10^{10}	100
Martinshorn (10 m)	10^{-1}	10^{11}	110
Düsenflugzeug (60 m), Schmerzschwelle	10	10^{13}	130
Airbag-Entfaltung (30 cm)	10^{-4}	10^{16}	160

Die Schmerzschwelle des menschlichen Ohrs liegt im Bereich zwischen 120 und 140 dB. Wird das Ohr auch nur kurzzeitig einem solchen Schallintensitätspegel ausgesetzt, kann es zu dauerhaften Schäden kommen. Abbildung 3 zeigt die Frequenzabhängigkeit der Hörschwelle bei einem gesunden und einem geschädigten Gehör.

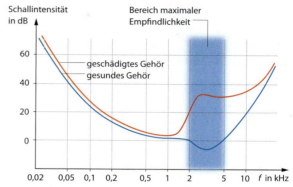

3 Verlauf der Hörschwelle beim Menschen

AUFGABEN

1 Warum wird bei der Beschreibung von Schallereignissen häufig der Schallintensitätspegel in Dezibel (dB) und nicht die Intensität in W/m² angegeben?

2 Ein Lautsprecher einer Alarmanlage gibt im aktivierten Zustand ein Signal mit einem Schallintensitätspegel von 105 dB ab. Um wie viel Dezibel erhöht sich der Pegel, wenn in unmittelbarer Nähe ein baugleicher zweiter Lautsprecher aktiviert wird?

3 Berechnen Sie die Schallintensität in W/m² bei einem Schallintensitätspegel von 12,5 dB.

4 a Drei unterschiedliche Schallsignale haben Schallintensitätspegel von 20 dB, 40 dB und 80 dB. Geben Sie an, wie groß diese Intensitäten in Bezug auf die Hörschwelle sind.
b Erläutern Sie den Unterschied zwischen den Einheiten Dezibel und Phon.

5 Lärm kann zu einer Schädigung des Gehörs mit vorübergehendem oder dauerndem Hörverlust oder auch zu Ohrgeräuschen (Tinnitus) führen.
a Geben Sie mithilfe geeigneter Recherchen einen Überblick, bei welchen Schallintensitätspegeln derartige Schädigungen auftreten können. Illustrieren Sie Ihre Aussagen durch konkrete Beispiele.
b Erstellen Sie eine Liste mit Tipps zur Erhaltung des Hörvermögens.
c Eine Studie hat ergeben, dass die heutigen Musikhörgewohnheiten von Jugendlichen bei etwa 10 % von ihnen nach zehn Jahren zu einem nachweisbaren Hörverlust von 10 dB oder mehr führen werden. Verdeutlichen Sie einen solchen Umfang des Hörverlusts anhand eines Beispiels.

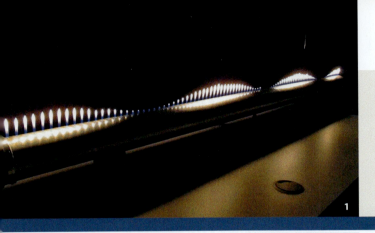

Das Rubens'sche Flammenrohr macht Druckunterschiede in einem Gas sichtbar: Es besitzt an seiner Oberseite viele kleine Öffnungen, durch die das Gas ausströmt. Wird an einem Ende die Tonschwingung eines Lautsprechers eingekoppelt, bilden sich bei einer geeigneten Tonfrequenz ortsfeste Minima und Maxima aus, die an der Flammenhöhe zu erkennen sind.

9.10 Stehende Welle

Wird eine Welle am Ende eines Wellenträgers reflektiert, so bildet sie mit der ursprünglichen Welle ein stabiles Interferenzmuster aus Minima und Maxima. Dieses Muster sieht wie die Momentaufnahme einer Welle aus und wird als stehende Welle bezeichnet. Die Orte maximaler Auslenkung heißen Schwingungsbäuche, die Orte minimaler Auslenkung Schwingungsknoten.

Eine stehende Welle besitzt feststehende Schwingungsbäuche und Schwingungsknoten. Der Abstand zwischen zwei Bäuchen beträgt $\lambda/2$.

Die Wellenlänge der stehenden Wellen hängt davon ab, ob die Enden des Wellenträgers fest oder frei sind. An einem beidseitig festen und an einem beidseitig freien Wellenträger der Länge L gilt:
$\lambda_n = \dfrac{2L}{n}$, am einseitig festen: $\lambda_n = \dfrac{4L}{2n+1}$.
Dabei ist n eine ganze Zahl.

Stehende Welle durch Reflexion

Zwei Wellen mit gleicher Frequenz, die auf demselben linearen Wellenträger mit entgegengesetzter Ausbreitungsrichtung aufeinander zulaufen, bilden ein stabiles Interferenzmuster. Ein solches System aus zwei Wellen lässt sich durch Reflexion einer Welle am Ende des Wellenträgers erzeugen (Exp. 1).
Die Minima einer stehenden Welle werden Schwingungsknoten genannt, die Bereiche maximaler Auslenkung Schwingungsbäuche. Benachbarte Schwingungsknoten haben einen Abstand von $\lambda/2$, denselben Abstand besitzen auch benachbarte Schwingungsbäuche. Die Interferenzminima haben eine resultierende Amplitude von null, wenn die überlagerten Wellen die gleiche Amplitude besitzen, wenn also bei der Reflexion die Amplitude unverändert bleibt. Nur dann kommt es zur Ausbildung von Knoten, an denen die Oszillatoren in Ruhe bleiben.

EXPERIMENT 1

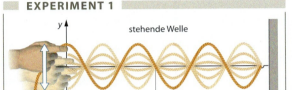

Ein Seil oder eine lange Feder wird an einem Ende befestigt und am anderen zu einer Transversalschwingung angeregt. Durch Anpassen der Anregungsfrequenz kann eine stehende Welle erzeugt werden.

In vielen Fällen wird die stehende Welle nur durch einmaliges Anregen des Wellenträgers, etwa einer Saite, erzeugt. Sie bleibt durch fortwährende Reflexion an beiden Enden erhalten, bis sie ihre Energie abgegeben hat.

Saitenschwingung

Eine gespannte Saite kann durch Anzupfen oder Anschlagen zu einer Schwingung angeregt werden, worauf sie mit einer dominierenden Frequenz schwingt (vgl. 9.8). Diese Eigenschwingung kann als stehende Welle interpretiert werden: Die dreieckige Auslenkung der Saite zu Beginn ist demnach eine Überlagerung von Wellen unterschiedlicher Wellenlängen. Von diesen bleiben nach der mehrmaligen Reflexion nur diejenigen erhalten, die sich dauerhaft durch Interferenz verstärken. Dazu müssen ihre Wellenlängen in einem bestimmten Verhältnis zur Länge L der Saite stehen. Eine Saite ist beidseitig fest eingespannt; die Reflexion an beiden Enden erfolgt also mit einem Phasensprung (vgl. 9.4), und die stehende Welle besitzt dort jeweils einen Schwingungsknoten (Abb. 2a). Die Grundschwingung hat daher die Wellenlänge $\lambda_1 = 2L$. Die Wellenlänge $\lambda_2 = L$ entspricht der ersten Oberschwingung, $\lambda_3 = 2/3\, L$ der dritten. Allgemein gilt für die Wellenlängen $\lambda_n = 2L/n$.
Tatsächlich führt eine Saite diese und weitere Oberschwingungen zugleich aus. Die Überlagerung nehmen wir als Klang wahr (vgl. 9.8).

SCHWINGUNGEN UND WELLEN | 9 Wellen

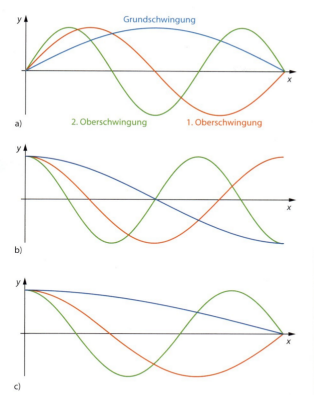

2 Stehende Welle auf einer Saite durch Reflexion an zwei festen Enden (a), an zwei losen Enden (b) und einem festen und einem losen Ende (c).

Orgelpfeifen

Auch die Tonerzeugung in Orgelpfeifen und Blasinstrumenten beruht auf dem Anregen stehender Wellen: Die Tonerzeugung kommt im Wesentlichen durch die Eigenschwingung der Luftsäule in einem langgestreckten Hohlraum zustande. Die Seite des Hohlraums, an der die Luftsäule angeblasen wird, stellt ein geschlossenes Ende dar; hier ist die Auslenkung null, die stehende Welle wird mit einem Phasensprung wie die Welle auf einer Saite reflektiert (vgl. 9.4). Am offenen Ende des Hohlraums findet ebenfalls eine Reflexion der Welle statt, allerdings ohne Phasensprung. Die resultierenden Formen solcher stehender Wellen zeigt Abb. 2 c.

Auch die Luftsäule in einem beidseitig geschlossenen Hohlraum z. B. einer Flasche kann zu Eigenschwingungen angeregt werden. In diesem Fall stellt sich an beiden Enden bei der Reflexion ein Phasensprung ein, und es kommt zu stehenden Wellen wie in Abb. 2 a. Hierdurch ergeben sich die gleichen Wellenlängen wie im Fall der beidseitig eingespannten Saite. In einem beidseitig offenen Hohlraum bildet sich eine stehende Welle mit Schwingungsbäuchen an beiden Enden aus. Auch hierbei entsprechen die Wellenlängen denen der eingespannten Saite.

Sichtbarmachung stehender Wellen

In einem einseitig verschlossenen Glasrohr kann mit einer Schallquelle die Luft zum Mitschwingen angeregt werden (Exp. 2). Im Rohr entsteht dabei eine stehende Welle, deren Knoten und Bäuche man durch eingestreutes Korkmehl sichtbar machen kann.

Mit diesem *Kundt'schen Rohr* lässt sich auch die Schallgeschwindigkeit $c = \lambda \cdot f$ bestimmen, wenn die Frequenz des erzeugten Tons bekannt ist. Die Wellenlänge kann dann aus dem Abstand benachbarter Schwingungsknoten d mit $\lambda = 2d$ berechnet werden.

EXPERIMENT 2

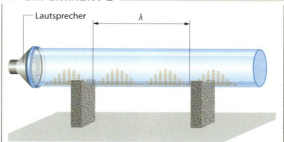

In einem Glasrohr wird Korkmehl oder feiner Sand verteilt. Durch einen Lautsprecher am offenen Ende werden in der Luftsäule im Rohr stehende Wellen angeregt. Die dominierende Welle zeigt Auswirkungen auf die sich einstellende Verteilung des Korkmehls: An den Auslenkungsbäuchen werden die feinen Partikel bewegt, an den Knoten bleiben sie in Ruhe.

AUFGABEN

1. Erklären Sie, weshalb man einen Ton hören kann, wenn man über die Öffnung einer Flasche bläst, und weshalb die Tonhöhe von der Flüssigkeitsmenge in der Flasche abhängt.

2. Eine Orgelpfeife ist 2,40 m lang. Bestimmen Sie die Frequenzen der Grundschwingung sowie der 1. und 2. Oberschwingung für den Fall, dass die Orgelpfeife:
   a an beiden Seiten offen ist,
   b an einem Ende geschlossen ist.

3. In einem Kundt'schen Rohr beträgt der zweier Knoten 45 cm. Bestimmen Sie die Schallfrequenz.

4. Der Gehörgang des menschlichen Ohrs ist 24 mm lang, auf der einen Seite offen und auf der anderen durch das Trommelfell begrenzt (vgl. 9.9, Abb. 2).
   a Berechnen Sie die Frequenzen f_0, f_1 und f_2 stehender Wellen im Gehörgang.
   b Erläutern Sie den Zusammenhang zwischen der Frequenz f_0 und Abb. 3 in Kap. 9.9.

5. Begründen Sie, dass die Beschallung eines Raums mit einer Musikanlage durch das Auftreten stehender Wellen beeinträchtigt werden kann.

METHODEN DER PHYSIK | M 3 Mathematische Funktionen und Verfahren

Funktionstyp, Funktionsgleichung	Graph	
Lineare Funktion $y = m \cdot x + y_0$ $y_0 = y(0)$ $\frac{y - y_0}{x} = \text{konst.}$; $\quad \frac{y - y_0}{x} = m$	Gerade mit Steigungsdreieck (Δx, Δy); y-Achsenabschnitt y_0	*Gerade mit dem Anfangswert als Ordinatenabschnitt:* An der Stelle $x = 0$ ist $y = y_0$. Steigung: $m = \frac{\Delta y}{\Delta x}$
Potenzfunktion mit Exponenten $n > 1$ $y = a \cdot x^n$ $\frac{y}{x^n} = \text{konst.}$; $\quad \frac{y}{x^n} = a$	Graphen von $y = x^2$, $y = x^3$, $y = x^4$	*Parabel* Der Graph verläuft in (0|0) waagerecht. Die Änderungsrate ist dort null. Der Graph wird mit wachsendem x steiler.
Antiproportionale Funktion, Potenzfunktionen mit negativem Exponenten $y = a \cdot \frac{1}{x}$ bzw. $y = a \cdot x^{-n} = a \cdot \frac{1}{x^n}; \quad n > 0$ $\frac{y}{\frac{1}{x}} = y \cdot x = \text{konst.}$; $\quad y \cdot x = a$ bzw. $\frac{y}{\frac{1}{x^n}} = y \cdot x^n = \text{konst.}$; $\quad y \cdot x^n = a$	Graphen von $y = \frac{1}{x}$ und $y = \frac{1}{x^2}$	*Hyperbel* Asymptotisches Verhalten: y nähert sich für wachsendes x einem Grenzwert, der Asymptote $y = 0$. Polstelle: Geht x gegen null, wird y unbegrenzt groß. Der Fall $x = 0$ ist nicht realisierbar.
Exponentialfunktion mit negativem Exponenten $y = y_0 \cdot e^{-k \cdot x}$ $y_0 = y(0)$ $e = 2{,}718\ldots$ (Euler'sche Zahl) $\frac{\ln y - \ln y_0}{x} = \text{konst.}$; $\quad \frac{\ln y - \ln y_0}{x} = -k$ $k = \frac{\ln 2}{T}$ T Halbwertszeit	Graph der Exponentialfunktion mit Halbwertszeit T: Werte y_0, $\tfrac{1}{2}y_0$, $\tfrac{1}{4}y_0$	y besitzt einen Anfangswert $y_0 \neq 0$ in $x = 0$. Asymptotisches Verhalten: y nähert sich für wachsendes x dem Grenzwert $y = 0$. Die prozentuale Änderungsrate ist für alle x konstant: In gleichen Zeiten verringert sich die Größe um den gleichen Anteil.

Entgegen der Beobachtungsrichtung wird die Wellenlänge um Δx gestreckt:

$$\lambda_B = \lambda_0 + \Delta x = \frac{c}{f_0} + \frac{v_Q}{f_0} = \frac{c+v_Q}{f_0}. \quad (6)$$

Daher verringert sich für den Beobachter B die Frequenz f_B:

$$f_B = \frac{c}{\lambda_B} = \frac{f_0 \cdot c}{c+v_Q} = \frac{f_0}{1+\frac{v_Q}{c}}. \quad (7)$$

Bewegter Beobachter

Bewegt sich der Beobachter mit der Geschwindigkeit v_B auf den ruhenden Wellenerreger zu, so durchquert er die Folge der kreisförmigen Wellenfronten schneller als im ruhenden Zustand (Abb. 2 c). Die Wellenlänge ist in diesem Fall nicht verändert. Die Geschwindigkeit c_B, mit der er sich gegenüber den Wellenfronten bewegt, ist jedoch größer als die Phasengeschwindigkeit der Welle c:

$$c_B = c + v_B. \quad (8)$$

Daher nimmt er die Welle mit der erhöhten Frequenz f_B wahr:

$$f_B = \frac{c_B}{\lambda} = \frac{c+v_B}{\lambda} = (c+v_B) \cdot \frac{f_0}{c} = f_0 \left(1+\frac{v_B}{c}\right). \quad (9)$$

Für den sich entfernenden Beobachter verringert sich die Frequenz wegen $c_B = c - v_B$ dagegen auf:

$$f_B = \frac{c_B}{\lambda} = \frac{c-v_B}{\lambda} = (c-v_B) \cdot \frac{f_0}{c} = f_0 \cdot \left(1-\frac{v_B}{c}\right). \quad (10)$$

Rolle des Mediums

In beiden betrachteten Fällen wurde das Medium, in dem sich die Wellen ausbreiten, als ruhend angenommen. Wenn das Medium nicht ruht, also z. B. starker Wind herrscht, bewegen sich die Wellenfronten zusätzlich zu ihrer ursprünglichen Ausbreitungsrichtung. In diesem Fall müssen erweiterte Gleichungen angewendet werden ↻.

Überschallknall

Bewegt sich die Quelle mit der Ausbreitungsgeschwindigkeit c der Welle, so überlagern sich vor ihm alle Wellen gleichphasig (Abb. 3 a). In dieser Stoßfront kommt es durch die Überlagerung zu einer sehr großen Amplitude.
Bewegt sich die Quelle mit einer Geschwindigkeit, die größer ist als die der Welle im Medium, so kommt es zu einer Überlagerung, die im Raum die Form eines Kegels hat (Abb. 3 b). Ein Flugzeug, das mit Überschallgeschwindigkeit fliegt, bildet einen solchen Schallkegel aus. Ein Beobachter am Boden hört vom Herannahen dieses Flugzeugs zunächst nichts, nimmt dann den Schallkegel als Überschallknall und danach das normale Geräusch des Flugzeugs wahr.

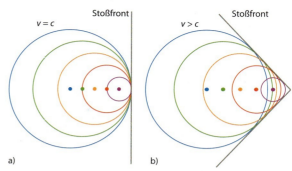

3 Wellenfronten einer Quelle, die sich mit der Geschwindigkeit v bewegt

▰ TECHNIK

Doppler-Ultraschallmessung Wird eine Ultraschallwelle von bewegten Körperstrukturen wie dem schlagenden Herzen reflektiert, so ändert sich ihre Frequenz. Aus dem reflektierten Signal lassen sich dann Rückschlüsse über die Bewegung der reflektierenden Gefäßwand ziehen.
Auch strömendes Blut kann mithilfe von Ultraschall untersucht werden, da die Blutkörperchen die Schallsignale reflektieren. Strömt das Blut dem Ultraschall entgegen oder von ihm weg, so ist die Frequenz des Echos erhöht bzw. verringert. Je stärker die Frequenz des Echos verändert ist, umso größer ist die Strömungsgeschwindigkeit. So kann man beispielsweise erkennen, ob das Blut im Bauch einer schwangeren Frau schnell genug durch die Nabelschnur fließt und das ungeborene Kind ausreichend versorgt wird.

▰ AUFGABEN

1. Vergleichen Sie die von einem Beobachter B wahrgenommenen Frequenzen f_B mit der Frequenz f_0 einer Schallquelle Q. Tragen Sie Ihre Aussagen in eine Tabelle ein:

	Q ruht		B ruht
B kommt näher		Q kommt näher	
B entfernt sich		Q entfernt sich	

2. Ein Polizeiauto mit eingeschaltetem Warnsignal der Frequenz 950 Hz fährt mit 85 km/h an einem Fußgänger vorbei. Ermitteln Sie die vom Fußgänger wahrgenommenen Frequenzen beim Annähern und beim Entfernen des Polizeiautos. Die Schallgeschwindigkeit beträgt 340 m/s.

3. Ein Passagierflugzeug, das eine Geschwindigkeit von 850 km/h besitzt, und ein sich mit 1400 km/h bewegendes Militärflugzeug überfliegen im Abstand von 10 min einen Beobachter. Erklären Sie, was er beim Annähern und Entfernen der Maschinen wahrnimmt.

4. Konstruieren Sie einen Schallkegel wie in Abb. 3 b für den Fall, dass sich die Schallquelle mit dreifacher Schallgeschwindigkeit bewegt.

Entfernt sich eine Lichtquelle mit großer Geschwindigkeit, so erscheint für einen ruhenden Beobachter das optische Spektrum ins Rot verschoben. 19.7

1 a Der Federschwinger in Kap. 8.3, Abb. 2 hat in der Position a seine maximale Auslenkung erreicht. Beschreiben Sie die einzelnen Zustände der Schwingung. Gehen Sie auch auf Richtung und Betrag von Geschwindigkeit und Beschleunigung ein.
b Begründen Sie, dass die Eigenfrequenz eines vertikalen Federpendels nicht von der Fallbeschleunigung g abhängt.
c Begründen Sie, dass die Eigenfrequenz eines Fadenpendels nicht von der Masse m des schwingenden Körpers abhängt.

2 a Berechnen Sie die Länge, die ein Pendel mit der Periodendauer $T = 2$ s am Nordpol ($g = 9{,}83$ m/s^2) bzw. am Äquator ($g = 9{,}78$ m/s^2) besitzen muss.
b Belegen Sie durch eine Rechnung, dass eine Präzisionspendeluhr, die für Mitteleuropa hergestellt wurde ($g = 9{,}81$ m/s^2), am Äquator bereits nach zwei Stunden um etwa elf Sekunden nachgeht.
c Recherchieren Sie, wie sich mithilfe von Pendeln Inhomogenitäten in der Erdkruste, also z. B. Erzlagerstätten, aufspüren lassen. Stellen Sie diese Methode zusammenfassend dar.

3 a Erklären Sie, weshalb die Schwingung eines Fadenpendels nur für kleine Ausschlagwinkel näherungsweise harmonisch ist.
b Untersuchen Sie mithilfe einer Tabellenkalkulation die Güte der Näherung $\alpha \approx \sin\alpha \approx \tan\alpha$ in folgender Darstellungsform:

α in Grad	α in rad	$\sin\alpha$	$\tan\alpha$	Abweichung in %
0,1				
0,5				
1				
…				
20				

4 Ein Motor mit Exzenter regte über ein Seil ein bestimmtes Federpendel zu Schwingungen an. Dabei ergaben sich die unten stehenden Messwerte für die Amplitude in Abhängigkeit von der Kreisfrequenz der Anregung.
a Stellen Sie die Messwerte grafisch dar.
b Ermitteln Sie anhand der Grafik die Resonanzfrequenz.
c Berechnen Sie daraus die Eigenschwingungsdauer des verwendeten Federpendels.
d Erklären Sie, wie es zu den unterschiedlichen Messreihen bei ein und derselben Feder kommen konnte.
e Ermitteln und vergleichen Sie die *Halbwertsbreiten* der drei Graphen. Darunter versteht man die Breite auf halber Höhe des Maximus.
f Nennen Sie Anwendungsbereiche, bei denen Resonanz erwünscht bzw. unerwünscht ist.

5 Für eine Schwingung ist folgende Gleichung gegeben:

$$y(t) = 0{,}3\text{ m} \cdot \sin\left(\frac{2}{\text{s}} \cdot t + \frac{\pi}{6}\right).$$

a Bestimmen Sie daraus die maximale Auslenkung, die Schwingungsdauer und die Frequenz.
b Formulieren Sie die Funktionsgleichungen für $v(t)$ und $a(t)$. Berechnen Sie die jeweiligen Funktionswerte zum Zeitpunkt $t = 10$ s.

6 Voraussetzung für eine harmonische Schwingung ist ein lineares Kraftgesetz.
a Geben Sie dieses Gesetz für eine Federschwingung und für eine Pendelschwingung an. Erläutern Sie die auftretenden Größen.
b Leiten Sie aus einem Kräfteansatz die Differenzialgleichung für die ungedämpfte Schwingung eines Federpendels her.
c Leiten Sie die Gleichung für die potenzielle Energie des harmonischen Schwingers aus dem Kraftgesetz und der Definition der Energie her.

7 An einem Fadenpendel der Länge 2,0 m hängt eine schwingende Stimmgabel, die mit der Frequenz $f_0 = 440$ Hz schwingt. Das Pendel wird so ausgelenkt, dass der Faden und die Vertikale einen Winkel von 20° einschließen. Danach wird es losgelassen.
a Erläutern Sie, wie sich eine Person relativ zur Schwingungsebene positionieren muss, um eine möglichst große Frequenzänderung wahrzunehmen.
b Geben Sie die Geschwindigkeit der Stimmgabel im tiefsten Punkt der Pendelbewegung an.
c Berechnen Sie daraus die maximale wahrgenommene Frequenz beim Annähern der Stimmgabel. Um welchen Betrag ändert sich die Wellenlänge der Schallwelle dabei?
Hinweis: Die Schallgeschwindigkeit beträgt 343 m/s.

8 Zwei Schwingungen A und B werden einander überlagert. Erzeugen Sie mithilfe einer geeigneten Software (z. B. mit einem Tabellenkalkulationsprogramm) Graphen für die beiden folgenden Fälle:
a $f_A = 100$ Hz, $f_B = 110$ Hz
b $f_A = 100$ Hz, $f_B = 101$ Hz
c Beschreiben Sie die Unterschiede zwischen den Graphen und erklären Sie diese.

	ω in Hz	0,4	0,6	0,8	1,0	1,2	1,4	1,6	1,8	2,0	2,2	2,4	2,6	2,8	3,0
1	y_{max} in cm	1,0	1,2	2,1	4,0	6,2	9,1	15	20	13	8,2	5,2	3,0	2,1	1,5
2	y_{max} in cm	0,5	0,8	1,1	3,1	5,0	7,5	10	11,5	9,3	6,2	3,0	1,5	1,1	0,8
3	y_{max} in cm	0,2	0,5	0,7	1,7	2,8	3,9	4,9	5,5	4,7	3,3	1,7	0,8	0,5	0,3

SCHWINGUNGEN UND WELLEN

9 Zwei Körper werden in eine große Wanne mit Wasser gesetzt und schwimmen. Werden sie nach unten gedrückt und losgelassen, setzt jeweils eine Schwingung in vertikaler Richtung ein.

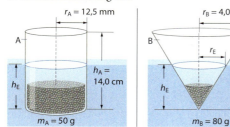

a Skizzieren Sie die Kräfte, die auf einen schwimmenden Körper in der Ruhelage ausgeübt werden. Stellen Sie in einer weiteren Skizze die Kräfte für den Fall dar, dass der Körper um die Strecke Δy tiefer heruntergedrückt wird.

b Berechnen Sie die jeweiligen Eintauchtiefen h_E für den Fall, dass beide Körper in Wasser schwimmen ($\rho_{Wasser} = 1{,}0 \text{ g/cm}^3$). *Hinweis:* Ein schwimmender Körper taucht stets so tief in eine Flüssigkeit ein, dass die Gewichtskraft der verdrängten Flüssigkeit denselben Betrag hat wie seine eigene Gewichtskraft.

c Zeigen Sie, dass der Körper A harmonisch schwingt, wenn er um die Strecke Δy nach unten ausgelenkt und losgelassen wird, und dass für die Richtgröße $D = \rho \cdot \pi \cdot g \cdot r_A^2$ gilt. Leiten Sie die Gleichung her.

d Begründen Sie, dass der Körper B nicht harmonisch schwingt.

e Ein Körper, der die Form des Körpers A hat, besitze eine solche Masse m, dass er in der Ruhelage bis zur Hälfte seiner Gesamtlänge l eintaucht. Zeigen Sie, dass dann die Periodendauer T für den um die Ruhelage schwingenden Körper nach der folgenden Gleichung berechnet werden kann: $T = 2\pi\sqrt{\dfrac{l}{2g}}$.

10 a Geben Sie die Gleichung für eine fortschreitende Welle an.

b Tragen Sie die Auslenkungen der Oszillatoren einer in x-Richtung fortschreitenden Welle ($y_{max} = 2$ cm) in eine Tabelle ein:

	$x=0$	$x=\dfrac{\lambda}{4}$	$x=\dfrac{\lambda}{2}$	$x=\dfrac{3\lambda}{4}$	$x=\lambda$	$x=\dfrac{5\lambda}{4}$
$t=0$	$y=\ldots$	$y=\ldots$	$y=\ldots$	$y=\ldots$	$y=\ldots$	$y=\ldots$
$t=T/4$	$y=\ldots$	$y=\ldots$	$y=\ldots$	$y=\ldots$	$y=\ldots$	$y=\ldots$

c Fertigen Sie eine Skizze der Welle zu den beiden Zeitpunkten an.

11 An Schnellstraßen und Bahntrassen, die durch Wohnviertel führen, gibt es häufig Lärmschutzwände. Begründen Sie, dass der Lärmschutz hinter der Wand meistens am effektivsten ist, während Anwohner, die einige Hundert Meter von der Lärmschutzwand entfernt wohnen, die Geräusche relativ laut wahrnehmen.

12 In manchen Kirchen gibt es noch Beschallungssysteme in *Mono*. Diese arbeiten mit zwei Lautsprechern, die neben dem Altar aufgestellt sind. Vor allem ältere Besucher haben häufig Stammplätze und beschweren sich, dass sie, wenn sie mit einem anderen Platz vorliebnehmen müssen, dort nicht alles verstehen können. Erklären Sie dieses Phänomen anhand einer geeigneten Skizze.

13 Aus den geöffneten Fenstern einer Tischlerwerkstatt dringt der Ton einer Fräse mit der Frequenz $f = 500$ Hz. Die beiden schmalen Fenster liegen im Abstand von 4 m nebeneinander. Ein Wanderer, der auf einem 20 m entfernten, parallel zu diesen Fenstern verlaufenden Weg geht, stellt Maxima und Minima der Lautstärke fest.

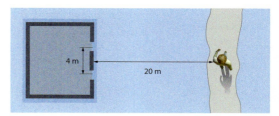

a Erklären Sie dieses akustische Phänomen.

b Skizzieren Sie die Situation im Maßstab 1:100, und ermitteln Sie aus Ihrer Darstellung die Minima und Maxima bis zur 2. Ordnung.

c Vergleichen Sie die Lage der Minima und Maxima für den Fall, dass der Fensterabstand vergrößert bzw. verkleinert wird.

14 Ein Krankenwagen sendet unter anderem einen 400-Hz-Ton aus.

a Berechnen Sie die Frequenzen der Töne, die ein stehender Beobachter wahrnimmt, wenn der Krankenwagen zunächst mit 54 km/h auf ihn zu- und dann von ihm wegfährt.

b Was können Sie als Beobachter über die Geschwindigkeit des Krankenwagens aussagen, wenn Sie einen 440-Hz-Ton wahrnehmen?

15 Die Doppler-Sonografie arbeitet mit Ultraschallwellen, die in den Körper geschickt werden, um die Strömungsgeschwindigkeit des Bluts zu messen. Die Schallwellen werden dabei an Blutkörperchen reflektiert, die die Geschwindigkeit v_b besitzen.

a Leiten Sie die folgende Gleichung her:
$\Delta\lambda = \lambda_{Sender} \cdot v_b / c$.

b Berechnen Sie $\Delta\lambda$ für eine Sendefrequenz von 5 MHz und eine Strömungsgeschwindigkeit des Bluts von 10 cm pro Sekunde. Verwenden Sie als Ausbreitungsgeschwindigkeit $c_{Wasser} = 1500$ m/s.

ÜBERBLICK

Schwingungen

Harmonische Schwingung

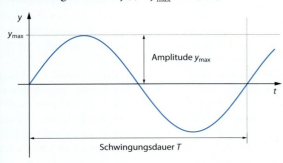

Sinusförmiger Verlauf $y(t) = y_{max} \cdot \sin(\omega \cdot t)$

Amplitude y_{max}

Schwingungsdauer T

Voraussetzung: Lineares Kraftgesetz: $F = -k \cdot y$

Auslenkung	$y(t) = y_{max} \cdot \sin(\omega \cdot t)$
Geschwindigkeit	$v = \dot{y}$
	$v(t) = v_{max} \cdot \cos(\omega \cdot t)$
Beschleunigung	$a = \dot{v}$
	$a(t) = -a_{max} \cdot \sin(\omega \cdot t)$
Potenzielle Energie	$E_{pot} = \frac{1}{2} k \cdot y^2$
Kinetische Energie	$E_{pot} = \frac{1}{2} m \cdot v^2$

Eigenfrequenzen

Federpendel

$f_0 = \frac{1}{2\pi} \cdot \sqrt{\frac{D}{m}}$

$T_0 = 2\pi \cdot \sqrt{\frac{m}{D}}$

D Federkonstante
m Masse des Körpers

Fadenpendel

$f_0 = \frac{1}{2\pi} \cdot \sqrt{\frac{g}{l}}$

$T_0 = 2\pi \cdot \sqrt{\frac{l}{g}}$

g Fallbeschleunigung
l Länge des Fadens

Gedämpfte Schwingung

Spezialfall: Dämpfung proportional zur Geschwindigkeit

$F_R = -b \cdot v$ b Dämpfungskonstante

Exponentiell abklingende Schwingung

$y(t) \approx y_{max} \cdot \cos(\omega \cdot t) \cdot e^{-\frac{b}{2m} \cdot t}$

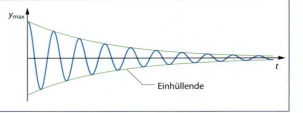

Einhüllende

Erzwungene Schwingung und Resonanz

Anregung durch periodische Energiezufuhr

Maximaler Energieübertrag bei

$f_e = f_0$ f_e Frequenz der Erregerschwingung
          f_0 Eigenfrequenz des Systems

Phasendifferenz zwischen Erregerschwingung und erzwungener Schwingung bei Resonanz:

$\Delta\varphi = \frac{\pi}{2}$

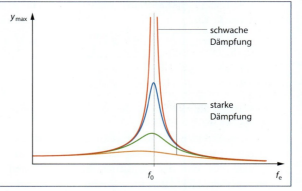

schwache Dämpfung

starke Dämpfung

Wellen

Ausbreitung einer Schwingung im Raum
$y(x,t) = y_{max} \cdot \sin\left(\omega \cdot t - 2\pi \frac{x}{\lambda}\right)$

Ausbreitungsgeschwindigkeit: $c = f \cdot \lambda = \frac{\lambda}{T}$

Energietransport
Die Phasenverschiebung zwischen benachbarten Oszillatoren bewirkt eine Energieübertragung. Ein Materietransport findet dabei nicht statt.

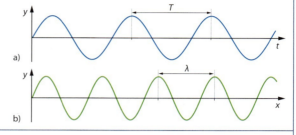

Transversalwelle
Oszillatoren schwingen quer zur Ausbreitungsrichtung.

Longitudinalwelle
Oszillatoren schwingen längs der Ausbreitungsrichtung.

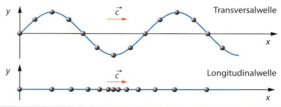

Überlagerung von Wellen
Superpositionsprinzip: Wird ein Oszillator von mehreren Wellen erreicht, addieren sich zu jedem Zeitpunkt die Auslenkungen.

Stehende Welle
Überlagerung von zwei entgegengesetzt laufenden Wellen: Ausbildung von ortsfesten Schwingungsknoten und -bäuchen

Interferenz
Überlagerung zweier Wellen gleicher Frequenz
Konstruktive Interferenz: An bestimmten Punkten kommt es zu maximaler gegenseitiger Verstärkung:
$\Delta x = n \cdot \lambda; \quad n = 0, 1, 2, \ldots$
Destruktive Interferenz: An bestimmten Punkten kommt es zu maximaler gegenseitiger Abschwächung:
$\Delta x = \left(n + \frac{1}{2}\right) \cdot \lambda; \quad n = 0, 1, 2, \ldots$

Huygens'sches Prinzip
Jeder Punkt einer Wellenfront ist als Ausgangspunkt neuer Elementarwellen zu betrachten. Deren Einhüllende ergibt die neue Wellenfront zum nächsten Zeitpunkt.

Reflexion
Einfallswinkel und Reflexionswinkel sind gleich groß: $\alpha = \beta$.

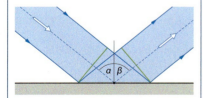

Brechung
Übergang in ein anderes Medium
$\frac{\sin\alpha}{\sin\beta} = \frac{c_1}{c_2}$

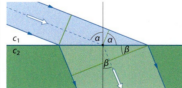

Beugung
Eindringen von Wellen in den geometrischen Schattenraum hinter einer Barriere

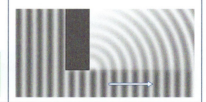

Hörbereich des Menschen
Frequenzen: 20 Hz bis 20 kHz
Hörschwelle: $I = I_0 = 10^{-12}$ W/m² $\triangleq$ 0 dB

Töne und Klänge
Ton: reine Sinusschwingung
Klang: Überlagerung von Sinusschwingungen

Akustischer Dopplereffekt
Abhängigkeit der wahrgenommenen Frequenz von der Relativgeschwindigkeit zwischen Beobachter und Schallquelle

Methoden der Physik

M 1 Experimente und ihre Auswertung

M 1.1 Experiment als Teil der Erkenntnis

Verstehen und Erklären   Naturerscheinungen zu verstehen ist ein wesentliches Ziel der Physik. Verstehen bedeutet dabei, Beobachtungen mit bereits Bekanntem in Verbindung zu bringen. Das genaue Beschreiben der Beobachtung ist ein wichtiger Teil physikalischer Erkenntnis. Ein Beispiel für eine Beobachtung ist: »Ein rollender Radfahrer wird bergab beschleunigt.«

Darüber hinaus sucht die Physik nach Erklärungen der Phänomene. Verschiedene Erscheinungen werden auf gemeinsame Prinzipien und Gesetze zurückgeführt. Diese werden in eine umfassende Theorie eingeordnet, die auf möglichst wenigen Grundprinzipien aufbaut. So wird im genannten Beispiel die Beschleunigung des Radfahrers auf den Hangabtrieb zurückgeführt. Der Hangabtrieb wiederum hat seine Ursache in der Gravitationswechselwirkung zwischen Erde und Radfahrer.

Mit den physikalischen Theorien sollen nicht nur Erscheinungen nachträglich verstanden werden. Man möchte auch voraussagen können, was unter vorgegebenen Bedingungen geschehen wird. Diese Fähigkeit zur Vorhersage wird besonders dann benötigt, wenn neue technische Anwendungen entwickelt werden sollen.

Die experimentelle Bestätigung von Prognosen ist selbst Teil des Erkenntnisprozesses. Die Gültigkeit eines Gesetzes erhält eine wichtige Bestätigung.

Die Physikgeschichte zeigt, wie vorläufig vieles Wissen war und wie der Wissenshorizont nach und nach erweitert wurde. Liegt eine Erklärung für ein Phänomen vor, entstehen weiterreichende Fragen, die nach neuen Antworten drängen. Aus bekannten Gesetzen lassen sich neue begründete Vermutungen, *Hypothesen*, aufstellen, deren Gültigkeit überprüft werden muss. Ein Erklärungsmodell wird durch ein verbessertes Modell ergänzt oder ersetzt.

Experiment und Messung   Die Natur zu verstehen war bereits in der griechischen Antike ein wichtiges Anliegen der Naturphilosophen. Das bis ins Mittelalter vorherrschende Weltbild wurde von ARISTOTELES geprägt: Die Welt werde in einer ganzheitlichen »Schau der Wahrheit« erkannt *(theoria)*. Alleine durch Anschauung und logisches Denken würden Erkenntnisse über die Welt gewonnen. Manipulative Eingriffe können dagegen nicht zu neuen Einsichten führen. Das Handwerk, die Kunstfertigkeit *(techne)* sei ein künstlicher Eingriff in die Natur, um die Naturgesetze zu überlisten.

Mit Beginn der Neuzeit begann ein Umdenken. Die Erklärungen sollten nicht nur logisch überzeugen, sie mussten zusätzlich am realen Objekt überprüft werden können. Im 17. Jahrhundert wurde der Vergleich mit dem Naturphänomen selbst zu einem Entscheidungskriterium für die Gültigkeit einer Theorie.

Objekte werden messend verglichen, indem ihnen Größen mit Zahlenwerten und Einheiten zugeordnet werden. Präzise Messungen mit geeigneten Messinstrumenten sind seither wesentlicher Teil naturwissenschaftlicher Erkenntnis. Die Messungen finden im Rahmen von Experimenten statt.

Ein physikalisches Experiment ist ein gezielter Eingriff in das Naturgeschehen. Im Rahmen einer Theorie wird ein Phänomen planmäßig unter ausgewählten, kontrollierten, wiederholbaren und veränderbaren Bedingungen beobachtet, gemessen, ausgewertet und gedeutet.

M 1.2 Regeln des Experimentierens

Damit ein Experiment überzeugt, muss es in seiner Beschreibung, Durchführung und Auswertung stets nachprüfbar sein. Daraus ergeben sich folgende Regeln:

– Das Experiment wird mit den wesentlichen Versuchsbedingungen und Einflüssen beschrieben.
– Es muss wiederholbar, also *reproduzierbar*, sein und frei von subjektiven Einflüssen.
– Um die Abhängigkeit einer Größe y von einer anderen Größe x zu untersuchen, wird nur die Größe x verändert. Alle anderen Bedingungen werden konstant gehalten.
– Die Messungen und Beobachtungen werden vollständig protokolliert.
– Die Genauigkeit und die Fehler der Messungen werden diskutiert, um die Zuverlässigkeit des Ergebnisses einzuschätzen.
– Die Interpretation der Ergebnisse bezieht sich auf bekanntes physikalisches Wissen.

M 1.3 Beispiel eines quantitativen Experiments

Leitfaden	Beispiel
1 Problemstellung Fragestellungen und Beobachtungen, die zum Experiment führen, werden thematisiert. Die Aufgabenstellung wird konkretisiert und begrenzt. Eine begründete Vermutung wird aufgestellt.	Eine schwere Stahlkugel und ein Papiertrichter fallen unterschiedlich. Wie fällt ein Tischtennisball? Kann sein Fallen durch das Modell des freien Falls beschrieben oder muss der Luftwiderstand berücksichtigt werden? Die Hypothese lautet: Für das Fallen aus etwa 1 m Höhe genügt das Modell des freien Falls. Es sind zwei Aussagen nachzuweisen: 1. Der Ball wird gleichmäßig beschleunigt. 2. Die Beschleunigung beträgt 9,81 m/s².
2 Beschreibung **2.1 Aufbau** Der experimentelle Aufbau mit den benutzten Geräten wird beschrieben. Skizze bzw. Schaltbild dienen der Verdeutlichung. Regeln des Experimentierens werden beachtet. **2.2 Messmethode** Die Versuchsdurchführung und das Messen werden beschrieben.	Ein Tischtennisball wird aus 1 m Höhe fallen gelassen. Da der Ball sehr schnell fällt, wird die Bewegung mit einer Kamera aufgenommen. Ein Längenmaßstab wird mitgefilmt. Perspektivische Verzerrungen werden minimiert. Um das Experiment reproduzieren zu können, wird der Ball nur losgelassen und nicht geworfen. Die Auswertung erfolgt über die Sequenz der Einzelbilder. Hierzu kann eine spezielle Auswertesoftware benutzt werden. Ein manuelles Ausmessen jedes Einzelbilds auf dem Bildschirm ist oft präziser, da trotz Unschärfe der Mittelpunkt des Balls genauer markiert werden kann. Die Fallstrecken werden auf die realen Größenverhältnisse umgerechnet. Die Zeitmessung ergibt sich aus der Bildfrequenz.
3 Durchführung **3.1 Messungen** Alle Daten, die für das Experiment, seine Auswertung und Interpretation von Bedeutung sein können, werden notiert. Eine möglichst genaue Messung der Größen mit möglichst vielen Messpunkten wird durchgeführt und protokolliert. In der Regel wird ein Experiment mehrfach wiederholt, um durch eine Mittelwertbildung Messfehler verringern zu können. **3.2 Beobachtungen** Fehler, Störungen und sonstige Einflüsse werden beobachtet und notiert.	Durchmesser des Balls: 4,0 cm; Masse des Balls: 2,7 g; Fallhöhe: 1,00 m; Bildfrequenz: 25 Bilder pro Sekunde Zeit t in s Fallstrecke s in m 0,04 0,0064 0,08 0,0192 0,12 0,0502 0,16 0,0983 0,20 0,1635 0,24 0,2457 0,28 0,3397 0,32 0,4466 0,36 0,5716 0,40 0,7137 0,44 0,8654 Obwohl mit größer werdender Geschwindigkeit die Ränder des Balls in den Einzelaufnahmen verschwimmen, ergeben sich bei der Bestimmung des Mittelpunkts nur Abweichungen von etwa ±2 mm. Jeder Messpunkt kann bis auf eine Genauigkeit von 5 % des Balldurchmessers angegeben werden. Das Fallen beginnt innerhalb des Zeitintervalls zwischen erstem und zweitem Bild; der Startzeitpunkt kann daher nicht genau angegeben werden.

Leitfaden	Beispiel
4 Auswertung	t-s-Diagramm:
4.1 Grafische Auswertung Die Messpunkte werden in ein angemessen großes Koordinatensystem eingetragen, und es wird eine Ausgleichskurve gezeichnet.	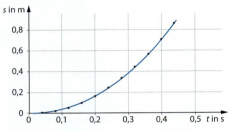
Das Diagramm wird interpretiert und auf den Funktionstyp untersucht.	Die Punkte formen eine Parabel. Sie liegen ohne große Streuung auf der Trendlinie einer quadratischen Funktion, welche durch das Fitprogramm des Tabellenkalkulationsprogramms angepasst wird. Aus der geometrischen Auswertung wird die Hypothese gestützt, da nur bei einer gleichmäßig beschleunigten Bewegung die zurückgelegte Strecke quadratisch von der Zeit abhängt.
4.2 Rechnerische Auswertung Die grafisch unterstützte Vermutung ist rechnerisch zu bestätigen. In der Regel wird ein proportionaler Zusammenhang gesucht und numerisch bestätigt:	Wenn die Beschleunigung konstant ist, muss die Geschwindigkeit proportional zunehmen, falls die Bewegung exakt zum Zeitpunkt $t = 0$ beginnt. Die durchschnittlichen Geschwindigkeiten werden zwischen allen benachbarten Zeitpunkten berechnet und dem Zeitpunkt in der Intervallmitte zugeordnet. Für das erste Zeitintervall gilt: $t = \dfrac{t_1 + t_2}{2} = \dfrac{0{,}04 \text{ s} + 0{,}08 \text{ s}}{2} = 0{,}06 \text{ s}$ $v = \dfrac{s_2 - s_1}{t_2 - t_1} = \dfrac{0{,}0192 \text{ m} - 0{,}0064 \text{ m}}{0{,}08 \text{ s} - 0{,}04 \text{ s}} = 0{,}3205 \, \dfrac{\text{m}}{\text{s}}$
– durch Quotientengleichheit	Zeit t in s Geschwindigkeit v in m/s Quotient v/t in m/s² 0,06 0,3205 5,342 0,10 0,7746 7,745 0,14 1,2019 8,585 0,18 1,6293 9,052 0,22 2,0566 9,348 0,26 2,3504 9,040 0,30 2,6709 8,903 0,34 3,1250 9,191 0,38 3,5524 9,348 0,42 3,7927 9,030 Nach größerer Falldauer stellt sich eine Quotientengleichheit ein. Die ersten Quotienten weichen deutlich ab.
– oder durch die Gleichung einer Ausgleichsgeraden	t-v-Diagramm: 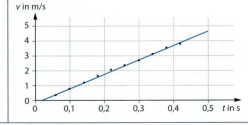

Leitfaden	Beispiel
Die Ergebnisse werden interpretiert und auf Fehler diskutiert.	Durch die Punkte im t-v-Diagramm kann sinnvoll eine Ausgleichsgerade gelegt werden. Das Fitprogramm liefert die Gleichung der Geraden, die am geringsten von den Messpunkten abweicht. Sie ist eine nach rechts verschobene Ursprungsgerade. Dies weist auf einen systematischen Fehler hin. Der Startpunkt konnte nicht exakt gemessen werden. Die Nullstelle $t = 0{,}018$ s der Geraden gibt den Startpunkt des Fallens an. Mit dieser Korrektur sind t und v proportional und der gemittelte Proportionalitätsfaktor entspricht der Steigung 9,66 m/s². Die Steigung im t-v-Diagramm entspricht der Beschleunigung. Sie ist konstant und weicht von $g = 9{,}81$ m/s² um 1,5 % ab. Sie liegt in der Toleranzbreite der Messungen.
5 Interpretation Im Rahmen einer physikalischen Theorie wird das Experiment gedeutet.	Der Fall eines Tischtennisballs aus 1 m Höhe kann angemessen durch das Modell eines freien Falls beschrieben werden. t-s-Diagramm: Das Diagramm vergleicht theoretisch berechnete Modelle für das Fallen des Tischtennisballs über größere Strecken mit und ohne Luftwiderstand. Für kleine Höhen decken sich beide Graphen mit den Messwerten. Erst bei größeren Fallstrecken macht sich die bremsende Wirkung des Luftwiderstands deutlich bemerkbar.

M 1.4 Messgenauigkeit und Angabe von Ergebnissen

Eine physikalische Größe zu messen heißt, zu bestimmen, wievielmal eine festgelegte Einheit in der Größe enthalten ist. Bei der Längenmessung eines Körpers mit einem Lineal wird beispielsweise bestimmt, wie viele Millimeter der Körper überdeckt.

Je nach Genauigkeitsanspruch werden Probleme deutlicher sichtbar: Wo beginnt und endet der Körper? Welcher Wert ist anzugeben, wenn der Messpunkt zwischen zwei Teilstrichen der Skala liegt? Hierbei sind Abschätzungen nötig, und es bleiben Messunsicherheiten. Sie werden als Messfehler bezeichnet. Alle Messinstrumente und -methoden führen nicht zu einer eindeutigen Maßzahl, sondern zu einem Bereich, in dem die Maßzahl liegt.

Mit einem Lineal kann der Bereich bis auf etwa 1 mm, mit einem Messschieber bis auf 0,1 mm genau gemessen werden. Eine elektronische Stoppuhr zeigt Werte auf 1/100 s genau an. Wird aber die Zeit, in der etwa ein Papiertrichter fällt, mit der Hand gestoppt, so ergeben sich bei 10 Messungen unterschiedliche Werte, die beispielsweise zwischen 1,74 s und 1,89 s streuen. Auch hier ist die Verlässlichkeit der Einzelmessung nur auf 1/10 s gegeben.

Von Messresultaten werden generell nur die Stellen angegeben, die auch tatsächlich durch die Messungen abgesichert sind. Eine über diese *signifikanten Stellen* hinausgehende Anzahl weiterer Stellen täuscht eine Genauigkeit vor, die nicht gegeben ist.

Diese Regel ist auch bei der Bearbeitung von Aufgaben zu beachten. Die Endergebnisse müssen physikalisch sinnvoll gerundet werden. Zwischenergebnisse dagegen werden mit ein oder zwei Stellen mehr geführt, damit sich zusätzliche Rundungsfehler nicht zu stark fortpflanzen.

Die Angabe einer Länge von 2,34 m bedeutet, dass das Objekt bis auf 1 cm genau vermessen wurde. Die tatsächliche Länge liegt also zwischen 2,335 m und 2,345 m. Man schreibt auch $l = (2{,}34 \pm 0{,}005)$ m. Eine Messung von 2,340 m besagt dagegen, dass 4 Stellen signifikant sind und die Länge bis auf 1 mm genau bestimmt wurde. Die Länge 0,035 km hat 2 signifikante Stellen.

M 1.5 Fehlerarten

Statistische Fehler Werden Messungen in einer Versuchsreihe wiederholt, treten Schwankungen auf. Die Messwerte streuen um einen Mittelwert. Solche Messungenauigkeiten nennt man statistische Fehler. Der Mittelwert weicht statistisch weniger als die Einzelmessungen von der tatsächlichen Größe ab. Je mehr Messwerte vorliegen, umso zuverlässiger ist das Ergebnis der Messreihe.

Systematische Fehler Dagegen liegen systematische Fehler vor, wenn alle Messwerte tendenziell zu groß bzw. zu klein sind. Beispielsweise geht eine Uhr langsamer oder ein Messgerät ist nicht korrekt kalibriert. Manchmal ist auch die Nulleinstellung des Messgeräts oder die experimentelle Anordnung nicht korrekt.

Einige systematische Fehler lassen sich theoretisch oder empirisch so gut erfassen, dass mit einer Korrektur der Messwerte sinnvoll weitergearbeitet werden kann. Sowohl die Korrektur als auch ihre Begründungen werden protokolliert.

Beispiel Die Fallzeit eines Papiertrichters wird mit einer Stoppuhr bei gleicher Fallhöhe mehrfach gemessen (Abb. 1). Die Einzelmessungen streuen statistisch um den Mittelwert 1,80 s. Zu den statistischen Fehlern kommt ein systematischer hinzu. Die Messung beginnt aufgrund der Reaktionszeit verzögert. Das Ende der Messung ist dagegen durch das Fallen vorhersehbar, sodass hierbei kaum mit einer Verzögerung zu rechnen ist. Aus der gemessenen Zeit und einer Reaktionszeit von etwa 0,17 s ergibt sich eine Fallzeit von etwa 1,97 s.

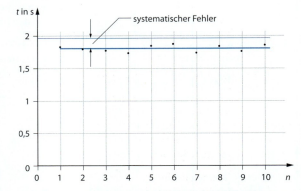

1 Statistischer Mittelwert und systematischer Fehler bei einer Messung

M 2 Modelle in der Physik

M 2.1 Denken in Modellen

Physiker versuchen, die Wirklichkeit in Modellen zu beschreiben und zu verstehen. Modelle stellen dabei vereinfachende Annäherungen an die Wirklichkeit dar. Die Idealisierung der Wirklichkeit durch Modelle ist hilfreich, um Erkenntnisse über physikalische Phänomene zu gewinnen und gemeinsame Strukturen unterschiedlicher Phänomene zu entdecken. Die Tauglichkeit eines Modells ist unter anderem anhand von experimentellen Ergebnissen zu beurteilen.

Typen von Denkmodellen	Beispiele
Geometrische Idealisierungen	Der Massenpunkt idealisiert einen ausgedehnten Körper in einem geometrischen Punkt. Ein Lichtstrahl repräsentiert ein sehr dünnes Lichtbündel.
Mathematische Gleichungen und Funktionen	Die Gleichung $s = v \cdot t$ einer gleichförmigen Bewegung ist ein Modell, um die Flugzeiten eines Flugzeugs in ausreichender Näherung zu bestimmen. Die Funktionsgleichung einer Parabel $$s_y = -\frac{g}{2\,v_0^2 \cdot \cos^2\alpha} \cdot s_x^2 + s_x \cdot \tan\alpha$$ beschreibt näherungsweise die Flugbahn eines Fußballs.

Eigenschaften von Modellen am Beispiel Licht

Charakter	Beispiel
In Modellen werden die Phänomene vereinfacht, idealisiert und auf Aspekte reduziert, die für die Fragestellung bedeutsam sind.	Um das Prinzip einer Lochkamera zu verstehen, genügt es, sich das Licht als Lichtstrahlen vorzustellen.
Modelle sind eingebettet in Theorien. Sie werden mit bekannten Gesetzen sinnvoll angewandt. Sie müssen diese Gesetze aber nicht erklären.	Aufgrund der Gültigkeit des Brechungsgesetzes kann das Verhalten von Licht an Linsen mithilfe des Strahlenmodells erklärt werden.
Der Erfolg eines Modells besteht darin, dass Phänomene erklärt oder Abläufe vorausgesagt werden können.	Optische Geräte können aufgrund des Brechungsgesetzes und des Strahlenmodells entwickelt werden.
Modelle haben ihre Grenzen: Nicht alle Aspekte eines Modells sind auf das Phänomen übertragbar, und manche Phänomene werden durch das Modell nicht erfasst.	Fällt Licht durch einen dünnen Spalt, ist es auch im geometrischen Schattenbereich zu beobachten. Diese *Beugung* ist im Strahlenmodell nicht zu erklären.
Die Grenzen eines Modells führen dazu, dass modifizierte, neue oder erweiterte Modelle gesucht werden. Diese erweiterten Modelle sind ihrerseits in erweiterte Theorien eingebettet. So entsteht Erkenntnisfortschritt.	Der Wechsel vom Strahlen- zum Wellenmodell ermöglicht, die Beugung des Lichts zu verstehen. Die Wellentheorie erklärt zudem die Reflexions- und Brechungsgesetze.
Erkenntnisse können behindert werden, wenn bestimmte Grenzen nicht erkannt werden.	Mechanische Wellen breiten sich in Materie aus. Daraus wurde lange Zeit irrtümlich gefolgert, dass für die Ausbreitung des Lichts ebenfalls ein Medium vorhanden sein müsse: Das Weltall müsse mit »Äther« gefüllt sein.

M 2.2 Eignung eines mathematischen Modells

Ein beobachteter Zusammenhang zwischen zwei physikalischen Größen wird als Gesetz möglichst in einer mathematischen Funktion beschrieben. Dadurch können Zustände berechnet werden, die nicht gemessen wurden, und es können Abläufe vorhergesagt werden.

Beispiel

Von der Bewegung eines Körpers liegen folgende 12 Messungen vor:

Zeit t in s	Ort s in m
0,000	1,010
0,026	1,004
0,066	0,991
0,106	0,960
0,146	0,912
0,186	0,846
0,226	0,764
0,266	0,670
0,306	0,563
0,346	0,438
0,386	0,296
0,426	0,145

An die Messwerte lassen sich folgende Funktionen gut anpassen:

$s_1(t) = -4,80\, t^2 + 1,01$

$s_2(t) = 0,68\, t^3 - 5,24\, t^2 + 0,08\, t + 1,01$

$s_3(t) = 1,01 \cdot \cos(3,27 \cdot t)$

$s_4(t) = -5,01 \cdot t^{2,0413} + 1,01$

Die Messwerte geben keine mathematische Funktion eindeutig vor. Aber ein physikalisches Phänomen lässt sich nicht durch unterschiedliche Funktionen und damit durch unterschiedliche Gesetze beschreiben. Es werden zusätzliche physikalische Informationen benötigt, um entscheiden zu können, welche Funktion angemessen ist.

Entscheidungshilfen Eine detaillierte Beschreibung ist unabdingbarer Teil jedes Experiments. Mit ihrer Hilfe lässt sich zumeist interpretieren, wie der Prozess prinzipiell abläuft: Fällt ein Körper und schwingt nicht zurück, können periodische Funktionen ausgeschlossen werden. Die Kosinusfunktion ist im Beispiel dann kein geeignetes mathematisches Modell.
Experimente müssen reproduzierbar sein. Das Experiment wird mit einem größeren Zeitintervall oder veränderten Anfangsbedingungen wiederholt. Weitere Messwerte – über das gegebene Intervall hinaus – führen zur deutlichen Unterscheidung der Funktionen: Ein fallender Körper beschleunigt nicht so schnell, dass seine Fallstrecke zur dritten Potenz der Zeit proportional wäre. Das mathematische Modell einer Funktion zur dritten Potenz ist nicht erfolgreich, da die Orte für größere Zeitabstände nicht korrekt vorausgesagt werden.

Das Modell muss im Einklang mit der Theorie stehen. Wirkt ausschließlich die Erdanziehung mit konstanter Kraft und sind andere Einflüsse wie der Luftwiderstand zu vernachlässigen, gilt die Bewegungsgleichung des freien Falls: $h = h_0 - \frac{1}{2} g \cdot t^2$. Genau dann, wenn die Kraft konstant ist, wird der Weg durch eine quadratische Funktion beschrieben. Wäre der Exponent größer als 2, müssten die Beschleunigung und damit die Kraft mit der Zeit zunehmen. Wenn überprüft ist, dass die Gesamtkraft im Laufe der Zeit nicht wächst, kann die Funktion mit dem Exponenten 2,0413 kein angemessenes Modell für das Phänomen sein, auch wenn die Graphen beider Funktionen auf weite Strecken sehr ähnlich sind.

Modelle haben ihre Grenzen: Sinnvoll wird der Fall eines Tischtennisballs durch eine quadratische Funktion nur für geringe Fallhöhen beschrieben. Je größer die Fallhöhe ist, umso stärker wirkt sich der Luftwiderstand aus; dann ist ein anderes mathematisches Modell zu wählen.

M 3 Mathematische Funktionen und Verfahren

M 3.1 Wichtige Funktionen in der Physik

Aufgrund der grafischen Auswertung eines Experiments kann oft abgeschätzt werden, welcher Typ von Funktion als mathematisches Modell zur Beschreibung des Vorgangs geeignet scheint. Nach ihrem Typ unterscheiden sich Funktionen in ganz bestimmten Merkmalen.
In der folgenden Übersicht ist der Kurvenverlauf für die Funktionstypen charakterisiert. Die zugehörigen Funktionsgleichungen sind mit den Parametern m, a oder k angegeben. Werden die Funktionen nach den Parametern aufgelöst, ergeben sich meist Quotienten. Für alle Punkte auf der Kurve sind die Quotienten gleich. Für Messwerte, die um diesen Funktionstyp statistisch schwanken, streuen die Quotienten um einen Mittelwert, der als Näherung für den gesuchten Parameter betrachtet werden kann. Weichen die Quotienten systematisch von einem konstanten Wert ab, ist der Funktionstyp kein geeignetes Modell.

Im Folgenden stehen die mathematischen Symbole x und y für physikalische Größen. Dabei wird die Abhängigkeit der Größe y von x untersucht: $y = f(x)$.

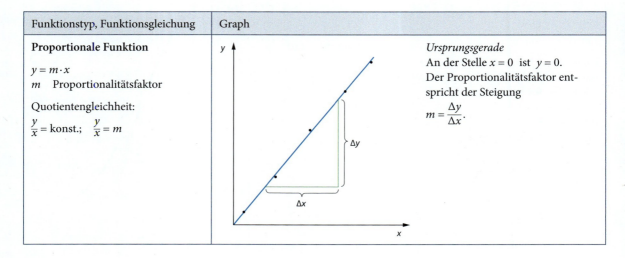

Funktionstyp, Funktionsgleichung	Graph	
Proportionale Funktion $y = m \cdot x$ m Proportionalitätsfaktor Quotientengleichheit: $\frac{y}{x}$ = konst.; $\frac{y}{x} = m$		*Ursprungsgerade* An der Stelle $x = 0$ ist $y = 0$. Der Proportionalitätsfaktor entspricht der Steigung $m = \frac{\Delta y}{\Delta x}$.

Direkt an der Strecke nehmen die Zuschauer das Motorgeräusch eines herankommenden Wagens als ein hohes Heulen wahr. Kaum ist das Fahrzeug vorbei, tönt es deutlich tiefer.

9.11 Dopplereffekt

Bewegt sich ein Wellenerreger in einem Medium, so nimmt ein ruhender Beobachter eine veränderte Frequenz wahr. Diese Frequenzänderung heißt Dopplereffekt; sie ist oft an Schallwellen zu beobachten, die von einer bewegten Schallquelle ausgesandt werden.
Bewegt sich eine Quelle Q, die eine Welle der Frequenz f_0 aussendet, mit der Geschwindigkeit v_Q auf den Beobachter B zu bzw. von ihm weg, so nimmt dieser die Welle mit folgender Frequenz wahr:

$$f_B = \frac{f_0}{1 \pm \frac{v_Q}{c}}. \qquad (1)$$

Zu einer ähnlichen Frequenzverschiebung kommt es, wenn sich ein Beobachter relativ zu einer ruhenden Quelle bewegt. Nähert sich der Beobachter mit der Geschwindigkeit v_B der Quelle bzw. entfernt er sich von ihr, so gilt für die beobachtete Frequenz:

$$f_B = f_0 \cdot \left(1 \pm \frac{v_B}{c}\right). \qquad (2)$$

Das jeweils obere Rechenzeichen gilt, wenn sich Quelle und Beobachter aufeinander zubewegen.

Bewegte Quelle

Bewegt sich eine Quelle, also ein Wellenerreger, in dem Medium, in dem sie eine Welle bewirkt, so wird der Abstand der Wellenfronten in Bewegungsrichtung verkürzt. Dieser Vorgang ist nach CHRISTIAN DOPPLER benannt. Die Quelle regt das Medium periodisch mit der Frequenz f_0 an. Während einer Schwingung bewegt sie sich aber ein kleines Stück vorwärts. In Bewegungsrichtung der Quelle verkürzt sich daher die Wellenlänge, entgegen der Bewegungsrichtung verlängert sie sich.
Abbildung 2a zeigt die Ausbreitung einer Kreiswelle, die von einer ruhenden Quelle Q ausgeht. Der Beobachter B nimmt den zeitlichen Abstand der Wellenfronten mit derselben Frequenz f_0 wahr, wie sie von der Quelle ausgesandt wurden. Bewegt sich dagegen die Quelle, so wird der Abstand der Wellenfronten verkürzt (Abb. 2b). Da die Ausbreitungsgeschwindigkeit c der Welle sich nicht ändert, nimmt der Beobachter diese schnellere Abfolge der Wellenfronten als erhöhte Frequenz f_B wahr.

Dieses Phänomen zeigt sich beispielsweise, wenn ein Motorrad oder ein Rettungsfahrzeug an einem Beobachter vorbeifährt: Der wahrgenommene Ton des Signals ändert sich auffällig in dem Moment, in dem das Fahrzeug den Beobachter passiert. Beim Herannahen wird der Ton höher wahrgenommen als bei einem ruhenden Fahrzeug, beim Entfernen dagegen tiefer.

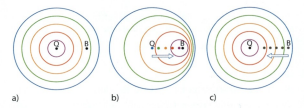

a)   b)   c)

2 Von einer Quelle Q wird eine Welle ausgesandt, deren Wellenfronten hier mit unterschiedlichen Farben markiert sind:
a) ruhende Quelle und ruhender Beobachter B. b) Q bewegt sich auf den ruhenden Beobachter zu. c) B bewegt sich auf die ruhende Quelle Q zu.

Während einer Periodendauer T bewegt sich die Quelle um die Strecke:

$$\Delta x = v_Q \cdot T = \frac{v_Q}{f_0}. \qquad (3)$$

In Bewegungsrichtung verkürzt sich für einen Beobachter B die Wellenlänge λ_0 daher um Δx auf λ_B:

$$\lambda_B = \lambda_0 - \Delta x = \frac{c}{f_0} - \frac{v_Q}{f_0} = \frac{c - v_Q}{f_0}. \qquad (4)$$

Für die vom Beobachter wahrgenommene Frequenz f_0 ergibt sich damit:

$$f_B = \frac{c}{\lambda_B} = \frac{f_0 \cdot c}{c - v_Q} = \frac{f_0}{1 - \frac{v_Q}{c}}. \qquad (5)$$

Funktionstyp, Funktionsgleichung	Graph	
Trigonometrische Funktion $$y = y_0 \cdot \sin(k \cdot x)$$ $$y = y_0 \cdot \cos(k \cdot x)$$ mit $$k = \frac{2 \cdot \pi}{T} = \omega \quad \text{bzw.} \quad k = \frac{2 \cdot \pi}{\lambda}$$ T Periodendauer λ Wellenlänge ω Winkelgeschwindigkeit	(Sinuskurve mit Amplitude y_0 und Periodendauer T)	Periodisches Verhalten: y wiederholt sich stets nach der konstanten Periodendauer T. Die maximale Auslenkung y_0 bleibt gleich groß.

M 3.2 Iterative Rechenmodelle

Für einige Phänomene sind Funktionen schwer zu finden, die sich explizit durch eine Funktionsgleichung beschreiben lassen. Sind aber Gesetze über die Änderungsraten für das Phänomen bekannt, lassen sich Funktionswerte näherungsweise in einem iterativen Verfahren bestimmen: Ausgehend von einem Punkt der Funktion wird der nächste Punkt anhand der bekannten Änderungsrate bestimmt.

Beispiel Bewegung mit Luftwiderstand Ein Papiertrichter fällt zunächst beschleunigt, bis er eine konstante Sinkgeschwindigkeit erreicht. Die konstante Gewichtskraft F_G und die ihr entgegengesetzt gerichtete Reibungskraft F_r werden auf den Trichter ausgeübt. Die Luftreibung nimmt im idealen Fall linear oder quadratisch mit der Geschwindigkeit zu (vgl. 2.15). Mit der resultierenden Kraft wird der Körper beschleunigt.

$$F = F_G - F_r$$
$$m \cdot a = m \cdot g - k \cdot v^b \quad \text{mit} \quad b = 1 \text{ oder } 2$$

Hieraus kann die Beschleunigung zu einem Zeitpunkt t berechnet werden, wenn die Geschwindigkeit für diesen Zeitpunkt bekannt ist:

$$a(t) = g - \frac{k}{m} \cdot (v(t))^b.$$

Die Beschleunigung ist für ein hinreichend kleines Zeitintervall $\Delta t = t_2 - t_1$ näherungsweise durch den Differenzenquotienten

$$a(t_1) \approx \frac{\Delta v}{\Delta t} = \frac{v(t_2) - v(t_1)}{t_2 - t_1}$$

definiert.
Sind zu einem Zeitpunkt t_1 alle Größen bekannt oder bereits näherungsweise berechnet, lässt sich diese Gleichung nach der unbekannten Geschwindigkeit zum Zeitpunkt t_2 umformen: $v(t_2) \approx v(t_1) + a(t_1) \cdot \Delta t$.
Die Änderungsrate ermöglicht den Übergang von einem Zeitpunkt zu einem zweiten.
Ausgehend von diesem neuen Wert lässt sich dann der Rechenschritt wiederholen und ein Näherungswert v_3 für die Geschwindigkeit zum Zeitpunkt t_3 berechnen. In gleicher Weise ist aus der Geschwindigkeit iterativ der Weg zu berechnen.

Rechenschema
Sei $y = f(t)$ eine physikalische Größe und $\dot{f}(t)$ die Größe, die die zeitliche Änderung von y beschreibt.

	Iteration mithilfe der Änderungsrate	Beispiel Fall mit Luftwiderstand
Voraussetzung	Gegeben ist eine Gleichung mit der Änderungsrate $\dot{f}(t)$, die sich aus den Größen f und t berechnen lässt.	Bekannt sind sämtliche Kräfte, die auf den Körper ausgeübt werden. Daraus folgt eine Gleichung für die Beschleunigung. Diese hängt von der momentanen Geschwindigkeit ab: $a = g - \frac{k}{m} \cdot v^b.$

METHODEN DER PHYSIK | M 3 Mathematische Funktionen und Verfahren

	Iteration mithilfe der Änderungsrate	Beispiel Fall mit Luftwiderstand
Startwerte	t_0 $f_0 = f(t_0)$	Fall aus dem Ruhezustand $v_{alt} = 0$ $s_{alt} = 0$ $t_{alt} = 0$
Festlegen der Schrittweite	Δt	Δt
Aus den zuletzt bestimmten Werten werden die neuen Werte berechnet. Die Schritte werden in einer Schleife bis zu einem gewünschten Punkt wiederholt.	Man beginnt mit $n = 0$: $\dot{f}_n$ wird mit dem gegebenen Werten f_n und t_n bestimmt. $f_{n+1} = f_n + \dot{f}_n \cdot \Delta t$ $t_{n+1} = t_n + \Delta t$	$a_{neu} = g - \frac{k}{m} \cdot v_{alt}^b$ $v_{neu} = v_{alt} + a_{neu} \cdot \Delta t$ $s_{neu} = s_{alt} + v_{neu} \cdot \Delta t$ $t_{neu} = t_{alt} + \Delta t$
	Die Tangenten weisen in die Richtung, in die der Graph der unbekannten Funktion verläuft. Da stets Näherungswerte die neuen Ausgangspunkte bilden, pflanzt sich ein Fehler systematisch fort.	Aus den Messdaten vom Fall des Papiertrichters werden die Durchschnittsgeschwindigkeiten für sämtliche Intervalle berechnet und im Diagramm eingezeichnet. Die iterative Lösung der Bewegungsgleichung wird durch eine geeignete Wahl des Faktors k/m an die reale Kurve angepasst. Ebenso kann der Exponent b variiert werden.

M 3.3 Ableitung und Integral

Die Beschleunigung gibt an, wie schnell sich die Geschwindigkeit zu einem Zeitpunkt ändert. Sie ist die zeitliche Änderungsrate der Geschwindigkeit. Ein Maß ist die Änderung der Geschwindigkeit pro Zeiteinheit: ein Quotient von Differenzen. Die momentane Änderungsrate einer Größe nennt man Ableitung der Größe.

Die Endgeschwindigkeit hängt davon ab, wie lange eine Beschleunigung andauert. Die Änderung der Geschwindigkeit entspricht der Wirkung der Beschleunigung über den gesamten Zeitraum. Bei konstanter Beschleunigung ergibt sich diese Wirkung als Produkt der Beschleunigung und der Zeit. Ändert sich die Größe während der Zeit, lässt sich ihre Wirkung näherungsweise durch eine Summe von Produkten berechnen.

Beispiel Gazellen können nahezu doppelt so schnell sprinten wie Löwen. In ihrem maximalen Tempo sind Gazellen nicht einzuholen. Trotzdem sind Löwen in ihrer Jagd auf Gazellen erfolgreich, da sie beim Start schneller eine höhere Geschwindigkeit erreichen. Änderungsraten und Wirkungen der Geschwindigkeiten bestimmen hier den Erfolg der Jagd.

Definition der Änderungsrate

Mathematische Theorie	Physikalisches Beispiel	Graph
Die Größe y hängt von der Größe x ab. y ist eine Funktion von x: $y = f(x)$. Es seien $y_1 = f(x_1)$ und $y_2 = f(x_2)$.	Jedem Zeitpunkt t ist eindeutig eine Geschwindigkeit v zugeordnet: $v = v(t)$.	Die Gazelle erreicht eine hohe Geschwindigkeit.
Wie stark sich die Größe y in Abhängigkeit von x ändert, wird durch die Änderungsrate angegeben: Ändert sich die Größe x um einen Wert Δx, also $x_2 = x_1 + \Delta x$, dann ändert sich die Größe y um Δy, d. h.: $y_2 = y_1 + \Delta y$. Ein Maß für die Stärke der Änderung ist der Differenzenquotient: $\frac{\Delta y}{\Delta x} = \frac{y_2 - y_1}{x_2 - x_1}$.	Beschleunigung ist die zeitliche Änderungsrate der Geschwindigkeit. Ein Maß für die durchschnittliche Beschleunigung in einer bestimmten Zeit ist der Quotient aus Geschwindigkeitsdifferenz und Zeitintervall. Durchschnittsbeschleunigung: $\frac{\Delta v}{\Delta t} = \frac{v_2 - v_1}{t_2 - t_1}$	Die Steigung der Sekanten entspricht dem Differenzenquotienten.
Wird die Differenz Δx der Größen x_1 und x_2 immer kleiner gewählt, nähert sich der Differenzenquotient einem Grenzwert an. Das Limes-Zeichen symbolisiert den Grenzübergang: $\lim_{\Delta x \to 0} \frac{\Delta y}{\Delta x} = \lim_{x_2 \to x_1} \frac{y_2 - y_1}{x_2 - x_1}$.	Wird das Zeitintervall immer kleiner gewählt, erhält man als Grenzwert die momentane Beschleunigung a: $a = \lim_{\Delta t \to 0} \frac{\Delta v}{\Delta t} = \lim_{t_2 \to t_1} \frac{v_2 - v_1}{t_2 - t_1}$.	Die Sekante geht in die Tangente über. Ihre Steigung entspricht der momentanen Änderungsrate.
Den Grenzwert des Differenzenquotienten nennt man die **Ableitung** der Funktion f nach der Größe x und schreibt: $f'(x) = \frac{dy}{dx}$. Die Ableitung an jeder Stelle x ist durch die Funktion f eindeutig vorgegeben.	In der Physik wird die Ableitung nach der Zeit t durch einen Punkt über der Größe gekennzeichnet: $a(t) = \dot{v}(t) = \frac{dv}{dt}$. Ableitungen nach anderen Größen werden wie in der Mathematik mit einem Strich gekennzeichnet.	Die Beschleunigung des Löwen ist am Anfang groß, lässt aber schnell nach.

METHODEN DER PHYSIK | M 3 Mathematische Funktionen und Verfahren

Physikalische Größen und Änderungsraten

a) Physikalische Größen, die als Änderungsraten, d. h. als die Ableitung einer bekannten Größe, definiert werden:

Größe	Zeitliche Änderungsrate der Größe	Definitionsgleichung als Ableitung
Geschwindigkeit v	Weg s	$v = \dot{s} = \dfrac{ds}{dt}$
Beschleunigung a	Geschwindigkeit v. Die Beschleunigung ist damit die zweite Ableitung des Wegs s nach der Zeit t.	$a = \dot{v} = \dfrac{dv}{dt}$ $a = \ddot{s} = \dfrac{d^2 s}{dt^2}$
Leistung P	Energie E	$P = \dot{E} = \dfrac{dE}{dt}$
Stromstärke I	Ladung Q	$I = \dot{Q} = \dfrac{dQ}{dt}$
Kraft F	Impuls p	$F = \dot{p} = \dfrac{dp}{dt}$

b) Physikalische Gesetze, in die die Änderungsrate einer Größe eingeht:

Gesetz	Gleichung	Größen	
2. Newton'sches Axiom, Grundgleichung der Mechanik	$F = m \cdot \dfrac{d^2 s}{dt^2}$	F $\dfrac{d^2 s}{dt^2}$	Kraft 2. Ableitung des Wegs nach der Zeit
Induktionsgesetz für eine Spule	$U_{ind} = -N \cdot \dfrac{d\Phi}{dt}$	U_{ind} Φ N	Induktionsspannung magnetischer Fluss Windungszahl der Spule
Selbstinduktion in einer Spule	$U_{ind} = -L \cdot \dfrac{dI}{dt}$	U_{ind} L I	Selbstinduktionsspannung Induktivität elektrische Stromstärke
Zerfallsgesetz	$-\dfrac{dN}{dt} = \lambda \cdot N$	N λ	Anzahl der radioaktiven Kerne Zerfallskonstante

Summe von Produkten

Wie weit muss sich der Löwe an die Gazelle heranpirschen, damit er eine Chance bekommt, die Gazelle zu erbeuten?

Mathematische Theorie	Physikalisches Beispiel	Graph
Oft kann das Produkt zweier Größen x und y als eine weitere Größe F gedeutet werden. Dabei ist zunächst vorausgesetzt, dass die Größen unabhängig voneinander sind: $F = x \cdot y$.	Rollt eine Kugel mit konstanter Geschwindigkeit v_0, ergibt sich aus dem Produkt der Geschwindigkeit und der Dauer der Bewegung Δt der Weg Δs, der in dieser Zeit zurückgelegt wird: $\Delta s = v_0 \cdot \Delta t$.	Das Produkt $v_0 \cdot \Delta t$ ist der Flächeninhalt eines Rechtecks.

Mathematische Theorie	Physikalisches Beispiel	Graph
Ändert sich die Größe y in Abhängigkeit von x in der Weise, dass sie stets abschnittsweise konstant ist, wird die Funktion $y = f(x)$ abschnittsweise betrachtet. Für jeden Abschnitt kann das Produkt gebildet werden. Die Summe aller Produkte ergibt: $$F = f(x_1) \cdot \Delta x_1 + \ldots + f(x_n) \cdot \Delta x_n = \sum_{i=1}^{n} f(x_i) \cdot \Delta x_i.$$ Der griechische Buchstabe Σ (Sigma) ist die abkürzende Schreibweise für eine Summe.	Die Kugel erhält zu bestimmten Zeitpunkten einen kurzen Stoß und rollt dann jeweils mit einer größeren Geschwindigkeit gleichförmig weiter. Die Gesamtstrecke setzt sich aus den Teilstrecken zusammen, in denen die Geschwindigkeit jeweils konstant ist: $$\Delta s = \Delta s_1 + \Delta s_2 + \Delta s_3 + \Delta s_4$$ $$= v_1 \cdot \Delta t_1 + v_2 \cdot \Delta t_2 + v_3 \cdot \Delta t_3 + v_4 \cdot \Delta t_4.$$	Die zurückgelegte Strecke kann als Summe der Flächeninhalte aller Rechtecke abgelesen werden.
Ist die Funktion $f(x)$ nicht konstant, wird sie durch eine abschnittsweise konstante Treppenfunktion angenähert. Je kleiner die Intervalle Δx sind, desto besser wird die Funktion $f(x)$ durch die Treppenfunktion wiedergegeben.	Für kurze Zeitintervalle kann eine beliebige Geschwindigkeit näherungsweise als konstant angesehen werden.	Näherung durch eine Treppenfigur
Über die Treppenfunktion kann in jedem Intervall das Produkt gebildet werden.	Für kleine Intervalle Δt ist die Summe der Teilstrecken mit konstanten Geschwindigkeiten eine Näherung für die zurückgelegte Gesamtstrecke: $$\Delta s \approx \Delta s_1 + \Delta s_2 + \ldots + \Delta s_n$$ $$= v_1 \cdot \Delta t + v_2 \cdot \Delta t + \ldots + v_n \cdot \Delta t.$$	Summe von Rechteckflächen
Den Grenzwert der Produktsumme $$F = \lim_{n \to \infty} \sum_{i=1}^{n} f(x_i) \cdot \Delta x$$ nennt man das **Integral** zwischen der unteren Grenze a und der oberen Grenze b und schreibt: $$F = \int_{a}^{b} f(x) \, dx.$$	Wird die Anzahl n der Unterteilungen beliebig groß, dann werden die Intervalle stets kleiner. Als Grenzwert der Näherung ergibt sich der zurückgelegte Weg: $$\Delta s = s(t_2) - s(t_1) = \int_{t_1}^{t_2} v(t) \, dt.$$	Der Flächeninhalt unter dem Graphen entspricht dem zurückgelegten Weg.

Mathematische Theorie	Physikalisches Beispiel	Graph
Wird die obere Grenze als Variable der Größe x interpretiert, so entsteht eine **Stammfunktion** $F(x)$ zur Funktion f: $$F(x) = \int_a^x f(x)\,dx.$$	Die obere Grenze gibt an, bis zu welchem Zeitpunkt die Bewegung stattfindet. Die obere Grenze sei variabel: $t_2 = t$. Die Bewegung beginne zum Zeitpunkt $t_1 = 0$ am Ort $s(0) = s_0$. Dann muss der Weg s_0 hinzugefügt werden, um am neuen Ort $s(t)$ anzukommen: $$s(t) = \int_0^t v(t)\,dt + s_0.$$	Wird der Graph der Gazelle so weit nach oben verschoben, bis sich beide Graphen nicht mehr schneiden, erhält man mit dem Ordinatenabschnitt den notwendigen Vorsprung der Gazelle. Wird die Reaktionszeit der Gazelle noch berücksichtigt, muss die Kurve zusätzlich nach rechts verschoben werden.

Integrieren und Ableiten sind zueinander Umkehroperationen: Wird der Weg nach der Zeit abgeleitet, erhält man die Geschwindigkeit. Umgekehrt: Wird die Geschwindigkeit nach der Zeit integriert, ergibt sich der zurückgelegte Weg.

Physikalische Größen als Integrale

a) Einige physikalische Größen lassen sich unter bestimmten Einschränkungen aus dem Produkt zweier Größen bestimmen. Entfallen diese Einschränkungen, werden die Größen durch Integrale festgelegt.

Größe	Gleichung als Produkt	Gleichung als Integral
Arbeit W	$W = F \cdot s$ gilt, wenn die Kraft konstant ist. F Kraft s Weg	$W = \int_{s_1}^{s_2} F\,ds$ gilt auch, wenn sich F längs s ändert.
Trägheitsmoment J	$J = r^2 \cdot m$ gilt für die Bewegung eines Massenpunkts um eine Drehachse. m Masse r Abstand von der Drehachse	$J = \int_0^m r^2\,dm$ gilt auch für die Rotation eines ausgedehnten Körpers.
Spannung U	$U = E \cdot d$ gilt, wenn das elektrische Feld homogen ist. E Elektrische Feldstärke d Abstand zweier Punkte	$U = \int_{P_2}^{P_1} E\,ds$ gilt auch in einem inhomogenen Feld.

b) Das Integral wird eingesetzt, wenn die Umkehrung zur Ableitung benötigt wird.

Größe	Definition der Änderungsrate	Berechnung als Integral
Weg s	Geschwindigkeit $v = \dot{s}$	$s = \int v\,dt$
Geschwindigkeit v	Beschleunigung $a = \dot{v}$	$v = \int a\,dt$
Ladung Q	Stromstärke $I = \dot{Q}$	$Q = \int I\,dt$

Integrale spezieller Funktionen
Als Umkehroperation zur Ableitung wird beim Integrieren die Funktion $F(x)$ gesucht, deren Ableitung die gegebene Funktion $f(x)$ ergibt. Durch das Integrieren lassen sich für konkrete physikalische Phänomene Gleichungen herleiten. Beispielsweise folgen aus der Definition der gleichmäßig beschleunigten Bewegung durch Integrationen die Bewegungsgleichungen.

Beispiel	Deduziertes Gesetz
Gleichmäßig beschleunigte Bewegung $a(t) = a =$ konst.	Bewegungsgleichungen $$v(t) = \int_0^t a\, dt = a \cdot t + v_0$$ $$s(t) = \int_0^t (a \cdot t + v_0)\, dt = \frac{1}{2} a \cdot t^2 + v_0 \cdot t + s_0$$
Gewichtskraft $F = m \cdot g$	Potenzielle Energie $$E_{pot} = \int_0^h F\, ds = \int_0^h m \cdot g\, ds = m \cdot g \cdot \int_0^s 1\, ds = m \cdot g \cdot h$$
Hooke'sches Gesetz $F = D \cdot s$	Spannenergie $$E_{spann} = \int_0^s F\, ds = \int_0^s D \cdot s\, ds = D \cdot \int_0^s s\, ds = \frac{1}{2} D \cdot s^2$$

M 3.4 Differenzialgleichungen

Bedeutung von Differenzialgleichungen Die Physik beschreibt vor allem Phänomene, die sich mit der Zeit ändern. Sie erklärt die beobachteten Änderungen durch Wechselwirkungen oder durch die Umwandlung verschiedener Energieformen oder Energiezustände.
In der Mechanik führt das Ausüben einer Kraft zu einer Ortsänderung eines frei beweglichen Körpers: $F = m \cdot \ddot{s}$. Ihrerseits hängt die Kraft selbst aber oft vom Ort oder einer Ortsänderung ab – beispielsweise bei einer Stahlfeder nach dem Hooke'schen Gesetz: $F = D \cdot s$.
Solche Zusammenhänge führen zu Differenzialgleichungen (DGL). Aus ihnen lassen sich die Lösungsfunktionen herleiten und somit das Verhalten eines Phänomens unter konkreten Anfangsbedingungen beschreiben und vorhersagen.

Beispiel freier Fall und senkrechter Wurf Die gleichmäßig beschleunigte Bewegung eines fallenden Steins wird in der Kinematik durch die quadratische Funktion $s(t) = \frac{1}{2} g \cdot t^2$ beschrieben. In der Dynamik wird diese Bewegung durch die Wechselwirkung zwischen Erde und Stein erklärt. Das Bindeglied zwischen der kinematischen und der dynamischen Erfassung einer Bewegung bildet das 2. Newton'sche Axiom $F = m \cdot \ddot{s}$. Die Gewichtskraft $F_G = m \cdot g$ ist im freien Fall die Kraft, mit der der Stein beschleunigt wird:
$$F_G = F,$$
$$m \cdot g = m \cdot \ddot{s}. \qquad (1)$$

Eine Gleichung, die eine oder mehrere Ableitungen einer Funktion enthält, nennt man Differenzialgleichung (DGL). Lösungen der Differenzialgleichungen sind Funktionen.
Die Funktion $s(t) = \frac{1}{2} g \cdot t^2$ ist eine Lösung der DGL (1). Dies wird dadurch bestätigt, dass die Funktion und ihre zweite Ableitung $\ddot{s}(t) = g$ in die Gleichung eingesetzt werden.
Darüber hinaus besitzen alle quadratischen Funktionen der Form $s(t) = \frac{1}{2} g \cdot t^2 + v_0 \cdot t + s_0$ ebenfalls die gleiche zweite Ableitung $\ddot{s}(t) = g$ und sind daher Lösungen der DGL (1). Durch diese DGL werden die eindimensionalen Bewegungen unter Einwirkung der Erdanziehung erfasst: der freie Fall ebenso wie der senkrechte Wurf.
Diese beiden Bewegungen unterscheiden sich ausschließlich in den **Anfangsbedingungen** v_0 und s_0, unter denen die Bewegung startet. Der Stein wird mit der Geschwindigkeit v_0 aus der Höhe s_0 geworfen. Die Anfangsbedingungen legen die Bewegungsfunktion fest. Die Lösungsfunktion der DGL wird dadurch eindeutig.

Charakteristische Typen In der Physik gibt es einige wiederkehrende Typen der Differenzialgleichungen, in denen Ableitungen einer physikalischen Größe f nach der Zeit t vorkommen. Sie haben jeweils charakteristische Funktionstypen $f(t)$ als Lösungen. Durch Ableiten und Einsetzen lässt sich ihre Gültigkeit prüfen. Im Folgenden seien b und c positive Konstanten:

Differenzialgleichung	Eigenschaften der Lösung
$\dot{f}(t) = c$	Die Änderungsrate der Funktion f, also die erste Ableitung, hängt nicht vom Funktionswert ab und ist über die ganze Zeit konstant. Der Funktionswert ändert sich stets um die gleiche Rate. Die DGL beschreibt eine gleichförmige Änderung. Lineare Funktionen erfüllen diese Bedingung der DGL.
$\ddot{f}(t) = c$	Die zweite Ableitung ändert sich nicht. Damit ändert sich die erste Ableitung gleichförmig. Die Lösungen sind quadratische Funktionen.
$\dot{f}(t) = -c \cdot f(t)$	Zu jedem Zeitpunkt ist die Ableitung proportional zum Funktionswert. Die Änderungsrate hängt unmittelbar von der Größe des Funktionswerts ab. Die Ableitung ist negativ, daher nehmen positive Funktionswerte mit der Zeit ab. Und je kleiner der Funktionswert geworden ist, desto langsamer wird die Abnahme. Die Lösungen sind Exponentialfunktionen. Die DGL beschreibt eine exponentielle Abnahme.
$\ddot{f}(t) = -c \cdot f(t)$	Wenn der Funktionswert positiv ist, ist die zweite Ableitung negativ. Damit nehmen die erste Ableitung und somit die Steigung des Graphen ab. Der Graph macht eine Rechtskrümmung. Je größer der Funktionswert wird, desto stärker wird die Krümmung. Dies erzwingt, dass die Funktionswerte mit der Zeit wieder kleiner werden. Werden die Funktionswerte negativ, entsteht eine Linkskurve. Die DGL beschreibt einen Schwingungsvorgang. Die Lösungen sind die trigonometrischen Funktionen Sinus und Kosinus.
$\ddot{f}(t) = -b \cdot \dot{f}(t) - c \cdot f(t)$	Wenn b null ist, beschreibt die DGL eine Schwingung. Ist c null, nehmen die Ableitungsfunktion und damit die Funktion selbst exponentiell ab. Sind b und c von null verschieden, müssen die Lösungen beide Bedingungen gleichzeitig erfüllen. Die DGL beschreibt eine gedämpfte Schwingung. Die Lösungen sind ein Produkt aus Exponentialfunktion und Sinus- oder Kosinusfunktion.

Bewegungsgleichungen in der Mechanik

Bewegungstyp	Kraftgesetz	Differenzialgleichung	Bewegungsgleichung
Gleichförmige Bewegung	keine Kraft $F = 0$	$m \cdot \ddot{s} = 0$	$s = v_0 \cdot t + s_0$
Gleichmäßig beschleunigte Bewegung	konstante Kraft $F = F_0$	$m \cdot \ddot{s} = F_0$	$s = \frac{1}{2} a \cdot t^2 + v_0 \cdot t + s_0$ mit $a = \frac{F_0}{m}$
Ungedämpfte harmonische Schwingung	rücktreibende Kraft $F = -D \cdot s$	$m \cdot \ddot{s} = -D \cdot s$	$s = s_0 \cdot \sin(\omega_0 \cdot t + \varphi)$ mit $\omega_0 = \sqrt{\frac{D}{m}}$
Freie gedämpfte harmonische Schwingung	rücktreibende Kraft $F_{rück} = -D \cdot s$ und Reibungskraft $F_{reib} = -b \cdot v = -b \cdot \dot{s}$ $\Rightarrow F = F_{rück} + F_{reib}$	$m \cdot \ddot{s} = -D \cdot s - b \cdot \dot{s}$	$s = s_0 \cdot e^{-k \cdot t} \sin(\omega \cdot t + \varphi)$ mit $\omega = \sqrt{\frac{D}{m} - \frac{b^2}{4m^2}} = \sqrt{\omega_0^2 - k^2}$ und $k = \frac{b}{2m}$

Wird ein Körper längs eines Wegs mit einer Kraft bewegt, nimmt er Energie auf. Daher kann der Energieerhaltungssatz ebenfalls zur Herleitung der Differenzialgleichungen genutzt werden.

Differenzialgleichungen in der Elektrizitätslehre

Phänomen	Gesetz	Differenzialgleichung	Lösung
Entladen eines Kondensators	$0 = U_R + U_C$	$R \cdot \dot{Q} = -\frac{1}{C} \cdot Q$	$Q(t) = Q_0 \cdot e^{-\frac{1}{R \cdot C} \cdot t}$
Ungedämpfter Schwingkreis	$0 = U_L + U_C$	$L \cdot \ddot{Q} = -\frac{1}{C} \cdot Q$	$Q(t) = Q_0 \cdot \sin(\omega_0 \cdot t + \varphi)$ mit $\omega_0 = \sqrt{\frac{1}{L \cdot C}}$
Gedämpfter Schwingkreis	$0 = U_L + U_R + U_C$	$L \cdot \ddot{Q} = -R \cdot \dot{Q} - \frac{1}{C} \cdot Q$	$Q(t) = Q_0 \cdot e^{-k \cdot t} \cdot \sin(\omega \cdot t + \varphi)$ mit $\omega = \sqrt{\frac{1}{L \cdot C} - \frac{R^2}{4 L^2}} = \sqrt{\omega_0^2 - k^2}$ und $k = \frac{R}{2L}$

Zu manchen Differenzialgleichungen lassen sich explizite Lösungsfunktionen nur schwierig oder gar nicht finden. Dann werden Rechenverfahren eingesetzt, die schrittweise mithilfe der Differenzialgleichung die Funktion annähern (vgl. M 3.2).

M 3.5 Vektorielle Größen

Im Raum kann sich ein Körper in verschiedene Richtungen bewegen. Größen, die Phänomene der Ortsänderung eines frei beweglichen Körpers beschreiben, erfordern zur vollständigen Erfassung außer dem Betrag die Angabe der Richtung. Da die Ortsänderung gerichtet ist, überträgt sich die räumliche Eigenschaft auf Größen wie Geschwindigkeit, Beschleunigung, Impuls, Kraft und Feldstärke.

Physikalische Größen mit Betrag und Richtung nennt man **vektorielle Größen**. Zur Kennzeichnung wird ein Pfeil über das Größenzeichen $\vec{c}$ gesetzt. Wird nur der Betrag der gerichteten Größe berücksichtigt, schreibt man das Größenzeichen ohne den Pfeil: $a = |\vec{a}|$. Grafisch werden diese Größen durch Pfeile dargestellt. Die Pfeilrichtung gibt die Richtung an und die Länge des Pfeils entspricht dem Betrag der Größe.

Wird eine vektorielle Größe $\vec{a}$ in verschiedenen Richtungen gemessen, erhält man unterschiedliche Messwerte. Der Wert ergibt sich geometrisch aus der senkrechten Projektion des Vektorpfeils auf die Gerade, in deren Richtung gemessen wurde. Die Projektion des Vektorpfeils nennt man *Komponente* der vektoriellen Größe. Wird die vektorielle Größe $\vec{a}$ in den Richtungen der Koordinatenachsen gemessen, bilden die gemessenen Werte mit den Vorzeichen die *Koordinaten* a_x, a_y und a_z. Je nach Problemstellung ist die Darstellung der vektoriellen Größen in den Koordinaten eines festen Koordinatensystems oder die lokale Zerlegung in Komponenten besser geeignet.

Zeit, Masse, Ladung und Energie sind Größen, die keine Richtung im Raum besitzen. Sie werden **skalare Größen** genannt. Sie sind bereits durch die Angabe eines Zahlenwerts mit der Einheit vollständig bestimmt.

Beschreibung der Geschwindigkeit $\vec{v}$ beim schiefen Wurf in den Koordinaten v_x und v_y

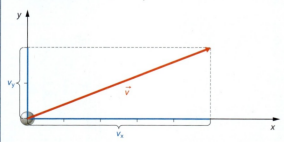

Koordinatenweise kann die Bewegung der Kugel berechnet werden.

Zerlegung der Gewichtskraft $\vec{F}_G$ an der schiefen Ebene in senkrecht zueinander stehende Komponenten $\vec{F}_H$ und $\vec{F}_N$

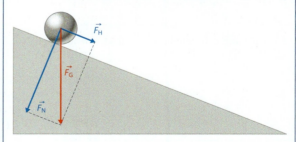

Nur die Komponente parallel zum Hang führt zur Beschleunigung der Kugel.

Mathematische Theorie	Physikalisches Beispiel	Vektordiagramm
Vektoraddition Vektorielle Größen werden geometrisch addiert, indem ein Vektorpfeil an die Spitze des anderen Vektorpfeils angetragen wird. Sind die Koordinaten gegeben, ergeben sich die Koordinaten der resultierenden Größe durch Addition der Koordinaten bezüglich jeder Achse.	Überlagern sich zwei Kräfte $\vec{F}$ und $\vec{G}$, lässt sich die resultierende Kraft durch die Vektorsumme bestimmen: $\vec{F}_{res} = \vec{F} + \vec{G}$. Für den Betrag gilt: $F_{res} = \sqrt{F^2 + G^2 + 2F \cdot G \cdot \cos\alpha}$. Spezialfälle: – Beide Kräfte sind parallel und gleichgerichtet $\alpha = 0$: $F_{res} = F + G$. – Beide Kräfte sind parallel, aber entgegengesetzt gerichtet $\alpha = 180°$: $F_{res} = |F - G|$. – Beide Kräfte stehen senkrecht aufeinander $\alpha = 90°$: $F_{res} = \sqrt{F^2 + G^2}$.	
Skalarprodukt Das Skalarprodukt zweier vektorieller Größen $\vec{a}$ und $\vec{b}$ ist das Produkt der Beträge mit dem Kosinus des eingeschlossenen Winkels. Dieses Produkt ist stets eine skalare Größe: $r = \vec{a} \cdot \vec{b} = |\vec{a}| \cdot |\vec{b}| \cdot \cos\alpha$. Auch wenn beide vektoriellen Größen nicht null sind, wird das Produkt null, falls beide Größen einen Winkel von 90° einschließen.	Die Arbeit W, die beim Ausüben einer Kraft $\vec{F}$ längs eines Wegs $\vec{s}$ verrichtet wird, ist eine skalare Größe. Es gilt: $W = F \cdot s$, falls $\vec{F}$ und $\vec{s}$ parallel gerichtet sind. Schließen $\vec{F}$ und $\vec{s}$ einen Winkel α ein, ist nur die Kraftkomponente wirksam, die parallel zum Weg gerichtet ist. Es gilt: $W = |\vec{F}_\parallel| \cdot |\vec{s}| = |\vec{F}| \cdot |\vec{s}| \cdot \cos\alpha$. Stehen $\vec{F}$ und $\vec{s}$ senkrecht zueinander, wird keine Energie umgewandelt. Ein Beispiel hierfür ist die gleichförmige Kreisbewegung.	
Vektorprodukt (Kreuzprodukt) Das Vektorprodukt zweier vektorieller Größen $\vec{a}$ und $\vec{b}$ ist wiederum eine vektorielle Größe $\vec{c}$. $\vec{c} = \vec{a} \times \vec{b}$ steht stets senkrecht auf $\vec{a}$ und $\vec{b}$. Die Vektoren bilden in der Reihenfolge $\vec{a}$, $\vec{b}$, $\vec{c}$ ein Rechtssystem. Der Betrag von $\vec{c}$ ergibt sich aus dem Produkt der Beträge beider Größen mit dem Sinus des eingeschlossenen Winkels: $|\vec{c}| = |\vec{a}| \cdot |\vec{b}| \cdot \sin\alpha$. Das Produkt wird null, wenn $\vec{a}$ und $\vec{b}$ parallel zueinander stehen.	Positiv geladene Teilchen, die sich senkrecht zur magnetischen Feldstärke $\vec{B}$ mit der Geschwindigkeit $\vec{v}$ bewegen, werden durch die Lorentzkraft $\vec{F}_L$ abgelenkt, und es gilt: $F_L = e \cdot v \cdot B$. Die Drei-Finger-Regel der rechten Hand gibt die Richtung der Lorentzkraft an. Bewegen sich die Teilchen in einem beliebigen Winkel α zum Vektor der Feldstärke, ist nur diejenige Komponente der Feldstärke wirksam, die senkrecht zur Bewegungsrichtung steht: $|\vec{F}_L| = e \cdot |\vec{v}| \cdot |\vec{B}_\perp| = e \cdot |\vec{v}| \cdot |\vec{B}| \cdot \sin\alpha$. Die Drei-Finger-Regel der linken Hand für die Bewegung von Elektronen ergibt sich aus dem negativen Vorzeichen der Ladung. Die Lorentzkräfte auf ungleichnamig geladene Teilchen weisen in entgegengesetzte Richtungen.	rechte Hand linke Hand

Register

A
Ableitung 18 f., 157 f.
Amplitude 106
Änderungsrate 14 ff., 156 ff.
Äquivalenz von träger und schwerer Masse 36 f.
ARCHIMEDES (um 287–212 v. Chr.) 32
ARISTOTELES (384–322 v. Chr.) 32
Ausbreitungsgeschwindigkeit einer Welle 124
Ausgleichskurve 13
Auswertung eines Experiments 150 f.
Axiome, Newton'sche 42 ff.

B
Bahngeschwindigkeit 65
Bahnkurve 12, 29
Basiseinheiten s. Einheiten 34
Beschleunigung 16 f.
– in zwei Dimensionen 27
–, Fallbeschleunigung 24, 81, 86
–, Winkelbeschleunigung 64 f., 72
–, Zentralbeschleunigung 65
Beugung 130 f.
Bewegung 10 ff.
–, Bremsbewegung 23
– in zwei Dimensionen 26 f.
–, Drehbewegung 74
–, geradlinig gleichförmige 22 f., 33
–, geradlinige 22 f.
–, gleichmäßig beschleunigte 23
–, Kreisbewegung 64 ff., 107
–, Modelle 22 f.
–, Prognose 21
–, Relativbewegung 11
–, Überlagerung 28 ff.
Bewegungsgleichungen 163
Bezugssystem 10 f., 33, 43, 67
–, rotierendes 76 f.
BRAHE, TYCHO (1546–1601) 79
Brechung 130 f.
Brechungsgesetz 130 f.

C
CAVENDISH, HENRY (1731–1810) 81
CORIOLIS, GUSTAVE DE (1792–1843) 76
Corioliskraft 76
c_W-Wert 61

D
Dämpfung 114 f., 118 f.
DESCARTES, RENÉ (1596–1650) 44
destruktive Interferenz 132 f.
Dezibel (dB) 139
Differenzenquotient 14 f., 18

Differenzialgleichung 162 f.
DOPPLER, CHRISTIAN (1803–1853) 142
Dopplereffekt 142 f.
Doppler-Ultraschallmessung 143
Drehbewegung 74
Drehimpuls 70 f.
Drehimpulserhaltungssatz 70 f.
Drehmoment 72 f.
Drehung, lokale 76
Durchschnittsgeschwindigkeit 15

E
ebene Welle 126
Eigenfrequenz 110 f., 116 f.
Einheiten 34 f.
–, Dezibel (dB) 139
–, Hertz (Hz) 106
–, Joule (J) 48
–, Kilogramm (kg) 35
–, Sekunde (s) 35
–, Watt (W) 50
EINSTEIN, ALBERT (1879–1955) 33
elastischer Stoß 52
Elastizität 46 f.
Elementarwellen 126 ff.
Energie 48 ff.
–, kinetische 48 f.
–, mechanische 48 f.
–, potenzielle 48 f., 87 ff.
–, Rotationsenergie 68 f.
–, schwingender Körper 112 f.
–, Übertragung 50 f., 117 ff.
Energiebilanz 49
Energieerhaltung 48
Energieerhaltungssatz 62 f.
Epizykel 78
Erde und Mond 67, 92 f.
Erdmasse 81
Erhaltungssatz 38 f., 52 f., 62 f., 70 f.
–, Drehimpuls 70 f.
–, Energie 62 f.
–, Impuls 38 f., 52 f., 70 f.
erzwungene Schwingung 118 f.
EULER, LEONHARD (1707–1783) 45, 94
Experiment 148 ff.

F
Fadenpendel 49, 110 f.
Fahrrad 73
Fallbeschleunigung 24, 81, 86
Fallgesetz 33
FARADAY, MICHAEL (1791–1867) 94
Federpendel 37, 110
Fehler, statistische und systematische 152

Felder 94 f.
Feldlinien 86, 94 f.
Feldstärke 86 f.
Fernwirkung 94
Festkörper 113
Flächen unter Graphen 20 f.
Flächensatz 82 f.
FOUCAULT, LÉON (1819–1868) 77
Foucault'sches Pendel 77
Fourier-Analyse 121, 137
freier Fall 24, 33
freie Rotation 75
Frequenz 106
–, Eigenfrequenz 110 f., 116 f.
Frequenzspektrum 121, 137
Funktionen 154 ff.
Funktionsanpassung 13

G
GALILEI, GALILEO (1464–1642) 32 f., 38, 79, 84 f.
gedämpfte Schwingung 114 f.
gerade Welle 127
geradlinig gleichförmige Bewegung 22 f., 33
geradlinige Bewegung 22 f.
Geräusch 137
gerichtete Größen 17
Geschwindigkeit 14 f.
–, Ausbreitungsgeschwindigkeit 124
–, Bahngeschwindigkeit 65
– in zwei Dimensionen 27
–, Durchschnittsgeschwindigkeit 15
–, kosmische 89
–, Lichtgeschwindigkeit 35
–, Momentangeschwindigkeit 15
–, Phasengeschwindigkeit 124
–, Schallgeschwindigkeit 136
–, Winkelgeschwindigkeit 64 f.
Gesetz von Weber und Fechner 139
Gezeiten 92 f.
Gezeitenreibung 93
Gleichgewichtsorgan 37
gleichmäßig beschleunigte Bewegung 22
globale Änderung 20
Goldene Regel der Mechanik 50
Gravitationsfeld 86 f., 92 f.
Gravitationsfeldstärke 86
Gravitationsgesetz 80 f.
Gravitationskonstante 80 f.
Gravitationspotenzial 88
Größen 164 f.
–, gerichtete 17
–, physikalische 34
–, vektorielle 27, 164 f.

H

Haftreibungskraft 59
Hamilton'sches Prinzip 75
harmonische Schwingung 106 ff., 112
harmonische Welle 124 f.
Hebel 54
HELMHOLTZ, HERMANN VON
　(1821–1894) 63
Hertz (Hz) 106
HERTZ, HEINRICH (1857–1894) 63
Hooke'sches Gesetz 46 f., 108
Horror Vacui 33
HUYGENS, CHRISTIAAN (1629–1695)
　39, 44
Huygens'sches Prinzip 126 ff.
Hypothese 44 f.

I

Impuls 38 ff.
–, Drehimpuls 70 f.
Impulserhaltungssatz 38 f., 52 f., 70 f.
Inertialsystem 43, 67
Integral 160 ff.
Intensität 138 f.
Interferenz 132 f.
–, destruktive 132 f.
–, konstruktive 132 f.
iterative Rechenmodelle 156 f.

J

Joule (J) 48
JOULE, JAMES PRESCOTT
　(1818–1889) 63

K

KANT, IMMANUEL (1724–1804) 45
KEPLER, JOHANNES (1571–1630) 44,
　79, 82
Keplerkonstante 83
Kepler'sche Gesetze 82 ff.
Kilogramm (kg) 35
kinetische Energie 48 f.
Klang 137
Komponente 164
konstruktive Interferenz 132 f.
Koordinaten 26 f., 164
KOPERNIKUS, NIKOLAUS (1473–1543) 79
Kopplung 122
kosmische Geschwindigkeiten 89
Kraft 40 ff.
–, Corioliskraft 76
–, Drehbewegung 74
–, Messung 40 f.
–, Normalkraft 41, 58 f.
–, Trägheitskraft 43
–, Zentralkraft 66 f., 74, 82
–, Zentrifugalkraft 67
–, Zentripetalkraft 67

Kräftezerlegung 41
Kraftsensor 41
Kraftwandler 50
Kreisbewegung 64 ff., 107
Kreisfrequenz 64
Kreuzprodukt 165
Kriechfall 115
Kundt'sches Rohr 141

L

laminare Strömung 60 f.
Längswelle 122 f.
Lautstärke 139
Leistung 50 f., 73
Lichtgeschwindigkeit 35
Lissajous-Figuren 121
lokale Änderung 20
lokale Drehung 76
Longitudinalwelle 122 f.
Luftwiderstand 60 f.

M

Masse 36 f., 81
–, Äquivalenz 36 f.
–, Erdmasse 81
Massenpunkt 70
mathematisches Pendel 111
MAXWELL, JAMES C. (1831–1879) 94
MAYER, JULIUS ROBERT
　(1814–1878) 62 f.
Mechanik, Newton'sche 44 f.
mechanische Energie 48 f.
Mehrkörperproblem 90
Messgenauigkeit 151
Meter (m) 34
Modelle 22 f., 45, 152 ff.
– geradliniger Bewegungen 22 f.
– in der Physik 152 ff.
–, Rechenmodelle 156 f.
Momentangeschwindigkeit 15

N

Nahwirkung 94
Newton (N) 40
NEWTON, ISAAC (1643–1717) 33, 42 ff.,
　84 f., 92
Newton-Diagramm 57
Newton-Reibung 60
Newton'sche Axiome 42 ff.
nichtharmonische Schwingung 113
Nichtinertialsystem 76
Normalkraft 41, 58 f.

O

Oberschwingung 121
Ohr 138
Orgelpfeifen 141
Oszillator 106

P

Pendel 110 f.
–, Fadenpendel 49, 110 f.
–, Federpendel 37, 110
–, Foucault'sches 77
–, gekoppeltes 117
–, mathematisches 111
Periodendauer 106
Perpetuum mobile 62
Pferdestärke (PS) 50 f.
Phasengeschwindigkeit 124
Phasensprung 128 f.
Phasenverschiebung 107
physikalische Größen 34
piezoelektrischer Effekt 41
plastische Verformung 46
Potenzial 88, 112
Potenzialtopf 112 f.
potenzielle Energie 48 f., 87 ff.
Prinzip der kleinsten Wirkung 75
Prognose von Bewegungen 21
PTOLEMÄUS, CLAUDIUS
　(um 140 n. Chr.) 78

Q

Querwelle 122 f.

R

Raketenantrieb 90 f.
RANKINE, WILLIAM J. M.
　(1820–1872) 63
Raumfahrt 90
Reflexion 53, 128 f., 140
–, partielle 128
Reflexionsgesetz 129
Reibung 58 ff.
Reibungskoeffizient 58 f.
Relativbewegung 11
Resonanz 116 ff.
Resonanzkatastrophe 116 f.
rollender Körper 69
Rotation 64
–, ausgedehnter Körper 68 f.
–, freie 75
Rotationsachse, stabile 75
Rotationsenergie 68 f.
rotierendes Bezugssystem 76 f.
Rubens'sches Flammenrohr 140
Rückkopplung 119

S

Saitenschwingung 140
Satellitenbahnen 88 f.
Schall 136 f.
Schallgeschwindigkeit 136
Schallintensität 138 f.
Schallintensitätspegel 139
Schallkegel 143

Schallwahrnehmung 138
Schallwelle 136 f.
Scherung 47
schiefer Wurf 30 f.
Schmerzschwelle 139
Schwebung 120, 132
Schwere 36 f.
Schwerpunkt 54, 74, 92
Schwerpunktsatz 39, 54 f.
Schwingung 106 ff.
–, erzwungene 118 f.
–, gedämpfte 114 f.
–, harmonische 106 ff., 112
–, Kenngrößen 106
–, nichtharmonische 113
–, Oberschwingung 121
–, Überlagerung 120
Sekunde (s) 35
senkrechter Wurf 24 f.
signifikante Stellen 151 f.
SI-System 34 f.
Skalarfeld 94
Skalarprodukt 165
Stammfunktion 161
statistische Fehler 152
stehende Welle 140 f.
Steigung von Graphen 18 f.
Steigzeit 25
Stokes-Reibung 60
Störung 122 f.
Stoß 39, 42
–, elastischer 52
Stoßprozesse 52 f., 56
Streuprozesse 56 f.
Streuung 127
Stromlinien 60
Strömung 60 f.
–, laminare 60 f.
–, turbulente 60 f.
Strömungswiderstand 60 f.
Strukturuntersuchung 56
Superposition von Wellen 126
Swing-by-Technik 91
systematische Fehler 152

T
Teilchenbeschleuniger 57
Tiefdruckgebiet 77
Ton 137
Torsion 47
Trägheit 36 f.
Trägheitskraft 43
Trägheitsmoment 68 f.
Trägheitssatz 38, 42
Transformationsgesetz, Galilei'sches 33
Transversalwelle 122 f.
turbulente Strömung 60 f.

U
Überlagerung 28 ff., 87, 120, 126 f.
– von Bewegungen 28 ff.
– von Gravitationsfeldern 87
– harmonischer Schwingungen 120
– von Wellen 126 f.
Unabhängigkeit von Zeit und Raum 11
Unwucht 75
Urkilogramm 35

V
Vektoraddition 165
Vektorfeld 86, 94 f.
vektorielle Größen 27, 164 f.
Vektorprodukt 165
Verformung, elastische und plastische 46
VERNE, JULES (1828–1905) 90
VOLTAIRE (1694–1778) 45

W
Waage 37
waagerechter Wurf 28 f., 85
Wärmeäquivalent 63
Watt (W) 50
Wechselwirkung 42 f.
Wechselwirkungsprinzip 42 f.
Welle 122 ff., 136 f., 140 f.
–, Ausbreitungsgeschwindigkeit 124
–, ebene 126
–, Elementarwelle 126 ff.
–, gerade 127

–, harmonische 124 f.
–, Längswelle 122 f.
–, Longitudinalwelle 122 f.
–, Querwelle 122 f.
–, Schallwelle 136 f.
–, stehende 140 f.
–, Superposition 126
–, Transversalwelle 122 f.
–, Überlagerung 126 f.
Wellenfront 126 f., 142 f.
Wellenfunktion 124
Wellennormale 126 f.
Wellenzug 122
Weltbild 78 f.
Winkelbeschleunigung 64 f., 72
Winkelgeschwindigkeit 64 f.
Wirbelfeld 95
Wirkungsgrad 50 f.
Wirkungsquerschnitt 56 f.
Wurf 24 f., 28 ff., 85
–, Bahn 85
–, Höhe 25
–, Parabel 29, 31
–, schiefer 30 f.
–, senkrechter 24 f.
–, waagerechter 28 f., 85
–, Weite 29, 31
–, Zeit 29, 31

Y
Yorp-Effekt 75

Z
Zeigerdiagramm 107, 109
Zeigerformalismus 134 f.
Zeit-Geschwindigkeit-Diagramm 15, 18 ff.
Zeitmessung 10
Zeit-Ort-Diagramm 12, 18 ff.
Zentralbeschleunigung 65
Zentralkraft 66 f., 74, 82
Zentrifugalkraft 67
Zentripetalkraft 67

Bildquellenverzeichnis

Titelbild: Photoshot/NASA/Goddard Space Flight Center/SDO
action press/SCHLEGELMILCH: 142/1 | akg-images/Science Photo Library: 44/1 | Beha, Roland, Frankfurt/M.: 140/1 | Burzin, Stefan, Meldorf : 106/1, 108/1, 120/1 | Colourbox.com: 2/1 | Corbis: Michael Durham/Minden Pictures: 128/1, NASA/Handout: 82/1, Peet Simard: 118/1, Reuters: 35/3, Science Faction: 40/1 | Cornelsen Schulverlage GmbH: 12/3a, 12/3b, 15/Exp.1 | Deutsches Museum: 33/2 | Diehl, Bardo, Kahl a.M.: 13/Aufg.3, 26/1 | Döring, V., Hohen Neuendorf: 74/1 | Erb, Roger, Heubach: 127/Exp.1a, 127/Exp.1b, 130/Exp.1, 131/Exp.2, 131/Exp.3, 132/Exp.1 | F1online: Franz Faltermaier Westend61: 12/1, 28/1, Michael Weber Imagebroker: 136/1 | F1online/Tony Waltham Robert Harding: 8/1 | Focus/NATIONAL PHYSICAL LABORATORY (c) CROWN: 34/2 | Fotolia: frenzelll: 116/1, lunamarina: 124/1, samott: 50/1 | IBM/Crommie, Lutz & Eigler: 122/1 | Imago: GEPA pictures: 42/1, GlobalImagens: 14/1, imagebroker: 138/1, Norbert Schmidt: 64/1, Xinhua: 88/1 | INTERFOTO: ARDEA/Jean Michel Labat: 70/1, David Wall: 130/1 | Laif: GAMMA/ZED/SEGUR JEROME: 24/1, Joerg Modrow: 48/1, Zenit/Paul Langrock: 104/1, 112/1 | mauritius images: age: 38/1, 80/1, Alamy: 52/1, 68/1, 114/1, 132/1, Fancy: 126/1, imageBROKER /ib/eyb: 22/1 | imagebroker/Thorsten Jochim: 66/1, Photononstop: 72/1, Science Faction: 90/1, United Archives: 63/2, 86/1 Photoshot/Imagebrokers: 110/1 | picture-alliance: Actionplus: 10/1, dpa: 34/2, ZUMA Press: 60/1 | Schön, Lutz-Helmut, Berlin: 77/1 | Shutterstock: dotshock: 46/1, Igor Karasi: 36/1, Neil Lockhart: 30/1, qingqing: 58/1, Racheal Grazias: 16/1 | Superbild/Your_Photo_Today: 54/1

Auswahl physikalischer Einheiten

Größe	Formelzeichen	Einheit	Beziehung zu den Basiseinheiten
Aktivität	A	Becquerel	$1\ \text{Bq} = \frac{1}{\text{s}}$
Arbeit, Energie	W, E	Joule	$1\ \text{J} = 1\ \text{N} \cdot \text{m} = 1\ \frac{\text{kg} \cdot \text{m}^2}{\text{s}^2}$
Druck	p	Pascal, Bar	$1\ \text{Pa} = 10^{-5}\ \text{bar} = 1\ \frac{\text{kg}}{\text{m} \cdot \text{s}^2}$
ebener Winkel	α	Radiant, Grad	$1\ \text{rad} = \frac{360°}{2\pi} = 1$
elektrische Kapazität	C	Farad	$1\ \text{F} = 1\ \frac{\text{C}}{\text{V}} = 1\ \frac{\text{A}^2 \cdot \text{s}^4}{\text{kg} \cdot \text{m}^2}$
elektrische Ladung	Q	Coulomb	$1\ \text{C} = 1\ \text{A} \cdot \text{s}$
elektrische Spannung, elektrisches Potenzial	U	Volt	$1\ \text{V} = 1\ \frac{\text{W}}{\text{A}} = 1\ \frac{\text{kg} \cdot \text{m}^2}{\text{A} \cdot \text{s}^3}$
elektrischer Widerstand	R	Ohm	$1\ \Omega = 1\ \frac{\text{V}}{\text{A}} = 1\ \frac{\text{kg} \cdot \text{m}^2}{\text{A}^2 \cdot \text{s}^3}$
Frequenz	f, ν	Hertz	$1\ \text{Hz} = \frac{1}{\text{s}}$
Induktivität	L	Henry	$1\ \text{H} = 1\ \frac{\text{Wb}}{\text{A}} = 1\ \frac{\text{kg} \cdot \text{m}^2}{\text{A}^2 \cdot \text{s}^2}$
Kraft	F	Newton	$1\ \text{N} = 1\ \frac{\text{kg} \cdot \text{m}}{\text{s}^2}$
Leistung, Energiestrom	P	Watt	$1\ \text{W} = 1\ \frac{\text{J}}{\text{s}} = 1\ \frac{\text{kg} \cdot \text{m}^2}{\text{s}^3}$
magnetische Feldstärke (Flussdichte)	B	Tesla	$1\ \text{T} = 1\ \frac{\text{Wb}}{\text{m}^2} = 1\ \frac{\text{kg}}{\text{A} \cdot \text{s}^2}$

Umrechnung von Einheiten

Energieäquivalente	Elektronenvolt	$1\ \text{eV} = 1{,}602\,176 \cdot 10^{-19}\ \text{J}$
	Hertz (Photonen)	$1\ \text{Hz} \triangleq 6{,}6261 \cdot 10^{-34}\ \text{J} = 4{,}1357 \cdot 10^8\ \text{eV}$
	Atomare Masseneinheit	$1\ \text{u} \triangleq 1{,}4924 \cdot 10^{-10}\ \text{J} = 9{,}3149 \cdot 10^8\ \text{eV}$
Astronomische Längenmaße	Lichtjahr	$1\ \text{ly} = 9{,}4605 \cdot 10^{15}\ \text{m}$
	Parsec	$1\ \text{pc} = 3{,}0875 \cdot 10^{16}\ \text{m}$
	Astronomische Einheit	$1\ \text{AE} = 1{,}496 \cdot 10^{11}\ \text{m}$

Erde, Mond und Sonne

Körper	Masse	Radius (gemittelt)
Erde	$5{,}976 \cdot 10^{24}\ \text{kg}$	6371 km
Mond	$7{,}349 \cdot 10^{22}\ \text{kg}$	1738 km
Sonne	$1{,}9891 \cdot 10^{30}\ \text{kg}$	695 700 km